Gerd Klamandt

Der gefährdete Blick

Studien zur Sozialwissenschaft

Band 124

Gerd Klamandt

Der gefährdete Blick

Über Frage, Reflexion, Geschichte.
Ein soziologischer Essay

Westdeutscher Verlag

Die Deutsche Bibliothek – CIP-Einheitsaufnahme

Klamandt, Gerd:
Der gefährdete Blick: über Frage, Reflexion, Geschichte;
ein soziologischer Essay / Gerd Klamandt. – Opladen:
Westdt. Verl., 1993
(Studien zur Sozialwissenschaft; Bd. 124)

NE: GT

ISBN 978-3-531-12442-1   ISBN 978-3-663-01365-5 (eBook)
DOI 10.1007/978-3-663-01365-5

Der Westdeutsche Verlag ist ein Unternehmen der Verlagsgruppe Bertelsmann International.

Umschlaggestaltung: Christine Nüsser, Wiesbaden

Gedruckt auf säurefreiem Papier

VORBEMERKUNG

Die vorliegende Arbeit entstand aus den kunst- und architektursoziologischen Seminaren, die ich an der Muthesius-Schule in Kiel in den letzten Jahren abhielt. Der größere thematische Rahmen, der diese Seminare leitete, ist durch die Suche nach den Bedingungen des Widerstands gegen Verrohung im Prozeß der Zivilisation bestimmt gewesen. Den teilnehmenden Studenten sei an dieser Stelle für ihre Anregungen, Unterstützungen und fruchtbaren Diskussionen gedankt.

Im Wintersemester 1990/91 wurde diese Arbeit von der Philosophischen Fakultät der Christian-Albrecht-Universität zu Kiel als Dissertation angenommen. Zu ganz besonderem Dank bin ich Herrn Prof. Dr. Lars Clausen verpflichtet, der die Arbeit angeregt sowie beharrlich gefördert hat. Die Diskussionen im Doktorandenkolloquium haben mir immer wieder Mut gemacht. Für den Beistand bei der Durchführung der Arbeit gilt mein Dank ganz besonders Herrn PD Dr. Hans-Werner Prahl, der unermütlich mit Anregungen, Kritik und schließlich auch mit organisatorischer Hilfe ganz erheblich zum Gelingen der Arbeit beigetragen hat.

Meinen Freunden Dr. Jan Robert Bloch, Hans-Georg Schütz, Jan Gäthje, Susanne Sluyter, Dr. Ulrich Kinzel, sowie Andreas Girke und Eva Remy danke ich für die nie versiegende Bereitschaft, philosophische, soziologische, ästhetische und auch technische Probleme mit mir zu bearbeiten, bereits Geschriebenes anzuhören, zu diskutieren, zu kommentieren und auch »lesbar« zu machen, bereits Gedrucktes zu korrigieren und Zweifel produktiv zu wenden. Meiner Frau Ulrike schließlich danke ich für die Bereitschaft, theoretische Nöte immer wieder in ganz praktische Lösungen zu verwandeln und für die Reinschrift des Typoskripts mit all den unvermeidlichen Änderungen und Nachbesserungen. Die Sorge für das Gelingen der Tiefendimension der Arbeit übernahm Frau Dr. Herta Betzendahl, auch ihr sei ganz herzlich gedankt.

DER GEFÄHRDETE BLICK - FRAGE - REFLEXION - GESCHICHTE -
EINE SOZIOLOGISCHE VEDUTE

EINSTIMMUNG UND EINLEITUNG

DER ENGEL DER GESCHICHTE

> Mein Flügel ist zum Schwung bereit
> *Ich kehre gern zurück*
> denn blieb' ich auch lebendige Zeit
> ich hätte wenig Glück
>
> Gerhard Scholem, Gruß vom
> Angelus

"Es gibt ein Bild von Klee, das Angelus Novus heißt. Ein Engel ist darauf dargestellt, der aussieht, als wäre er im Begriff, sich von etwas zu entfernen, worauf er starrt. Seine Augen sind aufgerissen, sein Mund steht offen und seine Flügel sind ausgebreitet. Der Engel der Geschichte muß so aussehen. Er hat das Antlitz der Vergangenheit zugewendet. Wo eine Kette von Begebenheiten vor *uns* erscheint, da sieht *er* eine einzige Katastrophe, die unablässig Trümmer auf Trümmer häuft und sie ihm vor die Füße schleudert. Er möchte wohl verweilen, die Toten wecken und das Zerschlagene zusammenfügen. Aber ein Sturm weht vom Paradiese her, der sich in seinen Flügeln verfangen hat und so stark ist, daß der Engel sie nicht mehr schließen kann. Dieser Sturm treibt ihn unaufhaltsam in die Zukunft, der er den Rücken kehrt, während der Trümmerhaufen vor ihm zum Himmel wächst. Das, was wir den Fortschritt nennen, ist *dieser* Sturm."[1]

---

[1] Benjamin 1980, WA 2, S. 697 f.

DER LÖWENENGEL –

EIN ANDERER ENGEL DER GESCHICHTE

"Das Bild ist prälogisch, das heißt, es ist vor dem
Gedanken da und ist tiefer als der Gedanke.
Der abstrakte Begriff ist nichts anderes als ein
abgestorbenes Bild." (Edgar Ende)[2]

Wie die Löwinnen ihre Beute,

ihre Opfer umkreisen

wird der Weltkreis

nach innen gerichteten, einsamen Blicks

mit dem Zirkel[3],

dem Flügelschlag der Erneuerung,

in schmerzend heilender Zunge

schmerzlich haltender Sprache

noch blutig - blutend gegen die transeunte Zeit gesetzt.

Die Erneuerung erscheint als ein sachtes Verschlingen

der Zeit im Weltkreis.

Die Flügel des Engels sind gegen die Flucht der Zeit

ausgespannt:

Verhaltende Dynamik,

in der vielleicht die Zeit als losgelassene Vergangenheit

und doch als noch nicht gewordene

noch einmal betrachtet wird,

ehe sie in den Schatten einer verstanden - unverstandenen

Urteilsnähe gerät.

In den Zeiten aufgezehrter Treue,

in den Bindungen und Bündnissen -

im Modus des Verlassens oder der Suche,

im heraufdämmernden, heraufstrahlenden Novum -

---

2   M. Ende, in: Krichbaum 1987, S. 142 .

3   Vergl. die Bleistiftzeichnung "Der Löwenengel" 1960.

    43,4 x 63 cm; abgedruckt in: Edgar Ende 1987, S. 194.

werden Löwenkräfte gebraucht, um das Ganze des Weltkreises
zu konstituieren und ausfüllend zu halten.

Doch ist hier keine lichtlose Zeit gemalt.

Das Licht, das das stilleidende Antlitz des zur Maske
entleerten Löwenengels klärt,

– *it shall be said that gods are stone* – [4]

der zu uns aus dem beschwerten Himmelsdunkel seines
immerwährenden Jetzt herabgefallen ist,

verschattet zwar die noch im Tag des Weltkreises liegende
Möglichkeit, beleuchtet das schon Geschaute, Erlebte, Erfahrene,
damit es nicht im Vergessen verblaßt:

Das Verstehen des Vergessens braucht den Begriff einer Zeit,
die uns selbst durchfließt.

Jeder Kampf gegen solche Zeiterfahrung ist Verdinglichung
und Reifikation von Wegungen und Bewegtheiten;

und alles Verdinglichen ist ein Vergessen.

Eine versteinerte Mnemosyne, wartend auf den Zerfall.

Das Licht erhellt den noch vom Weltkreis entfernten, deshalb
ortlosen Horizont.

Es überstrahlt das Bild der transeunten Zeit, deren Endpunkt
uns verdeckt bleibt. Vielleicht um uns den Choc des Einbruchs
des Ewigen in die Zeit zu ersparen,

wenngleich wir ihn ersehnen.

Doch schon ein ergatterter Abglanz verwebt und verwirkt uns
Wahrheit und Irrtum, Gewißheit und Zweifel.

Der uns zugewandte Löwenengel,

der die schon verflossene Zeit erschaut,

dessen Flügelköpfe Licht aus dem Jenseits

des Anfangs empfangen,

das das Licht der Zukunft nicht erreicht,

verdunkelt das Jenseits des Weltkreises.

---

[4] Dylan Thomas, 11. Zeile des Gedichts: "Shall gods be said to thump the clouds",
München 1967, S. 6.

Hier, an der Scheide zwischen Licht und Dunkel

liegt uns die beschwert - schwere Seite des Lebens-

und des Weltkreises, die die Kraft der ganzen Zuwendung

dieses Engels der Geschichte bedarf.

Im Zwiespalt zwischen Beheimatung und Fortverlangen

pulsiert das willige Leben.

Sein Fortgang ist ein Sich-ereignen-können

als Geschichte und in ihr,

indem es die Grenzen zwischen Weltkreis und transeunter Zeit

- sich in ihr und über sie hinaus fragend und betätigend -

versteht.

Zur Motivlage des Themas der Frage

und

Die Rolle des Geschichtsengels

in der Archäologie des opaken Wissens der Bilder hierbei

I. Behandelt wird die Situation der Frage in der heutigen Lage einer Verarmung von Transzendenzerfahrung, einer Lage, in der die Modi der Ausdehnung von Neuerungen einen Zwang zur Einfühlung hierein ausüben. Einfühlung deshalb, weil eine vorgängige Bewußtwerdung über die herrschende Dynamik dem vor Ort Betroffenen versagt geblieben ist. Politische Entscheidungen werden aus einer Ferne getroffen, die die Nahperspektive ausgegrenzt und nicht mit sich verschränkt sehen will. Das ergibt Probleme der Geltung von Rationalität und produziert ganz spezielle Formen von Nichtwissen und Unbedachtheit in der Wechselwirkung dessen, was nicht rational verhandelt wird.

Diese Form des Durchsetzens von Politik hat ihre Geschichte. Die Erfahrung meiner Generation ist das Fliehen des Politikverständnisses vor den Fragen von Kontinuität und Diskontinuität der deutschen Geschichte nach 1945 und die ganz besonderen Lebensentwürfe hierin, die gegen die Interessen der Kinder ausgerichtet waren. Es mögen auch schon "vererbte" Erfahrungen sein, die die Jugendbewegung aus dem letzten Jahrhundert heraus nicht zu lösen vermochte, weil mißlungene Gründungen (II. Reich) und eine mechanische Dynamik die Einsicht in die Anfänge so verzerrten, wie die zukünftigen Lösungen (des III. Reichs) es gezeigt haben. Trotz allem weisen heute die drastisch verschärften Fragen nach Frieden in der Friedlosigkeit, nach natürlichem Wachstum in der Ausbeutung auf die Bemühungen der Jugendbewegung.

Die sukzessive Entstehung von habituellem Schweigen und ersticktem Fragen hat ein eigenes kulturelles Miteinander meiner Generation geschaffen. "Die Wirklichkeit war, daß wir überflüssig waren", schreibt Piwitt (1983, S. 29), daran änderte auch bei vielen ein geheimes Bündnis mit der Mutter nichts. Dieses Bündnis gab ohnehin nur die Situation der väterlosen Familien wieder, in der die Kinder "früh ran" mußten. In der Nichtbewältigung des Abstandes zur eigenen Identität folgte man unbewußt der Dynamik der Flakhelfergeneration (vergl. Bude 1987) - weil mit ihr verbunden -, immer am Rande der »Selbstzerstörung«, da eine Versöhnung (eben auch mit sich selbst) schwer gelingen konnte (vergl. Heinrich 1982). Später flohen die einen die eigene Lähmung, die noch vermittelt war, und den Schmerz der Nichtannahme, die anderen mußten auf Grund der familiären Verhältnisse vor allem »verstehen«, was dann auch Folgen hatte, welche ähnlich der Flucht der Anderen waren: Man löste sich im Verstehenmüssen auf, das Ich wurde reine Funktion: Last von innen und außen!

Insofern hat die Entfaltung der *Situation der Frage*, die den aktuellen und anthropologischen Bedingungen - eben auch ihrer Zerstörbarkeit - nachgeht, die wesentliche
Bedeutung eines ganz besonderen Sprechens in ihr. Hier können Ort und Zeit als je eigene
entstehen. Aber eben dieses hat bis heute gründlich verhindert werden können.

Ich stelle die Motivlage deshalb so deutlich heraus, weil auch in der Soziologie die einlei-
tenden Darlegungen von »Erkenntnis und Interesse« stark zurückgegangen sind. Die iden-
tifikatorische Zuordnung zu einem theoretischen »Referenzrahmen« läßt eher eine
Unsicherheit in Verständnis und Umgang der Bedeutung der sozialen Prozesse offenbar
werden, die mit Identifizierungsgefühlen zum Verschwinden gebracht werden soll. Die
Erkenntnislücke, die entsteht, zieht dann sicher sozialpsychologische Studien nach sich,
die ein Verständnis dafür erbringen sollen, was denn da verstanden und erklärt worden
ist.

II.   Aus der Darlegung der Motivlage läßt sich ersehen, daß keine Ergebnisse zur Logik
der Frage für die empirische Sozialforschung zu erwarten sind, obgleich die historische
Auswirkung eines Fragebogens - des "Fragebogens" des "Military Government of Germany"
vom 1. Januar 1946, auf den Ernst v. Salomon antwortete - einer soziologischen
Untersuchung bedarf. Auch Jünger und Heidegger haben in der Situation der Befragung
nach Rang und Mitgliedschaften (Punkt E des "Fragebogens") sich um eine "Prognose",
"Diagnose" und "Therapie" der möglichen Überwindung des "Nihilismus" bemüht (Jünger
1952; Heidegger 1967).

Heidegger schreibt (1967, S. 43): "Ihre [E. Jüngers, G.K.] Lagebeurteilung trans lineam und
meine Erörterung de linea sind aufeinander angewiesen. Zusammen bleiben sie dahin verwiesen, nicht von der Bemühung abzulassen, auf einer Strecke des Wegs, und sei sie noch
so kurz bemessen, das planetarische Denken einzuüben". Jünger, noch unter dem
Eindruck der Befragung, ist skeptischer: "Der Zeitgenosse, der einen Fragebogen abzu-
geben sich veranlaßt sieht, ist weit entfernt von solcher Sicherheit [der Sicherheit des
Wahlvorgangs, G.K.]. Die Antworten, die er erteilt, sind folgenschwer; oft hängt von ihnen
sein Schicksal ab. Man sieht den Menschen in eine Lage kommen, in der von ihm verlangt
wird, Urkunden zu schaffen, die auf seinen Untergang berechnet sind" (Jünger 1952a, S.
9).

Der Fragebogen - angesichts der Meinungsforschung - ist selbst zu einer bedrohlichen
»Frage der Zeit« geworden, die zu lösen dies Instrument vorgibt. Die Meinungsforschung,

die Bedürfnisforschung und die Erforschung der »Akzeptanz« geben einen Hinweis darauf, wie stark die Bearbeitung des »Widerstrebens« des Publikums ist. Im Anschluß hieran wären Untersuchungen der *professionalen* Frage, als Gerichtsfrage, als Frage des Arztes, des Architekten, des Rechtsanwalts, der Verwaltung wünschenswert, vor allem, um für kommende Dialoge, Diskurse, Verhandlungen und die Suche nach Kompromissen über die Ausgangslage von destruiertem oder sprachfähigem Frageverhalten eine allgemeine Kenntnis zu bekommen.

III.   Der erste Titelteil "Der gefährdete Blick" meint sowohl den heutigen »entfremdeten Blick auf die Sache« als auch die hier versuchte ästhetische Konstruktion der Vedute, als die Skizze eines kompositorischen Zusammenhangs, in dessen Lücken das analytische Ich einspricht, um durch eine doppelte Ich-Konstruktion vor die Modalität des Tuns aus einem Verständnis der historischen Lagen des So-Seins zu kommen. Die Zeichnung der Vedute ist wie bei Piranesi als Reflexionsort gewählt, nicht um einen panoramatischen Blick von Geschichtsmorphologien zum Thema entwickeln zu können, sondern um den Dingen und Prozessen besonders nah zu sein. Die Vedute, die in der Literatur eher eine kritische Vollständigkeit in der Unvollständigkeit meint, ist hier als Vexierbild angelegt, in dessen Umschlagsmomente eingesprochen, sich eingezeichnet werden kann.

> "Dem entwirklichten Leben, das die Kraft des Selbstzeugnisses eingebüßt hat, vermag seine *ästhetische* Formung eine Art von Sprache zu erstatten; denn zwingt der Künstler das stumm und scheinhaft Gewordene auch nicht unmittelbar zur Wirklichkeit empor, so drückt er doch sein hingespanntes Selbst in der Gestaltung dieses Lebens aus. Je tiefer das Leben entsinkt, desto mehr bedarf es des Kunstwerks, das seine Verschlossenheit entsiegelt und seine Elemente so zurechtrückt, daß sie, die zerstreut nebeneinander lagern, beziehungsvoll werden" (Kracauer 1977, S. 157).

Diese Konstruktion, die dem analytischen Weg der "Soziologie der Frage" in einer Offenheit für Assoziationen, Einsprüche des Lesers eine kompositorische Einheit geben will, ist gleichwohl dem kunstsoziologischen Zugang zum Thema zuzuschlagen: Da alle Gedanken erst einmal zugelassen werden müssen, ist eine ordnende Verdichtung nur über ein Formprinzip möglich, das dann zu den analytischen Aussagen selbst noch in Spannung steht. Das ist die intendierte Konstruktion der "*Lücke*".

Die "Lücke", in die das Ich der Analyse einspricht, entstand in meinem *Grundtext*: "Die anthropologische Bedeutsamkeit der Frage ..." durch einen Einspruch der Empfindung in der Situation der dargestellten Schäden oder des dargestellten Werdens: In der Korrespondenz mit sich selbst "[wird] die Frontstellung zum Selbst .. zum Grund für die Erscheinung" (Plessner 1981, Bd. IV, S. 85) des Einspruchs in die selbst konstruierte

Lücke. Die entstandenen Zentralerörterungen (*Obertext*): *die Veranderung, das Desastre, der Kreisgang, die Scham vor Gott* und *das Capricho* sprechen in eigenem Zusammenhang für die Genauigkeit und Tragfähigkeit des "Ansatzes".

Dieser Obertext, der die fünf Zentralerörterungen enthält, läßt sich als eigener Zusammenhang, getrennt vom Grundtext lesen, ist jedoch komplementär zum Grundtext zu verstehen. Beide Textebenen werden schließlich im "Resümee: Die Zusammenfügung in der Vedute" vereint. Die den Hauptteil umspannenden Fragen nach dem Warum und Wozu sind in der *Ausleitung* wieder aufgenommen. Hier geht es um die Suche nach Möglichkeiten des Widerstands gegen historisch bedingte allzu frühe Verrohungs- bzw. Leidensformen, die aus sprach- und bewußtlosen Zerreißungen entstanden sind. Infolge der Zerreißungen können Distanz *und* Nähe nur noch in Mangelformen entwickelt werden.

In der Suche nach dem »Antlitz« des Anderen werden die Formen des einfachen Hinausgehens in der *Fortstimmung* kritisch betrachtet, sowie auch das »Hinausgehen über das Hinausgehen« im Aufnehmen der Spirale des Gesamttextes noch einmal deutlich gemacht wird. Schließlich ist durch den "Ton" des Textes - ein "Duktus", der zunächst das Verständnis abzuwehren scheint, - eine ästhetische Komponente gegeben, die auf den Text zentriert und gleichzeitig fernhält. Diese Doppelkonstruktion verschließt jedoch weniger die Textinhalte, als daß sie vielmehr das Eigene am Anderen des Textes erinnerbar und sichtbar werden läßt.

Die Vedute - als *Ansicht* der Geschichte - steht für das Verfahren einer Sehfeldverschränkung, in der die Ausdehnung der Objekte ebenso berücksichtigt ist wie das subjektive Sehfeld des "Schwimmers im Strom", wie Elias (1987, S. 73) sagt. Diese Sehfeldverschränkung ist der Versuch, ein ganzes Bild herzustellen, in dem geschichtliche Ferne und noch nicht wahrgenommene Nähe *nah* gebracht werden, denn wir sind kurz-sichtig aus Sorge oder Leidenschaft gegenüber der eigenen Geschichte, die dann unbe-sehen *und* unbegriffen fortwirkt. Anschließende Untersuchungen zum Begriff der Geschichte aus dem Blickwinkel des *Kunstwerks* heraus, in dem das zur Substanz gera-tene Individuelle als allgemeines Schicksal geschichtlich hervorgetreten ist, wären eben-falls wünschenswert (vergl. die wieder aufgenommene Diskussion um Croces: Die Geschichte auf den allgemeinen Begriff der Kunst gebracht, 1984, im Zusammenhang mit der narrativen Geschichtsforschung wie der gezeichneten Geschichte, vergl. Romano 1989).

IV.   Nun solle, so Adorno, die Philosophie sich vom Kunstwerk fernhalten, sie hätten

"Ihr Gemeinsames nicht in Form oder gestaltendem Verfahren, sondern in einer Verhaltensweise, welche Pseudomorphosen verbietet" (Adorno 1975, S. 26). Gerade aber die Abneigung vor Pseudomorphosen leitete die Entscheidung für eine ästhetische Konstruktion dieser Arbeit. Denn das "Erkennen steht höher als das Postulieren", so Schnurre (1980, S. 191), "Erkenntnis schafft Freiraum".

Wenn Theorie als Ornament wie Eisblumen vor dem Fenster der Seele ist, aufgehaucht durch den Atem der Wahrheit des unentfaltet Unmittelbaren, läßt sich die Kraft des Künstlerischen gegen den Begriff verstehen, der, allzu leicht eine Reflexion mitliefernd, dem Unentfalteten eben gerade in den nötigen Affirmationen - vom Gefühl aus subsumtiv, von der Empfindung aus dezentrierend und reaktiv darauf leibversunken - den Horizont verstellt. Das wäre dann aber bei der Erfahrung zerstörter Sprache genau die Binnenstruktur des Begriffs aus dem Nichtidentischen, deren "Utopie der Erkenntnis wäre, das Begriffslose mit Begriffen aufzutun, ohne es ihnen gleichzumachen" (Adorno 1975, S. 21).

Dem Hören von theoretischen Reflexionen im Text, denn Lesen sei Sehen und Hören zugleich, sagt Tönnies, ist auch die Zitationsweise geschuldet. Die Zitate erscheinen in dieser Arbeit in einem diskursiven Modus, markieren die Theorie, aus der sie entnommen sind, nicht nur als Konstruktion und Gedanken, sondern vertreten diese Theorie im "anderen" Text. Dieses in einer Weise, die Simmel den "Zentralbegriff" (1926, S. 8) genannt hat, "aus dem die geistigen Bewegungen [der Zeit] hervorgehen", wie auch in Form einer "Verfremdung" des Orts der Herkunft: Hierbei entstandene Verschiebungen der Subjekt-Objekt-Relation sind intendiert, ganz im Sinne der "anderen" Sehfeldverschränkung (vergl. Kraushaar 1988, S. 207 f zur Zitationsweise Benjamins).

V.   In der Entfaltung der Soziologie der Frage sind verschiedene Materialien und Theorieebenen miteinander verflochten. Diese Verflechtung mit psychoanalytischem Hintergrund geht dem Postulat Elias' der *Integration* von Wissensgebieten nach, auch in ihrer spezialisierten Form, um den Zusammenhang von Einzelphänomenen, die die verschiedenen Wissensgebiete scharf herauszuheben vermochten, in ein "zusammenfassendes Bild" (Elias 1978, S. 40) zu bringen, das auch die Begriffe in eine Organisation holt, die das kollektive Leiden vor die Möglichkeit eines Sprungs aus ihm bringt. Von der Benjaminschen Geschichtsphilosophie her unternimmt Wiegmann einen gleich angelegten Versuch, in dem nicht nur der Mangel, sondern vor allem die "Verleugnung der bedrohlichen Aspekte der Realität" als Konstituierung von Leiden untersucht worden ist. Die Formen der Leidabwehr, auch als Dynamik nach »vorwärts«, verhinderten Erfahrung, mit der das "Kontinuum individuellen Leidens" durchbrochen werden könne (Wiegmann 1989, S. 97, S. 40).

Neben der Explikation der historischen Stellung der Situation der Frage, die mit der Kinderfrage anhebt - ohne auf eine Entwicklung des kindlichen Fragens einzugehen (vergl. hierzu z.B. Rieder 1968) -, ist, wegen der Frage als utopischen Vermögens, Plessners III. anthropologisches Grundgesetz: "Der utopische Standort, Nichtigkeit und Transzendenz" entfaltet worden, dessen ontologischer Ort des "Noch-Nicht" von Bloch historisch ausgemessen worden ist.

Das Problem für die Wahrheit der Frage ist, wieweit sich aus den vom Leben abgehobenen, abtrennenden Fragereihen »echte« Fragen emporheben können. Nach der Subvertierung der Situation der Frage in eine thanatische Situation, von der aus das »negative« Staunen und das »Obskurum« die ästhetische Wahrnehmung bestimmen, ist der »Choc« der unendlichen Last noch zu leistender Arbeit auch kaum noch dem schöpferischen Menschen zuzumuten, obgleich ihm diese Rolle zugeschoben wird. Das thanatische Fremde im Binnen- wie im Außenverhältnis von Subjekt und Objekt erscheint im ästhetischen Blick und bleibt verborgen in den Weisen des entfremdeten Blicks auf die Sache, sei es durch Reinterpretation der kalten Dynamik als umwälzendes Fortschreiten, sei es im utilitaristischen Blick von Weiter- und Wiederverwertung.

Angesichts dieses selbstreferentiellen Zusammenhangs muß das Wesen der Wahrheit in der Frage, da ihr nur die historische Erscheinung des materialen Wahrheitsbegriffs geblieben ist, offenbleiben. Der Zusammenhang von selbstischer Wesenstiefe und Novum kann nur in die Geschichte kommen, im Wachsen in der Retention, die ein verinnerter »Todesraum« ist, oder im sukzessiven Hineinbilden unvergessener Inhalte in die ererbten Formen der "Stimmen des Schweigens" (Merleau-Ponty 1984, S. 69 - 114).

> "Denn wenn wir weder in der Malerei noch anderswo eine Hierarchie der Zivilisation feststellen, noch vom Fortschritt sprechen können, so nicht darum, weil uns irgendein Schicksal zurückhielte, sondern weil gewissermaßen die erste aller Malereien bis auf den Grund der Zukunft reiche. Wenn keine Malerei die Malerei vollende, wenn sogar kein Werk sich absolut vollende, dann verändert, verwandelt, erhellt, vertieft, bestätigt und erhöht jede Schöpfung alle anderen, erschafft sie wieder oder läßt sie im voraus entstehen. Wenn die Schöpfungen kein ein für allemal erworbener Besitz sind, so nicht nur darum, weil sie wie alle Dinge vergänglich sind, sondern auch, weil sie fast ihr ganzes Leben noch vor sich haben" (ebenda, S. 43).

Trotz der Mantik der Erscheinungsweisen der Erscheinungen läßt sich doch die radikale Frage stellen: Gibt es noch einen Sinn der Erscheinungen angesichts der Übermacht der Unsichtbarkeit des Destruierenden in unserer Zeit? Das ist die »offene Frage« in der Lage der »absurden Situation«.

Ausgehend von dieser Frage ist auch theoretisch dort begonnen worden, wo die Analyse der Auflösung und die der durchbrechenden Bewegung gegen die starre Form schon geleistet worden ist. Soziologiegeschichtlicher Schwerpunkt sind die Theorien der Subjekt-Objekt-Relationen als *Nexus* und *Hiatus*, die sich auf Tönnies' und Simmels Gesellschafts-, Subjekt- und »Zwischen«-Analysen beziehen bzw. aufbauen. Reflexionsfiguren des deutschen und französischen »Existentialismus«, die das Produkt des »Nichts« für die Menschen wagten anzusehen oder eben gegenläufig das Sagen des Nichts nichteten, vervollständigen die Analyse des Zustands der Situation der Frage in einem Jahrhundert der Erfahrung der Nichtigkeit des Lebens und des Verschwindens der Geschichte in ihrem Fortgang durch Krieg, Tortur und Zeit.

In der Suche nach einem Wo und Wann in der Geschichte sind Theorien von Raum und Zeit, von Verräumlichung und Verzeitlichung befragt worden.

Im letzten Abschnitt der vorliegenden Arbeit, dem literarischen Versuch über die geschichtsphilosophische Konstruktion der Vedute: "*Höhle und Horizont*", ist eine Übersetzung der Analyse in die Erzählung angestrebt worden. Auch wenn die Erzählung zunächst dem wissenschaftlichen Denken widerstrebt, weil es den Klang des Wortes und die Melodie des Satzes wieder rückübersetzen muß, weil die Logik "tonlos" (Rosenstock-Huessy 1956, S. 196) ist. Doch ist diese Erzählung die Anwendung der Vedute, die als ästhetische Konstruktion den Ausgang bildet, das, was verstummt und noch sprachlos war, allmählich in eine Form hineinbildend, zur Sprache zu führen. Eines ganzen Bildes wegen!

VI.   Kehren wir zu der "Einstimmung" der Bilder und Texte, die den Anfang setzten, zurück: Man erkennt in der ersten Abbildung das *Luftbild*, das fliehende Entsteigen, das hier eingefangen ist. Dem ist das *Erdbild* einer fallenden Rückkunft komplementär entgegengestellt: In der Abstraktion lebend, füllen wir diese mit Leben. Das ist die Aussage des Sprungs zwischen den Bildern, ihr Zusammenhang. Beide Bilder mit dem Betrachter, der den Blick »umbrechen« muß, ergeben das ganze Bild von Phantasmagorien und Wirklichkeit, von der Drohung von Außen nur entsteigend, einer fallenden Zeit zu entkommen, und in der Erscheinung das Verarmen des inneren Reichtums.

Paul Klees »Angelus Novus« als die mythische Gestalt des mechanischen Fortschritts, den Benjamin von einem Sturm aus dem Paradies in die Zukunft getrieben interpretierte, kann als ein Erfahrungsbild des Apparateflugs im Kriege gelten: " 'Ich habe diesen Krieg' ", schrieb "Klee zu Beginn des Jahres 1915", " 'in mir längst gehabt. Daher geht er mich innerlich nichts an. Um mich aus meinen Trümmern herauszuarbeiten, muß ich fliegen. Und ich flog. In jener zertrümmerten Welt weile ich nur noch in der Erinnerung, wie man zuweilen zurückdenkt. Somit bin ich »abstrakt mit Erinnerungen‹ " (Werckmeister 1981, S. 98).

Auf dem hellen Grund ist der mit wenigen Strichen konturierte Engel der fliehende Fortschritt des Luftkrieges vor dem Hintergrund des Lichts der Destruktion. Der »Engel der Geschichte«, wie Benjamin den «Angelus Novus» nannte, "ist die Figur des gebrochenen, ungleichzeitigen, in Trauer und Tragödie eingebetteten Fortschritts" (Negt 1990, S. 12). Der materialisierte luzide Geist, der den Krieg der Zeit trägt, verglüht in seinen Materialschlachten. Unbefragt bleibt seine Rückkunft als »Flamme und Asche« möglich.

Im pantheistisch getarnt auftretenden Naturglauben, - in den die durch die Norm der Konkurrenz aus dem Gesetzmäßigen der bürgerlichen Welt erfolgreich Herausgeworfenen allzu rasch zurücktreten -, an die Macht (Söderblom 1916, S. 66 ff) und an das Geheimnis des Wesens der Frage (vergl. Spengler 1965, Kap. III, Aph. 26) im »Geist« des Technisch-Modernen blieb die Destruktion durch das Licht unbefragt. Doch vielleicht diente diese Unterlassung der Strategie eines nationalen Schulterschlusses einer Spirale nach rück-wärts, deren Weg ein *gerader* Weg in die Zukunft zu sein scheint.

"Urfragen sind wortlos", bedeutet uns Spengler (vergl. ebenda), und "das Leben *ist* Flamme", wie "die Flamme .. ein Kampf [ist]": ewige "Lebensmacht" (ebenda, Kap. I, Aph. 15, 17). In der Furcht vor dem Zerbrechen der letzten Geheimnisse hat der unbefragt gebliebene Geist sich in der Destruktion offenbart: "Der Geist, der wacht, indem er zurückkehrt, wird sich immer um den Rest kümmern. Durch die Flamme oder die Asche, aber als ganz Anderes, unvermeidlich", schließt Derrida (1988, S. 132) seinen Vortrag über die Frage nach dem Begriff des »Geistes« bei Heidegger ab.

Im Sturm des Fortschritts sind und werden Sein und Nichtsein decorporalisiert. Die Last der Verdinglichung der Körper, der Entfremdung vom Sozialen findet hier, in den ignoran-ten Planungsweisen der Enträumlichung und Verräumlichung durch den Leviathan, ihre konsequente Auflösung. Der Engel und seine Schrift begleiten diesen analytischen Weg des Fortschritts.

Edgar Endes »Löwenengel« fällt aus einem dunklen Himmel heraus. Ich stelle mir eine Rückkehr des Kleeschen »Angelus Novus« vor, der die durch den Institutionalismus dyna-misierte Zeit, in der die Todesdrohung des Zyklus' steckt, wieder sinnhaft verräumlicht. Dieser geschuppte (gepanzerte) Engel mit den Löwenkopfflügeln bereitet den mystischen

Kreis, den, nur in Scham und Scheu gebunden, zu überschreiten nicht erlaubt ist. Es ist ein rettendes Bild aus der Tiefe *innerer Erfahrung*, dessen Realitätsgehalt eine erschöpfende Arbeit an der Hoffnung ist.

Krichbaum (1985) nennt die Malerei Edgar Endes "Die Archäologie der Dunkelheit". Seine Bilder seien die "Idee des Bildes der Idee", die - aus der Praxis der Hebung der Bilder aus der Dunkelheit in der Dunkelheit der "Kunsthöhle" - "Dunkelkammerskizzen" (ders.1987, S. 213) genannt wurden. Edgar Endes Sohn, Michael, berichtet über den Vorgang der künstlerischen Arbeit, deren Skizzen, dann noch vom "Überflüssigen befreit", in eine Reinheit der vorgängigen "Bildidee" übersetzt worden ist:

> "Das Stichwort hieß: »Ich gehe Skizzen machen«. Das war das Zeichen für meine Mutter und für mich, daß der Vater auf keinen Fall gestört werden durfte. Er schloß sich in seinem Atelier ein, meistens verdunkelte er es sogar völlig, legte sich auf das Sofa und konzentrierte sich. Wie er mir einmal erklärte, bestand die Schwierigkeit dieser Konzentration nicht etwa darin, sich auf einen bestimmten Gedanken, auf eine bestimmte Vorstellung zu konzentrieren, sondern auf nichts. Jede Absicht mußte vergessen, jeder Gedanke zum Schweigen gebracht, jede Vorstellung ausgelöscht werden. Mit völlig leerem Bewußtsein, aber einer Art gesteigerter Wachheit wartete er nun. Dies sei, wie er mir erklärte, der schwierigste Moment, denn bei der geringsten Unaufmerksamkeit, beim geringsten Erlahmen der »Geistesgegenwart« bräche sofort wieder das normale Tagesbewußtsein mit seinem Wirbelspiel von Gedanken und Worten in die Stille ein" (Ende 1987, S. 241).

Der »Löwenengel« Edgar Endes ist angesichts des Unerkannten, das mit ihm ins Bild gehoben ist, noch namenlos. Das retenierte, nach innen geflohene, aber auch ins Wollen drängende Ich-Selbst ist, trotz aller Ängstlichkeit des deutenden "Verstandes" vor der Vernunft, Träger des Verstehens in einer Dynamik der weltzeitbegeisterten Philobaten.

Eine Vedute der anthropologischen Bedeutsamkeit der Frage, des Fragens, der Fraglosigkeit und der Fragwürdigkeit

III - 1. Die Kinderfrage und die solidarische Ordnung

Im "Warum ?" der Kinderfrage liegt eine Offenheit, die sich ins Werden, ins "Werde-Sein" wie Bloch[1] sagt, zentriert.

Die Warum-Frage, in der nach kausaler und finaler Erklärung, nach Motivation und Begründung gefragt wird[2], drückt ein Suchen danach aus, was hinter den wahrnehmbaren Dingen und Handlungen liegt. Es ist die Frage nach "Ursache" und "Absicht", die das Kind selbst hat "fragwürdig" werden lassen. Damit erst dient sie der Stabilisierung der Identität, die das Ich vom Du, das Innen vom Außen, das Wort vom Ding trennen helfen soll, einer höheren Einheit wegen. Das Kind arbeitet sich hiermit aus dem dyadischen Einssein heraus.

Es übersteigt die gegenständlichen Beziehungen: "Das Kind, das Ball spielt, verhält sich im Hinblick auf die Gesetze des Verhaltens als Ding. Wenn es über dies fragt, *warum* der Ball springt, überschreitet es den Bereich des als Vorhanden Gegebenen. Das soll »Transzendenz« bedeuten"[3].

In der Warum-Frage wird noch keine Sinnproblematik ausgedrückt - anders in der Wozu-Frage. Die Frage, wozu das alles sei, wozu das alles tun, setzt eine Erfahrung der Grenzen zwischen mir und dem Anderen, eine Erfahrung der Belastung durch Tätigkeit und Leidenheit, wie Tönnies[4] sagt, voraus.

Und doch spricht im "Wozu?" ein Mensch auch von der Liebe zu den Sinnen und zum eigenen Tun. Mag das Tun auch mißlingen, mögen seine Früchte verstreut und verbraucht worden sein ohne eine Rückkehr zum Ich, so wird in diesem Fragen angespannt nach einer Einheit der Erfahrung gesucht, die den Ausgangspunkt neu bestimmen kann. Findet dieses Wozu auch in der Frage an sich selbst keine Antwort, wird das Tun zur Last und der Eindruck alter Schönheit bleich. Unter einer mißlungenen Selbstvermittlung entsteht

---

[1] Bloch 1975, Bd. 15, S. 73.

[2] Vergl. Piaget 1979, S. 194 ff.

[3] Gehlen 1952, S. 345.

[4] Tönnies 1979, S. XVI.

ein Wundern und Staunen, daß das Leben trotz der Erfahrung des Abgetrenntseins noch

lebt. Ein bohrendes Fragen hebt an, will die getrennten Erscheinungen, getrennt im Innen

und Außen, beieinander haben. Es wird nach dem Grund der Erscheinungen gefragt:

> "Durch soviel Formen geschritten
> durch Ich und Wir und Du
> doch alles bleibt erlitten
> durch die ewige Frage: wozu?

> das ist eine Kinderfrage.
> Dir wurde erst spät bewußt,
> es gibt nur eines: ertrage
> - ob Sinn, ob Sucht, ob Sage -
> dein fernbestimmtes: du mußt.

> Ob Rosen, ob Schnee, ob Meere
> was alles erblühte, verblich.
> Es gibt nur zwei Dinge: die Leere
> und das gezeichnete Ich."[5]

Das Kind fragt zwar ewig, indem es Fragereihen aufstellt, die "je schon Zeichen eines

geheimen Schmerzes [sind], einer ersten Frage, auf die es keine Antwort fand und die es

nicht in rechter Form zu stellen weiß"[6].

In den erlahmten Wiederholungen, in denen auch der Ausdruck des Schmerzes über die

Nichtannahme erlahmt, wie "die Hoffnung zum Stillstand kam"[7], muß das Wundmal sol-

cher Begrenzung still nach innen genommen werden und das "Wozu" des Lebens entsteht.

So beinhaltet "die ewige Frage: wozu?" das ständige Sichaufdrängen von existentieller Ent-

scheidung wie den Wunsch nach Erlösung. Es ist eine religiöse Frage mit der säkulari-

sierten Beantwortung durch die Pflicht: "dein fernbestimmtes: du mußt"[8].

Die Warum-Frage, die sich noch aufs Zeigen bezieht, drückt ein Nichtsein, ein Noch-nicht-

haben[9] aus. Gezeigt wird auf Trennendes, erfragt eine Vermittlung oder gar ein Beistand,

wenn das vom Fragenden Getrennte als Verschlingendes ängstigt. Solcherart Affekte, sei es

ein Erstaunen, ein Stutzen, ein Ungehaltensein oder ein Choc, in dem das zerstreut All-

---

[5] Benn 1975, S. 342.

[6] Horkheimer/ Adorno 1979, S. 229 in bezug auf Landauer 1939.

[7] Ebenda.

[8] Vergl. dazu Rombach 1952, S. 234 f über die religiöse Frage, S. 195 ff über die Entscheidungs-
     frage.

[9] Anmerkung siehe Anhang.

tägliche zusammengefaßt wird, motivieren die Wende zum Anderen[10].

Doch ist mit der Frage eine Vermittlung gefordert, in der auch der Antwortende die Möglichkeit hat, der Blindheit gegen das eigene und das fremde Wesen[11] innezuwerden. Diese Frage, die zum Verstehen mahnt, fordert vermittelndes, ja überbrückendes Antworten; sie drängt zum Hinaustreten in eine solidarische Ordnung, wenn nicht der Befragte - wie es oft geschieht - die Schwierigkeit der Vermittlung umgeht und das Trennende als Getrenntes abgrenzt.

Durch solche den Frager begrenzenden Antworten - Antworten, die nie vergessen werden[12] - wird ein stilles Schweigen erzeugt, in das alles Grenzhafte eingesaugt wird. So wird das Unvertraute so feindlich, wie das eigene Tun und Leiden undurchschaut bleibt; das Einssein[13] mit dem Befragten wird wortlos, aber nicht fraglos. "Wir sind nicht eins: ... Wir sind «im» Sein und doch ihm «gegenüber»"[14], wir finden uns in und mit unserem Körper zurecht. Dieser "Streit" zwischen Sein und Haben des Körpers[15], diese "Verschränktheit" der beiden Aspekte[16] ist der Grund für die Selbstverdinglichung und Selbstentfremdung, die Möglichkeit der Solidarität mit dem Fremden, dem Anderen als dem Unheimlichen, gar dem Dämonischen (oder Satanischen), wie die Möglichkeit der Verkehrung der Solidarität in Einverleibung, der Autonomie in Ausgrenzung.

**   Die Sphäre der Vertrautheit ist also nicht "natürlich" begrenzt, sondern sie ist offen und erschließt uns dadurch "die Unheimlichkeit des Anderen in der unbegreiflichen Verschränkung des Eigenen mit dem Anderen"[17].

Fragend orientieren wir uns, nehmen in der Bearbeitung von gegenständlicher Natur das Körperhaben mit ins Ziel und unterstellen uns dem Rhythmus der Arbeit, des Werkzeugs und Materials, der Maschine. Wir gehen im Objekt auf, vertrauen uns, werden vertraut. So verlieren wir uns auch gegenseitig in einer aus der Konkretheit des Arbeitsprozesses zuwe-

---

[10] Zu den Formen der aporetischen Situation vergl. Waldenfels 1961, S. 12 ff, Zillober 1972, S. 1059 ff.

[11] Vergl. Plessner 1979, S. 321.

[12] Anmerkung siehe Anhang.

[13] Vergl. das Kap. "Rückkehr zu Stufe 2: Zur Frage der Dialektik von Einssein und Trennung".

[14] Heinrich 1982, S. 99.

[15] Vergl. Plessner 1970, S. 230.

[16] Vergl. Plessner GS VIII, 1983, S. 191.

[17] Plessner 1979, S. 325.

gegebrachten "Idealität"[18] der Formen des Miteinander in ihrer "Veranderung"[19].

"Veranderung" ist - bezogen auf das bestimmte Dasein - "ein Zum-Anderen-Werden und nicht ein Anderswerden des Etwas"[20], auch nicht eine Veränderung.

Im Beieinander von Sein und Nichts in der ganzen Unmittelbarkeit ist das "*Werden* der wahre Ausdruck des Resultats von Sein und Nichts, als die Einheit derselben; es ist nicht nur die Einheit des Seins und Nichts, sondern ist die Unruhe in sich, - die Einheit, die nicht bloß als Beziehung-auf-sich bewegungslos, sondern durch die Verschiedenheit des Seins und Nichts, die in ihm ist, die sich gegen sich selbst ist"[21].

Das Dasein ist das Werden in dieser Form der Einheit. Es ist konkretes, "bestimmtes Sein"[22] "an einem gewissen Orte"[23].

"Das Dasein als in dieser seiner Bestimmtheit *in sich* reflektiert ist *Daseiendes, Etwas*"[24]. Das Etwas ist durch seine Qualität "als seiende Bestimmtheit"[25] "*endlich* und *veränderlich*"[26].

Indem das Dasein als Realität erscheint, *Etwas* wird, tritt die ent-haltende Negation in der Qualität des Etwas als *Anderssein* hervor. Die Qualität des Andersseins ist *Sein - für - Anderes*, wie das "Sein der Qualität als solches, gegenüber dieser Beziehung auf Anderes, ... das *Ansich sein* [ist]"[27].

In der Beziehung des Etwas zum Anderen[28] wird "Etwas zu Anderem und das Andere überhaupt zu Anderem"[29]. Diese Veränderung des Anderen zum Anderen des Anderen sei, so Hegel, die Wiederherstellung des Seins als Negation der Negation, das sei das *Für sich*

---

18 Simmel 1926, S. 21.

19 Theunissen 1980, S. 237 ff.

20 Theunissen 1980, S. 239 f.

21 Hegel 1970, Bd. 8, S. 191.

22 Hegel 1979, Bd. 5, S. 117.

23 Ebenda, S. 116.

24 Hegel 1970, Bd. 8, S. 195.

25 Ebenda, S. 196.

26 Ebenda, S. 197.

27 Ebenda, S. 196.

28 Des Anderen, das ein "seiendes Nichts" die "Grenze als die Negation des Etwas" (Hegel 1970, Bd.8, S. 197) ist.

29 Ebenda, S. 200.

sein[30].

Im Übergehen des Etwas zum Anderen "verandere" sich das Etwas, so Theunissen[31]. Das Geschehen der Veranderung steht "unter dem Zeichen des Andern"[32], "auf dem Boden einer Bestimmtheit, die notwendig Fremdbestimmtheit ist, und so die Negation der Negation, auf die Etwas für sich schon aus war, an die »einfache« Negation bindet, das heißt unter die Sphäre des Getrenntseins subsumiert"[33].

In solcher Übermächtigung des Etwas als Werden dominiere im Ansichsein und Sein-für-Anderes das Negative, "dessen Grundform jetzt das Andere ist, mit der Folge, daß es das Ansichsein zum «Nichtsein des Andersseins»" degradiere. Das Ich wird "dezentriert": "Als ein Ding unter den nichtmenschlichen Dingen kommt es gleich diesen «irgendwo» und «irgendwann» vor, ohne daß sich um seine Raum- und Zeitstelle eine Welt zusammenordnete"[34]. In den Beziehungsformen perpetuiert die Dominanz des Negativen schlechte Unendlichkeit.

In der Veranderung des Etwas und in der Produktion von Trennung, die in der Beziehung - unter dem *Prozeß* der Veranderung - zum veranderten Anderen entsteht, bildet sich jenes "Prinzip des Füranderesseins"[35] heraus, das die Unveränderlichkeit der Formen in ihrer "Immergleichheit" zu einer Transzendenz "ummünzt"[36].

Erst ein Denken des Daseienden (des Etwas) vom Andern als das Postulat der negativen Dialektik, die Idealität an der Realität des Anderen zu verstehen, hieße, das "fremde Bestimmen" noch bestimmen zu können[37].

Eine Bearbeitung des Angsthabens als subjektiver Ausdruck der trennenden Fremdbestimmtheit, wie die Bearbeitung des Ängstigens als subjektives Ausdrücken in der Figur der Identifikation mit dem Angreifer, in der der Andere ja verkannt wird[38], wäre hiermit gegeben, der Schein wäre aufgelöst.

---

[30] Hegel 1970, Bd. 8, S. 201.

[31] Theunissen 1980, S. 240.

[32] Ebenda.

[33] Ebenda, S. 241.

[34] Ebenda, S. 242; ders. 1965, S. 85.

[35] Adorno 1975, S. 101.

[36] Ebenda.

[37] Theunissen 1980, S. 242.

[38] Vergl. Adorno 1975, S. 101; vergl. Laplanche/ Pontalis, Bd. 1, 1973, S. 224 f; vergl. Spitz 1970, S. 45 ff.

Alle Fragen, so Adorno, die auf Trost gehen, hätten "antinomischen Charakter"[39].   **

*   Die Fähigkeit, sich ans Objekt verlieren zu können, im Anderen und in der Masse aufgehen zu können, verweist auf den Grund des Sozialen im Füreinanderdasein. Das Sein-für-den-Anderen in fürsorgender Arbeit und das Objekt-Sein-für-Andere[40] gibt erst die Möglichkeiten der Selbstsorge[41], des Miteinanderseins, des "Mitseins" vor[42], des "Mitseins", das nur die historische Form des Weltoffenen und der Offenheit zur Welt bedeutet.

Insofern ist das Aufgehen in der Masse, in der ja die Distanz entfaltet bleibt - gegen die aufgedrungene Form[43] und gegen die Verschmelzung[44] -, nicht die Dekulturation des Einzelnen zum Barbaren[45], sondern eine "Insulation" sich zusammenfassender Menschen gegen "Dehumanisierung"[46].

In diesem "Emanzipationsvorgang", in dem sich das "Utopische" gegen das "Topische" setzt[47], wird eine Entlastung von "Verdrängtem" und der "sozialen Angst" möglich[48]. Die praktische Frage: was tun?[49] und das beantwortende Verhalten[50] haben hier ihren Ort, die "Weltoffenheit"[51] aus dem Apriori der Geschlossenheit, dem Gefängnis der Welt und des Körpers herauszuarbeiten[52].

In der historischen Kehre der subjektiven Kultur zur Existenz, in der der Einzelne "ein Äußerstes an Eigenart und Besonderung aufbieten muß, ... um nur überhaupt noch hör-

---

[39] Adorno 1975, S. 103.

[40] Vergl. Sartre 1987, S. 299 ff.

[41] "Epimeleia" als Ethik des Nichtegoismus, des Selbstverzichts, der Zurücknahme, vergl. Foucault 1985, S. 32 f.

[42] Heidegger 1977, S. 120 f; vergl. Holz 1951, S. 64.

[43] Simmel nennt den "Kampf des Lebens gegen die Form" die "Gesamtnot der Kultur" , Simmel 1926, S. 7.

[44] Canetti 1982, S. 230 ff.

[45] Le Bon 1938, S. 19.

[46] Claessens 1970, S. 10 + 96, in bezug auf Hugh Miller 1964.

[47] v. Wiese 1969, S. 16 + 18, in bezug auf Landauer.

[48] Freud 1974, Bd. IX, S. 69.

[49] Vergl. Kohler 1984, S. 191 f.

[50] Anmerkung siehe Anhang.

[51] Anmerkung siehe Anhang.

[52] Vergl. Rothacker 1952, S.346.

---

bar, auch für sich selbst, zu werden"[53], gerät die objektive Kultur hypertrophisch.

Die so entstandene radikale Subjektivität[54] wird, gebunden an die Zirkulationsformen, auf dem Wege des Leidens zum Massenatom. Die voluntaristische Setzung der Subjekt-Objekt-Verschlingung durch die "rettende Macht" des Staates[55] zugunsten des Subjekts zu entscheiden erbrachte die Konstruktion der Doppelmasse[56], die sich selbst anschauend stumm wurde. Die planerische Geste der Staatsträger raffte das Subjektive zur Substanz zusammen[57].

Dem Glauben an Setzungen, auch wenn er das Unbewußte einer Zeit affiziert, steht der dann unbegriffene historische Prozeß gegenüber: Mythos des Willens und Schicksal sind komplementär vereint gegen Freiheit und Leben[58]. Im mythischen Glauben an eine überhistorische Macht werden diejenigen aus dem geschichtlichen Prozeß herausgestoßen, die sich dem Mythos sperren[59].

*   *"Sprechend sagen wir zur Trennung «nein»"[60]. Denn, mit der Fortführung des Schweigens wird ein Mitsein konstituiert, eine Welt des "Man", in der die "Herrschaft der Anderen"[61] eine Fraglosigkeit zu erzeugen versucht.

Die Frage gerät ins Obszöne[62], indem sie nur noch Zustimmung erheischt. Die Orientierung wird in der Monopolisierung des Fragens durch "fragestellende Mächte"[63] regressiv. Der desorientierte Einzelne erlebt dieses als "fragwürdige" Spannung in sich und zum Anderen. Sprachlos, wortlos wird er zur Substanz der Fragen der Zeit. Jedoch, uns suchend und bestimmend, fragen wir nach Ort und Zeit: Wo und Wann.

---

[53] Simmel 1957, S.241.

[54] Vergl. Gehlen 1975, S. 74 f.

[55] Freyer 1964, S. 74 f.

[56] Vergl. Kracauer 1977, S. 50 ff.

[57] "Der Maßstab des Einzelmenschen weicht dem Maßstab der Formationen", Stephan 1939, S. 10 in: Arndt/Döhl 1958, S. 7.

[58] "Schicksal ist Wille von außen. Wille ist das Schicksal von innen. Weltwille ist die Ordnung der Natur". Spengler 1965, S. 346.

[59] Vergl. auch Elias 1985, S. 27 zum Problem der "Gesellschaftsmythen".

[60] Heinrich 1982, S. 99, Hervorh. G.K..

[61] Heidegger 1977, S. 126.

[62] Bodenheimer 1985, S. 11: "Zu dem Wesen der Obszönität ... gehört ..., daß ... derjenige, der Obszönität schafft, sich nicht zu stellen, ... nicht .. zu verantworten braucht."

[63] Jünger 1950/52, S. 5.

Als Fragende, die wir qualifiziert un-wissend[64] sind, entdecken wir die "Möglichkeit des Andersseins"[65]. Qualifiziert unwissend sind wir, weil wir das uns Überschreitende wahrnehmen, weil wir die Möglichkeit der Verschränkung von Bedeutungshorizonten erfahren haben, und wir um die Einheit von Sichtbarem und Unsichtbarem wissen.

Im Wenden des Kopfes vom Fragwürdigen auf den Befragten konstituiert sich die Möglichkeit eines erweiterten Horizonts, indem im Dialog mit dem Befragten das Ferne und Trennende nahegebracht werden kann; das Nächste, das der Selbstverständlichkeit der "unscheinbaren Oberflächenäußerung"[66] unterliegt, gerät so ins schärfere Nahsehfeld. Reflektiert läßt sich das Zunahe drehen: "Das Gegenständliche selber hat ohnehin genug von diesem sich Unmittelbaren an sich"[67].

Natürlich lockt die Nähe.

Angesichts der "ungeselligen"[68] Gesellschaft von Konkurrierenden, die durch Informationssuche und Geschäftsbeziehungen ihre Situation zu stabilisieren suchen, der "echten Unechtheit" der Vertragsverhältnisse[69] und ihrer rationalen Bespiegelung durch öffentliche Bearbeitung des Bewußtseins, muß die tastende Suche nach Echtheit in den Beziehungen nach innen gewendet werden.

Sicher ist auch das Festhalten des Nahen, im Nahen als dem Verbindlichen - dem Ort, den man kennt - eine Möglichkeit, das, was den Fragenden unruhig treibt, zur Ruhe zu bringen. Dieses ist jedoch nicht die Ruhe des Logos[70], der den Ort zum Ganzen in Beziehung setzt, ihn als eigenen Raum verständlich macht, sondern tastend wird hier das Grenzhafte schmerzhaft erfahren, oft wie ein Schnitt.

Es reicht auch nicht fürs Gesellige, das doch einer verbindlichen Form bedarf: einer Öffentlichkeit, in der allzu Heimliches wie allzu Fremdes, nächste und letzte Fragen, wie nach Liebe und Gewalt, nach Tod und Krieg, zur Sprache gebracht werden[71].

---

[64] Die Bedeutung des "un": - als "nicht" - als außerhalb des Idealen und Normativen - als ein "über", "zuviel" und "zuwenig", in: Trübners Dt. Wörterbuch 1956, S. 257 ff.

[65] Straus 1953, S. 141.

[66] Krakauer 1977, S. 50.

[67] Bloch 1975, Bd. 15, S. 14.

[68] Plessner 1983, Bd. 8, S. 294 - 306; vergl. Kant 1977, S. 37 ff, vierter Satz, über das Ungesellige als Widerstand und "Unvertragsamkeit".

[69] Claessens/Claessens 1979, S. 136 f.

[70] Vergl. Holzhey 1984.

[71] Vergl. Tönnies 1926, Claessens 1980, S. 23 ff, Freud, Bd. IX, 1974, S. 39 f.

Erst das fragende Suchen ist "anthropologisch".

*   In der Frage nach Ort und Zeit wird nach der Ordnung der Dinge gefragt[72]. Gerade diese Frage negiert das subjektive Vertraute, wie es die Grenzziehung der Institutionen verneint[73].

Fragen ist, vor dem Neuen innezuhalten. Es distanziert und vermittelt zugleich in der Weise der bestimmten Negation[74] wie in grund-[75] und leibbezogener Affirmation. Innehalten ist ein doppeltes Sich-distanzieren-Können. In der phylogenetischen Aufgabe des Flüchtens als Lösung der Spannung zum auftauchenden Objekt, trat der Vormensch nach Alsberg[76] aus dem Körperprinzip heraus und entwickelte eine "außerkörperliche Abwehrmethode", das "Prinzip der Körperausschaltung vermittels künstlicher Werkzeuge"[77].

Dieses Grundprinzip des Menschlichen, sich vom Körper unabhängig zu machen, ergibt die Möglichkeit, selbstverdinglichend das Alte hinter sich zu lassen und vorausschauend das Neue zu erfassen. Wir gehen im Innehalten ganz in unsere Chance ein[78], die "mögliche Bedeutung der Situation" kann im "Hiatus ... zwischen aktueller Erregung und aufgeschobener Handlung" ausgelegt werden[79].

Das "Innehalten" ist das Vermögen, im Hiatus zu stehen. Hier mag noch durch prälogisches Denken in Bildern oder einfachen Benennungen das das Werkzeug hervorbringende "Körperausschaltungsprinzip" entwickelt worden sein. Im Arbeitsprozeß zwischen Mensch und Natur wird die Natur verändert, wie der Mensch hierin seine eigene Natur verändert. Die ideelle Vorwegnahme des Arbeitsprozesses und -produktes durch den Menschen[80] kennzeichnet den phylogenetischen Erwerb des "Innehaltens". Erst im Fassen der Situation des Innehaltens durch die Frage, dem Fassen der anziehenden und abstoßenden Kräfte, wird eine Hebung in die Reflexion möglich:

"Die Frage ... ist die komplizierteste Sprachfunktion, die einen genetisch älteren Besitz abschließend vervollständigt und eben deshalb, weil sie einen phylo- wie ontogenetisch

---

[72] Anmerkung siehe Anhang.

[73] Vergl. Bastian 1969, S. 137 ff.

[74] Anmerkung siehe Anhang.

[75] Anmerkung siehe Anhang.

[76] Vergl. Claessens 1970, S. 82 f.

[77] Alsberg 1922, S. 378 und S. 103.

[78] Vergl. Claessens 1970, S. 83.

[79] Gehlen 1975, S. 112.

[80] Vergl. Marx 1979, MEW 23, S. 192 f.

relativ späten Erwerb darstellt, durch pathologische Abbau- und Reduktionserscheinungen besonders leicht zu schädigen ist"[81].

Im Entdecken und Verstehen der "Idealität" der Welt wird der Prozeß der Rückbeugung der Arbeitsprodukte und -verhältnisse als materielle Wirklichkeit auf den Menschen (d.h. auch: als rohe Natur, die das menschliche Leben als "Schicksal" bestimmt) zu der Möglichkeit der Reflexion über diesen Prozeß.

Situation bedeutet ein "Gegenüber-und-in-zugleich"[82]. Aus dem In-Frage-gestellt-Werden oder voluntativ: dem In-Frage-Stellen, auch aus dem In-Frage-Kommen entsteht die Entscheidung zu einer "Begegnung-mit", und "damit [konstituiert sich ein] ... »Zu-Stand« des »Gegenüber-und-in-zugleich«"[83].

Wird nun durch die kindliche Frage, die sich auf ein auftauchendes Objekt durchs Zeigen bezieht, der Befragte überfragt, ist die Grenzsituation des In-Frage-gestellt-Seins aller drei Beteiligten gegeben. Wenn auch das Hinter-sich-lassen-Können und eine Vorausschau-schaffen-Können schon Bekanntheit bedeutet - wenn auch unverstandene[84] - und dieses in Tun und Leiden zweck- und sinnhaft in Arbeit und Ausdeutung verschränkt ist, "hat die Situation des Menschen den Charakter der Gewagtheit und Bedrohtheit"[85]. Doch wird im Innehalten entschieden. Dies bedeutet, uns selbst als "offene Frage"[86] für unser Leben zu entdecken.

Im Entscheiden zur offenen Frage entdecken und verstehen wir die Welt als eine gemachte, "geistige" Wirklichkeit, in der das "Jenseits" unserer Vergänglichkeit als unser "eigenes Jenseits" uns "zurückgegeben wird"[87].

Das Entscheiden im Innehalten ist ein notwendiges Sich-Fassen in und gegenüber der

---

[81] Dieser kurze Hinweis auf eine Phylogenese der Frage ist der "Psychologie der Sprache" von Kainz (1954, Bd. 3, S.497 f) entnommen.

[82] Heinrich 1952, S. 95 ff.

[83] Ebenda, S. 99.

[84] Vergl. Plessner 1979, S. 329; Plessner nennt das "verstandene Unverständlichkeit", um die "Unergründlichkeit" von Mensch und Welt zu betonen. Vergl.ebenda, S. 308 ff.

[85] Ebenda.

[86] Ebenda, S. 309 ff.

[87] Ebenda, S. 315.

unergründlichen Unbestimmtheit in ihrer doppelten Kontingenz[88] des Nexus und des Hiatus von Sein und Haben. Wir *sind* dieses Sein und Haben als und im geschichtlichen Körper, und *verstehen* im Augenblick des Werdens in der Situation der Frage - worin sich das Novum als Fremdes und Intendiertes kundtut - die je eigene »exzentrische Position«, den "Abstand in mir und zu mir"[89], um ihn "zu überwinden"[90].

Dieses Entscheidenkönnen[91] läßt sich als die Notwendigkeit der anthropologischen Reflexion - nicht nur der historischen - verstehen.

Obgleich das Ich-Selbst als "Infrastruktur" (Elias) der "Dispositive der Macht" (Foucault), eingeschmolzen in dauernder Gegenwart eines unverständlich sich bewegenden Raumes, ein zugerichtetes Nichtentscheidenkönnen erleiden muß, da ein gegenwärtiges "Sich-einstellen-vor" mit einer Retention oder einem Überschuß der Bewegung einhergeht: Abhebungen in die Abstraktion sind *gesellschaftliche* Vorgänge, die ungleichzeitige Rückhänge haben können.

Nun steht im Mittelpunkt der kindlichen Frage die Forderung nach Vermittlung und Beistand angesichts der opaken oder lichten Fremdheit des Novums. Ein erfragter Beistand erfordert jedoch eine Verschränkung von Selbstvertrauen und einer mitseienden Vertrautheit des Zubefragenden, der, indem er sich anbietet, das fragende Kind vertraut macht:

"Befrage mich, du, für den ich spreche", heißt es in Jabès' Buch der Fragen[92]. "Aus dem Schweigen, in das sie eingefügt sind, entnehme ich die Antworten auf deine Frage. Bist du zufrieden? Nicht ich antworte, sondern die Sätze"[93].

Der Zubefragende bietet sich hier an, löst - sicher aus dem Erfahrungsfeld der nichtwissenden oder der angst- und furchtverschlossenen Gespanntheit des Schweigens - mit der Zuwendung die Frage aus. Nicht um die Spannung fürsorglich zu lösen, sondern um mitzuerkennen, mitzuforschen, mitzuentdecken und mitzuteilen.

---

[88] a: Daß ich bin, ist zufällig: "Ich bin nicht der Grund meines Seins". b: Daß ich an einen - genau an diesen - Standpunkt "und keinen anderen gebunden bin", ist zufällig. Diese doppelte Kontingenz (Alexa Wagner übersetzt den Begriff *double contingence* mit "doppelter Zufälligkeit", vergl. Sartre 1987, S.404; vergl. hierzu Holz 1951, S.62 + 134), die eine Notwendigkeit einschließt, hat Sartre (ebenda) die *"Faktizität* des Für-sich" genannt.

[89] Plessner 1983, Bd. 8, S. 190.

[90] Ebenda.

[91] Die Entscheidungsfrage, in der das Dasein durch ein *Sich-einstellen* vor das Dasein bestimmt und übernommen wird, heißt Rombach den "Hilfsbegriff der 'ontologischen Reflexion'" (1952, S. 203).

[92] Anmerkung siehe Anhang.

[93] Jabès 1989, S. 60.

Im Verhaltensein gegenüber der eigenen Erfahrung antworten nur jene Sätze, die sich nicht verbergen und *das* Verbergen nicht vergessen, das dem Begriff innewohnt. Der Satz, der, gesättigt von Erfahrung, auch widerständig gegen sie ist, entzieht sich der zertrennenden Fragereihe und der abtrennenden Antwort. Solcher Satz ist fern von einer Kakophanie des Verhörs und seiner durch solchen Lichtschein nicht nur vorbürgerlich gefaßten und erfaßten Öffentlichkeit[94].

Er ist auch fern vom Gehör des Spitzels, der als "gequältes" Wesen in einer besonders gestaltlosen Welt lebt, denn seine Welt ist "tausend Deutungen unterworfen, Vorwand für jegliche Verwandlung"[95].

In der Entscheidung gegen ein (tätiges) Verbergen und Vergessen, das die Arbeit der Selbstentdeckung einschließt, *geschieht* eine ursprüngliche Fragesituation[96], in der fragende und antwortende Sätze für ein neues Erkennen, ein neues Entdecken, ein neues Tun, ein neues Forschen und ein neues Sagen durchsichtig werden in und für die je eigene Erfahrung der Beteiligten.

So leben die Beteiligten in einer Fragesituation in *einem* "Feld der Erfahrung", sie *haben* dieses "Feld der Erfahrung", insofern sie den standpunktlosen Grundriß hierfür selber erfuhren. Außerhalb solcher Erfahrung sind sie nicht jene "reinen Betrachter", sondern erliegen einem Bild der Offenheit, das in dem "Wahrnehmungsglauben" begründet ist, daß unsere Welt, die Welt als "Idealität" der Wirklichkeit, immer "da" ist[97].

Die natürliche Frage nach dem Wo und Wann erweitert erfahrungsgeleitet zwar das "Fragefeld", doch sei sie, so Merleau-Ponty[98], "eine Halb-Frage, eingebettet in einen grundlegenden Glauben: in dem Glauben daran, daß es etwas gibt und daß es lediglich darum geht, ob dies wirklich dieser Raum, diese Zeit, diese Bewegung ist, wie wir sie zu sehen oder zu fühlen glauben"[99].

So negiert die natürliche Frage nicht das Antiquum, wie die offene Frage - die in "freier An-

---

[94] In der Laternenzerstörung erkannte Schivelbusch 1986, S. 98 f eine "symbolische" Auslöschung der Herrschaft, "die die Laterne repräsentierte: Die Dunkelheit, die herrschte, nachdem die Laterne verlöscht war, repräsentierte ein Stück Un-Ordnung und Freiheit". In Berlin und Wien wurden 1848 jedoch "Siege" mit Illuminationen gefeiert (ebenda, S.111 f).

[95] Jabès 1989, S. 61

[96] Für Rombach, der die ontologische Situation der Frage untersucht, ist das "in der Selbstentbergung ge-schehende Sicheinstellen vor der Verbergung als solcher .. der Ursprung der Frage" (Rombach 1952, S.231).

[97] Vergl. Merleau-Ponty 1986, S. 149, S. 130 ff.

[98] Ebenda, S. 142.

erkennung der Verbindlichkeit des Unergründlichen" der gesichteten Geschichte in der Geschichtlichkeit "das Gewicht eines *absoluten* Standpunkts" nimmt - sondern sie negiert nur die "Löcher in einem Gewebe aus Dingen oder Indikativen, von dessen Kontinuität wir überzeugt sind"[100]. Die Weise der *Negation* der offenen Frage ist eine bestimmte[101] bei gleichzeitiger Affirmation - dem "Stehen zu" - der Leib-Körper Verschränktheit und des Hiatus hierin sowie im Hiatus der sozialen und existentiellen Situation von Vergangenheit und Gegenwart.

Im fragenden Erfassen dieses Hiatus, das ein offenes Woraufhin enthält[102], sieht Plessner ein "Umbrechen des Blicks"[103]. "In diesem Umbrechen des Blicks wendet sich das Leben selbst zu sich, um sich als vergangenes und gewordenes zu entdecken"[104].

Hierdurch hebt sich der Mensch aus dem Kontinuum, dem einfachen "da" heraus "und manifestiert als Gegenwart seine *Macht über* die Vergangenheit"[105].

In der Bejahung durch den Eros, als Formel des Unbewußten zur Welt und zum Leib, und in der Verneinung des Bewußten[106], als Formel des Hinter-sich-lassen-könnens wie des Schaffens einer Vorausschau, ist die Fassung des Hiatus eine "Abhebung" von der Umgebenheit und Innenwirkung, durch die der Mensch in seiner Fronthaltung selbständig wird. Die "Schärfe der Begrenzungen" - außen und innen - macht den Grund der bewußten und verstandenen "Verschränkung" im Hiatus zwischen Subjekt und Objekt aus[107]. Die willkürliche und kürwillige[108] Grenzziehung (der Institutionen) - auf Dauer gestellt - wirkt zurück und wird als Vergegenständlichung internalisiert[109], so daß sie, die Grenzziehung, das Subjekt außerhalb eines natürlichen Ortes "einschluckt"[110].

---

[99] Merleau-Ponty 1986, S. 142.

[100] Merleau-Ponty 1986, S. 142; Anmerkung siehe Anhang.

[101] Vergl. Grenz 1975, S. 74.

[102] Ein "*vartierendes*" Woraufhin würde Merleau-Ponty sagen; vergl. ders. 1986, S. 149.

[103] Plessner 1979, S. 316; Anmerkung siehe Anhang.

[104] Ebenda.

[105] Plessner 1979, S. 316.

[106] Vergl. Freud 1975, Bd. 3, S. 376 f.

[107] Vergl. dazu Plessner 1981, Bd. 4, S. 211 + S.366.

[108] Anmerkung siehe Anhang.

[109] Vergl. Griese 1977, S. 127.

[110] Vergl. Simmel 1911, S. 111.

Die exzentrische Positionalität des Menschen, mit der Plessner[111] den "unaufhebbaren Doppelaspekt" von innen und außen, von Leib und Körper, von Umwelt und Außenwelt, Abgeschlossenheit und Unergründlichkeit bzw. Offenheit[112], Erinnerung und Hoffnung, Fixierung und Übersetzung und die Gleichzeitigkeit vom Hineingestelltsein und Abgehobensein begrifflich faßt, wird begleitet von einem doppelten Sich-distanzieren-Können.

In diesem Vermögen kann durch radikales Fragen und durch Solidarität des Befragten die Übersetzung[113] des Nein als psychische Repräsentanz des Unbewußten[114] und des Nein als internalisierte Ausstoßung von der Teilhabe an der Welt, welche vom Thanatos[115] her drohen, in ein vermittelndes, vermitteltes Ja des Eros gelingen.

> Dies war auch die Hoffnung Freuds: "Die Menschen haben es jetzt in der Beherrschung der Naturkräfte so weit gebracht, daß sie es mit deren Hilfe leicht haben, einander bis auf den letzten Mann auszurotten. Sie wissen das, daher auch ein gutes Stück ihrer gegenwärtigen Unruhe, ihres Unglücks, ihrer Angststimmung. Und nun ist zu erwarten, daß die andere der beiden »himmlischen Mächte« ..., der ewige Eros, eine Anstrengung machen wird, um sich im Kampf mit seinem ebenso unsterblichen Gegner zu behaupten. Aber wer kann den Erfolg und Ausgang voraussehen?"[116]

Das Gelingen der Übersetzung, die vom Hören, Sprechen, Verstehen und der Möglichkeit dazu abhängt, sie bedeutet, sie ist - heißt Zugänge zum je historisch gestalteten Fremden zu schaffen. Das Fremde, das Unheimliche "ist als solches nicht das Feindliche schlechthin"[117], sondern ist bedingt durch das Wie der Gestaltung von Eros und Thanatos zu sich, zur Mitwelt, Umwelt und Außenwelt.

Auch das einfache Wo und Wann der Lösung der Spannung des Getrenntseins und Getrenntwordenseins von Subjekt und Objekt ist ausschlaggebend für die Gestalt dieser Kluft: Kampf ist nicht Krieg[118], und Streit, der durchaus menschliche Vereinigungen zer-

---

[111] Plessner 1981, Bd. IV, S. 360 ff.

[112] Anmerkung siehe Anhang.

[113] Anmerkung siehe Anhang.

[114] Vergl. Freud 1975, Bd. 3, S. 373.

[115] Der Terminus "Thanatos" ist von Freud nur in Gesprächen verwendet worden (vergl. Jones 1978, S. 324). Freud verwendete die Begriffe "Todestrieb" (gegen die eigene Person) und "Destruktionstrieb" (Wendung nach außen). Hier faßt der Begriff "Thanatos" eben beide Strebungen (vergl. Marcuse 1973, S. 32 ff und S. 219 - 233).

[116] Freud 1974, Bd. 9, S. 270.

[117] Plessner 1979, S. 327.

[118] Vergl. Bloch 1985, S. 315.

stören kann[119], wie er Zusammenschlüsse verdichtet, da sich im Streite alle "zusammennehmen" müssen[120], bedeutet nicht Vernichtung, sondern Bewegung. Denn: "Eine Gruppe, die schlechthin zentripetal und harmonisch, bloß »Vereinigung« wäre, ist nicht nur empirisch unwirklich, sondern sie würde auch keinen eigentlichen Lebensprozeß aufweisen ..."[121].

Wir sehen also "es einer Aggression nicht an, wem sie dient; der Vernunft oder Triebbedürfnissen, die der Vernunft spotten wollen"[122].

Die Horizonte sind offen. So wie wir als körperliche Wesen in Raum und Zeit verschränkt sind, Raum und Zeit einwohnen[123], bleibt doch das "pure Wo und Wann der Erfüllbarkeit durch Seiendes"[124] vermittelt. Die "»Leere« relativer Örter und Zeiten"[125] wird nur Kraft des Subjekts zur Fülle, gleichwie der "utopische Standort"[126], im Hiatus angelegt, die Möglichkeit ist, die je historische Überwindung der vorgängigen Subjekt-Objekt-Trennung (d.i. das "System"), die ja ein doppeltes Mißlungensein[127] bedeuten kann, fragend und vorausschauend zu überschreiten und umzuarbeiten. Denn erst in Formen werden wir des intendierten Neuen in unserer Innen- und Umwelt, Mit- und Außenwelt bewußt[128].

*   Der utopische Standort des Menschen bedeutet die Möglichkeit seiner Universalität. Die reflektierte Abhebung und Distanzierung in Herrschaftsmittel umgesetzt bedeutet ein ortloses und "entfremdetes"[129] Dasein. Ein doppeltes Sehnen entsteht. Nikolaus Lenau thematisiert von solchem Standort des Nirgendwo - im Bewußtsein der Grenze[130] - dieses Sehnen als "Doppelheimweh":

---

[119] Freud, Erg.Bd., 1975, S. 386, in bezug auf Empedokles.

[120] Vergl. Simmel 1968, S. 232.

[121] Ebenda, S. 187.

[122] Mitscherlich 1969, S. 110.

[123] Vergl. Merleau-Ponty 1966, § 20, S. 169 - 172.

[124] Plessner, Bd. IV, 1981, S. 366.

[125] Ebenda, S. 366.

[126] Ebenda, S. 419 ff.

[127] Anmerkung siehe Anhang.

[128] Vergl. Simmel 1926, S. 6 ff.

[129] Marx 1974, S. 157.

[130] Vergl. Plessner 1981, Bd. IV, S. 154 f.

> "Zwiefaches Heimweh hält das Herz befangen,
> Wenn wir am Rand des steilen Abgrunds stehn
> Und in die Grabesnacht hinuntersehn,
> Mit trüben Augen, todeshohlen Wangen.
>
> Das Erdenheimweh läßt uns trauern, bangen
> Das Lust und Leid der Erde muß vergehn;
> Das Himmelsheimweh fühlts herüberwehn
> Wie Morgenluft, daß wir uns fortverlangen.
>
> Dies Doppelheimweh tönt im Lied der Schwäne,
> Zusammenfließt in unsre letzte Träne
> Ein leichtes Meiden und ein schweres Scheiden.
>
> Vielleicht ist unser unerforschtes Ich
> Vor scharfen Augen nur ein dunkler Strich,
> In dem sich wunderbar zwei Welten schneiden."[131]

In der "Konstitution von Ferne"[132], die bei Lenau durch einen ironischen Hauch über dem natürlichen Ort und der endlichen Zeit schwebt, wird das Ich-Selbst mit seinen Begrenzungen in der Grenze stehend als ein Gefäß, eine Umfassung der Zerrissenheit und Zertrenntheit gedacht: "Zwiefaches Heimweh hält das Herz befangen"; die Welten "schneiden" sich im Ich, "wunderbar", wie sie sich auch scheiden. Im Schmerz des Zerrissenwerdens und der Zertrennung tritt das Ich-Selbst aus der Ferne fortwährend ins Leben und ins Leben zurück.

Doch es ist *ein* Akt eines ganzen Menschen. Zerrissenheit und Zertrenntheit mögen von Grabesnähe oder von der erschöpften, sich fortverlangenden Seele herüberwirken; wir sind fühlend und anschauend zugleich.

"Gerade wo uns, wie der Landschaft gegenüber, die Einheit des natürlichen Daseins in sich einzuweben strebt, erweist sich die Zerreißung in ein schauendes und ein fühlendes Ich als doppelt irrig. Als ganze Menschen stehen wir vor der Landschaft, der natürlichen wie der kunstgewordenen, und der Akt, der sie für uns schafft, ist unmittelbar ein schauender *und* ein fühlender ...[133].

In dieser Lage kann mit dem Wo und Wann nach der Stelle (des Entstehens) von Not, Mangel, Irrtum, Machenschaften und Verrat gefragt werden.

Tritt erst im Schmerz der Trennung das Selbst ins Leben[134], haben sich in der Verneinung

---

[131] Lenau 1971, S. 228 f.

[132] Als eine "Abhebung *wovon*", *Plessner* 1981, Bd. IV, S.211.

[133] Simmel 1957, S. 152.

[134] Vergl. Heinrich 1982, S. 69.

der Gebundenheiten und Verbundenheiten äußere und innere Daseinsformen individualisiert, zeige sich doch im Gegenüber einer Landschaft, so Simmel[135], in der Stimmung dieser, eine Einheit, die sich "von sich aus jenem Alleben wieder öffnet"[136]. In dieser Herausbildung der Landschaft als ein "Kunstwerk in statu nascendi"[137] ist so ein Hinweis gegeben, daß der ab- und herausgetrennte Teil als Einheit *und* Verbindung gesehen werden kann.

Die Stimmung einer Landschaft *ist* ihre Formeinheit. Sie ist der spezifischen Landschaft eingezeichnet und mit jeder Veränderung der Striche und Umrisse wird sie eine je andere. Simmel faßt die Stimmung als Allgemeinbegriff der Landschaft auf: "des Melancholischen oder des Frohen, des Ernsten oder des Erregten"[138]. Es ist nicht die eigene momentane Stimmung, von der die Bedeutung der Landschaft bestimmt wird, sondern das Auftauchen solcher zur Einheit gewordenen Einzelteile aus dem historischen Horizont ist die vermittelnde Gegengestalt des historisch gewordenen Individuums, das sich - verneinend und verneint - aus dem "Zustand des Ungeteiltseins" und des "glaubensförmig" befangenen Lebens herausgearbeitet hat[139].

*   Dieses Herausarbeiten aus den nach innen zentrierten und nach außen sich abgrenzenden Lebensformen der Gemeinschaften und Genossenschaften ist zwar als eine Stufenfolge eines Übergangs vom theologischen oder fiktiven[140] zum metaphysischen oder abstrakten[141] und schließlich zum positiven oder realen Stadium der wissenschaftlichen Rationalität zu verstehen[142], jedoch sind die vorhergehenden Stufen nie wirklich überwunden. Von der Seite des Erkenntnis*motivs* angeschaut, ist das eine nicht durch das andere zu ersetzen.

"Dem *Motiv* nach beruht die Religion auf dem unwiderstehlichen Drang der Persönlichkeit nach geistiger Selbstbehauptung durch Bergung, Rettung des Personenkerns in eine per-

---

[135] Simmel 1957, S. 149.

[136] Ebenda, S. 144.

[137] Ebenda, S. 147.

[138] Ebenda, S. 152; Anmerkung siehe Anhang.

[139] Vergl. Nelson 1984, S. 76 ff über die Bewußtseinstypen, "die historisch durch die Jahrhunderte im Vordergrund gestanden haben". Vergl. Elias 1978, S. 37 ff.

[140] "sakro-magischen" nach Nelson 1984, S. 76.

[141] "Verpflichtung der Seele auf einen Glauben" und Herausbildung der Teilung in Vollkommene und Unvollkommene, was ein "transmoralisches Bewußtsein" bedeutet, Nelson 1986, S.79.

[142] Comte 1979, S. 5 - 41, siehe auch die Einleitung von Fetscher, ebenda, S. XXIV - XXIX.

sonhafte, heilige, weltlenkende Macht"[143]. Die Zentralfigur ist der Heilige.

"Die Metaphysik beruht auf immer neuer *Verwunderung*"[144]. Ihr "*erster* Gegenstand" sind "die undefinierbaren, nur aufweisbaren Grundbegriffe und die zu allen möglichen Beweisen nötigen unbeweisbaren Grundsätze über den *weltwesentlichen Zusammenhang*"[145]. Metaphysik will ein "*Gesamtbild*" davon geben, "wie alle nach obersten Wesenheiten geordneten Dinge *in der «absoluten Wirklichkeit» eingewurzelt* sind." Ihr geht es nicht um Beweisbarkeit wie in der positiven Wissenschaft, sondern um "*Reichtum* und .. *Fülle*", darum ist der *Weise* und seine *Schule* die "sachnotwendige soziologische Existenzform"[146].

"Die positive Wissenschaft beruht auf dem Bedürfnis, Natur, Gesellschaft und Seele zu *lenken* nach Zielen und Zwecken, die sich als «beliebige» von den je besonderen Zwecken abgehoben haben, in denen der arbeitende Mensch verflochten ist"[147]. Die Zentralfigur der positiven Wissenschaft ist der Forscher, der den "unendlichen Prozeß «Wissenschaft»" fortführen will[148].

Die Verschränkung von geschichtlichen und individualgeschichtlichen Motiven macht gleich- und gegensinnige Verflechtungen von (auch gebrochenen) Willensakten möglich, die u.U. auf der jeweiligen Stufe des Auftauchens von Spannungen unregulierbar sind. Die Ergebnisse der Intentionen in ihren Verflechtungen und Abfolgen, die "Figurationen"[149] der interdependent handelnden Menschen sind so, von je eigenen Werten geleitet - und seien es jene höchsten Werte, mit denen in einer Revolution Recht gesetzt worden ist durch die zusammen-gehende Macht vieler[150] -, ungeplant zuwege gebracht worden[151].

Zeigt sich der Mensch in seinen Verflechtungen stehend, agierend und erleidend als ein historisch "Vorläufiger", der sich Antwort stehen muß[152], sind auch seine Fragehaltungen und -richtungen abhängig von der Balance des geltenden Verhältnisses von Kluft und Verschlingung. Gebannte, beschworene oder manipulierte Fraglosigkeit gilt ohnehin nur bis

---

[143] Scheler 1982, S. 61.

[144] Ebenda.

[145] Ders. 1960, S. 86.

[146] Ebenda.

[147] Ebenda.

[148] Scheler 1982, S. 62.

[149] Elias 1978, S. 10 f und S. 139 ff.

[150] Freud, Bd. IX, 1974, S. 277.

[151] Vergl. Elias 1977, S. 131.

[152] Sonnemann 1981, S. 24.

zur nächsten Katastrophe.

In der Zeit der profanen Vernutzung der Lebensbedingungen und des Lebens wird nach der Heiligung des Lebens gefragt.

In der Zeit der Herrschaft von Verrat, Lüge und Manipulation wird nach Wachsen und Werden in Weisheit und Wahrheit gefragt.

In der Zeit kollektiven Reichtums und individueller Armut wird nach dem zuträglichen Verhältnis von Arbeit, Genuß und Muße, nach der Möglichkeit von vernunftgeleiteter Kooperation und nach den Möglichkeiten der produktiven Auflösung von Spannung und Konflikt gefragt, und: inwieweit denn die gesellschaftliche Sicherung der subjektiven Erfahrung ausreichend für eine vorausschauende Orientierung gelungen sei[153].

*   Das phylogenetische, historische und ontogenetische Werden des Ich-Selbst scheint nicht anders als über den Schmerz als Einheit in die Geschichte zu treten.

Die jeweilige Überwindung und Neukonstituierung des Hiatus zwischen Subjekt und Objekt, zwischen Subjekt-Objekt-Verhältnis und utopischem Standort, zwischen Antiquum und Novum, in deren Grenze Frager und Befragter stehen, muß jedoch auch vom Herüberwirken des auftauchenden Novum als den Willen affizierend und richtunggebend thematisiert werden. Die Frage nach dem Wo und Wann impliziert eine Richtung, sowie der Standort des Fragers hierzu in Bezogenheit steht.

In der Ergriffenheit, in dem Angemutetsein ist eine Stimmung eines Objekts, einer Landschaft gegeben, die eine größtmögliche Ferne zwischen Innen- und Außenwelt zur Einheit bringt. Auch hier ist ein utopischer Standort gegeben. Plessner nennt das die "Gerade endloser Unendlichkeit": Des Menschen "Element ist die Zukunft. Er zerstört den Weltkreis und tut uns ... die selige Fremde auf"[154].

Nicht allmählich ist der Auf- und Ausgang zur seligen Fremde. Der Zuweg erfolgt in der Aufhebung von "Fassungskraft" und "Lebenskraft"[155]. Angst, Schmerz *und* Freude[156] sind in einem Gefühl in seiner Abgehobenheit aufgehoben. Es übersteigt das Vorstellungsvermögen, wird vom Denken unterstützt[157], das dennoch nicht über ein historisch *denk-*

---

[153] Brandao 1982, S. 383 f.

[154] Plessner 1981, S. 425; Anmerkung siehe Anhang.

[155] Schiller o.J., S. 190.

[156] "Wehsein und Frohsein" heißt das "gemischte Gefühl" bei Schiller (o.J., S. 190), nach Bassenges Einleitung in Burkes "Vom Erhabenen und Schönen" eine Übersetzung von "pain" und "delight" (Burke 1956, S. 26 f).

[157] Kant 1979, S. 193 f; Anmerkung siehe Anhang.

bares Szenarium hinauskommt.

In einem jeder Willkür enthobenen Natursymbol kommen wir in der Einsamkeit jäh "zum Bewußtsein unseres eigen Selbst"[158].

Es ist das "Gefühl des Erlöstseins"[159], eines "Gegenüber-vom-Leben" und "über ihm"[160], das sich angesichts der zeitlosen, unhistorischen weil alles Vergängliche abweisenden Hochgebirgslandschaft zeigt. Die "mystische Erhabenheit"[161] dieses Eindrucks einer Landschaft symbolisiert das verbindende "Zwischen" von Mensch und Natur. In der Abgehobenheit *von* Welt und Gesellschaft im utopischen Standort deutet die Erhabenheit auf ein unerfülltes "Zwischen" zwischen den Menschen *in* ihrer Welt hin. Insofern kann die Erhabenheit nur "Übergang" bedeuten[162].

Das Erhabene gibt uns einen "Ausgang aus der sinnlichen Welt"[163] in der Relation der Räume von beherrschter Enge und unbeherrschter Weite[164]. So kann sich das Verhältnis des Menschen zu und in seiner Welt klären.

Die je historische Form des utopischen Standorts, die sich aus einem noch unerfüllten und armen Ich oder aus der Nichtigkeit seiner in den Verhältnissen ergibt, wird veranschaulicht in der Einheit der Stimmung des aufbrechenden Individuums und der aus der Geschichte der Landschaft herausgesehenen Erfüllung des Daseins.

Weist hier der "glorious mirror" der See, "dark-heaving" auf Grenzenloses, Endloses, Erhabenes ("sublime") als die Verkörperung des Ewigen ("the image of eternity"[165]), auf das Ich-Selbst des Menschen, als tiefgründig Bewegtes auf das unergründliche Leben in seinen Bindungen; weist dort das "Massenmoment" der Hochgebirgslandschaft, seine unerlöste Formlosigkeit, seine Entferntheit von allem Lebendigen auf eine Absolutheit hin[166], deren Gegenbild im Einzelnen nur noch die Last der nackten Existenz bedeuten kann[167].

---

[158] Lucka 1916, S. 179.

[159] Simmel 1919, S. 151.

[160] Ebenda.

[161] Ebenda, S. 150.

[162] Solger 1815, 2 Tle., 2. Tl., S.238 f u. S.269 f; vergl. Görland 1937, S. 573 f über den Terminus des "Übergangs" und des "Zwischen" von Erscheinung und Wesen als "Wunder der Kunst".

[163] Schiller o.J., S. 193.

[164] Vergl. Lucka 1916, S. 184 f.

[165] Byron 1923, S. 243 f.

[166] Vergl. Simmel 1919, S. 145 ff.

[167] Vergl. Plessner 1974, S.171; Anmerkung siehe Anhang.

Nichts hat die Geschichte der Zivilisation, der Völker, Staaten, Nationen und Imperien so geprägt wie das Meer[168]. Im dunkel-prächtigen Spiegel - "Thou glorious mirror, where the Almighty's form"[169] - sehen wir die Heraufkunft eines frühen Ich[170].

Die Leistung des frühen Ich liegt in dem Hinaustreten aus dem heimatlichen Raum der beherrschten Enge, um in zentrifugaler Bewegung - über das Meer als Verbindung - eine Sehnsucht nach Allverbundenheit in der Erweiterung des bekannten Raumes konkret einzulösen. Im Prozeß zwischen Abschied und Aufbruch, zwischen Aufbruch und Ankunft hebt sich das frühe Ich vom Raum ab, und in dieser Entwurzelung stellt es sich, in zentripetaler Bewegung *mit* und *im* Impuls nach Allverbundenheit, staunend und erregt über die neue Einheit, ihr entgegen.

Das Erkennen des Selbst im Schrecken und Grauen des Fremden, das in das frühe noch unerfüllte Ich einfließt, das Bewußtwerden der Bindungen im Heimweh und der Melancholie, die dem noch im Raum verbundenen Ich das Herz beschwert, ist gleich dem Innehalten des Fragenden in der Situation des "Gegenüber-und-in-zugleich"[171].

Es ist der Typus des Fragenden, des Nach-sich-Fragenden auf der Suche nach Vollkommenheit[172], der durch die Einfühlung in das Meer historisch entstanden ist. Er ist es, sich fortwährend in Frage stellend, der Handel, Verkehr und Industrie über das Meer als sein "natürliches Element" zur "welthistorischen Bedeutung" gebracht hat[173]. Sein Wo und Wann ist die »selige Fremde«.

Ist die Landschaft des Meeres das Gegenbild der Unergründlichkeit des Menschen[174], weist die Hochgebirgslandschaft, die "Firnlandschaft"[175] in ihrer Unbedingtheit, ihrer Form- und Zeitlosigkeit, mit ihrer "unüberwindlichen Wucht" der "bloßen Existenz" gegen alles Geformtwerden, auf ein abstraktes Erlöstsein, auf "Abstraktion vom Leben"[176]. Aufgehoben in solcher erhabenen Situation ist der Mensch, der die Nichtigkeit oder die Auflösung seiner selbst erfahren hat.

---

[168] Vergl. Schmitt 1981.

[169] Byron 1923, S. 243.

[170] Vergl. Borkenau 1947, S. 37: Anmerkung siehe Anhang.

[171] Heinrich 1952, S. 99.

[172] Vergl. Borkenau 1984, S. 342 ff; Anmerkung siehe Anhang.

[173] Hegel 1970, Bd. 7, S. 391.

[174] Vergl. Plessner 1979, S. 317.

[175] Simmel 1919, S. 148.

[176] Simmel 1919, S. 148; vergl. Worringer 1987, S. 59; Anmerkung siehe Anhang.

Aller Zwiespalt der Seele wird am Natursymbol der Firnlandschaft geklärt[177].

*   In der Abhebung von der intensiven Spannung zwischen dem Aufgehen im Sein und einem Fortverlangen zu etwas ganz Anderem *für* das Subjekt - zwischen der Harmonie einer möglichen "Genossenschaft der Produzenten Mensch und Natur"[178] und der Kraft der Vernichtung, des Abgetrenntbleibens, die in allem Lebendigen als Rückkehr zum Materialen vom Thanatos droht, was das Tellurische, das Dämonische symbolisiert - konstituiert sich die erhabene Situation.

Im jähen Ergriffen- und Erlöstsein erlebt der Mensch die Ahnung des fraglosen Zustands. Dieser Zustand ist nicht ungebrochen; nicht nur wegen des abstrakten Zustands der Fraglosigkeit und der hierdurch retenierten konkreten Fragwürdigkeit des Subjekts, sondern das Erhabene selbst symbolisiert Gebrochenheit in der Zeit und in der Form:

In der Zeit, da Zeitlosigkeit aus der Landschaft herüberwirkt, wie *in* der erhabenen Situation der Augenblick sich zeitvoll zeigt, wird die Zeit dem Menschen in der Situation untreu[179]: Er muß als Lebendiger in der Zeit bleiben.

In der Form, da der Mensch, der in der Situation der Form gegenüber ist, wie sie "über ihm"[180], kann er in die von der Landschaft herüberwirkende Form nicht eingehen: Der entstandene Impuls des Erlöstseins verlangt die Aufhebung der Form.

Sofern das Übermächtige der Natur in Zeit und Form das Erhabene für den nach Ausgang Suchenden bedeutet, kommt im *Denken* dieser Form gegenwärtig auch eine Gebrochenheit zutage.

Das "Über-der-Form" ist angesichts der Vermittlung extraterrestrischer Standpunkte (der Zustand der Schwerelosigkeit, die Bildsicht auf den "blauen Planeten") und extraterrestrischer ungeahnter Landschaften (Bilder von Raumfahrzeugen auf der Rückseite des Mondes) zu einem Problem der technischen Apparatur, der lichtschwachen Kamera und der empfindlichen Transportsysteme geworden[181].

In dieser Erweiterung der Anschauung der Natur (als Grenzsituation auch des mathema-

---

[177] Vergl.Lucka 1916, S. 178.

[178] Bloch, J. 1981, S. 99.

[179] Dies mag Hölderlin ein Zeichen "göttlicher Untreue" sein, in der der Mensch in diesem Moment "der kategorischen Umkehr" der Zeit folgen muß, und "hiermit im Folgenden schlechterdings nicht dem Anfänglichen gleichen kann", Hölderlin 1952, Bd. 5, S. 202 in den Anmerkungen zum Ödipus.

[180] Simmel 1919, S. 151.

[181] Vergl. Anders 1970, S. 42 f, S. 112 - 126; vergl. Schnabel 1986.

tisch Erhabenen[182]) ist die Apparatur mitzudenken, wie die Einfühlung in die vermittelten Abbilder intensiviert werden muß. In der Intensivierung der Einfühlung jedoch gerät der Einzelne auch hier an eine Grenze des intendiert Vermittelten: Die Firnlandschaft als Natursymbol des Erhabenen wird unversehens durch Mitdenken der technischen Kriegsapparatur überschattet. Ein Schatten, der sich über die Seele legt. Dieses Doppelsymbol erschreckt durch die Vision des radikalen Beieinander von materialem Beginn und unorganischem Ende alles Lebendigen, wo "Quarzkristalle über dem Abgrund einander zublinzeln im Sternenlicht"[183].

In beiden Aspekten, dem der Apparatur und dem der Abbilder, kann sich der Mensch verfangen: d.h. vor der hergestellten Fraglosigkeit zu-ermüden, zu-ermatten. Die Einfühlung in beides ist schon erlernt in den Vermittlungsformen der Transport- und Abbildtechnik[184], in der Ästhetisierung von Masse und Staat[185].

Die Erfahrung der Geschlossenheit eines Systems durch Fraglosigkeit der Institutionen[186], durch Technik, politische Massendramaturgie und Staatsästhetik ist über das Ausschöpfen des dämonischen[187] und prometheischen Aspekts des Menschen veranschaulicht worden. Die Geschlossenheit wird zur "negativen Theologie"[188], sofern das Hinzudenken in automatisierten Reflexionsfiguren, die die Vermittlungsformen ja mitliefern, den vorgestellten Sieg über das Natursymbol des Erhabenen bestätigt.

Der Impuls, sich von der Nichtigkeit der nackten Existenz abzuheben, bliebe in Form der intensivierten Einfühlung und der verknappten Abstraktion zwar strukturiert, jedoch triebe er dann blind Prozesse an, die die Extension des Systemischen ohne Rückkehr zum Subjekt ermöglichen: Das Gemachte, vom Bewußtsein intendiert, verschlänge die Bewußtwerdung über es.

*   Die Frage nach dem Wo und Wann erhebt sich für uns aus den Substanzen der Zeit. Irritation und Fremdheit an jedwedem Ort zu jedweder Zeit, hervorgerufen durch die

---

[182] Vergl. Kant 1979, S. 193 f.

[183] Horstmann 1985, S. 114.

[184] Vergl. Virilio 1980, 1986; vergl. Benjamin, Bd. 2, 1980, S. 485 ff. Im Persuativen des semiotischen Ereignisses macht Bartels die "sich ankündigende Unendlichkeit" als "»künstliche Unendlichkeit«" aus. Dies sei, so Bartels, "das Technisch-Erhabene", das durch den "technisch Erhobenen" wieder relativiert werde ; Bartels 1989, S. 304.

[185] Benjamin 1980, Bd. 2; Kracauer 1977; darauf aufbauend z.B.: Jürgens 1970; Schnell 1978; Möding 1984.

[186] Vergl. Gehlen 1961a, S. 72.

[187] Vergl. Görland 1937, S. 582 ff.

je eigene Geschichte - das ist ein Grund der Frage -, erhalten vom System her keine Antwort. Durch "geschichtslose" Systemstrukturelemente wird störende und belastende Geschichte technisch neutralisiert, indem "Stellen" als "abstrakte Identifikationsgesichtspunkte für Rollen" angeboten werden, "Geld" als Investitions- und Abschreibungsmittel für eine Kalkulierbarkeit von Anpassung der Vergangenheit, der Gegenwart und der Zukunft eingesetzt wird, und weiter: die "Positivität der Rechtsgeltung" vertreten wird, was "bedeutet, daß das Recht kraft Entscheidung gilt" und "auf gegenwärtigen und künftigen Änderungsmöglichkeiten [beruht], die mit jeder Geschichte kompatibel sind"[189].

Hier wird Weltgeschichte planend erfaßt, d.h. auf Möglichkeiten von Bedingungen hin entworfen, und verliert hierdurch ihre Stellung als "erhabenes Objekt":

> "Die Freiheit in allen ihren moralischen Widersprüchen und physischen Übeln ist
> für edle Gemüter ein unendlich interessanteres Schauspiel, als Wohlstand und
> Ordnung ohne Freiheit, wo die Schafe geduldig dem Hirten folgen und der
> selbstherrschende Wille sich zum dienstbaren Glied eines Uhrwerkes herabsetzt.
> Das letzte macht den Menschen bloß zu einem geistreichen Produkt und glückli-
> cheren Bürger der Natur; die Freiheit macht ihn zum Bürger und Mitherrscher
> eines höheren Systems, wo es unendlich ehrenvoller ist, den untersten Platz ein-
> zunehmen, als in der physischen Ordnung den Reihen anzuführen. Aus diesem
> Gesichtspunkt betrachtet, und *nur* aus diesem, ist mir die Weltgeschichte ein
> erhabenes Objekt"[190].

In der Luhmannschen Anvisierung "hoher Teilsystemautonomie" und "überzogene[r] Möglichkeitsprojektionen in den Teilsystemen" wird eine Zukunft erwartet, die "mehr als eine mögliche Gegenwart je Zeitpunkt"[191] eröffnet. Trotz möglicher Freiheitsgrade, die in der Wahl für den Einzelnen bestehen, verstärkt sich gerade, indem noch die Bedingungen der Möglichkeit durch Systemstrukturen (metaphysisch?) gesetzt werden sollen, die Herrschaft der "physischen Ordnung"[192]. Der Erfolg des Kampfes um die Freiheit des Menschen[193] wird in die Möglichkeitsperspektiven "kontingenter Zukunft" ohne Ziel[194] aufgelöst.

Da Perspektiven in der Geschichte durch *Möglichkeiten* objektiviert, Zeithorizonte ausgewählt werden sollen - bei Geltung von Positivität -, wird das je historische Subjekt gerade *in* den Möglichkeiten zersplittert und auf ein bloßes Mitsein reduziert. Die dezisionistische

---

[188] Benjamin, Bd. 2, 1980, S. 481.

[189] Luhmann 1972, S. 100, 101, 102.

[190] Schiller o.J., S. 196.

[191] Luhmann 1972, S. 104.

[192] Schiller o.J., S. 196.

[193] Vergl. ebenda.

[194] Luhmann 1972, S. 104 f.

Auswahl durch subjektfremde[195] Kontinua und Kontinuation verzerrt das ausgelegt Mögliche über oder auch unter dem "Horizont der Welt"[196] wie dem Zeithorizont. Das Fernbild der Perspektive selbst zeigt *das* Kontingente -als das Zufällige oder das Notwendige, als die Möglichkeit von Geschehen und Nichtgeschehen - was der Einzelne an Flexibilität und Variabilität als Unterworfener in der systemischen Situation von sich noch zu erwarten hat.

Eingefaßte Emanzipationsprozesse, die von der eigenen Geschichte befreien sollen, haben ihr Ziel in der Auflösung der Differenz von "Systemgeschichte und Weltgeschichte"[197] ; sie sind so auf infrastrukturelle Produktions- und Distributionsweiten hin perspektiviert und durch bedrohliche, gefürchtete Waffenferne eingeengt. Die Einzelnen werden in den Prozessen durch reflektorische Zurückkunft der Waffenferne, die nun die mögliche Nähe des Todes vertritt, gezwungen, sich zu disziplinieren.

Solcherart Verfahrensweisen bedeuten, in einer Freiheit in und durch Anonymität leben zu müssen - bei allen Weihen durch das "Amt"[198]; dies ist eine reflektierte Abhebung[199] der bürgerlichen Freiheit durch Differenzierung[200] ins Systemische, indem die Impulse zur Freiheit in der Extension der Strukturen oder in ihrer Geschwindigkeit selbst sich auflösen.

Soweit zur bürgerlichen Zeit hin das Stadtleben in den "freien Einungen"[201] frei gemacht hat und in der Folge infrastrukturelle Anbindung des Landes an die bürgerliche Handels- und Produktionsweite die Möglichkeit gleicher Teilhabe an der bürgerlichen Gesellschaft erschloß, ist die reflektierte Abhebung des infrastrukturellen Netzes zum herrschafts- und kompetenzgeleiteten, selbstreferentiellen System eine Transformation natürlicher Örter und Zeiten in bloß noch systemisch geltende einer künstlichen Künstlichkeit. Hierin müssen alle Aggregate laufen, um Weltzeit, Systemzeit und Systemort zusammenbringen

---

[195] Auch subjekt*entfremdete* Kontinua als geschichtlich verwirklichte Möglichkeiten sind hier gemeint.

[196] Luhmann 1970, S. 116.

[197] Luhmann 1972, S. 100.

[198] Vergl. Simmel 1968, S. 185.

[199] Luhmann nennt diesen Vorgang in bezug zu Husserl Technisierung, jedoch in affirmativer Bedeutung. "Technisierung ist eine auf kontextfreie Sprache folgende zweite (!) evolutionäre Stufe der Symbolbildung, auf der sich selektive Prozesse den Verfügungshorizonten eines möglichkeitsreichen, sehr komplexen Gesellschaftssystems anpassen müssen", Luhmann 1972, S. 100.

[200] Vergl. Simmel 1968, S. 306 ff.

[201] Simmel 1968, S. 307 f.

zu können[202]. Menschen, die solche Netze warten und in Gang halten, sind im Prozeß des Abreißens von ihren Lebensumständen immer mehr auf künstliche Örter und Zeiten angewiesen. Die Lebenszeit muß seelisch gedehnt werden, um die Hoffnung, Freiheit in Bindungen als Glück doch noch einmal realisieren zu können, nicht zu verlieren.

Die Differenz von System- und Weltzeit, von Lebens- und transeunter Zeit führt in der Extension systemstruktureller Zeit durch eine Zeitsymbolik, die ja gelernt sein will, in die sich eingefühlt werden muß, zu einer Verschlingung *im* Einzelnen. Soweit sich in der je einzelnen Lebensperspektive die Frage nach einer umfassenden Ordnung nicht mehr beantworten läßt, stellt sich die Furcht vor die Möglichkeit, und die Bedeutung der vorwärtsschreitenden Zeit und der wachsenden Ich-Zeit schwindet mit der Zeitextension: das Historische selber verschwindet[203] in den verräumlichten Möglichkeiten. Damit ist das Problem der falschen Wahl und des Beiseite-lassen-Müssens verbunden.

Tun und Nicht-Tun werden in der Unsicherheit des Wo und Wann zu Entscheidungen ohne Gewißheit und können im Mißlingen von Anpassung oder Lebensvollzug Hemmungen herbeiführen, in denen "die determinierende Gewalt der Vergangenheit erlebt [wird]"[204].

Im Einpassen der wachsenden Zeiten, der Ich-Zeit und der historischen Zeit, der erlebbaren und der erinnerbaren Zeit[205] in eine auf Reflexivität gegründete Systemweltzeit erzwingt sich das frühe Ich das "gedencken", das es "aus der Gegenwart heraus[hebt] und [sie] entwertet"[206].

"Während die Erinnerung auf der menschlichen Gemeinsamkeit aufbaut[207], gehört es zum Wesen des «gedenckens»[208], daß es die mitmenschlichen Bezüge der Gegenwartssituation zu schlagartiger Isolation löst. Die Erinnerung akzentuiert und erhöht die Gegenwart, indem sie in ihr den Zielpunkt einer als Brücke erkannten Vergangenheit sieht. Das «gedencken» dagegen hebt sich aus der Gegenwart heraus und entwertet sie"[209].

---

202 Vergl. Luhmann 1972, S. 90.

203 Vergl. Straus 1960, S. 129.

204 Straus 1960, S. 137.

205 Vergl. Straus 1960, S. 126 f.

206 Ruhberg 1964, S. 249. Ruhberg zeigt anhand der Prosaromane von Lancelot auf, daß die Suche und Frage, die "queste", das Zeitkontinuum hervorbringt, in dem Erinnerung und "gedencken" eben auch *dieser* Kontinuation dienen; Ruhberg 1964, S. 247 ff; vergl. auch Mirgeler 1965, S. 12.

207 Sie durch Frage und Antwort rekonstruiert.

208 "gedencken" heißt hier "das sinnende Hingegebensein an schwere Gedanken", Ruhberg 1964, S. 248, Anmerkung 1.

209 Ruhberg 1964, S. 248 f.

So liegt in der Überbetonung der physischen Ordnung selbst durch eine folgende "Habitualisierung"[210] der (auch möglichen) vergangenen Versäumnisse für das je eigene Leben und der Suche nach seiner umfassenden Ordnung ein Keim der Auflösung.

*   In selbstreferentieller Finalisierung der Systemtheorie - Beck[211] nennt das zugespitzt "die Selbstwiderlegung der Bürokratie", Pfütze[212] die "Autolyse" einer "Theorie ohne Bewußtsein", ist die strukturell-funktionale Theorie, die nicht "nach der Funktion von Systemstrukturen zu fragen"[213] in der Lage war, durch eine "funktional-strukturelle"[214] ergänzt worden.

Das Konturieren der in systeminnengeleiteten Möglichkeiten aufgelösten und verborgenen Bilder des Subjekts ist durch den delegitimierenden Druck der sozialen Auswirkungen von technischen "Großgefahren"[215] nötig geworden. Der Zwang zur Thematisierung der "Resonanzfähigkeit" von Systemen bei "autopoietischer Selbstproduktion"[216] wird verständlich eingedenk unserer Angst und unserer Befürchtungen vor technischen und ökologischen Krisen .

Da Angst und Furcht "von den Funktionssystemen aus nicht zu kontrollieren" sind[217] - sie führen aus der Sicht des "Affiliations-Motivs" zu einer Nähe mit Anderen, "die sich in gleichartiger Lage befinden", auch "wenn keine Chance zur Kommunikation besteht"[218] -, müssen die Grenzen der Systeme geöffnet werden, will man der delegitimierenden Gefahr der Massenbildung durch das "selbstsichere Prinzip" der Angst[219] vorbeugen. Unter dem Gesichtspunkt des Sinnloswerdens von Funktionszusammenhängen wird die Frage nach dem Sinn gestellt.

"Sinn bildet sich aber nur im Horizont der Welt als Identität ..."[220]. "Welt" "unter dem

---

[210] Berger/ Luckmann 1980, S. 57.

[211] Beck 1988, S. 629 ff.

[212] Pfütze 1988, S. 300 ff.

[213] Luhmann 1970, S. 114.

[214] Ebenda, S. 113 f.

[215] Beck 1988, S. 629.

[216] Luhmann 1986, S. 167.

[217] Ebenda, S. 239.

[218] Irle 1975, S. 162 f.

[219] Luhmann 1986, S. 246.

[220] Luhmann 1970, S. 116.

Gesichtspunkt ihrer Komplexität"[221] wird zum Bezugspunkt des Systemischen als eine Verweisung ins Unendliche.

Damit ist nichtsehenden (!) Systemen ein Horizont, ein Gesichtskreis eröffnet, in dem Luhmann die "Täuschung über die wahre Komplexität der Welt" in den Strukturen selbst erblickt[222], und dennoch möchte er die Frustration und Enttäuschung der Menschen auf "verengernde" (Simmel) Bahnen lenken, "die die Struktur nicht in Frage stellen", bei weiterer Ausklammerung der "umgreifende[n] Ungewißheit der Welt"[223].

Neben der Kontur des angstgeleiteten Massensubjekts entsteht hier eine des hintergründig omnipotent-fürsorglichen Herrschaftssubjekts, das durch Kompetenz, Selektion und Sachzwänge fürspricht: Es scheint jenseits jeder Krise, jeder Gefährdung zu stehen. Das Geplante ("Vorsorge") erlischt im ungewollten Ergebnis der Gefährdung; die Doppelstrahligkeit der Strategien - Täuschung, Enttäuschungserklärung *und* Fürsorge - erzeugt Mißtrauen und weitere Enttäuschungen bei den der Planungssituation Unterworfenen. Das bedeutet Rückzug, Kommunikationsabbruch (Schweigen), Subversion und Angst.

Doch ist die hier interpretierte Kontur des hintergründigen Herrschaftssubjekts vom Gesichtspunkt der "Strukturen" aus als ein Spiel mit dem Begriff der (feudalen) Autorität zu verstehen: das der Annahme und der seelischen Fesselung der Schwachen durch die Bewährten, um Krisen zu überstehen. Doch da nach der Systemtheorie geschichtliches Können durch symbolische Abhebung erst die "Strukturen" bereichert, verdünnt sich jedwedes Können auf eine informatorische Technik.

Die wesentliche "Wahlverwandtschaft von Erkennendem und Erkanntem"[224] wird im sozialen Prozeß der Frustrationsbearbeitung zum gegenseitig entweichenden Fremden. Das "mimetische Moment der Erkenntnis", das im Vermögen "zur Erfahrung des Objekts" "Zuflucht" fand[225], gerät bei der Transformation in Möglichkeitsperspektiven zum magischen Sog in Richtung der Auslassung.

Es ist Luhmanns Erkenntnis, daß "das Risiko, in der Welt zu leben ... im wesentlichen durch Strukturen absorbiert" wird[226], die "über die wahre Komplexität der Welt"

---

[221] Ebenda, S. 115.

[222] Ebenda, S. 12o.

[223] Ebenda.

[224] Adorno 1975, S. 55.

[225] Adorno 1975, S. 55.

[226] Luhmann 1970, S. 120.

täuschen[227], und diese Täuschung fürsorglich durch Ableitung der Enttäuschungen, der Unsicherheiten der Menschen und durch Strukturänderungen in Fraglosigkeit umgearbeitet werden kann. Soweit es sich hierbei um keinen religionssoziologischen Gedanken handelt, fixiert diese Erkenntnis die Einsicht, den schwindenden Sinn der Institutionen in eine Vorsorge für die Zukunft und in eine Entlastung vom Risiko in einem sozialen Prozeß so bearbeiten zu lassen, auf daß nicht der *Schein* der Natürlichkeit der bürgerlichen Institutionen zutage träte[228].

Verfolgt man den Gedanken der Herstellung von Fraglosigkeit durch geplante soziale Prozesse, in denen das je eigene Fremde zum *Fernbild* der Transzendenz stilisiert wird, als religionssoziologisch-kritischen Gedanken, drängt sich der "Buddhismus als Ausweg"[229] auf. Gemäß seiner Weltausdeutung sind wir an eine *relative* Wirklichkeit, an "Verkörperungen des Entschwindens"[230], gebunden: vom "Schöpfer" "durch sein bloßes Denken" als "objektives Zauberwerk", als "geistige Realität" und als "Verblendung", als der "Welt als Maya" erschaffen[231].

Wird die Einsicht in den schwindenden Sinn der Institutionen von der Seite ihrer Fragwürdigkeit betrachtet, läßt sich eine Umarbeitung des Hiatus zwischen Sein und Haben, Subjekt und Objekt, zwischen Subjekt-Objekt-Verhältnis und utopischem Standort, zwischen Antiquum und Novum in eine Kluft von System und Welt durch Desintegration, d.i. Weltentzug[232], thematisieren. Integration gelingt nicht durch verengende Entdifferenzierung infolge der Standardisierung und Einebnung (gerade auch Selbsteinebnung) von Seinsdifferenzen und von Differenzen der Konstituenten sozialer Formen[233], auch nicht durch Beiseitelassen der historischen Entwicklung der Individualisierung von sozialen Formen in Gegnerschaft zur differenzverschlingenden "starren Fremdheit"[234] der Systeme.

Wege zur Integration werden auch nicht durch die Einbeziehung des Elements "Strukturwechsel" in die Theorie sichtbar; dabei wird lediglich das *Risiko* des Fortbestands des Systems veralltäglicht durch die Einführung eines die "Kontinuität der Strukturen"

---

[227] Ebenda.

[228] Vergl. Marx 1971, S. 1221 f.

[229] Heinrich 1982, S. 121.

[230] Ebenda, S. 126.

[231] Scharbau 1932, S. 142 f.

[232] Vergl. Anders 1984, S. XI ff.

[233] Z.B. die Entdifferenzierung des Begriffs "Zirkulation" in Kommunikation", vergl. Adorno 1973, S. 45 f; und Breuer 1987, S. 106 f.

[234] Simmel 1926, S. 5.

stützenden Moments eines Novums, dessen Horizont cooptativ bestimmt wird[235]. Das ist die Dehnung des Risikos in der Zeit! Gefährdung und Bedrohung sind nun theoretisch in dauernder Gegenwart ohne Geschichte und ohne Telos fixiert[236].

Mit dem von Husserl entlehnten Begriff des Horizonts[237] verweist Luhmann, in der Abhebung des konkreten Gesichtskreises als Eröffnung und Begrenzung einer Sicht ohne Blindheit[238], auf einen "Universalhorizont" der Welt[239], in dem sich ein gemischter zweck- und wertrationaler "Sinn" bilden kann, der die unbewußten *Systeme* weltkonstituierend zu einem "Subjekt" umdefiniert[240].

Für den Zeithorizont (s.o.) gilt das gleiche: Der Einzelne in seinem "Lebenshorizont"[241], in seinem Leben als Welt, bleibt auf die Interpretation und die Informationsverpflichtung begrenzt und dennoch auf eine letzte Verantwortung hingewiesen, da die organisations-theoretische Reduktion von Komplexität "im Sinn erhalten [bleibt]"[242]. "Die Welt geht durch Reduktion auf Sinn nicht verloren. Die Selektivität aller Schritte des Erlebens und Handelns bleibt so in doppelter Weise bewahrt: als Reduktion und als Komplexität, als Sinn und als Welt"[243].

Die Auslassung der Verschränkung von Sein und Haben der Welt als des Ich-Selbst und für das Ich-Selbst spiegelt sich lediglich als der herausgefragte je einzelne Sinn oder als die Disziplinierung struktursprengenden Erlebens im Universalhorizont der Welt wider.

So erscheint die Strategie der Differenzierung für eine spezialisierte Bearbeitung der Planung und Vorsorge durch die Verwaltung als ein "Problem für sich selbst"[244]:

1. In der Extension der Möglichkeiten stabilisiert sich das Kontingente durchaus als Idea-lität gegen den Lebenshorizont des Subjekts: "... die *Differenzierung von System und Umwelt [produziert] Zeitlichkeit* ..., weil sie eine momenthafte, Punkt für Punkt korre-

---

[235] Vergl. Breuer 1987, S. 117.

[236] Vergl. Pfütze 1988, S. 311 f: Zeit taugt nicht zur Autopoiesis.

[237] Husserl 1948, S. 23 ff.

[238] Vergl. Boehm in der Vorrede zu Merleau-Ponty 1966, S. VI.

[239] Luhmann 1970, S. 131, Anmerkung 5.

[240] Vergl. ebenda, S. 116.

[241] Dilthey 1970, S. 218.

[242] Luhmann 1974, S. 116.

[243] Ebenda, S. 128.

[244] Vobruba 1978, S. 130 ff.

lierende Erhaltung (!) der Differenz ausschließt[245]. Da "nicht mehr alles gleichzeitig geschehen" kann[246], muß der Einzelne "enttäuschungsfest" seine Lebenszeit abwarten.

2. Das Beiseitegelassene in der Strategie der Differenzierung, das sich auf qualitative Ganzheit wie Leben und Natur bezieht, hat sich im Stoffwechsel der bürgerlichen Arbeit und Kooperation zu Gefährdungen hinentwickelt, die nicht mehr durch die Kontinuität der Ordnung - von Stellen, Geld und der Positivität der Rechtsgeltung[247] - bearbeitbar sind und deshalb umdefiniert, sowie verschoben werden müssen. Die entstehende Kontur des furchtgeleiteten Massensubjekts muß dann auch schlüssig als durch delegitimierende "Angstrhetorik"[248] intendiert, moralisiert werden.

Der "Horizont der Welt" als für alle geltend ausgewiesener, unzerstörbarer Bezugspunkt der anfällig gewordenen Systeme, zur neuen "Umwelt" umdefiniert, bedeutet nun einen Ausgang aus der Geschlossenheit, ohne Hoffnung für die Gefährdeten, ohne Verantwortung für die Stelleninhaber.

3. Mit dem durch die Reduktionsmechanik im "Universalhorizont der Welt" geeinten Ausdruck von Sinn und Welt wird dem Einzelnen die Interpretationsfähigkeit des Ganzen zugebilligt. Damit wird seine Verantwortung für sich und die Welt erst in der Ferne des Universalhorizonts deutlich, wie sein Handeln diesbezüglich blockiert bleibt. Eine "ökologische Rationalität"[249] ist so nicht zu erreichen.

Die Bewältigung der selbsterzeugten Gefährdung wäre nur möglich in einer simultanen Erfassung der Bedingungen der Erzeugung und ihrer globalen und individuellen Folgen. Diese Erfassung im System über Teilsysteme einzubringen und vom Einzelnen kommunizierbar zu machen bei Erhaltung der Grenzen des "Persönlichkeitssystems" durch das Gewaltmonopol, hieße jedoch, "daß die Gesellschaft selbst neben dem Teilsystem als weiteres Teilsystem existieren müßte - eine Konfiguration, die auf der Basis voll durchgeführter funktionaler Differenzierung ausgeschlossen ist"[250].

Der Horizont der Analyse selbst scheint falsch gewählt, er macht nicht jene "Gegenstände"

---

[245] Luhmann 1972, S. 83.

[246] Ebenda.

[247] Vergl. Luhmann 1972, S. 100 ff.

[248] Luhmann 1986, S. 237 ff.

[249] Luhmann 1986, S. 247.

[250] Breuer 1987, S. 116; vergl. Luhmann 1986, S. 237.

sichtbar, die den Einzelnen in seinen Bindungen und Beziehungen als geschichtemachend, -erleidend und -tragend zeigen.

Vielmehr wird selbst das Einklagen halbierter Befriedigung und das der Frustration sinnloser werdender lebendiger Arbeit, die nicht mehr in die Zukunft reicht, in fallweiser Bearbeitung standardisiert und erledigt und verschuldet so weiter den Einzelnen.

Von diesen Aporien her gesehen wird der "gespenstische Realismus"[251] der strukturellfunktionalen und funktional-strukturellen Theorie, in der die Gespenster der Prinzipien der Massenbildung gebannt erscheinen, deutlich. Es zeigt sich, daß das Ich-Selbst den Hiatus zum Novum - in einem reflektierten Antiquum lebend, das Fraglosigkeit verheißen will - wortlos aber nicht fraglos im verschlingenden Einssein erleidet.

*   In der politischen Verwandlung solchen Leidens in einen Impuls des Fortschritts entsteht ein Heldentum ohne Humanität, wie Klemperer[252] sagt. In solch hervorgebrachtem Heldentum, das allerdings seinen Sog auch aus der Macht in der Arbeit bezieht, werden die Individuen in die zentrifugale Extension des Systemischen (technisch, militärisch, ökonomisch) eingezogen. Ohne Vermögen in dieser Bewegung noch auf sich reflektieren zu können, werden weitere Verengungen auf eine Egozentrik ausgehalten.

Durch den Zwang, "die Ferne in den Dienst der Nähe zu stellen"[253], und das gilt nicht nur für die technische und militärische Ausweitung im Raum, kann sich das "Ideal satanischer Blasirtheit"[254] entwickeln, in der Fülle und Leere reflektorisch nicht mehr zu trennen sind.

Im *Sog* zum Handeln, der vom Möglichkeitenzug der "Stellen"[255] in ihrer "funktionalen Differenzierung, Codierung und Programmierung"[256] ausgeht, liegt auch die Gefahr der Rückkunft eines leib-seelischen Selbst, das sich in vergehender Zeit gefährdet, verräumlichen muß, um noch zu sein[257].

So ist es "das Mögliche", wie Adorno sagt, "nie das unmittelbar Wirkliche, das der Utopie den Platz versperrt; inmitten des Bestehenden erscheint es darum als abstrakt." "Erkenntnis, die den Inhalt will" "als das Offene, nicht vom Gerüst Vorentschiedene", "will

[251] Beck 1988, S. 639.

[252] Klemperer 1982, S. 8 ff.

[253] Anders 1970, S. 26.

[254] Rosenkranz 1973, S. 382.

[255] Luhmann 1972, S. 100.

[256] Ders. 1986, S. 237.

[257] Vergl. dazu Betzendahl 1937, S. 5 und 15; Merleau-Ponty 1966, S. 148 f; Tellenbach 1976, S. 124 ff über den konzentrisch-defensiven Sinn der einschließenden Grenzen beim Melancholiker.

die Utopie"[258].

Die in den "Verfügungshorizonten"[259] auf Dauer gestellten Gefährdungen und Risiken, auf die die Fluchten der Möglichkeitsperspektiven zur Daseinsentlastung, zur Zeit- und Geschichtsentlastung zulaufen, werden - theoretisch - mit einem Welthorizont verschränkt, in dem der Aspekt der Erhabenheit der Weltgeschichte unsichtbar wird.

Nicht unbedingt in den auf intendierten Wandel ausgelegten *Strukturen*[260] liegt das Verstellen des erhabenen, weltgeschichtlichen Projekts, sondern in der *Formalisierung* ihrer Geltung und deren Legalisierung, in der das Anrecht auf eigene Entwicklung gemäß der eigenen Lage und den ausgelegten Möglichkeiten in den je eigenen "Innenklimata"[261] im Fernbild der furcht-, schuld- und risikogeleiteten Fraglosigkeit jener Kontingenz der planerischen und systemtheoretischen Präoccupation erlischt.

Doch "im Suspendieren des unmittelbaren Kontakts" des Menschen zu seiner Welt, im Distanziertwerden von den Dingen, "in der Reflexion auf sich selbst, dämmert die Fragwürdigkeit von Erscheinungen auf"[262]. Nicht nur, daß die Differenzen von Lebens- und Systemwelt, von System- und Weltzeit und die aufgerissenen Möglichkeitsperspektiven vor dem verlassenen Hintergrund der europäischen Kultur der Distanznahme[263] neue Distanziertheit durch abgehobene Symbolsysteme[264] schaffen, auch distanzieren der "technische Unfall"[265] in der Apparatur der infrastrukturellen Netzwerke sowie die Entscheidungen ohne Gewißheit in der Verwaltung[266] von den "Systemstrukturen" selbst und suspendieren gerade den, der sich eingefühlt hat, vom unmittelbaren Kontakt.

Allein in der Zähmung (Technik und Organisation) und Bewachung (Verwaltung und Produktionsverhältnisse) bleibt das prometheische Feuer[267] uns fremd[268]. Doch ist diese Fremdheit keine für sich, die als das Novum der "seligen Fremde" dem Bekannten als dem

---

[258] Adorno 1975, S. 66.

[259] Luhmann 1972, S. 100.

[260] Ebenda, S. 92.

[261] Claessens 1970, S. 172, 173 ff.

[262] Straus 1953, S. 149.

[263] Mirgeler 1965, S. 16; Anmerkung siehe Anhang.

[264] Vergl. Luhmann 1972, S. 100 .

[265] Bloch 1959, Bd. 5, S. 807 ff.

[266] Nossack 1963, S. 228 ff; Anmerkung siehe Anhang.

[267] Anmerkung siehe Anhang.

[268] Vergl. Bloch 1959, Bd. 5, S. 810.

Überholten und doch Wirksamen oder dem Bewährten und schließlich doch Übersehenen gegenübersteht.

Die intendierte, geplante und reale Extension des Systemischen affirmiert in solcher Zwecksetzung und der Mediatisierung der Mittel hierfür das Beiseitelassen, das "Übersehen"[269], das Übergehen und Überspringen, die "Vergeßlichkeit" und "die Entwertung der Vergangenheit"[270] hierin, die Verdrängung von *Tatsachen und Ereignissen* eben auch in der Löschung von Daten für die Planung[271], die "gegenläufige Prozesse"[272] einleiten und ungewollte Ergebnisse geplanter Prozesse[273] zeitigen.

Gleichwohl regt sich solcherart Ausgeblendetes, dem ein Bleiben im Bewußtsein oder eine Bewußtmachung versagt geblieben war, im "bereinigten" Zweck selbst; es symbolisiert, d.h. verdeckt und veranschaulicht das Verdrängte auch über die eigene Lebenszeit hin[274]. Da der Mensch ein "Verdränger" ist *und* sich geschichtlich erkennen muß[275], bleiben Ort und Zeit in der gelebten Gegenwart fraglich, auf eine "antizipierte Ordnung" hin befragbar[276].

Es darf jedoch nicht außer acht gelassen werden, daß Irrtümer schon in der geistigen Vorwegnahme des Arbeitsprozesses und -produkts möglich und gängig sind, und die Herstellung von Handlungsfähigkeit - mag sie revolutionär oder apologetisch begründet, gar noch selbstreflexiv auf das *Daß* der Handlung apodiktisch zentriert sein - auch den Topos von "Augen-zu-und-durch" enthält[277].

Auch wird allein in einer Daß-Kategorie der "Steigerung" von Möglichkeiten[278] eine Was-Kategorie beiseite gelassen, so daß eine "Vereinfachung von extensiver und intensiver Mannigfaltigkeit", die noch ein "heterogenes Kontinuum"[279] als eine "durchgängige

---

[269] Clausen 1981, S. 28, das Übersehen wird hier als kollektive "Leistung" definiert.

[270] Vergl. Claessens/Claessens 1979, S. 34.

[271] Vergl. Pfütze 1988, S. 307.

[272] Schelsky, in: Tyrell 1986, S. 51

[273] Vergl. Elias 1977.

[274]   Vergl. Freud 1975, Bd. 3, S. 109 über den Prozeß der Verdrängung als Nachdrängen einer Urverdrängung, die Abstoßung *und* Anziehung auf das vom Bewußtsein her zu Verdrängende ausübt.

[275] Plessner 1983, Bd. 8, S. 192.

[276] Straus 1953, S. 141.

[277] Vergl. J. Bloch 1988, S. 3: "Der aufrechte Gang korreliert mit einer nicht nur in Deutschland geschichtlich gewordenen Weise, Probleme zu behandeln: Augen zu und durch".

[278] Bubner 1974, S. 126.

[279] Rickert 1921a, S. 24 - 35.

Gleichförmigkeit des immer Anderen"[280] enthielt, auf eine "Reduktion von Komplexität"[281] gebracht wird, in deren Zentrum eine autopoietische Ordnungsleistung steht, die das *Was* zur fremden (weil politisch risikobelasteten?) metaphysischen Substanz durch Abhebung drängt und es neutralisiert[282].

In solcher Erkenntnisweise, in der das Besondere durch eine Überformung mit dem Begriff identifiziert wird, ist die Trennung von Form und Inhalt *methodisch* angelegt und schließt sich *strukturell* gegen die Vergangenheit ab[283].

Diese Verschlingung von "Ungewußtheit und Unbewußtheit"[284] ist der Grund für das materiale und soziale "Suspendieren des unmittelbaren Kontakts" und das "Distanzieren von den Dingen"[285], wie hierdurch das Systemische als strukturelle Unbewußtheit bloß- gelegt wird.

Die entstandene Fragwürdigkeit wird zu einer des Planenden in seiner unbedachten und unbewußten Verwobenheit mit den umfassenden und einfassenden systemischen Netz- werken.

Solcherart "Sonderwelten"[286] ohne Subjekt - es ist ja methodisch zur metaphysischen Substanz der planerischen Geste geraten - sind Ausdruck einer *unbewußten Unmittelbar- keit* (im "Dunkel" des gedehnten Augenblicks, würde Bloch formulieren), die von den Planern in kompetenzgerüsteten Stellen im fortwährenden Weben eines Kontakts zu den zukunftsauslegenden Planungen weiterfortgeführt wird. Im Stolz auf das Produkt, "Etwas" in "Dauerleistungen"[287] zustande gebracht zu haben, wird die "Veranderung"[288] im Pro- dukt als Spiegel des Subjekts ausgeblendet und nochmals mit Subjektivem zugerüstet. Um den *Schein* des Selbstseins in den entfremdeten Verhältnissen als ein historisch Reales im eigenen Produkt genießen zu können, kann die Zurüstung mit Subjektivem eine Verausga-

---

[280] Bubner 1974, S. 115.

[281] Luhmann 1970, S. 116.

[282] Vergl. Bubner 1974, S. 127 f.

[283] Claessens/Claessens 1979, S. 34; mit der *historischen* Trennung von Form und Inhalt lassen sich Simmels Untersuchungen der Gesellschaft als "Geschehen" (1970, S. 14), als der "Wechselwirkung" von Form und Inhalt neu verstehen; vergl. Simmel 1968, S. 1 ff, bes. S.4, sowie Nedelmann 1984, S.91 - 115.

[284] Vergl. Pfütze 1988, S. 307, Anmerkung siehe Anhang.

[285] Straus 1953, S. 141.

[286] Mirgeler 1965, S. 16.

[287] Gehlen 1975, S. 19.

[288] Vergl. Theunissen 1965, 1980.

bung zur Verteidigung der Elite, des "geistreichen Geiste[s] der Intellektuellen" oder die Ausfüllung des "geistlosen Geiste[s] der Bürokratie, in dessen blindem Formalismus"[289], mit Lebendigkeit bedeuten.

In der Identifikation mit der Hierarchie der Stellen kann sich das planende und verwaltende Subjekt als "Funktionär", als sich abschließender "Privatier"[290] oder als Eros akkumulierender Manager[291] der "Peinlichkeit einer Selbsterkenntnis"[292] durch Verschiebung des eigenen Mangels an Selbstsein auf legitimierte und formalisierte Betreuung der am Mangel Leidenden entziehen. Mit der Folge, daß sich ein Mangel des Menschenbildes herstellt, das im Zusammenhang von Verschiebung und Betreuung gerade das Übergehen und Auslöschen der am Mangel Verzweifelnden ermöglicht und rechtfertigt.

Da die Frage an sich selbst durch den Schein des Selbstseins verborgen bleibt, verändert sich die "Fragefunktion" von einem Streben, das auf ein "gedankliche[s] Sichbemächtigen des Tatsächlichen"[293] gerichtet ist, zu einem *des Anderen* sich zu bemächtigen.

Die Verunklärung des eigenen Ortes und der eigenen Zeit in der Welt macht das planende und verwaltende Subjekt des "Mitseins"[294] zu einem befragenden und befragten Subjekt, das auf keine andere Welt mehr zugehen kann[295]. In der bloß nach außen, auf "Informationsmaterial" gerichteten Fragehaltung - der künftige Hunger macht hier schon hungrig - wird im Befragen das Frage- und Antwortverhältnis ver-kehrt und auf Dauer gestellt. Die unangenehme Situation des Ausgefragt-Werdens ist nicht mehr die Situation des "Gegenüber-und-in-zugleich"[296], sondern bedeutet eine Manipulation des Begriffs des Horizonts, der mit solchem Ausfragen nicht mehr bezeichnet und nicht mehr überschritten werden kann.

Sie mündete historisch im organisationslehrigen Erfassen, Kartieren, Typisieren, Auslesen und Ausmerzen für eine »soziale Gesundung«[297]. Dieses, auf Dauer gestellte Befragen, das

---

[289] Kofler 1964, S. 117.

[290] Ziegenfuß 1949, S. 134.

[291] Kofler 1967, S. 272 ff.

[292] Ziegenfuß 1949, S. 135.

[293] Löw 1928, S. 429.

[294] Brugger 1974, S. 1456 f.

[295] Vergl. Löw 1928, S. 429 f über den "Examinator", dem als Wissender alles Fragen "echtes Fragen" ist.

[296] Heinrich 1952, S. 99.

[297] Walther 1936.

dem Verhör am nächsten steht[298], ist in der dialogarmen[299] politischen Massendramaturgie noch eisig spürbar.

**   Der Zug des Fernseins des Gesellschaftlichen - mittlerweile auch des "Sozialen" vom einzelnen Bedürfnis und der einzelnen ethischen Handlung vom gesellschaftlichen Zusammenhang[300] bewegt die Erkenntnis über den *Prozeß* der Öffentlichkeit immer wieder in Richtung zu der von Hegel[301] "entdeckten" "tiefen Spaltung der bürgerlichen Gesellschaft"[302]. Im öffentlichen und veröffentlichten Konflikt stellt sich ein Gegenüber und Gegeneinander von Individuum und Gesellschaft[303], Arbeit und Kapital[304], Administration und Bevölkerung[305] dar, und selbst im Frage- und Antwortverhältnis sozialwissenschaftlicher Umfragen, die vor allem ja über Konfliktlagen Kenntnis verschaffen sollen, gerät das verbindliche Miteinander vom Fragenden und Befragten bzw. Fragenden und Antwortenden in eine Unverbindlichkeit.

"Es gibt soziale Situationen, die Fragen zeugen, und es gibt andere, die Fragen erwürgen" - gleichwie die institutionale Frage die Antwort erwürgt, indem sie sie durch Formalisierung in der Beziehung zum Antwortenden erzwingt[306].

Während Keim[307] bei Milieu-Untersuchungen als »Interviewer« die Frage- und Antwortsituation selbst unangenehm erfuhr, da er das entstehende Gefühl der Befragten "in einer Situation, in der es einem schlecht geht, noch zusätzlich bedroht zu werden",[308] strukturell nicht aufzuheben vermochte - die Antworten sollten ja die Grundlage für

---

[298] Vergl. Hepp 1976, bes. S. 10 f, über das Problem der "Gültigkeit sozialwissenschaftlicher Daten" in der empirischen Sozialforschung und der Kriminalistik.

[299] Anmerkung siehe Anhang.

[300] Anmerkung siehe Anhang.

[301] Hegel 1970, Bd. 7, S. 389 f, §§ 243, 244, 245.

[302] Habermas 1971, S. 145.

[303] Hegel 1970, Bd. 7, § 238: die Komponente der Bindung heißt hier Individuum als Sohn der bürgerlichen Gesellschaft, "so hat er ebenso Rechte und Ansprüche an sie, wie er sie in der Familie hatte".

[304] In den Arbeitsbedingungen unter dem "stumme[n] Zwang der oekonomischen Verhältnisse" sieht Marx (1979, Bd. 23, S. 765) die Polarisierung von Kapital und Arbeitskraft, deren Abhängigkeit aus den Produktionsbedingungen selbst "verewigt" wird.

[305] In der Entwicklung neuer Formen der Zusammenarbeit und ihrer Beherrschung sieht Wittfogel eine Klassenbildung durch die Bürokratie; vergl.. Wittfogel 1979, S. 299 - 346.

[306] Bastian 1969, S. 94.

[307] Keim 1979.

[308] Ebenda, S. 147.

Quartiersveränderungen sein -, betrachtet Koolwijk[309] "unangenehme Fragen" im Fluchtpunkt der Verweigerungsrate und des Ausmaßes des Widerstands der Befragten. Er bestimmt das "Verhalten des Individuums" bei einer "Antwort im Interview" einerseits als Fixierung einer Einzelerscheinung der gesamten Biographie des Befragten, andererseits aber gleichzeitig als Fixierung einer normativen Position[310].

Diese Bestimmung des "Unangenehmheitswert[es] der Kommunikation" als "Diskrepanz zwischen Verhalten und Norm"[311] läßt doch auch den Schluß zu - bei einer sehr grundlegenden gesellschaftlichen Erfahrung von "oben" und "unten" -, daß eine Furcht vor eigener Devianz aktualisiert wird, die die Möglichkeiten negativer Sanktionen beim "Nichtpassen"[312] ausdrückt.

"... die Frage des Passens für dieses (das Subjekt; G.K.) wird also gar nicht erhoben, womit freilich das Nichtpassen in unbegrenztem Maße möglich ist"[313], weil gerade in diesem Fehl die institutionale Frage dem Einzelnen durch die *faktionale* Idealität Gewalt antut.

In dem vom Subjekt erlebten Verbundensein *im* Gegenüber und Gegeneinander entsteht die Praxis des Ausgeliefertseins, des Eingeschätzt-, des "Geschätzt"[314]-werdens durch die "fragestellenden Mächte"[315].

In der Theorie der Vernehmung[316] wird der "Beschuldigte", der "Vernommene" mit dem "Täter" identifiziert[317]. Es wird versucht, ihn "zu motivieren", sein "wohlgehütetes »Geheimnis«" "preiszugeben"[318] und als "materielle Wahrheit ans Tageslicht zu fördern"[319].

---

[309] Koolwijk 1969, S. 864 - 875.

[310] Ebenda, S. 874.

[311] Ebenda, S. 874.

[312] Simmel 1987, S. 183.

[313] Ebenda.

[314] Lukas, Kapitel 2, Vers 1, 2, 3, 5.

[315] Jünger 1950/52, S. 8: "Wir leben in Zeiten, in denen ununterbrochen fragestellende Mächte an uns herantreten. Und diese Mächte sind nicht nur von idealer Wißbegier erfüllt. Indem sie sich mit ihren Frage nähern, erwarten sie von uns nicht, daß wir einen Beitrag zur objektiven Wahrheit liefern, ja nicht einmal, daß wir zur Lösung von Problemen beitragen. Sie legen nicht auf unsere Lösung, sie legen auf unsere Antwort wert."

[316] Herren 1977, S. 129 - 138, spricht von einer "besondere[n] Form der sozialen Kommunikation", da eine "wechselseitige Verhaltensbeeinflussung statt[finde]".

[317] Vergl. ebenda, S. 130, das "Diagramm I" S. 133, das"Diagramm II" S. 136.

[318] Ebenda, S. 131.

[319] Ebenda, S. 137, Herren bezieht sich vor allem auf Geerds 1976.

Das "Geheimnis" bleibt an die Vorstellung einer Tat als "materielle Wahrheit" gebunden, obgleich die historische Situation der Furcht- und Angstverschlossenheit durch die Devianz und das Nichtpassen gerade auch die Möglichkeit der Selbstbegegnung mit eingeschlossen hält. Die Möglichkeit der Selbstbegegnung gewinnt in jeder historischen Differenz von Wirklichkeit und Unwirklichkeit, von Recht und Gerechtigkeit ihre Realisation.

Da durch die präkommunikativen "Taxierungsfelder"[320] die verschlossenen Menschen wie im "Verhörlicht"[321] konturiert und identifiziert werden sollen, *wird*, vom entstandenen Gefühl, von der entstandenen Empfindung[322] des Richters, des Kriminalisten her gesehen. - weil es ein gesellschaftlich figuriertes, anthropologisches Geheimnis gibt -, jeder Vernommene strukturell verdächtig.

Diese jedes Rationalitätsniveau durchstoßende Strategie - hier verschwindet ein verbindendes Bedeutungstableau - muß beim Befragten einen Rückzug ins Körperinnere konstituieren, durch den das "Geheimnis" für den Vernehmenden spürbar wird. Ein sich anschließender erhöhter Fragedruck bringt dann die Empfindung für das Vorhandensein einer "materiellen Wahrheit" (da ist doch was!) erst hervor.

Hier liegt das Dilemma der Suche nach der "materiellen Wahrheit", weil sie das strukturelle Nichtpassen und die verschlossene Selbstbegegnung[323] als historische Grundlage nicht mitreflektiert, sondern die Auflösung dieses Dilemmas zur Last des Verdächtigen macht.

Die Kraft für dieses subjektive Tun des Vernehmers steigt aus der *Spaltung* eines gemeinsamen Bedeutungstableaus empor, indem auf dem einen Pol die Erklärung des Vernommenen "agententheoretisch" oder bei Einflußreichen "komplotttheoretisch" zusammengezogen wird, während auf dem anderen Pol die Erscheinung des Menschen als Mensch nur *affirmativ* im Lichte solchen Vernehmungsmodells möglich ist. Das macht die Bedrohung solch unangenehmer Fragesituationen aus: Hierin geschieht die Produktion der Furcht[324].

---

[320] Herren 1977, S. 136.

[321] Handke 1989, S. 129 spricht vom Verhörlicht als dem Gegenteil vom Fragelicht. Das Fragelicht ist ihm "ein Schimmern, das wie von den Körpern selber ausgeht".

[322] Herren 1977, S. 136: Der Vernommene wird ja symbolisch "abgetastet", was Identifizierungsgefühle beim Vernehmer voraussetzt, die, abgespalten vom grundlegenden Motiv, am Anderen das vollziehen können, was die fragenstellende Institution beim Vernehmer selbst abgekühlt hat, jedoch die "Identifikation mit dem Angreifer" auch erst ermöglicht.

[323] Diese Bewegung läßt sich im Sinne Benns als "Kernschutz" verstehen; vergl. Kinzel 1989, S. 16.

[324] Vergl. Bloch 1965, Bd. 9 über den Zusammenhang von Folter und Spezialverhör.

Die Dilemmata, Konflikte und Konfliktlagen deuten in den Weisen, die Mittel für die "Verallgemeinerung des Zusammenhangs der Menschen durch ihre Bedürfnisse" "zu bereiten und beizubringen"[325], auf eine "Unvollständigkeit des Politischen"[326]: Das Fehlen von auch symbolischer "Hautnähe" - "Bedürfnisse setzen sich in Politik um in den Maßverhältnissen der Radikalität, in der sie Hautnähe vermitteln"[327] - gar noch deren Verwerfung oder Ächtung gehört in die kalten Klimazonen der Gesellschaft.

Bleibt im Rückzug auf sich, ins symbolisch Körperinnere, manchmal auch noch auf lebensweltliche oder gegenöffentliche Zusammenhänge, die notwendige Wärme als Schutz vor Unterkühlung noch erreichbar oder muß die Kälte als das einzig Allgemeine und Verbindende artistisch oder mimetisch angenommen werden[328], gehört doch die Erfahrung verworfener Bedürfnisse und zurückgestoßener Artikulation - gar noch die Erfahrung des Drills für eine idealisierte Einheit des Handelns - zum Geschehen der Abtrennung vom "sozialen Körper"[329].

In diesem Abgetrenntsein wird die Erfahrung der "Kälte", des "Eisigen" an dem zum "Gegenmenschen" gewordenen Mitmenschen[330], im Elend und in der Unbehaustheit der asyllosen Räume[331] eines fehlenden Miteinander gemacht: Diese Erfahrung wird aktualisiert durch das geschichtliche Einfrieren des Unbegreiflichen[332]. Indem das Allgemeine immer Antworten gibt, verliert jede Frage und jedes Tun im subjektiven Anfang seinen Ort und seine Bestimmung.

Ohne die politische Frage läßt sich keine institutionale Frage denken. Sie ist es, die als wissenschaftliche Frage, als Gegenfrage, als Orientierungsfrage (Anfrage) das gesellschaftliche Verhältnis von professioneller und institutionaler (auch standardisierter) Frage und eine hierauf verpflichtete Antwort bestimmt: "Für einen [politischen] Akt, der keine Frager mehr übrig ließe, kann es Verantwortung in irgend einem herkömmlichen Sinn nicht mehr geben". Das ist die Ausgangslage, von der aus "das Verbrechen" so "total geworden" ist,

---

[325] Hegel 1970, Bd. 7, § 243.

[326] Negt/Kluge 1981, S. 1147.

[327] Ebenda.

[328] Vergl. das Motiv des "Schneegestöbers" bei Nossack 1987, S. 646 ff.

[329] Anmerkung siehe Anhang.

[330] Vergl. Améry 1988, S. 12.

[331] Anmerkung siehe Anhang.

[332] Vergl. Améry 1988, S. 12.

daß es "seinen Begriff [sprengt]"[333].

Und so kann es ohne die Freiheit der politischen Frage gar kein nach vorn gerichtetes Denken und kein verantwortbares Handeln geben. (Die innere Fixierung der Auseinandersetzung mit der Macht trockene die Seele aus, formulierte jüngst Günter Kunert).

Die Freiheit der politischen Frage impliziert auch, daß im politischen Dialog und gerade auch im Massendialog niemand "auf feste Antwortsysteme" »abonniert« bleibt[334]. Doch wird auch in der Suche nach Sicherheit, oft nur in der der Bewahrung des Besitzstandes, vor der Offenheit der politischen Frage gezögert.

Gerade dann, wenn etwas zu verlieren ist, wie "eine vergleichsweise milde Form der Unfreiheit"[335], kann eine "geradezu panische Angst vor dem geistigen Wagnis"[336] entstehen. Diese Angst charakterisiert die bürgerlichen Zögerer: "überhaupt fürchten sie sich vor jeder offenen Frage; sie denken immer so weit, wie sie die Antwort schon in der Tasche haben, eine praktische Antwort, eine Antwort, die ihnen nützlich ist. Und insofern denken sie überhaupt nicht; sie rechtfertigen nur. Sie wagen es unter keinen Umständen, sich selbst in Zweifel zu ziehen. Ist das nicht gerade das Zeichen geistiger Unfreiheit?"[337]

Schon unter Ausschluß des Zögerns vor der politischen Frage, unter Ausschluß fester Frage- und Antwortsysteme der "Hauptverwaltung der »ewigen Wahrheit«", unter Ausschluß der Vertauschung von Frage und Meinung[338] können die *Aporien des Handelns* mit der Frage nicht gelöst, sondern nur "in der Gestalt eines Problembewußtseins" respektiert werden[339]:

1. ist das Problem der unbeabsichtigten Folgen beabsichtigter Ergebnisse und Prozesse (Organisation!) zu nennen[340], auch wenn weiterfort eine "List der Vernunft" wirksam ist, die "die Leidenschaften für sich wirken läßt, wobei das, durch was sie sich in Existenz setzt, [d.i. die "Betätigung des Allgemeinen" durch das "Besondere und

---

[333] Enzensberger 1978, S. 36.

[334] Bastian 1969, S. 157.

[335] Wie in der Schweiz, so Frisch 1973, S. 197.

[336] Frisch 1973, S. 199.

[337] Ebenda, S. 197; vergl. Bastian 1969, S. 157.

[338] Havemann 1971, S. 35 bzw. 36: "In der Wirklichkeit aber ist der Frager hier [als Statthalter der "Hauptverwaltung der »ewigen Wahrheiten«"; G.K.] über nichts weniger im Zweifel, als daß alle diese Fragen für ihn ... gar keine Fragen sind, sondern Sachen, die er sich längst an seinen philosophischen Schuhsohlen abgelaufen hat".

[339] Bastian 1969, S. 157.

[340] Vergl. Elias 1977a, S. 127 - 149.

Bestimmte und aus dessen Negation"; G.K.] einbüßt und Schaden leidet"[341]. Preisgegeben wird hier der Arme, der Beplante, der Orientierungslose, der Hoffnungslose.

2. ist das Problem der Verantwortung, der Bürgschaft, der Verteilung der Gewinne und des Schadensausgleichs zu nennen, denn Handlungsprozesse sind nicht umkehrbar, und Geschehenes ist nicht ungeschehen zu machen[342].

3. bleibt das tiefste Problem der Aporien des Handelns das der "Unabsehbarkeit", der "Ungewißheit alles Zukünftigen"[343], das mit gegenseitigen Versprechen - gar noch im Aufbruch zu einem vollendeteren Menschenbild - und mit gegenseitigem Verzeihen mit der Kraft des Zukünftigen wenn nicht gelöst, so doch bewältigt werden kann[344].

Doch auch durch eine Blockierung der politischen Frage, eine Blockierung des Handelns durch Bedrohung und Abschreckung läßt sich diesen Aporien des Handelns nicht ausweichen.

In allen "Menschengeflechten", Institutionen, Organisationen, Kreisbildungen und freien Assoziationen mit gemeinschaftlicher und gesellschaftlicher Willensbildung ist nach der Stellung der politischen Frage, ihres Zugangs, ihrer Beförderung und Bestärkung zu fragen, gerade dann, wenn die Gefahr besteht, daß eine etablierte politische Maieutik sich nur als Passage für das ohnehin schon aus der Natur drohende Anankeprinzip versteht, in dem Herrschaft und Mühsal verewigt sind[345].

Das Fundament der menschlichen Existenz ist der Zugang zur existierenden politischen Frage. *Hierin* ist das Existential der menschlichen Freiheit begründet, mit der die Aporien des Handelns ergriffen werden können.

Im Verdecken dieses Existentials durch eine "Interessenkonstellation, insbesondere kraft monopolistischer Lage"[346], sowie in der Organisation Weltanschauung, in der eine Einheit des Handelns "exerziert" werden muß[347] und hierdurch "Massengehorsam" eingeübt

---

[341] Hegel 1970, Bd. 12, S. 49.

[342] Vergl. Arendt 1960, S.214.

[343] Bastian 1969, S. 157.

[344] Vergl. Arendt 1960, S. 231 f.

[345] Vergl. Marcuse 1973, S. 44.

[346] Weber 1976, S. 543.

[347] Vergl. Arendt 1986, S. 691 f, Anmerkung 116.

wird[348], kann keine Einheit der Erkenntnis, des Erkennens und der Orientierung mehr gelingen.

In solch einer mißlungenen Ausdeutung von Mensch und Welt wird die politische Willensbildung durch ein asymmetrisches Frage- und Antwortverhältnis eingeschränkt. Kann dieses Verhältnis vollzogen werden - "gleichviel worauf diese Chance beruht"[349] -, wird die politische Willensbildung mit den Mitteln von Motivierung, Druck und Einschüchterung, durch Befehl und Gehorsam ersetzt, so "daß ein bekundeter Wille ("Befehl") des oder der »Herrschenden« das Handeln anderer (des oder der »Beherrschten«) beeinflussen will und tatsächlich in der Art beeinflußt, daß dies Handeln, in einem sozial relevanten Grade, so abläuft, als ob die Beherrschten den Inhalt des Befehls, um seiner selbst willen, zur Maxime ihres Handelns gemacht hätten (»Gehorsam«)"[350].

Daß die Durchsetzung eines herrschaftlichen Willens zur Maxime des Handelns des Befehlsempfängers wird, setzt die Verinnerung des Befehls voraus, mit der der Befehl in einen "Antrieb" zur genauen Ausführung und einen "Stachel", der diese unfreie Situation festhält, zerlegt wird[351]. Diese Verinnerung des Befehls ist der Vollzug einer angeeigneten Entfremdung auf dem Grund der Möglichkeit der Selbstverdinglichung, die den eigentlichen "Tatbestand"[352] von Herrschaft ausmacht.

In ihm wird das unendliche Wollen der Individuen in ein unendliches "Nicht-passen" überführt. Was sich in einem asymmetrischen Frage- und Antwortverhältnis schon andeutet, ist die Verunendlichung systemischer Herrschaft in ihrer Stummheit und die Verendlichung von Mensch und Welt.

Wenn sich in dieser Umkehrung von Unendlichkeit und Endlichkeit eine Symmetrie von Schuldgefühl und Befehlstreue herstellt - vielleicht gerade dann, wenn die zentrale Befehlsgewalt auch noch die Funktion des Erretters, des Fürsprechers an sich zu ziehen vermochte[353] -, entsteht der Hörige[354], der zwar durch die erzwungene Einfühlung in den Befehl die Rationalität des Systems und die normative Grundlage von Befehl und Gehorsam wieder fragwürdig macht, doch geht dann jede Auflösung gesellschaftlicher Spannun-

---

[348] Vergl. Weber 1976, S. 28 f.

[349] Ebenda.

[350] Ebenda, S. 544.

[351] Vergl. Canetti 1984, S. 350 f.

[352] Weber 1976, S. 544.

[353] Vergl. Heusinger 1950, S. 157 f; Anmerkung siehe Anhang.

[354] Anmerkung siehe Anhang.

gen zu Lasten einzelner Individuen.

Ausgehalten wird die Last, für alles verantwortlich gemacht werden zu können, für alles verantwortlich sein zu können - außer für sich selbst - die Last des zum Teil sinnlosen Dienstes und die Last des Kampfes gerade gegen das Volk und gegen die Zivilbevölkerung[355] durch die "Solidarität mit den Kameraden"[356].

"Kameradschaft" hat sich als eine spezielle Bindung und Zugehörigkeit zu einer "informellen Gruppe", die "Sicherheit und Geborgenheit" vermittelt, als einer "der wichtigsten Beiträge" für die *Streßbewältigung*" erwiesen[357].

Vorbereitet wird das Vermögen des Aushaltens, und gerade auch des Aushaltens des Unterworfenseins, durch den Drill in den "Disziplinarräumen"[358] und in jenen Zeiten, die operativ zerlegt, auf Abstimmung gerichtet sind, während Übergänge von einer zur anderen Tätigkeit geschwind und im Laufschritt zu bewältigen sind. In dieser "Kunst" der Abstimmung, in der sich subjektiv eine *verlorene Zeit* konstituiert[359], drückt sich die Abhängigkeit von der militärischen Institution aus: der "natürliche Körper" wird zum militärischen Handeln tauglich und fähig, sowie "die Mächtigkeit, die daraus resultieren könnte, zu einem Verhältnis strikter Unterwerfung" umgepolt wird[360]. So wird der Körper der Träger von Fähigkeit, Mächtigkeit *und* Hörigkeit unter zentraler Befehlsgewalt.

Mißlingt diese Abstimmung des Körpers mit dem militärischen System von Befehl und Gehorsam, wird gar durch erhöhten Selbstbezug diese Herstellung der Hörigkeit geschwächt - vielleicht sogar eine Unschuld gegenüber dem eigenen Leben und der Lebenswelt erhalten - kann ein "Widerstreit zwischen Körper und Gesetz"[361] entstehen. Wenn, wie in Büchners Woyzeck, "einem die Natur kommt"[362], wird das Gesetz auf die zweite Stelle verwiesen, zweitrangig. Das Gesetz antwortet mit dem Hinweis auf die Möglichkeit des Willens (der "Großindividuen" gegen den Körper), die Natur zu unterwerfen. In den Praktiken von Psychatrisierung und Bestrafung wird das Gesetz in den Körper eingeschrieben: Er wird Substanz des Willens der "Großindividuen".

---

[355] Anmerkung siehe Anhang.

[356] Roghmann/Ziegler 1977, S. 175.

[357] Ebenda, S. 174 und 175.

[358] Foucault 1977, S. 181 ff.

[359] Vergl. Foucault 1977, S. 199.

[360] Ebenda, S. 177.

[361] Lyotard 1989, S. 3.

[362] Büchner 1978, S. 24.

Die Metapher des Einschreibens des Gesetzes in den Körper als Verurteilung der Unschuld der Natur hat Kafka in seiner Erzählung "In der Strafkolonie"[363] konkretisiert. Eine Egge schreibt den nicht ausgeführten Befehl in den Körper. Lyotard[364] entdeckt hierin die Sühne des Körpers, des Fleisches in seiner Unschuld durch das sich einschreibende Gesetz: "Allein das Opfer des Körpers verleiht der Heiligkeit des Gesetzes Dauer"[365].

In dieser Prozedur, in der das "Gesetz das ihm absolut Fremde außer acht läßt, ... den Körper der aisthesis" und den Körper als "das Unnachgiebige"[366], kann ein thanatisches Gewissen entstehen, das den Körper des Verurteilten in den Dienst des alten Gesetzes stellt[367].

Der Zugang zur politischen Frage wie zur Frage nach sich selbst bleibt nun an die Täterschaft der historisch flüchtigen Großindividuen gebunden, ist nur noch durch sie hindurch zu stellen.

Wird der so gestaltete Kampf des unschuldigen Körpers gegen die Hörigkeit in die Möglichkeiten des Suizids oder des Vergessens und Weitermachens gezwungen? Oder gibt es ein Bündnis des Körpers mit der Lebenswirklichkeit (als Lebenswilligkeit) gegen den Wahn der Vor-schriften, die sich im Opfer des Körpers bestätigen und auf Dauer stellen?

Doch werden unter dem Postulat der Einheit des militärischen Handelns der Körper und seine figurative Identität gespalten und im Prozeß selbst fürsorglich angenommen. Hierdurch wird die Möglichkeit des Aushaltens im Sinne des Gesetzes perspektiviert. Es wird Raum geschaffen für eine aus der Lebenswelt nur noch in der Sehnsucht faßbare Identität, die sich mit den nun unsicheren Bindungsformen im System von Befehl und Gehorsam neu figurieren muß.

Die Möglichkeit des Aushaltens und des Weitermachens wird unter dem Druck von Ohnmacht, Undurchschaubarkeit, Sinnleere und weiterer Angst vor Verrohung von Roghmann und Ziegler[368] aus europäischer Sicht im "Schisma" zwischen Offizierskorps und Manschaften gesehen - d.i. der organisatorische Widerschein, die organisatorische Wiederholung der Erfahrung des Gespaltenseins - sowie in "direkte[n] Loyalitäten der Soldaten zur

---

[363] Kafka 1970, S. 113 - 139.

[364] Lyotard 1989, S. 1 - 8.

[365] Ebenda, S. 3.

[366] Ebenda, S. 8.

[367] Vergl. ebenda, S. 3 und Anmerkung siehe Anhang.

[368] Roghmann/Ziegler 1977, S. 202.

politischen Führung"[369].

Das "*Schisma*" und die Loyalitäten gegenüber der Führung sind als *unbewußte*[370] und informelle Organisationsformen die Perspektivierung für eine Entlastung in der Kameradschaft sowie für eine Sinnsuche als eine Suche nach Beziehung zum Führer, der sich als Projektion für das Phantasma des "guten Vaters"[371] anbietet: "In der Kirche ... gilt wie im Heer, so verschieden beide sonst sein mögen, die nämliche Vorspiegelung (Illusion), daß ein Oberhaupt da ist ..., das alle Einzelnen der Masse mit der gleichen Liebe liebt"[372].

In diesem Ausgespanntsein des institutionalisierten In-dividuums zwischen zwei Formen der Spaltung *im* Körper und *in* der sozialen Organisation, in dem eine Schwäche der Selbstreflexion zutage tritt und eine Mensch-Ding-Beziehung die direkten sozialen Bindungen kompensieren muß[373], können Wirklichkeit und Unwirklichkeit durch das entäußerte Über-Ich in einer Unterschiedslosigkeit verschwinden, und das "Phantasieleben" tritt die "Vorherrschaft" an[374].

Dadurch, daß die Beziehungslosigkeit, die Sinnleere durch das Substitut der Phantasmagorien befriedigt wird, und hierdurch das geheime Verschulden gegen sich selbst zunimmt (die Fähigkeit zur "Langsicht"[375] wird ja entwirklicht), entsteht neben der Befehlstreue doch das Wissen um eine Selbstunterwerfung, deren Substanz (Gehorsam!) der Norm und nicht der Führungsperson gegenüber besteht.

Gerhard von Scharnhorst gab seinem Sohn Wilhelm, der "als Porteépéefähnrich in das 3. Kurbrandenburgische Husarenregiment eintrat"[376], Ende September 1809 in einem Brief die zusammengeschauten Erfahrungen seines militärischen Lebens weiter:

> "[Königsberg, Ende September 1809]
>
> Mein lieber Wilhelm!
> Ich bin jetzt von meiner Krankheit so weit hergestellt, daß ich Dir wieder schreiben kann; ich werde diese Gelegenheit benutzen, Dir einigen Unterricht zu geben, wie Du Dich in Deinen jetzigen Verhältnissen benehmen mußt, denn wenn ich erst wieder ausgehen kann, so werden dies mir meine Geschäfte nicht mehr erlauben.

---

[369] Ebenda.

[370] Vergl. Freud 1974, Bd. 9, S. 88 f.

[371] Erdheim 1982, S. 62.

[372] Freud 1974, Bd. 9, S. 88 f.

[373] Anmerkung siehe Anhang.

[374] Freud 1974, Bd. 9, S. 74 f.

[375] Elias 1987, S. 41.

[376] Karst 1969, S. 302.

Das Erste, was ich Dir vor allen andern empfehlen muß, ist Folgsamkeit und Duldsamkeit. Man muß durchaus sich im Militär gewöhnen, nicht allein allen Befehlen, sondern auch allen Winken, allen Gebräuchen und Herkommen, so widersprechend und nachteilig einem auch die Sache scheinen mag, Folge zu leisten. Wer dies nicht in jeder Hinsicht tut, wird so angesehen, als wollte er etwas besonderes vorstellen, und bringt dadurch schon unvermerkt sowohl seine Kameraden als Höhere gegen sich auf. Dies ist der erste Schritt zu einem nachteiligen Verhältnis, welches eine Menge von Unannehmlichkeiten nach sich zieht.

Unter der Duldsamkeit verstehe ich hier die Ertragung von Ungerechtigkeiten. Im Militär muß man sich gefallen lassen, Ungerechtigkeiten aller Art zu ertragen, und selbst in denen Punkten, wo die Gesetze das Gegenteil buchstäblich bestimmen; es ist nicht möglich, daß man im Militär Menschen von solcher Moralität und Einsicht in allen Graden hat, daß sie die Gesetze dem Geiste nach zu vollziehen im Stande sind, und gewöhnlich vergehen sich hierin diejenigen am meisten, welche persönlich die wenigste Achtung verdienen. Man hat daher im allgemeinen angenommen, daß diese Ungerechtigkeiten unvermeidlich seien und nun einmal zu den Uebeln des Militärs gehören. Sie nicht ertragen wollen, zeigt also den Mangel einer richtigen Beurteilung seiner Verhältnisse und erzeugt also in jedem Fall eine nachteilige Meinung von sich.

Sind es zu auffallende Ungerechtigkeiten, so sagt man sie seinem nächsten Obern, nicht sogleich als Klage, sondern nachher gelegentlich, aber immer doch nur, wenn sie wiederholt eintreten; denn es macht schon bei den Höhern einen nachteiligen Eindruck, wenn der Niedere verlangt, daß man ihn mit so vielen Rücksichten behandeln soll, daß nicht einmal ihm eine Ungerechtigkeit wiederfahren sollte.

Vor allen Dingen mußt Du Dich gewöhnen alle Deine Vorgesetzten von dem Karabinier an als Deinen gesetzmäßigen Obern zu betrachten, ohne auf seine persönlichen Eigenschaften zu sehen. Deine Obern sind dazu von den höchsten Behörden angesetzt, und Du würdest Dir selbst bei Deiner Bildung die größten Vorwürfe machen müssen, wenn Du nicht in diesem Gesichtspunkte zu handeln im Stande wärest.

Es wird Dir höchstwahrscheinlich vorkommen, daß Du hin und wieder in Rücksicht meiner gelinde und sogar freundschaftlich behandelt wirst, wo dies sonst nicht der Fall sein würde. Mache hiervon ja keinen Gebrauch, halte Dich immer zurück und siehe es für das an, was es ist; dadurch werden auch andere eine gute Idee von Deiner Klugheit bekommen, und Du wirst bei Deinen Kameraden dadurch unendlich gewinnen. Eine jede Zurückhaltung erfordert aber auch viele Delikatesse, wenn sie nicht den Verdacht von Stolz oder Ungebildheit veranlassen soll. Wenn z.B. ein Offizier Dich freundschaftlich und vertraulich behandeln sollte, so nimmst Du dies dankbar an, ohne daß Du Dich selbst eines gleichmäßigen Benehmens erlaubtest. Es ist bei manchem Gewohnheit oder Bedürfnis, Untergebene, von den sie eine gute Meinung haben, freundschaftlich zu behandeln; so lange diese nur nicht ihre Verhältnisse vergessen, ändern jene nicht ihr Benehmen, und niemand gewinnt hier mehr bei, als der Niedere; tritt aber der umgekehrte Fall ein, so nimmt der Höhere gewöhnlich einen Ton an, der sich den beiderseitigen Verhältnissen nähert.

Ich habe selbst sehr oft dies tun müssen, weil ich Untergebene ohne Takt zu freundschaftlich behandelt habe, und nun nahm ich bei diesen Individuen mich wohl in Acht, in den ersten Fehler wieder zu verfallen.

Du wirst Dich wundern, daß ich Dir noch empfehle, mit Deinen Kameraden in gutem Verhältnis zu stehen. Ich habe immer keine gute Meinung von einem jungen Menschen, den seine Kameraden nicht leiden mögen, und ich habe bemerkt, daß nichts sicherer die allgemeine Achtung erhält, als die der Kameraden. Hiermit will ich nicht sagen, daß man mit ihnen gemeinschaftlich sich unanständig betragen, unanständige Oerter besuchen und gemein sein soll; das aber, was sich schickt, muß man mit ihnen mitmachen, man gewinnt selbst dadurch nach und nach einen *Ascendant* über die Unanständigen und Unmoralischen.

Siehe Du diese Bemerkungen ja nicht als geringfügig an, sie sind auf Erfahrung gegründet und verdienen gerade Deine besondere Aufmerksamkeit"[377].

Scharnhorst umreißt in diesem Brief die Binnenstrukturen des Militärs als eine »kalte« Organisationsform. Alle Bedingungen, die angeboten und gesucht werden, sind auf die Norm als das objektive Gesetz hin auszurichten. Nicht nur Befehlen ist Folge zu leisten, "sondern auch allen Winken, allen Gebräuchen und Herkommen"; Ungerechtigkeiten sind zu ertragen, auf angebotene Vertraulichkeiten und Freundschaften soll bei Vorgesetzten und Untergebenen delikat und zurückhaltend, ohne "die Verhältnisse" zu vergessen, geantwortet werden. Dabei soll eine Entlastung in der Kameradschaft noch durch eine Überlegenheit ("*Ascendant*") "über die Unanständigen und Unmoralischen" geleitet sein. Diese seelischen Leistungen sind aus einem "höheren Gesichtspunkte" zu erbringen - jeder Vorgesetzte, vom Gefreiten angefangen, soll als der "gesetzmäßig Obere" betrachtet werden, "ohne auf seine persönliche Eigenschaften zu sehen".

Die Ratschläge Scharnhorsts an seinen Sohn Wilhelm zeigen deutlich das Sich-einpassen-Müssen des Soldaten mit der Warnung vor Beziehungen, in denen die "Verhältnisse" - d.i. die imperative Norm - "vergessen" werden. Da das Aushalten von repressiv ausgelegter Norm, Dienst, Drill und Kampf aus "höherem Gesichtspunkte" geschehen muß, ist eine Verengung des Ich-Selbst in solch unterkühlten Organisationsformen zu erwarten. Eine Entlastung wird nur noch im Lebensweltlichen selbst möglich oder - wie zu vermuten ist - in der Waffentechnik, durch die das enge, regressionsbereite Ich-Selbst das Versprechen der Omnipotenz erfährt[378].

Vertrieben aus dem Besitz subjektiver Rechte, läßt das objektive Recht der militärischen Institution nur noch Pflichten zu, die in der deutschen Geschichte auch noch in die Organisation des Zivillebens hineingetragen wurden[379].

Konnte der Bauernsohn Scharnhorst noch an eine emanzipatorische Funktion der imperativen Norm glauben - in diesem Glauben verband er ja "die alte Preßmethode Friedrich Wilhelms I. scheinbar mit dem Gedanken des Volksheers, wie es in den französischen

---

[377] Linnebach 1914, S. 374 ff.

[378] Anmerkung siehe Anhang.

[379] Anmerkung siehe Anhang.

Revolutionskriegen entstanden war"[380] -, zeigte der konkrete Fortgang, daß die Norm gegen die Mannschaften, später gegen das Volk angewendet wurde, bis sie in Verbindung von feudaler Oberschicht und Militär zu einem "absolut regierenden, abstrakten Militärkomplex oberhalb aller Zivilverfassung"[381] geworden war.

In der Verbindung von transzendenter Norm "und durchs Portepee geheiligte Offiziere"[382] "gleitet die feudale Gesellschaftsstruktur langsam in die Formen des reinen Militarismus hinein"[383].

In Gegnerschaft zur französichen Revolution hatte der preußische Militarismus das Zivilleben soweit durchdringen können, daß die Werte des Offizierskorps [384] bis in den ideologisch abgerungenen "freiwilligen Arbeitsdienst" für eine "solidarische Arbeitsgemeinschaft im Daseinskampf", für eine "Wirtschaftskriegsverfassung"[385] hineingetragen werden konnten. "Reichserhaltung" durch "eine dem Kriege gewachsene Wirtschaftsverfassung"[386] ist dann wohl auch der Grundgedanke der n.s. "Befehlswirtschaft" [387] geworden: "Soldat der Arbeit sein, Offizier der Arbeit sein!", so Ley[388].

Die imperative Norm, deren Herrschaft bei Scharnhorst durch Bildung eingesehen werden konnte - lag hierin ja die Möglichkeit der Emanzipation -, entfaltete in der Figuration der Macht und der Herrschaftsausstattung eine "Pflicht und Schuldigkeit" des Volkes gegenüber dem objektiven Gesetz bis zum Tode.

Die Erfahrungen Scharnhorsts zeigen recht deutlich die Mitte des sich emanzipierenden Bürgers auf, der sich zwischen den "Obern" und "Niederen" mit Folgsamkeit, Delikatesse und Zurückhaltung auf der einen und mit *Ascendance* auf der anderen Seite bewegen mußte. Diese Mitte kennzeichnet das Bürgertum, das in einer Kultur des Zwischen leben muß, als "Zweifrontenkultur"[389]. Projektiv fortgeführt in der Form des "Schismas" zwischen Offizierskorps und Mannschaften, durch das Phantasma des "guten Vaters" als

---

[380] Bloch 1985a, S. 493.

[381] Ebenda, S. 494.

[382] Ebenda.

[383] Krelle 1951, S. 719; Anmerkung siehe Anhang.

[384] Aus dem Bewußtsein der "Bildung" heraus, im "höheren Gesichtspunkte zu handeln im Stande" zu sein, vergl. Linnebach 1914, S.375.

[385] Rosenstock 1932, S. 20.

[386] Ebenda, S. 23, S. 21.

[387] Vergl. Neumann 1981, S. 201 f zum n.s. "Arbeitseinsatz".

[388] In: Soldaten der Arbeit, München 1938, S. 18, zitiert bei Krelle 1951, S. 712.

Substitut für die direkte Loyalität der Mannschaften gegenüber der Führung sowie durch
eine Entlastung des verengten Ich-Selbst durch die Waffentechnik konnte in historischer
Perspektive eine Hörigkeit entstehen, die die Voraussetzung für die Bildung des reinen
Begriffs der Gesellschaft war, in der der "Kürwille Verneinung der (subjektiven) Freiheit"
wurde[390].

Hierin wird die soziale Norm und Form diktatorisch, weil darin der Grund für die
Trennung der Menschen voneinander gelegt wird, und die Furcht des Einzelnen das
Kontinuum des Lebens im geteilten Menschenbild bestimmt. Verstummt erst einmal in der
Zurichtung auf reflektierten "Kürwillen"[391] die Frage nach dem Warum[392], ist die
Annahme von Phantasmagorien gelungen, kann eben auch das subjektive Recht dem
»Führer« überlassen werden und die Verhältnisse hören auf, rechtliche zu sein:
"Eben deshalb ist jede Diktatur Suspension des Rechts; augenblickliche Präzision des
militärischen Befehls tritt an die Stelle der besorgenden Norm"[393].

Aufrecht erhalten werden kann die rechtlose Situation nur in der Kontinuation von Einfühlung in den Befehl, von "Kompetenz" im Apparat und durch eine Furcht, die sich durch
die Abwehr von Bindungen in den sozialen Formen mit sozialer Angst paart. Selbst Regel
und Verfahren als Legitimation bürokratischer Herrschaft[394] sind außer Kraft gesetzt bzw.
werden in den Dienst der Kontinuation der Rechtlosigkeit gestellt.

Wesentlich für die Durchsetzung der unmenschlichen Trennung, in der die "Entrechtung
des Menschen, die Tötung der juristischen Person"[395] und die "Ermordung der
moralischen Person" vollzogen werden - die in einem "System des Vergessens" nicht einmal
mehr in "Trauer und Erinnerung" auftreten darf -, scheint die tyrannische Willkür ohne
Begrenzung zu sein. Die Willkür zielt auf Mobilisation des Terrors durch eine Beliebigkeit
von Schuldzuweisungen, deren Bezugspunkte in der jeweils gebannten - weil nicht erschienenen - Wirklichkeit im System von Befehl und Gehorsam gesucht werden:
Hannah Arendt sah "die einzige Garantie für die Fortexistenz der Konzentrationslager und
also für die totale Entrechtung des Menschen" in der Willkür, "gleichsam täglich beliebig

---

389 Claessens 1979, S. 30.

390 Tönnies 1979, S. 111.

391 Anmerkung siehe Anhang.

392 Vergl. Erdheim 1982, S. 64.

393 Bloch 1961, Bd. 6, S. 242.

394 Vergl. Weber 1972, S. 125.

395 Arendt 1986, S. 691.

neue Gruppen von Menschen für die Konzentrationslager" freizustellen[396].

Auch in den Konzentrationslagern, in denen die Menschen durch Arbeit getötet wurden, wurde die Arbeit sinnlos, wie die Rituale im System von Befehl und Gehorsam sinnlos wurden. Levy-Hass berichtet in ihrem Tagebuch aus dem KZ Bergen-Belsen von den "Appellen", die, egal bei welchem Wetter, sich "sogar auf den ganzen Tag ausdehn[en] konnten und daß "außer zu diesen regelmäßigen »Appellen«..., oft wegen irgendeines absurden Befehls zu welcher Tageszeit auch immer, [die Menschen des Lagers] gezwungen [wurden,] »anzutreten«, um irgendeine Mitteilung anzuhören"[397]. "Überhaupt läßt man uns so oft stundenlang stehen, daß man die Begründung, die keine ist, gar nicht mehr zu verstehen versucht"[398].

Die "totale Mobilmachung"[399] für die Kontinuation von Terror und Krieg hat durch diese, wie durch die Willkür der Todesdrohung und Bestrafung durch den Tod im Lagersystem, zwar die sozialen Gefäßsysteme zerstört, doch auch in historischer Konsequenz den Gehorsam auf Befehle ohne Frage unmöglich gemacht.

Eine Einheit des Handelns, die sich durch den Impuls der "totalen Mobilmachung" abgeleitet hat und eine thanatische Situation zum Grunde und zum Ziele hatte, muß als historische Bewegungsform auf ihre Funktion befragt werden:

> "Wenn sozial die Mobilisation dominiert, d.h. die von außen gesteuerte Veränderung, das mechanische In-Bewegung-Setzen, während neue Gedanken und Gefühle fehlen, dann ist das ein sicheres Zeichen, daß vielleicht Modernisierung stattfindet, keineswegs aber Umwälzung, Revolutionierung, die Marx als »das Zusammentreffen des Änderns der Umstände und der menschlichen Tätigkeit oder Selbstveränderung« verstand"[400].

So muß die Mobilisation und die Zerstörung der sozialen Gefäßsysteme hierin - so paradox es klingt - in der Beschleunigung als Kühlung sozialer Umwälzung gesehen werden, denn die thanatische Situation des Ursprungs der Bewegung wird für die aus dieser Bewegung Hinausgeschleuderten offengelegt. Sofern Depersonalisierungen oder unzureichende Identitätsbildungen der Zerstörung der sozialen Gefäßsysteme folgen, ist eine Identifikation mit dem personal nicht mehr faßbaren Aggressor, nämlich der unzureichenden alten Ordnung,

---

[396] Arendt 1986, S.692.

[397] Levy-Hass 1979, S. 15.

[398] Ebenda, S. 17.

[399] Anmerkung siehe Anhang.

[400] Maier 1983, S. 19.

zu erwarten. Erzwungene Regression mündet in der Imitation[401] oder im Verschmelzungs-verlangen.

Im Miteinander von Schockerfahrung und dem "Schwund genuiner Erfahrung" ist die historische Warnung nicht mißzuverstehen: Das Leben "in einem sozialen und wirtschaftli-chen Vakuum" wurde in der deutschen Geschichte "zur Vorbedingung des Terrors". Dieses Vakuum "ist gewissermaßen der Wegbereiter zur Macht totalitärer Kräfte und liefert gleich-zeitig das Objekt für seine Taktiken"[402]. Geleitet duch eine Radikalisierung der Reminiszenzen des "Kulturkrieges"[403], sind die polit-ökonomischen Probleme mit wiederum militaristischen Mitteln angegangen worden: Der totalen Mobilisation für die Produktion und für den Krieg entsprach die "Extermination" der Widerstehenden - sei es aus politischen, religiösen, ästhetischen, sozialen oder emotionalen Motiven - in einem Krieg nach innen.

Militärtheoretisch gesehen gehört der Krieg nach innen zur "Destruktionsarbeit"[404] am *Motiv*[405] des theoretisch erfaßten und ideologisch "fingierten"[406] Gegners: Die Motivlage der Gesellschaft wurde für die Durchführung eines zum "Glaubenskrieg"[407] zurückgebeugten *enthegten* Krieges auf roheste seelische Schichten gepreßt und die Kraft des Krieges mit einem - von kalten Innenklimata gespeisten[408] - individuellen »Überlebenskampf« amalgamiert.

So läßt sich eine »Entlastung« auch dem n.s.System seelisch widerständiger Kombatanten von humanen Regungen verstehen, die, als "Schlamassel" benannt, hinter sich gelassen werden konnten. Der "Zivilisationsbruch Auschwitz"[409] hat sich bis in die kalten Klima-zonen der Gesellschaft, des Militärs vollzogen und wird auch nicht durch Hinweise auf den

---

[401] Vergl. Löwenthal 1988, S. 21 mit Bezug auf Bettelheims "Individuals and Mass Behavior in Extreme Situations" in: Journal of Abnormal and Sozial Psychology, 1943.

[402] Löwenthal 1988, S. 23.

[403] Vergl. z.B. v.Gierke 1914, Marcks 1914, Simmel 1917, Troeltsch 1915.

[404] Vergl. Clausen 1988.

[405] Die Destruktionsarbeit am Motiv des Gegners bedeutet auf die "Willensstärke" Einfluß zu nehmen wie diese "schätzen" zu können. Nach Clausewitz 1973, I, Kap. 1, 5, S. 195 die "*dritte Wechselwirkung* und ein *drittes Äußerstes*".

[406] Vergl. Negt/Kluge 1981, S. 811; vergl. auch Virilio 1986, S. 10, der in der Arbeit am Motiv des Gegners auch die Bearbeitung der eigenen Wahrnehmung bestimmt sieht: in der "*Mystifikation*" der Waffe erscheint der projizierte Gegner.

[407] Anmerkung siehe Anhang.

[408] Anmerkung siehe Anhang.

[409] Diner 1988, S. 9.

verspäteten Widerstand deutscher Militärs gemildert.

Auch gegenwärtige Diskussionen[410], die in einer metahistorischen Perspektive das Grauen von Massentötungen und Massenterror ausbalancieren wollen, greifen in der Tat zu kurz. Barbarismen sind immer wieder neu an konkretes Leiden gebunden, wie geistig-seelische Arbeit an die Folgen der Verrohung im Zivilisationsprozeß gebunden ist. Vor allem sind Barbarismen immer je eigene in dem Ausmaß, in dem sie Verrohungen hervorgebracht haben und Retraumatisierungen nach sich ziehen, die trotz aller geistig-seelischen Abarbeitung ihre biblischen Zeitläufe[411] haben.

Retraumatisierungen von Opfern des politischen Kriegssystems, des Massenterrors durch die Großwaffe und den Krieg nach innen, und Retraumatisierungen der Nachkommen durch Vermittlung zwischen den Generationen und der Wiederaufnahme politdarwinistischer Haltungen zeigen das Ausmaß der Kontinuität des beiseite gehaltenen Bruchs in der deutschen Geschichte nach 1945 an.

Ein das je eigene Leben verdunkelnde *Obskurum* kann im langweiligen Prozeß der Zivilisation als eine Wiederkehr von Traumata erscheinen, die sich in der Geschichte ihrer Abwehrform und -mechanismen kontinuiert haben[412].

Das Obskurum, das immer vom Gesetz der quantitativen Steigerung als "Wechselwirkung" bis zum "Äußersten" der Gewalt, der Durchsetzung des politischen Willens und der "Stärke des Motivs"[413] abhängt, erscheint in den *historischen Mitteln* für die Durchsetzung des je eigenen Willens, die im "totalen Krieg"[414], wie in der technischen Großwaffe[415], den politischen und kriegstheoretischen Zweck überschreiten[416]. Damit ist der »Angriff als Verteidigung« stumpfgerüstet worden und die politische Frage in den *Mitteln des Krieges* versunken. Die entstehenden Legitimationsdefizite bringen entgegengesetzte Motivlagen hervor, in denen auch ältere Konfliktlagen, die mit der technischen Großwaffe[417] beigelegt werden

---

[410]Vergl. Jahn 1990, S. 7 -38.

[411]"... an den Kindern bis ins dritte und vierte Glied ..." 2. Buch Mose, Kap. 20, Vers 5.

[412]Vergl. z.B. Foucault 1976, S. 251 ff und Anmerkung siehe Anhang.

[413]Clausewitz 1973, I, Kap. 1 - 5, S. 191 - 195; vergl. Aron 1980, S. 104 ff über die dreiteilige Definition des Krieges bei Clausewitz.

[414]Anmerkung siehe Anhang.

[415]Der Terminus »Großwaffe« meint die verheerenden Auswirkungen von A-, B- und C-Waffen. Ihre Miniaturisierung ändert nichts daran.

[416]Clausewitz 1973, I, 1. Kap., 3, S. 194 spricht davon, daß im Kriege "jeder dem anderen das Gesetz" gäbe: "Dies ist die *erste Wechselwirkung* und das *erste Äußerste*, worauf wir stoßen".

[417]Anmerkung siehe Anhang.

sollten, reflektiert zur Wirkung kommen[418].

So mögen wir verstehen, daß in diesem Jahrhundert *vor* der Entscheidung zu einer Dominanz des Angriffs[419] Legitimationsdefizite stehen, die aus der »tiefen Spaltung« der bürgerlichen Gesellschaft selber stammen.

Ludendorff erkennt keine Legitimationsdefizite, sondern nur Sabotage der »Einheit des militärischen Handelns« und eine Verschwörung, ein Komplott des "jüdisch-römischen Weltkapitals"[420]

Für die Störung der Einheit des Krieges werden die "Zentralisation" der Rathenauschen Gemeinwirtschaft[421], die "Ausnutzung" der "Unzufriedenen" "durch sozialdemokratische und kommunistische Lehren"[422] und von Ludendorff uneinsehbare "Wünsche" eines gegen das deutsche Reich komplottierenden "Weltkapitals" gesehen und verantwortlich gemacht[423].

Eine Position, in der Vertragswerk nichts mehr gilt[424], muß die *materiale* Erfahrung des totalen Krieges kontinuieren bis zum Äußersten. "Ausschalten" und "vernichten"[425] nennt Ludendorff diesen thanatischen Vorgang.

Die problematische Differenz und Einheit von Reichsmythos und deutschem Nationalstaat hatte für Ludendorff - obgleich er sie religiös gelebt hat - keinerlei analytische Bedeutung gehabt[426]. Obwohl die von Giambattista Vico an der "tiefen Kluft zwischen alt- und neueuropäischer Geschichte" erkannte Regel von »*corsi e ricorsi*«, von "Lauf und Wiederlauf" eine Rückkunft in die Barbarei nahelegte[427], setzte sich das Verhängnis des national-mythischen Denkens durch - sicher als "Protest" gegen das Nichtaufgehenwollen einer

---

[418] Die Externalisierung des "prinzipiell Unzurechenbaren" durch die technische Rationalität kehrt als "magische Kausalität" im sozialen Verhalten wieder - vergl. Clausen 1978, S. 87.

[419] Clausewitz 1973, VI, 4.Kap., S. 631, er nannte den Angriff mit seiner "konzentrischen Wirkung" "die schwächere Form mit dem positiven Zweck", die Verteidigung mit ihrer "exzentrischen Wirkung" sei "die stärkere Form mit dem negativen Zweck".

[420] Ludendorff 1935, S. 33.

[421] Ludendorff 1935, S. 47.

[422] Ebenda, S. 27.

[423] Vergl. ebenda, S. 33.

[424] Ludendorff 1935, S. 6, Anmerkung 1.

[425] Ebenda, und S. 79 f.

[426] Vergl. Plessner 1974, S. 37.

[427] Breysig 1936, S. 56.

"vieldeutigen Tradition"[428] in einer Zeit hoch abhängiger zwischenstaatlicher Vernetzungen[429] -, mit dem das Wunschbild des germanischen Reichsmythos, unter einer Anstrengung bis zum Äußersten, im Begriff des Volkes für den deutschen Nationalstaat aufzugehen schien.

Auch weitere Topoi der Spannung *in* der Identität von Subjekt und Objekt versanken im magisch-mythischen Denken der immer wieder wirksamen "natiozentrischen" Orientierungen[430]. So bleibt die substantielle Wirksamkeit in einer Wiederkehr der Spannungen unausweichlich: die zwischen Administration und Bevölkerung mit dem historischen Ausdruck des Gewalt- und Steuermonopols[431], die zwischen Arbeit und Kapital - sie fanden ihren Ausdruck in den *Fragen der Zeit*: der sozialen oder Arbeiterfrage und der Wohnungsfrage, sie suchten im »Imperialismus« Verständnis und im »Internationalismus« Antworten auf das Elend - und jene zwischen Freiheit durch Differenzierung[432] und Emanzipation, deren Widersprüche vor allem in der *Frauenfrage* Deutlichkeit gewannen[433].

Wenn Unvernunft herrscht, ist jedoch auch die Frage der Schuld im Spiel, der abgewiesenen und doch wirksamen, der nicht zugelassenen und doch projizierten. Der solcherart verselbstständigte Militarismus, der das historische Gewaltmonopol heftig distribuierte und zirkulieren ließ, hatte "Ökonomisches eher als Ideologie denn als Unterbau in sich", spottete Bloch[434].

Das andere Einheitsverlangen in der »verspäteten Nation«, das über diese Spaltungen hinaus wollte, wurde auf den die »gemeinschaftlichen« Kräfte konzentrierenden Impuls des Angriffs zu einer kriegstheoretischen »Einheit des Handelns« mit den Ideologemen von Volk und Rasse auf den »Staatsorganismus«, der die »Menschenketten« organisierte, eingeschworen.

Die Dominanz der *materialen* Erfahrungen[435], die hier vor allem das Fehlen einer vielbeschworenen »seelischen Geschlossenheit« des Volkes umkreiste, wird gegen die *geistigen* und *theoretischen* Erfahrungen gesetzt, die das Grundgesetz des Krieges: die Steigerung bis

---

[428] Plessner 1974, S. 37.

[429] Elias 1976, S. XXXIX.

[430] Ebenda.

[431] Vergl. Elias 1976, 1977.

[432] Simmel 1968, S. 56 ff und S. 528 ff.

[433] Vergl. z.B. Gertrud Bäumer und Helene Lange: Handbuch der deutschen Frauenbewegung, 5 Bde., 1901 ff.

[434] Bloch 1970. Bd. 11, S. 438.

zum Äußersten überhaupt erst hervorbringen.

Hiergegen muß Frieden *gestiftet*, Einheit *gegründet* werden!

Nun, da eine kriegstheoretisch postulierte »seelische Geschlossenheit« nicht mehr gebraucht wird[436], haben sich die Legitimationsdefizite verdoppelt: Das aus der tiefen Spaltung hervortretende Einheitsverlangen hat sich weltpolitisch ausgeweitet[437], und die durch die technische Großwaffe entstandene Dekollektivierung des militärischen Schutzes bildet die *negative* Form der Friedensbemühungen. Sie, die Friedensbemühungen, stützen sich ja weniger auf die *positive* Form des Einheitsverlangens als auf die *negative* Form, die aus der Dekollektivierung des Schutzes entstanden ist. Gegner der Strategie der Abschreckung, Rüstungsgegner und Sicherheitsexperten sowie Vertreter des staatlichen Gewaltmonopols werfen sich ja gegenseitig einen »Angstwahn« vor[438].

So wie das nur Sanfte noch nicht gut ist[439], ist die Abwesenheit von Krieg unter der alarmierenden Waffendichte, noch kein Ort für Emanzipation[440]. Eine Orientierung hierauf gelingt aus der negativen Form eines Friedenswillens, der zunächst ja nur eine *Abwendung* vom Sieg durch die "Hauptschlacht"[441] ist, nicht unbedingt. Zu ihr gehört auch die »Position« der Konstituentien des Gelingens der politischen Frage als Existential der subjektiven Freiheit. Diese befreit dann auch zu einem neuen Objekt, zu einem Subjekt-Objekt-Verhältnis spannender Tiefe.

Eine Fortführung der *negativen* Form der Friedensbemühungen, die dem interesse- oder bedürfnisgeleiteten subjektiven und besonderen Meinen einer Vielheit einen Zusammenhang gibt, kann jedoch in der bloßen Orientierung an der *materialen* Erfahrung und an der *materialen* Hoffnung vom endgültigen Sieg der »höchsten Werte« und von endgültiger Herr-

---

[435] Diese machten Ludendorff zu einem Sprecher *anti*- theoretischer Kräfte, vergl. ders. 1935, S. 3.

[436] "Eine Entwicklung indes haben Engels und Schmitt gleichermaßen übersehen: die Fortentwicklung des revolutionär geführten Krieges des Volkes zum technisch geführten Krieg ohne Volk", Münkler 1981, S. 38 - jedenfalls in kriegstheoretischer Hinsicht unter dem Blickwinkel der Dominanz des Angriffs.

[437] Anmerkung siehe Anhang.

[438] Vergl. z.B. Wettig 1984, S. 25 - 50.

[439] Vergl. Bloch 1970, Bd. 11, S.433.

[440] Vergl. Wette 1974 über den Zusammenhang eines friedenswissenschaftlichen Begriffs der Geschichte in der Kooperation von Friedens-, Konflikt- und Militärgeschichtsforschung. Diese Veröffentlichung ist nur ein Hinweis auf die militärgeschichtliche Diskussion.

[441] "Die Hauptschlacht ist .. als der konzentrierte Krieg, als der Schwerpunkt des ganzen Krieges ... anzusehen", Clausewitz 1973, S. 468. Die Erzeugung der Kriegsspannung durch Aufrüstung ist auf eine Hauptschlacht ausgerichtet; auch wenn Ruhe herrscht, gelingt kein Bei-sich-selbst-Sein, die herrschende Ruhe ist nicht der *positive* Zweck der Waffenproduktion.

schaft über das »Nichtsein« zu einem Ungenauerwerden, zu einer Defiguration des »sittlichen« Wissens führen.

Im Stagnieren und Ungenauerwerden politischen Wissens können sich wiederum Ressentiments kontinuieren, die als Ausdruck politischen Vakuums jene Menschen hervorbringen, die, eingeschlossen zwischen einer metaphysischen Vereidigung und einer glaubhaften Befehlshierarchie, nur noch im Sinne eines vorgegebenen Auftrags und Befehls, unter habituellem Verzicht eines archimedischen Punktes, handeln zu können glauben. Die Situation der vollständigen Beschlagnahme durch die staatlichen Organe, in der das Fragerecht auf optionale Antwortsysteme ausgerichtet wird, ist die Voraussetzung für "Extermination" und "Omnizid"[442].

Der totale Krieg hat in seiner historischen Geltung der Steigerung, das Äußerste an Mobilisation von Mitteln, Kräften und Motiven zu wollen, die Politik desavouiert und die Zusammenhänge von »Krieg und Kultur«, von "Staat und Krieg"[443], von "Industrialismus und Militärtechnik"[444], von "Propaganda" und "seelische[r] Geschlossenheit des Volkes"[445] fragwürdig gemacht.

"Mit Ludendorff", so Hahlweg[446], "erreichte schließlich die Abkehr von Clausewitz im deutschen Heere den Höhepunkt":

> "Das Wesen des Krieges hat sich geändert, das Wesen der Politik hat sich geändert, so muß sich auch das Verhältnis der Politik zur Kriegsführung ändern. Alle Theorien von Clausewitz sind über den Haufen zu werfen. Krieg und Politik dienen der Lebenserhaltung des Volkes, der Krieg aber ist die höchste Äußerung völkischen Lebenswillens. Darum hat die Politik der Kriegsführung zu dienen"[447].

Allerdings sei, so Wallach, "der totale Krieg nach Ludendorffs Auffassung das Ergebnis bevölkerungspolitischer und technischer Entwicklung. Das bedeutet, daß das Anwachsen der Bevölkerung und die immer größer werdende Wirksamkeit der Vernichtungsmittel die Totalität des Krieges geschaffen haben. So absorbiert der totale Krieg die Politik, ohne eine

---

[442] ein Verteidigungskrieg schließe Extermination und Omnizid aus, so Jahn 1990, S. 21. Pazifistische Politik liege auch in der Entwicklung "einer legalen und legitimen Verteidigung" unter Ausschluß von Massenmorden. Das heißt aber, daß der Verteidigungskrieg in der Freiheit des Einzelnen seine Legitimation hat.

[443] Krippendorf 1985.

[444] Strasser 1981, S. 345 - 363.

[445] Aron 1980, S. 384.

[446] Hahlweg 1957, S. 199.

[447] Ludendorff 1935, S. 10.

politische Ursache zu haben"[448].

So spricht der Soldat! Doch ist durch die Geltung der materialen Erfahrung das Postulat des Primats des Krieges aufgehoben worden. Das rigorose »Ja« zum Kriege, mit dem Begründungsschwächen durch Agenten- und Komplotttheorien kompensiert werden, ebnet alle Vertrags-, Verständigungs- und Bindungsmöglichkeiten ein; zwar wird ein kollektivistischer Ersatz immer wieder in den Identifizierungsgefühlen zu finden sein, jedoch stagniert die "Kulturentwicklung" und eine Wechselwirkung der Verrohung tritt hervor[449].

Eine Erzählung, die aus einem Moment des Umschlags von "Dokument in Fiktion", von "Fiktion in Dokument"[450] heraus, den dem "wirklichen Kriege" zugehörigen "Windungen" der "Scheidewand, die das totale Entladen verhindert"[451], nachspürt, kann vielleicht am deutlichsten die deformierende Kraft des Gesetzes des Krieges für ein Sich-selbst-Innewerden der Reflexion aufzeigen.

Andersch erzählt in seinem Strategieroman "Winterspelt" - die Beschränktheit der »geistigen« Feindlage des zweiten Weltkrieges nach rückwärts bearbeitend -, wie die Passage der Freiheit, die zwischen den inneren und äußeren Fronten verlief, durch den Niederschlag der Materialität des Gesetzes der Steigerung bis zum Äußersten in den Subjekten verspielt wurde.

In den Windungen jener Scheidewand, in der die Individuen als Subjekte des Krieges an den Auswirkungen seiner Totalität selber scheiterten, war weder der Krieg nach seinen Regeln noch die Verständigung nach dem Postulat des Primats der Politik mehr möglich.

Andersch schreibt, Liddell Hart[452] zitierend:

> "Das größte Hindernis für die Alliierten, seitdem die Gezeiten gewechselt hatten, war von ihnen selbst aufgebaut worden: die unkluge und kurzsichtige Forderung nach bedingungsloser Kapitulation. Sie war die größte Hilfe für Hitler, weil sie seine Stellung im deutschen Volk stärkte, und ebenso auch für die Kriegspartei in Japan. Wenn die alliierten Führer klug genug gewesen wären, irgendwelche Zusicherungen über ihre Friedensbedingungen abzugeben, hätte Hitler schon vor 1945 die Herrschaft über das deutsche Volk verloren. Schon drei Jahre vorher hatten Abgesandte der großen Anti-Nazi-Bewegung in Deutschland den alliierten Führern ihre Pläne zum Sturz Hitlers mitgeteilt, ebenso die Namen der vielen führenden Militärs, die bereit waren, an einer solchen Revolte teilzunehmen, wenn sie nur Zusicherungen über die

---

[448] Wallach 1970, S. 35.

[449] Vergl. Freud 1974, Bd. IX, S. 283 ff.

[450] Andersch 1977, S. 20 f und S. 585 - 588.

[451] Clausewitz 1973, VIII, 2. Kap., S. 953.

[452] Liddell Hart 1979, S. 879 f; vergl. S. 842.

allierten Friedensbedingungen erhalten könnten. Aber damals wie später wurde ihnen keinerlei Zusicherung oder auch nur Andeutungen gegeben, so daß es für die Verschwörer naturgemäß schwierig wurde, Unterstützung für einen Sprung ins Dunkle zu finden."

Durch die Einführung des Krieges als Politik - im Scheitern ihres Verhältnisses - muß ein "Bankrott der Politik"[453] und ein Bankrott des militärischen Schutzes - beide kehren ja in der technischen Großwaffe und einer weiterfortschreitenden Roboterisierung sowie einer Babylonisierung[454] des archimedischen Punktes durch das Projekt einer Weltraumwaffe wieder - mitgedacht werden. Das Verschwinden des Schutzes in der Potenzierung der Kriegsenergie und ihrer gesteigerten Zeiten, die in das Vakuum des Politischen einströmen, konturiert im gegenläufigen Prozeß die Selbstverantwortung der ehemals formierten Doppelmasse von Aktivisten und Zuschauern, von Zentrum und Peripherie.

Wenn die "Zentralpositionen" der auf Markt und Industrie zentrierten Gesellschaften durch die "zentrifugalen Interessen"[455] besetzt werden, bei Geltung des Gesetzes des Krieges, eine »Einheit des militärischen Handelns« zu sichern, entsteht etwas Drittes: Die "Natur" des Marktes in ihrer Licht- und Schattenseite, in ihren offenen und geheimen Konstituentien, regelt entweder die Länge des Krieges oder die Höhe der Mittel als Abschreckungspotential.

Daß sich in den »Mitteln« des Krieges die gesellschaftliche Konkurrenz als Frage des "Zeitbesitzes" niederschlägt, ist der den Gegner lähmenden Kraft der Überraschung geschuldet. Die Bedingungen des Wandels sind grundsätzlich von der bürgerlichen Kultur ihres Anfangs, der "Zweifrontenkultur"[456] abhängig, der historisch abgerungenen aber nicht vollendeten, der verteidigten und doch sich fortreißenden.

So hat sich der »Bankrott der Politik« und der »Bankrott des militärischen Schutzes« von der "Geopolitik" zur "Chronopolitik" gewandelt, in der das "Zivile" preisgegeben werde, sagt Virilio[457].

In der Kontinuation des »totalen Krieges« über den Markt, und in ihm seine Transportation in die Technik, verschwindet die Welt als Wohnort. Das ist der gerade durch Geheimnis und Unsichtbarkeit entstandenen *Ubiquität* der Großwaffe geschuldet.

»Ein sehr alter Raum« hat über die Zeit des Lebens- und Weltkreises gesiegt, doch sich

---

[453] Wallach 1970, S. 35.

[454] 1. Mose, Kap.11, Vers 1-9.

[455] Elias 1987, S. 78.

[456] Claessens/Claessens 1979, S. 30.

[457] Virilio/Lotringer 1984, S. 11 - 15.

auch unsichtbar gemacht. Der theologische Begriff der Ubiquität ist nicht zufällig, da die Allgegenwart der Großwaffe als *Grenze* des Transzendierens fungiert. In dieser Grenze geht das transzendente Vermögen auf bzw. verliert sich hierin.

Wer nicht an diese unhaltbare Situation glaubt, auf den kommt die Sünde des Tötens mit der Großwaffe.

In der Diskussion von Offizieren um die "Heilbronner Erklärung" heißt es gegen deren Verfasser gerichtet: "Nicht der Soldat, nicht die Waffe tötet, sondern die Unfähigkeit zu gewaltloser, sachlicher Auseinandersetzung"[458].

Im Übergehen der Polemik wird auf jeden Fall ein Wandel in der paradoxen soldatischen Existenz sichtbar. Daß angesichts des »Omnizids« die Kriegsverhinderung eine Einübung in den Krieg erfordere, gilt nicht mehr. Bei veränderter Lage der Verhältnisse zeigt sich, daß die institutionalen Grenzziehungen durch Vertrag, Eid und Versprechen doch auch immer Identitäten herausbilden, deren magische und phantasmagorische Komponenten bei der entstehenden Fragwürdigkeit eigenen Tuns sichtbar werden.

Diese Fragwürdigkeit muß nicht eingesehen oder gar formuliert werden, sondern kann sich in der *ambivalenten* Aufnahme von Beziehungen, gar im »Diskurs«, ausdrücken. Gespürt wird hierbei am notwendigen Andern die magische Macht eines anderen Einheitsverlangens - jenseits einer Krise - das nicht geteilt werden kann. Aber in einer *oppositionalen Spiegelung im Anderen* läßt sich die magische Macht des Anderen ebenso entwerten, wie die eigene durch Identifikationsgefühle geleitete und glaubenszentrierte Identität sich stabilisiert.

Die Reproduktion der Trennung *in* der Aufnahme von Beziehungen zeigt den vorgängigen Nexus auf, der *im* Anderen abgewehrt wird. Diese *oppositionale Spiegelung im Anderen*, die verzehrende Bindungen und Verbundenheiten hervorbringt, ist die gefühlte Ohnmacht, die unter dem ehemals befriedigten Omnipotenzverlangen liegt[459]. In dieser Weise "imitiert" das "Ichprinzip" des Identischen "sein Negat", so Adorno über die Reflexionsweise des "Vorrangs des Objekts"[460].

Lag die vorgängige Paradoxie der soldatischen Existenz in der *Klarheit*, daß Kriegsverhinderung eine Einübung in den Krieg erfordert, ließe sich - gegenpolemisch - das Unklare der neuen Situation in einer *antonymen* Spiegelung im Satz dergestalt fassen, daß die Einübung in den Frieden Friedensverhinderung erfordere. Gesagt werden soll nur, daß

---

[458] Riemann, in: Borkenhagen 1984, S. 31.

[459] Anmerkung siehe Anhang.

selbstverständlich geltende »klare« Paradoxien im Lichte der Situation des Neuen als "causa der Magie", allerdings zunächst als "sekundäre", erscheinen[461].

Das ist der Unterschied zwischen einer Bemächtigung des Anderen oder auch einer "Selbst"-Bemächtigung und »Institutionen« oder »Systemen«, die als »Großindividuen« wirksam sind. Soweit sie auf der Grundlage von Verträgen moralisches Handeln - eben auch paradoxes - leiten können, sind sie selbst "keine moralischen Subjekte"[462]. Sie werden dazu gemacht, durch einen seelischen Überschuß, der die juridische Verbundenheit trägt.

In den Beiträgen der Offiziere zur "Heilbronner Erklärung" ist Abwehr und Abwertung zu vernehmen. Man spürt wohl die »Macht des Wortes«, die Kraft der frei agierenden politischen Frage: "Wer aber schützt uns vor jenen, die die Freiheit zu Tode schützen?", und die Kraft der Aufforderung, den Dienst zu verweigern, "weil die Soldaten der Bundeswehr" "um ihren Verteidigungsauftrag betrogen worden" sind[463]. Der beiseite gehaltene Glaube an die Strategie der Abschreckung wird benannt, und auch der Kombattant wünscht eine Auflösung des nicht mehr Geltenden und seines Zusammenhangs.

Das wäre in einer zweiten Reflexion dergestalt zugänglig, daß die Paradoxie zwar gilt, jedoch nur für den Streit, den Kampf, den Bürgerkrieg, nicht jedoch als eine legitime Berechtigung der Souveränität des Staates, da hierin Kriegsberechtigung und Friedenspflicht ineinanderfallen[464]. Auch gelten die historischen Auflösungsversuche dieser Paradoxie nicht, da in der Potenzierung der »Mittel« des Krieges, der Zentralisierung des Befehls[465] für den Einsatz, eine neue Paradoxie, die des Auseinanderfallens von Landesverteidigung und Kriegsführung, entstanden ist.

Diese neue Paradoxie ist sozial sehr wirksam, da sie einerseits verschuldet, andererseits delegitimiert. Das kann bei Soldaten zu einer Selbstverachtung führen, die sozial und politisch nicht unproblematisch ist. Annahme und Verständnis für ihre subjektive Lage ist hier gefordert.

Allerdings kann auch vermutet werden, daß die frei agierende politische Frage neue Begrenzungen erfährt. Versinkende Rationalitätstableaus geben eingefangene magische

---

[460] Adorno 1975, S. 181.

[461] Clausen 1978, S. 86 - 100.

[462] Schmidt-Biggemann 1987, S. 227.

[463] Vergl. die Heilbronner Erklärung vom 17.12.1983, in: Borkenhagen 1984, S. 9 - 13.

[464] Vergl. Schmidt-Biggemann 1987, S. 219 f.

[465] Anmerkung siehe Anhang.

Kausalitäten frei, die wieder rational zugerechnet werden müssen - eines »ganzen« Bildes wegen.

Doch kann sich das Verschwinden der Welt als Wohnort und die Unsichtbarkeit der Raummächte, die über die Zeit herrschen, lediglich auf den entfremdeten und obsoleten Blick auf die Sache beziehen. Sicher kennt sich das Militär im Tarnen und Täuschen aus, wie jede Institution, die das nicht Diskursfähige oder das Unerwünschte in ihre Grenzziehung einbezieht.

So ist ein geheimer Markt entstanden, der das Geheime wie das Militärische selber distribuiert. Der geopolitisch gebliebene Blick kann jedoch, in den Raum zurückfindend, konkrete Spuren in der Ordnung des Raumes, an den Orten der Waffenstationierung, ihren geplanten Zielorten und in den Planungsordnungen der Städte finden.

Im Kälteschatten des institutionalen Friedens zeigt sich, daß das Militär "für den Frieden da" ist: als "Kühlkammer, die den in Bewegung geratenen zivilen Alltag wieder festfrieren soll"[466].

Die Transformation des "ganze[n] Volk[es] in Waffen", wie es Steinmetz[467] noch für die klassenintegrierende Synthese des Staates postulierte, in die militärische und militärisch bestimmende Technik zeigt - von diesen »Mitteln« des Krieges her gesehen - eine friedenssehnsüchtige, klassenlose, multikulturelle Gesellschaft in der Zeit, als ihre unbewußte, d.i. negative Form.

In verdinglichender Unbewußtheit, die, von regressiven Identifikationsgefühlen gespeist, auch auf die Reflexion zurückschlägt, wird die in der militärisch-technischen Beschleunigung gekühlte Geschichte "als ein vom Menschen nicht beeinflußbarer Schicksalsprozeß" erlebt[468].

Und doch geht in die Schranke des erlebten, nicht beeinflußbaren Schicksals ein Aufbruchsimpuls ein, der den Prozeß der Kulturentwicklung vorantreibt: "Alles, was die Kulturentwicklung fördert", sagt Freud[469], "arbeitet auch gegen den Krieg".

Dem geschichtlichen Prozeß der Dekollektivierung des Schutzes steht nun eine Deinstitutionalisierung des Individuums gegenüber, durch die das für ihn Beiseitegehaltene und durch »Einfrieren« Vergessene wieder zugänglich wird.

---

[466] Erdheim 1982, S. 67.

[467] Steinmetz 1929, S. 191.

[468] Erdheim 1982, S. 66.

[469] Freud 1974, Bd. IX, S. 286.

Hierin läge eine Rückgewinnung der Bindungskräfte, die dem eigenen Selbst und den Anderen galten, sowie eine Rückgewinnung der Zeit als wachsende, gegen die entschwindende Lebenszeit. Die Rückgewinnung der Zeit, als je eigene mit den Anderen verbundene Lebenszeit[470], ist eine Erinnerung nach vorwärts, angesichts des diese Erinnerung blockierenden Geschichtsprozesses, der wie eine Dampfmaschine[471] verläuft.

Das Abstimmen der Aggregate aufeinander, das *Synchronische* ist hier am wichtigsten, während das *Diachronische*, die Orientierung *in* der Geschichte, als etwas Prästabiliertes vernutzt wird. Es ist *unbewußt* immer »da«, wird aber auch durch den Bezug zum Historischen bei Gründungen, Revolutionen und Stiftungen erneuert. Hier liegt auch gleichzeitig das Problem der Gesellschaften mit »heißer« oder »kumulativer« Geschichte[472].

Die Rückbindungen an den Ursprung sind zu Glaubenskategorien geworden, die im Prozeß der Herstellung eines synchronischen Besserfunktionierens, in einer Bewegung der Mediatisierung der Mittel hierfür, den Glauben säkularisieren und entwirklichen. Ein Verständnis über die Gegenwärtigkeit des Geschichtlichen kann so nicht entstehen: Es geht in einem entsteigenden oder versinkenden Rationalitätstableau auf.

Weitere Abtrennungen vom Ursprung, von der Natur, vom Leib sind hierin möglich, welche neue bewußt-unbewußte Opfer kosten, wie ebenso auch eine tragische Wiederkehr des Magischen, indem die Träger des dynamischen Prinzips geopfert werden, eine Möglichkeit sein kann.

Im Glauben an die Wirklichkeit der organisierten und verwalteten Synchronie läßt sich auch die »Macht« der institutionalen Frage verstehen. In ihr erscheint das Versprechen des "Besserfunktionierens" - auch des eigenen Ich - das dennoch nicht eingelöst wird. In der Enttäuschung entdeckt der Desorientierte das Primat der politischen Frage.

So wird die tiefe Spaltung in der bürgerlichen Gesellschaft durch die Rückkunft des Sittlichen von dort, wohin sie über das Meer aufbrach, um zu kolonisieren[473], verständlich. Auch die Verbindung von Oekonomie und Glauben wird durch die Abundanz der Konkurrenz ohne Ethik[474] fragwürdig. In einer unzureichenden diachronischen Ordnung wird die *Unvollständigkeit des Politischen* erkannt.

Die Hoffnung, die Lévi-Strauss ausgedrückt hat, war die Möglichkeit der Vermittlung, der

---

[470] Vergl. Lévi-Strauss 1977, S. 297 in bezug auf Sartres "Critique de la raison dialectique".

[471] Erdheim 1982, S. 59 in bezug auf Lévi-Strauss' »Primitive« und »Zivilisierte«.

[472] Lévi-Strauss 1975, S. 40, S. 381 - 387; vergl. Jaeggi 1970, S. 58 - 73.

[473] Vergl. Hegel 1970, Bd. 7, § 247, § 248.

Verschmelzung[475] der Kulturen mit »heißer« und »kalter« Geschichte, in der die »differenziellen Abstände« der Kulturen zu sich und in sich in einer "weltweite[n] Koalition von Kulturen"[476] zusammenfinden. Eine Koalition, in der die eine für die Freiheit in der anderen sich sorgt, damit das terroristische Opfern und das mythologische Opfer nicht wiederkehren und das desastre von Frage und Befehl sich nicht wiederholt.

Dieses wird in einem inneren Prozeß in den Kulturen und Gesellschaften mit »heißer« Geschichte sich nicht ganz reibungslos entwickeln, da eine Bewußtwerdung der »negativen« Einheit der Welt nur durch eine Deinstitutionalisierung des Individuums möglich ist, in der historische Ängste vor »Dammbrüchen« wieder wach werden.

Und doch steht auf der anderen Seite der Lösungsversuche die Geschichte der Traumatisierungen, die im Versuch, eine organisierte und verwaltete Synchronie als »Abstraktionsleistung« zu erzwingen, die Möglichkeit zum Planen und zum Plan mit zivilisatorischen Verrohungen verband.   **

Dies dürfte die historisch entscheidende "politische Wendung im Plan" sein[477], in der die "Machbarkeit", "Planbarkeit" und "Organisierbarkeit"[478] - Bezugspunkte des Freyerschen "sekundären Systems"[479] - als gesellschaftliche Verfestigungen (Objektivationen) sich im Subjekt als angeeignete Entfremdung niedergeschlagen: Realillusionen als materiales, ideologisches, wertbezogenes Lineament der *Interpretation* von Mensch und Welt sind möglich geworden.

Möglich werden auch Vertauschung und Verwechselung von Tatsache und Meinung[480]. Die *Veränderung* rückt im Blick des Planers und des akzept-tragenden Dulders fort ins Fremde, Unbekannte und Ungewisse[481].

Ein erst vom Subjekt getrennter, verabschiedeter, oft auch losgerissener Ausdruck schafft einen Gegen-stand, der der Erkenntnis dienen kann.

*   So ist die Fragwürdigkeit und das eigene Fragwürdigwerden in der Produktion von

---

[474] Vergl. Plessner 1974, S. 34 f.

[475] Lévi-Strauss 1975, S. 41.

[476] Lévi-Strauss 1975, S. 402.

[477] Freyer 1987, S. 21 ff.

[478] Freyer 1987, S. 146, S. 136 f.

[479] Ebenda; vergl. Üner 1986, S. 9.

[480] Arendt 1986a, S. 47 f.

[481] Vergl. die 11. These über Feuerbach: Marx 1969 MEW, Bd. 3, S. 7.

gesellschaftlicher Unbewußtheit, nicht vom Prozeß der Verdinglichung[482] und der Selbst-verdinglichung zu trennen. Trotz allem wird in der Reflexion auf sich selbst die ohnmächtig als blinde Macht wahrgenommene Erlebensdichte, die aus der Verkümmerung des Ich-Selbst mit der Zuneigung zur Allmacht und zu Allmachtsphantasien geflochten *erscheint*, als Niederschlag der Verdinglichung in der Selbstverdinglichung - in der ja der je eigene Ort und die je eigene Zeit schwinden - erfahren.

Im Bewußtmachen der eigenen Fragwürdigkeit, deren vorgängige Spannung längst über die Maßen   schon ausgehalten wurde und die im Erkennen des Zusammenhangs von "sozialer Verkümmerung"[483] und der Zuneigung zu (eben auch realisierten) Allmachts-phantasien   der   Herrschenden   und   der   hierdurch   mit   hervorgebrachten "Realitätsverkennung"[484] besteht, dämmert das Wissen   auf, daß gerade das Annehmen von Erniedrigung und Kränkung den Zusammenhang von "Legitimationsglauben"[485] an "institutionelle Fiktionen"[486] und Enttäuschungsfestigkeit bloßlegt.

Und sei es die Enttäuschungsfestigkeit des kargen und angespannten Lebens hinter den narzißtischen Grenzen: - "... in der grandiosen Pose der Selbstverschließung" "wird das Ich zu einer überwertigen Idee"[487]. In der *Zuneigung zu Allmachtsphantasien* (der Identifikation mit dem Angreifer) und der *Selbstverschließung* wird das Leben dem Thanatos zugewandt; es bewegt sich "auf der traumatischen Spur"[488].

In beiden Formen der Leidensbewältigung kann eine Überwindung der "magische[n] Parti-zipation an der Macht"[489] nicht gelingen.

Doch ist in der Reflexion auf sich selbst der Weg der Selbstannahme, das "Mutter werden für sich selbst"[490], auch gefährdet.

In der Wendung des Unbewußten, dessen "Kern ... aus Wunschregungen"[491] besteht, in

---

[482] Vergl. Israel 1972, S. 430 ff; "Der geschichtliche Ursprung der Verdinglichung ist die Ausbeu-tung", Sohn-Rethel 1978, S. 66, wie ihre Organisation dazugehört.

[483] Erdheim 1984, S. 375.

[484] Ebenda.

[485] Ebenda, S. 376.

[486] Ebenda, S. 385.

[487] Schellenbaum 1988, S. 123.

[488] Ebenda.

[489] Erdheim 1984, S. 371 f, in bezug auf Fenichels Aufsatz "Trophäe und Triumph".

[490] Dahl 1986, S. 120 - 125.

[491] Freud 1975, Bd. III, S. 145.

dem "Widerspruchslosigkeit", "Zeitlosigkeit und Ersetzung der äußeren Realität durch die

psychische"[492] herrscht, zu einem *"je eignen"* Unbewußten mit allen Rechten und Pflich-

ten, die den Einzelnen gegenüber sich selbst belasten und nicht ins Zukünftige aufbrechen

lassen[493], wird das Unbewußte auf einen dem Bewußtsein gegensätzlichen Begriff redu-

ziert[494] und unter das Bewußtsein gezwungen:

> "Das «wiederentdeckte» und überall hochgepriesene Unbewußte läuft also seinem
> ursprünglichen Sinn genau zuwider: es war Struktur und Arbeit und wird nun
> Zeichenfunktion, Arbeitskraft und Gegenstand der Aneignung durch ein auto-
> nomes, vereinheitlichtes, ewiges Subjekt des Bewußtseins und des Privat-
> eigentums"[495].

Diese normierten Selbstüberschreitungen jedoch beinhalten innere (Selbst-) Kolonisierun-

gen, welche die Definitionsmächtigen der gesellschaftlichen Realität, die Manipulateure der

bestehenden moralischen Ordnung[496] von den Unterlegenen fordern, um eigene Konflikte

und innere Spannungen in ihrer Bezugswelt ausleben zu können, indem die Anderen zum

Leiden gebracht werden[497].

Diese Möglichkeit, "die Verhältnisse zu verändern, anstatt sich selber"[498], bedeutet, daß

der Kern des Unbewußten nach außen gewendet wird und das *"Edle"* in die Verdrängung

gerät[499]. Unter dem Aspekt der Zeit gesehen, ist der Versuch, den Kern des Unbewußten

nach außen zu wenden, auch als eine Handlung anzusehen, mit der sich der Akteur vom

Druck oder Sog der Zeit befreien will. Wenn auch sicher keine Verewigung angestrebt wird,

so doch eine relationale Zeitlosigkeit, indem die Zeit der Anderen an das Agieren der Ver-

füger gebunden bleibt.

Vor allem, wenn die Zeitlosigkeit des "je eigenen" Unbewußten[500] normativ für die Akteure

affiziert bleibt und die "Utopie des guten Herrschers"[501] *das* Fernbild der Transzendenz des

---

[492] Ebenda, S. 146.

[493] Vergl. Blochs Begriff des Unbewußten als "Dunkel nach vorwärts", Bloch 1959, Bd. 5, S. 144 f.

[494] Vergl. Jung 1984, S. 52 f.

[495] Baudrillard 1972, S. 331 f.

[496] Vergl. Cremerius 1979, S. 19.

[497] Vergl. ebenda.

[498] Ebenda, S. 13.

[499] Ebenda, S. 19.

[500] Vergl. Baudrillard 1972.

[501] Habermas 1977, S. 378 - 398.

Bestehenden bezeichnet. Der "Konsensus" von Staat, Wirtschaft und Gesellschaft[502] wird so, dialog- und diskursarm durch die Spannung von je eigener Lebenszeit und nach außen gewendeter systemischer Zeitlosigkeit hindurch, auf Dauer lastend wortlos ertragen[503].

Ein Konsensus, der wortlos ertragen wird[504], verdeutlicht seine Fragwürdigkeit. Die Fragwürdigkeit delegitimiert und kann nur unter der Voraussetzung beiseite gehalten werden, daß die Beziehung in den gesellschaftlichen Figurationen in Unbewußtheit mit "Identifizierungsgefühlen"[505] geregelt wird.

> Das würde für das Koalitionsprinzip der Solidarität bedeuten, daß an ihm die konkrete Dimension des Miteinander gefährdet ist, da die historisch zuwege gebrachte Form, eine "Koalition von Koalitionen"[506] zu sein, als sinnliche Abstraktion, die ja das Gleiche unter den Verhältnissen zusammengebracht hat, durchstoßen und damit ideologisch auch mit motivationalen Strategien atrophiert werden kann.

Durch Identifizierungsgefühle bleibt die Annahme der Herrschaftsphantasmen und der Selbstabschließung in ihrer Konsequenz in einer unbefragten Suche und Orientierung, in einem unbefragten Aufbruch undurchschaut: Ohne ein "Selbstbefreiungsunternehmen"[507], ohne ein Verständnis der eigenen Fragwürdigkeit in einem nur gewobenen, durch Identifizierungsgefühle zuwege gebrachten Mit-, Für-, Neben- und Gegeneinander ist eine "Pluralität als *befreite* Vielheit, und .. das Miteinander-sich-Vertragen nicht ... zu haben"; "als *bündnislose* Harmonie"[508] schon gar nicht.

Doch bedeutet die Situation der auf Dauer *lastenden* Wortlosigkeit auch, daß wir in eine "Fraglichkeit"[509] gestellt sind, die uns als "geschehende[r] Wandel ... zur Gänze [betrifft]"[510].

Das Versagen der Worte muß nicht eine Erfahrung aus dem "Gespräch" sein, wenn "uns dann etwas fraglich wird, wenn wir nicht mehr sagen können, was und wie jegliches ist,

---

[502] Claessens/Claessens 1979, bezeichnen den "Konsensus" als das "erste und bedeutendste Organisationsprinzip gemeinsamer menschlicher Handlung", ebenda, S. 47, weitere Anmerkung siehe Anhang.

[503] Anmerkung siehe Anhang.

[504] Man vergleiche die Marxsche Metaphorik des "stummen Zwangs der ökonomischen Verhältnisse", Marx 1979, Bd. 23, S. 765.

[505] Freud 1974, Bd. IX, S. 147.

[506] Simmel 1968, S. 332.

[507] Heinrich/Rötzer 1986, S. ZB2.

[508] Ebenda.

[509] Pöltner 1972, S. 30.

wenn sich uns *das Wort versagt*"[511], sondern bedeutet in historischer Lage ein Ausgelie-
fertsein an die Spannung von gesellschaftlich *produzierter Fraglosigkeit*[512] - durch hervorgebrachte und aktualisierte Unbewußtheit - und in der Reflexion auf sich selbst klar
gewordene *Fragwürdigkeit* eigenen Mittuns.

Welt und Seiendes, die entzogen werden *und* sich entziehen[513], treiben ein "wissendes
Nichtwissen" des Verhängnisses über das Novum als *betrogenes* "Ahnen"[514] hervor, in dem
- als des traumatischen Aspekts der Situation des "Gegenüber-und-in-zugleich"[515] - die
"unverfügbare Frage"[516] aufdämmert. In der Situation des erlebten "Entzuges" als ein Beieinander von Entzogenwerden und Entziehen erscheint das "Woher", der "Ursprung des
Fragens ... als die Todes-frage"[517].

*   Das stellt den Einzelnen vor das Problem[518] - das eine Lösung verlangt -, daß er
sozial und physisch dem eigenen, nicht mehr dem Tod des Anderen[519] oder dem Tod des
Fremden[520] gegenüber zu stehen gedrängt ist, und zwar als Moment konstituierter
Gemeinsamkeit, die den Tod des *sozialen* Körpers[521] bedeutet:

> "In dem Maße, wie die Gefahr des Holozids keinen mehr ausnimmt, weder
> Sulamith noch Margarete, ist die philosophische Thanatologie keine
> «deutsche»[522] Angelegenheit mehr. In dem selben Maße ist auch die Verliebtheit
> in den Tod ausgetrieben. Wird nämlich der Tod zum eigentlichen
> Bruttosozialprodukt, so hat er aufgehört, ein invariantes Schicksal zu sein"[523].

---

[510] Ebenda.

[511] Ebenda, S. 59.

[512] Anmerkung siehe Anhang.

[513] Vergl. Pöltner 1972, S. 28.

[514] Anmerkung siehe Anhang.

[515] Heinrich 1952, S. 99.

[516] Pöltner 1972, S. 82 .

[517] Ebenda.

[518] Vergl. über die Differenz von Frage und Problem, Walther 1985, S. 28 ff.

[519] Ariès 1984, S. 255.

[520] Macho 1987, S. 284 ff.

[521] Vergl. Macho 1987, S. 223: "In der Grenzerfahrung des sozialen Todes ist die Lokalisierbarkeit
der Individuen aufgehoben".

[522] "Er ruft spielt süßer den Tod der Tod ist ein Meister aus Deutschland", das «deutsch» wie
"Margarete" und "Sulamith" beziehen sich auf Paul Celan: Die Todesfuge. Celan 1983, Bd. 1, S.
41 f.

[523] Ebeling 1979, in der Vorbemerkung zum "Der Tod in der Moderne".

Stellt sich für den Einzelnen in seinen "interkollektiven Verhältnissen"[524] das Problem des Endes ohne Übergang, wird auch im generativen Verhalten und im "Opfertod" des "roten Helden" die Hoffnung aufs Fortleben erschwert.

Als historisches "Novum gegen den Tod" sah Bloch den "Opfertod" des "roten Helden", der "höchstens [glaubt,] in der Erinnerung der Mit- und Nachwelt eine Berge zu finden, eingeschreint im Herzen der Arbeiterklasse", in der "Gewißheit des Klassenbewußtseins, individuelle Fortdauer in sich aufhebend"[525].

Eine "Verewigung" der Bedrohung und der atomaren und toxischen Weltgefährdung[526] stellt jedoch die Krisis des eigenen Selbst und des identifizierten Anderen (auch als eigene Verinnerung) heraus und eröffnet den Blick auf den Prozeß des "Kulturfortschritts" als einen Prozeß der "Kulturversagung"[527].

Der Wandel von der individuellen Todesverdrängung zu einer "*sozialen Verdrängung des Todes*"[528] kennzeichnet die Moderne - jedoch, unter dem Aspekt der Verschlingung der Unbedachtheit mit der Unbewußtheit gesehen, tritt der Nexus von gesellschaftlicher "Todesverleugnung"[529] *und* sozialer Todes*verdrängung* hervor.

In der interkollektiven Herstellung der "Substanzialität" des Unbewußten (oder in interkollektiver Berührung der "archaischen Erbschaft"[530]) durch Identifizierungsgefühle, durch symbiotische Bindungsstrategien in den "Stellen" der Systeme (vom "Amt" bis zur Nation) und in personalen Bindungen ist eine Verkehrung bewußten Wissens über das Sterbenkönnen, der "Todesgewißheit"[531] und damit ein Wandel der Todesantinomie von Unsterblichkeitsglauben und Todesgewißheit auszumachen[532].

Diese Verkehrung des bewußten Wissens über das Ende ist als ein gesellschaftlich produzierter Spaltungsvorgang des Unbewußten zu verstehen. Einerseits "[glaubt] unser Unbe-

---

[524] Caruso 1963, S. 204.

[525] Bloch 1959, Bd. 5, S. 1378 ff.

[526] Vergl. Marcuse 1975, S. 11.

[527] Vergl. Freud 1974, Bd. IX, S. 226 ff.

[528] Nassehi/Weber 1988, S. 377 - 396.

[529] Borkenau 1984, S. 83 - 119.

[530] Mit der Freud 1974, Bd. IX, S. 547 annahm, die "Kluft zwischen Individual- und Massenpsychologie" überbrücken zu können.

[531] Borkenau 1984, S. 87.

[532] Anmerkung siehe Anhang.

wußtes .. nicht an den eigenen Tod, es gebärdet sich wie unsterblich"[533] - diese Unsterb-

lichkeitsgewißheit ist eine phylogenetische Erbschaft[534] -, andererseits kommt vom

Trauma der Geburt her eine ontogenetisch erworbene Todesangst, die sich, ins Bewußtsein

genommen durch den Tod des geliebten Anderen und auch affiziert durch das Altern, zu

einer Todesgewißheit steigert[535]. Da nun "das Wissen um den Tod ... an der Grenze

zwischen dem phylogenetisch und ontogenetisch erworbenen Anteil des Unbewußten

[steht]"[536], liegt hier die *Möglichkeit* der Spaltung, der Abtrennung. Ihre *Wirklichkeit* liegt,

da "der Tod dem Leben von vornherein einwohnt"[537], in der "formgebende[n] Bedeutung

des Todes": den Formungen der "Zerlegung in Lebenseroberung und Todesflucht"[538]. "Das

Leben, das wir dazu verbrauchen, uns dem Tode zu nähern, verbrauchen wir dazu, ihn zu

fliehen"[539].

Diese "Doppelrichtung des Bewegtseins"[540] löst das Ich als Drittes aus den Verschmelzun-

gen, den Identifikationen und den "mechanischen Solidaritäten"[541] heraus, auf daß es

"seine Lösung von der Zufälligkeit der einzelnen Inhalte *ganz* vollbringen könnte"[542]. Die

Wirksamkeit des Unsterblichkeitsglaubens für das sich vollendenwollende Ich ist also ganz

von der Ablösung, dem Heraustreten aus dem befangenen Leben der Fraglosigkeit ab-

hängig.

Jedoch, verharrend in der Fraglosigkeit, wird das ganze Leben aufgeopfert in dem Drang

einer Vorstellung, die Zeit anhalten zu müssen, ja - zu können[543]. Da das Abhängigkeits-

und Zugehörigkeitsverhältnis im Sinne der phylogenetischen Erbschaft undurchschaut

bleibt, wird in der Opferung des eigenen Lebens dieses Verhältnis verwirklicht.

Fachinelli[544] sieht in diesem neurotischen Ringen um Unabhängigkeit ein Leben, das sich

---

[533] Freud 1974, Bd. IX, S. 56.

[534] Vergl. Borkenau 1984, S. 84.

[535] Borkenau 1984, S. 87.

[536] Ebenda, S. 86.

[537] Simmel 1984, S. 30.

[538] Ebenda, S. 31.

[539] Ebenda, S. 32.

[540] Ebenda.

[541] Durkheim 1977, S. 147, S. 161 oben.

[542] Simmel 1984, S. 34.

[543] Vergl. Fachinelli 1981, S. 9 - 29; von der Schilderung eines Falls über das "Ungeschehenmachen" eines (verdeckten) Bruchs oder Konflikts.

[544] Ebenda, S. 81.

"einzig und allein auf eine *Verschmelzung und Verwechselung mit dem Toten* [beschränkt]".

Im Zusammenfallen der *"Identifizierung mit der allmächtigen Gestalt"*[545], die eine Folge des verfrühten Zerreißens des dyadischen Einssein ist (immer einhergehend mit einer Todesdrohung), und geschichtsmytischer Einheiten - wie Vaterland oder Nation - entsteht eine zwiefältige (d.i. elliptische) Position, in der im Wechsel der Standorte Vernichtung, Verfolgungsangst und Omnipotenz in sich und am Anderen erlebt werden. Das *"Geltendmachen* (Hervorh.: G.K.) der eigenen Person"[546] mißlingt, da es die Einheit der Identifizierung mit dem Verfüger über die Todesdrohung - eben auch als intrapsychische Instanz - in dieser elliptischen Position zu zersprengen droht[547]. Da nun die *phantasierte* Einheit als Lebensgarant erscheint, wird *diese* wiederholt und das "Geltendmachen der eigenen Person" wird im Warten vertagt.

"Und so ist die Bewegung in Richtung auf die Unabhängigkeit regelmäßig verbunden mit dem Erwachen der Angst, der *Andere* könne sterben"[548]. Im Wachbleiben dieser Angst liegen dann auch die Motive, in der Identifikation mit den bedroht-bedrohenden "Ander"-Mächten[549] stecken zu bleiben, zu verharren, um als der Andere der (auch eigenen) Angst, den Anderen zu einer Veranderung zu zwingen, der als Geängstigter die Angst des Anderen, bei Opferung der (eigenen) Lebenszeit, aufzulösen hat.

So ist der Geängstigte durch eigene und durch die auf ihn verschobene Angst der "Ander"-Mächte in ein "Vor-Etwas" zurückgedrängt, und das, was nicht aufgeht, nicht stimmt und was fehlt, geistert in Vor-Gestalten eines "Viel-zu-Vielen"[550] herum, die historisch allzuleicht zu einer konvertierten Substanz werden, an der nur noch das *verkehrte* (Ent-)Äußern und die *verkehrte* Retention des Etwas, das historisch schon da war, Zeugen eines mißlungenen Anfangs sind.

Wenn diese konvertierten Substanzen noch einmal in organisatorischen Tabu-Gestalten mechanisch bestimmend-bestimmt zusammengefaßt werden, entsteht das Phänomen einer mehrwertigen Klassengesellschaft in Raum und Zeit und in den Reflexionsfiguren, die sich

---

[545] Ebenda, S. 73.

[546] Vergl. Freud 1974, Bd. IX, S. 362 über das Verhältnis von Tabu und Zwangsneurose beim "Geltendmachen der eigenen Person".

[547] Anmerkung siehe Anhang.

[548] Anmerkung siehe Anhang.

[549] Das "Ander" bezieht sich auf den Blochschen Terminus der "quantitativen Anderheit" in Abgrenzung zur " qualitativen Andersheit", vergl. Bloch 1975, Bd. 15, S. 167.

[550] Anmerkung siehe Anhang.

in vor-sichtigen Dualbegriffen wie Verfüger und Dulder schon ankündigen. Die Konturen der Klassengesellschaft verblassen in ihrer Tiefenstruktur und in ihrer Innenwirklichkeit durch rohe Zuschreibungsprozesse für das individuelle Erleiden, resp. Durchstehen oder Nichtdurchstehen sozialer Risiken in den »ständischen« Bedingungen der sozialen Ungleichheit.

Durch solcherart Zuschreibungsprozesse, in denen das Prinzip der Konkurrenz in seiner Totalität gegen die Individualität hervortritt und die "Struktur der Allgemeinheit" nur noch die "Stelle" des Durchhaltens freiläßt[551], entsteht eine "fortschreitende kollektive Vereinzelung in einer enttraditionalisierten »Gesellschaft der Unselbständigen«"[552] bis in den Tod. Die "Gesellschaft der Unselbständigen" mit hoher Bereitschaft zu Verschmelzungen und Flüchtigkeit erscheint in ärgerlicher Kommunikation mit dem »alter ego« in der Arbeit der "nachindustriellen Gesellschaft"[553] ebenso, wie sie sich im fortwährend neuen Ausdruck zeigt, der in seinem kompensatorischen Aspekt für eine Rotation der Oberfläche sorgt.

"Das, was das Sein der Erscheinung ausmacht, das ist in der Tat, daß sie *erscheint*". Und das Phänomen "*ist*, wie es *erscheint*"[554].

Da vieles unsichtbar geworden ist - was schon da war -, ist das *Wie* des *Erscheinens* des Phänomens die Frage der Moderne. Dieses Wie des Erscheinens als fragender Anruf des Objekts an das Subjekt erfordert ein Motiv der Erkenntnis vom Wahrnehmenden und Erkennenden, das diese leiten kann: eine Metaphysik, über die »man« nicht spricht, denn sie ist uns aus den Stoffen der (auch inneren) Bilder komponiert.

Indem nun "das Seinsphänomen .. die Transphänomenalität des Seins [fordert]"[555], d.i. der Ruf des immer Verhüllt-Bleibenden, Noch-Verhüllten oder des schlecht Wieder-Verhüllten (im Wahn?) nach wahrnehmbarer Existenz, wird bewußt gemacht, "daß das Bewußtsein in seinem Sein ein nichtbewußtes und transphänomenales Sein enthält"[556].

Insofern dieses Wissen in Dispositionen der Planung und Verwaltung eingeht, ist die

---

[551] Vergl. Simmel 1968, S. 30 über die Wechselwirkung von allgemeiner "Stelle" und der "Leistung der Individualität".

[552] Beck 1984, S. 485 - 497.

[553] Bell 1975, S. 168, sieht "im Mittelpunkt der neuen Beziehung" in der Dienstleistungsgesellschaft die "Begegnung oder die Kommunikation und die Reaktion des Ich auf den Anderen und umgekehrt."

[554] Sartre 1987, S. 15.

[555] Sartre 1987, S. 14.

[556] Sartre 1987, S. 29.

Ordnung der konvertierten Substanzen ein angebotener Zynismus[557], der nicht ohne Zulauf ist bzw. durch ihn sich legitimiert: Bei der säkularisierten Frage nach Erlösung, die mit dem Terminus technicus "Anspruchsdenken" als Fragwürdigkeit des Subjekts zurückgestoßen wird - das weist auf die verlorene Weisheit im Frageverbot hin - bleibt diese Frage dennoch normbildend in einer anästhesierten und hypersensiblen, friedlosen Gesellschaft[558].

Wenn das "Geltendmachen der eigenen Person" durch Identifizierungsgefühle mit einer "übermächtigen Substanz"[559] doppelt mißlingt und dieser den historischen Prozeß anheizende *Schein* der Überlebensgarantie durch die logische wie affektive Retention der Identifizierungsgefühle in eine allgemeine "Introszendenz der sich selbst innehaften Reflexion"[560] überführt werden könnte, käme der Unsterblichkeitsglaube wieder in die Verfügung des Subjekts. Erst in der Anerkenntnis des Bruchs, des ungelösten Konflikts, der eine elliptische Position hervorgebracht hat, deren Ausformung logisch mitvollzogen werden muß, vollzieht sich die Fähigkeit zur Bindung. Doch hat sich im *Glauben* an die Kontinuität der Formen der Lebenseroberung - in Gestaltung der Formdurchbrechung[561] - eine Todesflucht durchgesetzt, in der ein neues Bündnis, da das alte nicht mehr gilt, geflohen wird.

In der Fraglosigkeit zu bleiben, bedeutet für das Ich jedoch, "die Zeitlosigkeit seiner Inhalte gleichsam freiwerden zu lassen"[562], sie an Institutionen, an systemisch starre Formen abzutreten. Diese altruistische Abtretung, die zunächst den Schutz kultureller Formungen ausmachte, produziert nun mit an gesellschaftlicher Unbewußtheit, in der der phylogenetisch erworbene Unsterblichkeitsglaube (d.i. Zeitlosigkeit) abgetreten und abgetrennt wird. Er tritt - material geworden - als quantitative Ausdehnung mit hoher Geschwindigkeit und dennoch zyklisch[563] dem befangenen Ich als das thanatische Fremde entgegen, so daß die Todesgewißheit von innen (ontogenetisch) und außen drängt und "der Tod das Leben ver-

---

[557] Natürlich ist das Wohlsein in Stadt und Behausung auch vom metaphysischen Vermögen des Architekten abhängig. Ihm steht jedoch in der Profession das Ideal des Dialogs mit dem Benutzer vor Augen, in dem Bedürfnislosigkeit selbst ein Ideal sein kann.

[558] Vergl. hierzu das Hoffnungsbild des Narziß bei Marcuse 1973, S. 167, der in der narzißtischen Allverbundenheit die Chance der Suche nach einer umfassenden existentiellen Ordnung sieht; und den neuen "Sozialisationstyp" Ziehes, der im Verweigerungsverhalten Omnipotenz einzuklagen sucht, Ziehe 1978, S. 161 ff.

[559] Heinrich 1981, S. 158.

[560] Günther 1980, Bd.3, S. 11, Anmerkung siehe Anhang.

[561] Vergl. Simmel 1926, S. 20.

[562] Simmel 1984, S. 34.

[563] Anmerkung siehe Anhang.

sinken läßt"[564].

Zum "historischen Inhalt" geworden[565] - unter der Voraussetzung der Formen des Vergessens in und durch die säkularisierte Zeit -, wird der Tod zu einer "unerschöpflichen Quelle aller Versagung - und ihrer sozialen Wirksamkeit"[566]. Der Einzelne opfert sich in der Übernahme der Todesgewissheit und führt "die Geschichte der Entsagung" weiter fort[567].

In der Figuration des Hervorbringens (als Formung des Entzugs) gesellschaftlicher Unbewußtheit läßt sich deren vollzogenes Lineament fassen aus:

- dem Zwang zum Neuen[568], der auch eine Abwertung des Abwesenden impliziert, wodurch das Ich-Selbst verarmt und in die Befindlichkeit der Sehn*sucht* gebracht wird;

- dem Planungsmodus als der Form der Rationalität der Verschlingung von Unbedachtheit und Unbewußtheit, indem die Entscheidungen aus der Ferne getroffen werden;

- der Identitätszurüstung der planenden und verwaltenden Subjekte durch "Auftrag"[569] und "Meriten"[570];

- dem thanatisch ausgebildeten Über-Ich der Herrschenden und dem thanatischen Gewissen der System-Mechaniker[571];

- der "methodischen" Einübung von "Resignation"[572] und "Fügsamkeit" durch den Tod "als Mittel sozialer Kontrolle"[573], in deren Verhältnisse die Beplanten, Verwalteten und Beherrschten in der stofflich-natürlichen Roheit der systemischen Zeit notwendig ein

---

[564] Simmel 1984, S. 34.

[565] Vergl. Simmel 1984, S. 52: als historischen Inhalt versteht Simmel, wenn "ein Inhalt in der Zeit ist" *und* verstanden wird. Dieser Schnittpunkt erst mache "auf Grund des zeitlosen Verstehens" in einer Verzeitlichung des Inhalts, diesen zu einem historischen. Die Verzeitlichung des Inhalts kann Entzug *und* Verkörperung enthalten.

[566] Marcuse 1973, S. 228.

[567] Horkheimer/Adorno 1979, S. 51; vergl. Heinrich 1982, S. 180 und Anmerkung siehe Anhang.

[568] D.i. die strukturelle Abschließung gegen die Vergangenheit und ihrer "Entwertung", Claessens/Claessens 1979, S. 34; Anmerkung siehe Anhang.

[569] Adorno 1971, S. 72 f.

[570] Vergl. Lutz 1989, S. 18 über "die Generalisierung meritokratischer Strukturen".

[571] Vergl. Cremerius 1979, S. 29 über den "Flieger", der im "funktionalen" Unterbringen seiner Neurose im Beruf einen "echten primären Gewinn" erfährt, vergl. dazu Erdheim 1984, S. 393; vergl. Argelander 1972.

[572] Marcuse 1972, S. 228.

[573] Fuchs 1973, S. 211.

"Sein zum Tode"[574] mitzuproduzieren gedrängt sind.

Die in einem Wandlungsdruck sich geschwind bewegenden Verhältnisse, in denen *durch die Bewegung, die nicht den Anfang befreit, sondern das Ende dehnt*, die Todesverleugnung für die sich identifizierenden und hierdurch todesverdrängenden Subjekte aufrechterhalten[575], die Todeshinnahme für die Beherrschten durch den Nexus der Todesgewißheit erzwungen[576] wird, werden zum *bewegten* Nichts[577], in dem der Mensch verschwindet.

Die Entäußerungen der Zeitlosigkeit des Ich-Selbst, die in den Formungen "*quantitativer Ausdehnung*"[578] ohne Rückkunft zum Bewußtsein ja eine Verräumlichung des Ich-Selbst[579] bedeuten, sind im Einschlucken des Qualitativen die schlechte Unendlichkeit.

** Gelingt eine Integration der gelebten Persönlichkeitsanteile nicht, weder durch Anpassung noch durch Interpretation, flieht also die Welt vor dem Ich-Selbst und wird der Abschiedsschmerz nicht produktiv gewandelt, kommt es zur Wiederkunft eines frühen Ich-Selbst im Raum.

Die "Gewohnheit des Reisens"[580], des "Vagierens"[581] zu der Fremdheit der Landschaften im Modus der Suche oder der Flucht aus Enge, Mangel, Not und Tod entspricht der Fremdheit im Ort der Herkunft, aus dem das unfertige Ich-Selbst herausgestoßen oder -gerissen wurde.

Ohne Eigentum an Boden - nicht einmal mehr im Sinne eines allgemeinen Eigentums, das der Versammlung dient - verliert für den Menschen die Reise als Aufbruch das "Versprechen von Glück und Freiheit"[582]. In solcherart Reise - auch wenn ihre entfremdende Bedeutung durch ein märchenhaftes Entspringen der entschwindenden Akzelerationsdauer mit Siebenmeilenstiefeln subversiv gewendet werden mag[583] - frei von

---

[574] Anmerkung siehe Anhang.

[575] Anmerkung siehe Anhang.

[576] Sternberger 1981, S. 196 nennt das Übernehmen der Todesgewißheit, das Heidegger als ein Zwingen, ein Müssen thematisiert, "das Motiv des *ontologischen Imperativs*".

[577] Anmerkung siehe Anhang.

[578] Caruso 1983, S. 200.

[579] Anmerkung siehe Anhang.

[580] Tönnies 1926a, S. 17, in Bezug auf Willox': The American City: a Problem of Democracy.

[581] Ebenda, S. 27.

[582] Bergmann/Boehnke 1984, S. 11.

[583] Vergl. ebenda, S. 14.

Eigentum an Erde und Raum, verliert der Mensch die hieran geknüpfte "objektive Existenzweise"[584].

In der "Subvertierung" der "objektiven Existenzweise" gegen den Einzelnen in seiner besonderen Lage entstand der Zwang zur Herausbildung der Existenz aus dem Subjekt, bzw. stellt dieser Prozeß das Subjekt in seiner Bedeutung als Unterworfenes heraus. Der Subversion als Gegen-gegen-Bewegung von Vaganten und Sozialrebellen[585] wurde schon früh der Zwang zur Adresse entgegengesetzt[586].

Es wurden Ausschließungen der Fahrenden aus den "geschlossenen ökonomischen Verfassungen der Städte" durch "Organisation des unmittelbaren Weitertransports" betrieben[587] oder Einschließungen und Arretierungen vollzogen, deren Geschichte mit der Geschichte der Psychiatrie einhergeht: schon 1533 wurde Kloster Haina bei Kassel durch Philipp von Hessen *"zu eynem spital unnd erhaltung armer leute verordnet"*[588].

> In der "Gaunerwirtschaft", Folge jener Subsumtion der Individuen unter die Produktionsverhältnisse, die die objektive Existenzweise auflösten, wird das Fundament für eine "Subgeschichte" der Vaganten und Briganten gelegt, in der - ideell zentriert um Hebels Erzählung vom "Zundelfrieder" - die modernen Diskurstheoretiker die Wahrheit eines "Überlebensalltags" mit "autonomer Kultur"[589], die einen kommunizierbaren Begriff der Wahrheit historisch nur in der Wahrheit der Gewalt bzw. ihrer "Exekution"[590] zuließ, erkennen mögen.

Da freie Räume zum Einwohnen in die Welt im bürgerlichen Eigentum aufgezehrt wurden, Wohnungseigentum in der historischen Lage herrschender Distribution ökonomisch schwach blieb, hielt sich der Arbeiter weiterhin mobil.

So kehrt im bürgerlichen "Ordnungsraum"[591], in dem eigene Gesetze der Ausgrenzung bis heute entwickelt werden[592], das absolutistische "Territorium des Bekenntnisses"[593]

---

[584] Marx 1974, S. 385.

[585] Hobsbawm 1979.

[586] Nach Meyer 1981, S. 28 wird in Paris das Hôpital Général 1659 "zur ersten Schutz- und Aufbewahrungsanstalt für Vagabunden", die als Waffenfähige in die Kolonien deportiert, als ökonomisch Nutzlose gefangengehalten wurden.

[587] Reinicke 1983, S. 31.

[588] Aus dem "Stiftungsbrief Philips von Hessen, in: Holtausen 1907, S. 7 f.

[589] Reinicke 1983, S. 15.

[590] Ebenda, S. 197.

[591] Leithäuser 1987, S. 286 f.

[592] Vergl. z.B. den sog. "Pennerbeschluß" von Darmstadt, in: Gillich 1988, S. 79 -82.

[593] Meyer 1981, S. 25 ff.

wieder:

> "Zwischen dem, der sich beunruhigt, weil Ferien Freiheit bedeuten können, und
> dem, der eine Gesellschaft von Denunzianten vorschlägt, besteht eine direkte
> Verbindung. Da es keinen Raum ohne Funktion mehr gibt, gibt es auch keine
> Zeit ohne Kontrolle, keine Bewegung ohne Ziel. Das gesellschaftliche Leben ist
> zweckgebunden: das gesamte soziale und geographische Territorium ist zu einem
> einzigen Ort des Bekenntnisses geworden, das zur Eingliederung in die
> bestehende Ordnung verpflichtet"[594].

Der Enge und der Gewalt des Ordnungsraumes, der vor allem das Bild der Öffentlichkeit
durch die Einfriedung affektiver Räume ästhetisch glättet, ist der Verlust des Glücks- und
Freiheitsversprechens geschuldet. Und utopisch [595] ist ein Raum nicht mehr, in dem eine
abgetrennte Herkunft durch den Zwang zur Adresse unkenntlich wird.

Der "Mensch ohne Welt"[596] muß am Ende seine Existenz als Produkt eigener Arbeit
erkennen: Er ist auf der Reise. Seine Gemeinde sind die Mitreisenden, die ihre Ziele
austauschen und ihre Herkunft verklären, sein Stigma der Zugehörigkeit die Infrastruktur,
die ihre eigene Ungastlichkeit hat.

"Diese Reise schiebt sich in den Raum wie die Geschichte eines Menschen in die Zeit.
Reisezeit ist Lebenszeit, also Raum-Zeit[597].

Nun muß sich das Ich-Selbst mobil halten, wenn es die Aufgabe des Besichtigens dieser
"Raum-Zeit" bewältigen will[598].

Unterm Konkurrenzprinzip, dem seit Hobbes die Allgemeinheit "eine potentielle und reale
Negation des anderen" ist[599], die eine "konstante Ungewißheit gegenüber den anderen wie
gegenüber sich selbst"[600] bedeutet, ist die historische *Verfügung* über den "utopischen
Standort"[601] eine Annahme des "Verdammnis[ses] zum Kleinsein"[602], das durch die
historische "Konstruktion *ex negativo*" *figuriert* ist. Diese "ist im Kern eine erste

---

[594] Meyer 1981, S. 41.

[595] D.h. hier, die Bedingungen für ein Hinausschreiten zu einer Gelungenheit höheren Einsseins zu
gestalten.

[596] Anders 1984.

[597] Teichert 1987, S. 107 über das Motiv der Flugreise in Selma Lagerlöfs Geschichte der
"Wunderbaren Reise des kleinen Nils Holgersson mit den Wildgänsen" bei Hubert Fichte.

[598] Vergl. Kracauer 1973, S. 99 f.

[599] zur Lippe 1984, S. 76 in bezug auf Macpherson 1967, S. 91 f.

[600] Ebenda, S. 78.

[601] Plessner 1981, Bd. IV, S. 419 ff.

[602] Teichert 1987, S. 107.

Konstruktion von gesellschaftlicher Organisation *ex nihilo*, die lediglich - negativ - auf die bestehenden Verhältnisse bezogen ist, um sich von diesen abstoßen und unabhängig werden zu können"[603].

Die über den "Besitzindividualismus"[604] für die moderne Kultur konkretisierte *konstitutive Wurzellosigkeit*[605], in der "das Bewußtsein der eigenen Nichtigkeit und korrelativ dazu der Nichtigkeit der Welt"[606] entsteht, ist nicht durch die unendliche Ausdehnung des Ich des Bewußtseins als überwertige Idee zu bewältigen, sondern, indem die Distanz zu sich selbst verkleinert wird.

Das mag einen neuen Schmerz ergeben, jedoch läßt der Schmerz der Überdehnung nach. Denn, wenn jene Fremdheit, die in der Vertauschung von erster und zweiter Natur liegt[607], durch ihre Züchtigung, Ausblendung und Beherrschung als das Eigene sich versperrt, wird weiterfort eine "Exterritorialisierung" und radikale "Kontrolle von Spontaneität"[608], Begierden, Bildern, Ideen - von *Es* und *Selbst* - betrieben, indem die hierdurch entstandene und entstehende Unheimlichkeit des "Anderen der Vernunft" am ausgeschlossenen Anderen vollzogen, beängstigt, bekämpft und abgetrieben wird[609].

Hierdurch schrumpft - im Zusammenschrumpfen der Welt durch infrastrukturelle Potenzen - das schon unheimliche Fremde weiter zum Dämonischen; jenes Fremde, das im Wechsel der Räume das Gesicht immer gleicher Vielheit trägt.

Die Geschichte der *Vagierenden* - eben nicht die Geschichte der *voyageurs*, die vor einer "selbstgeschaffenen Realität"[610] flohen und gleichzeitig den technisch-oekonomischen und militärischen Raum homogenisierten - war außerhalb einer objektiven, an die Herkunft rückgebundenen Mitgliedschaft gemacht. Diese Geschichte tritt heute, noch einmal ontologisch verkürzt, als opak-essentielle Geschichtlichkeit ins Zyklische[611] zurück:

Als Gefangener der Reise, des Impulses des technischen Fortschritts - "Gefangener des

---

[603] zur Lippe 1984, S. 78.

[604] Macpherson 1967.

[605] Plessner 1981, Bd. IV, S. 419.

[606] Ebenda.

[607] Vergl. zur Lippe 1984, S. 69.

[608] Böhme 1985, S. 11.

[609] Vergl. Böhme 1985, S. 11 ff.

[610] Enzensberger 1964, S. 191.

[611] Anmerkung siehe Anhang.

Fluges, Gefangener des sausenden Geschehens" nennt Kasack[612] die fern-rauschende Stille in der Aufhebung von Sog und Zug - wird uns ein Zuweltgegangensein nicht mehr einsichtig. Der Absturz, in dem das Ich-Selbst zersprengt wird, gerät angesichts des Dämonischen zum Schicksal.

Das monotheistisch-moderne "Fortreißende der Zeitlinie"[613] in der *Einheit* des religiösen Gedankens, die vor dem Sog der Herkunft und der "Ursprungsmächte"[614] der Erde, des Raumes   Schutz bot, ist technisch umgeformt und potenziert der Fortgang des Vergessenmachens der Bindungen und ihrer Traumata, deren Kräfte um so stärker im schon verzweifelten Weitermachen herrschen.

Der Impuls, längst verselbständigt, wird uns, da selbst sein Zweck über uns hinausgegangen ist, "einmal" wie "ein schwirrender Pfeil" "mitten in das Herz" treffen[615]. Und wer noch krauchen kann, sammelt das zersprengte Ich in einem Raum, der das unbeachtet Gebliebene, das Verratene, das Vergessene, das Verdrängte in der Geschichte des Aufbruchs nach zwangloser Einheit symbolisch aufbewahrt hat. Anderswo wurden die letzten Dinge und ihre äußersten Ränder der Wünsche unverantwortet von geistlich saturierten Mächten des Staates gegen die Wünschenden gepreßt, bis sie sich spalteten.

"Die Technik ist ein Gesetz", sagt Rosenstock-Huessy[616], "aber sie ist ein Gesetz für Freie". Ehe sich neu Erfundenes universalisiert, das nach dem "Gesetz der Technik"[617] nicht nur in der Entlastung schwerer Arbeit und Entaktualisierung bedrohender Kräfte der Natur den "brüderlichen" und "mutigen" Aspekt der Techniker zeigt[618], sondern den bekannten Raum "erweitert", die Zeit " verkürzt" und die "Gruppe", das Mit-, Für-, Gegen- und Nebeneinander, "verändert", muß ein "freier Gegenstoß" erfolgen können, "damit wir alle [durch Technik] zerstörten Zeiten und Räume und Gruppen retten, daß wir sie ihnen [den Technikern] wieder entgegenstellen"[619].

Nun ist jedoch, wie Rosenstock-Huessy heraushebt, das Erfinden selbst "erfunden"

---

[612] Kasack 1963, S. 63.

[613] Tillich 1963, Bd. VI, S. 95.

[614] Ders. 1962, Bd. II, S. 234 f.

[615] Kasack 1963, S. 66.

[616] Rosenstock-Huessy 1952, S. 179, vergl. auch ders. 1956, S. 82 f.

[617] Ders. 1952, S. 51.

[618] Vergl. ebenda, S. 50 - 52.

[619] Ebenda, S. 174.

worden[620], mit Mitteln ausgestattet als Produktivkraft Wissenschaft *und* Technik etabliert,

die auf eine gezählte Vielheit standardisierter Weiten und standardisierter Optionen für

dennoch ungeschützte Zeiten aus ist.

Angesichts der Universalität und Universalisierbarkeit von Infrastrukturen leben wir in

Räumen, die aufgrund der Erweiterung plötzlich eingehüllt, ineinandergeschachtelt sind.

Die bekannten Lebensräume gelten nicht mehr; und wer im "Ernstraum"[621] der Technik

und der Produktion das spürbar gewordene Gehäuse der Novitäten bloß verinnert, muß

verdumpfen, da in der Verinnerung die Retention der neuen Zeit die Aufbruchskräfte

lähmt.

Und doch leben wir heute (!) schneller, als wir aushalten: "... die Zeit wird verkürzt ins

Wahnsinnige, ins Untermenschliche"[622], worin "wir uns verächzen und verjagen"[623]. Ist

das suchende Herumkrauchen in den Räumen, die Retention vor disparaten Zeiten in

Trauer und Verzweiflung, in Scham und Schuld nicht auch ein neues Ergreifen des

eigenen Namens im Sich-Innewerden?

> "Weshalb hat der Mensch einen Namen?" fragt Rosenstock-Huessy. "Weshalb ist
> er Gott gleich? Damit er in seinem Namen aus seiner Umwelt in die andere
> gerettet werden könne als dasselbe Wesen. Er treibt mit seinem Namen diese
> Wahrheit, die allen namenlosen Idealismen ins Gesicht schlägt und allen
> zeitlosen Materialismen. Er ist nicht der Mensch in Zeit und Raum, sondern die
> technischen Zeiten und Räume würden ihn zerfetzen für viele Menschen. Er
> findet sich also erst in dem Entschluß, zwischen Räumen und Zeiten hin- und
> herzugehen"[624].

Nur im Fest, im Spiel und im Mimetischen, das sich dem Unausgedrückten, dem

Nichtidentischen zuwendet, findet sich das Vitale, das Leben, das Soziale als Ganzes

wieder, wenn nicht auch hier schon im Nähe- und Gefühlsraum, in der Zeit ein Woraufhin

zum nächsten, einhüllenden Raum perspektiviert worden ist. Durch die einschlagende

Veränderung kann dem Erkennenden die Zeit der Zuwendung entrissen werden. Ist im

Fest und im Spiel das Ganze der Aufbruchs- und Störungsgeschichte (!) nicht zu haben,

zerfällt auch die Hoffnung, die im Gehäuse einer sich selbst bespiegelnden heimatlichen

Identität nicht kuriert werden kann.

---

[620] Ebenda, S. 51.

[621] Rosenstock-Huessy 1952, S. 176.

[622] Ebenda, S. 174.

[623] Ebenda, S. 176.

[624] Ebenda, S. 179.

Der Gedanke des Schutzes vor "territorialer Identität"[625], die als einzige und letzte gesetzt eher verschlingt und ausgrenzt als aufrichtet, läßt sich in der *Kritik* der Entfernung von Bindung und Ursprung als eine *Heiligkeit des Seins*[626] auffassen, in der man sich des Raumes versichert, indem er geschichtlich hierdurch entleert wird: Das Transzendente (und damit die Zeit) in der vertikalen Geschichte des utopischen Vermögens im Raum unterliegt dann Remythisierungsexperimenten.

In der Raumgebundenheit wie in der Verräumlichung der Zeit sieht Tillich[627] die Ontologie als "die letzte, abstrakteste Fassung des Mythos vom Ursprung". Doch habe sie "recht nur, sofern sie geschichtsphilosophisch gebrochen" sei. "Eine abstrakte, von der Beziehung zur Geschichte losgelöste, Fundamentalontologie" sei "damit ausgeschlossen". - Vor allem, weil sie im Zwang zur Verräumlichung der unausgedrückten Geschichte, ihre noch vorhandene symbolische Aufhebung im Raum in einen vorgeschichtlichen Mythos bannt.

Hierin kehrt die *Enge* des Magischen tragisch wieder. In dieser "Tragik" mögen wir unsere "Doppelexistenz"[628] erkennen. Wenn das frühe Ich-Selbst in der erzwungenen Verräumlichung wiederkehrt, zwingen uns die im technischen Impuls, im erpreßten Glück der Ordnung nicht aufgegangenen transzendenten Inhalte in einen Raum zurück, in dem sich verlockend oder drohend die transzendente Bedürftigkeit in der Gefangenheit des Hier[629] zeigt[630]: Das Fernbild des Raumes gerät dann mythisch statt utopisch. Es zeigt den Ort des geflohenen Traumas, der geflohenen Tat, der verratenen Träume an.

Wenn uns hierbei auch die Sinne schwinden mögen, bleibt unser Leben *zum* Raum. Auch bleibt uns bei aller Entwirklichung des Weltgrundes, bei "aller Leugnung des Absoluten"[631], bei Verlust des Raumes und der Zeit der Identität in der Trennung von Ich und Selbst eine "Ipseität"[632], von deren Gegenwärtigkeit aus tastend[633] das zersprungene Ich wiedererlebt werden kann. Die ertasteten Raumintervalle mögen dann als schmerzhafte Leere ängstigen oder Anzeichen für ein harmonisches Weitergehen sein. Beides, die Angst oder das Faszinosum zieht die Zeit zusammen, macht sie knapp in ihrer Weise, schmälert

---

[625] Greverus 1969, S. 11 - 26; 1979, S. 169 f.

[626] Vergl. Tillich 1962, Bd. II, S. 238.

[627] Tillich 1962, Bd. II, S. 238 f und Anmerkung 6.

[628] Krakauer 1977, S. 44 und Anmerkung siehe Anhang.

[629] Anmerkung siehe Anhang.

[630] Vergl. Kracauer 1977, S. 44.

[631] Plessner 1981, Bd. IV, S. 424.

[632] Ströcker 1965, S. 165.

[633] Vergl. ebenda, S. 161 zum Begriff des Tastraums.

aber die Zeit der Suche nach dem geschichtlichen Ich.

Hölderlin erwünschte in seiner Hymne "An die Parzen" eine Zeit zu "reifem Gesang", da die Seele, nur im Werk gelungen, "nicht ward".

Aɴ ᴅɪᴇ Pᴀʀᴢᴇɴ

Nur einen Sommer gönnt ihr Gewaltigen!
Und einen Herbst zu reifem Gesange mir,
Daß williger mein Herz, vom süßen
Spiele gesättiget, dann mir sterbe.

Die Seele, der im Leben ihr göttlich Recht
Nicht ward, sie ruht auch drunten im Orkus nicht;
Doch ist mir einst das Heilige, das am
Herzen mir liegt, das Gedicht, gelungen

Willkommen dann, o Stillen der Schattenwelt!
Zufrieden bin ich, wenn auch mein Saitenspiel
Mich nicht hinab geleitet; Einmal
Lebt ich, wie Götter, und mehr bedarfs nicht.[634]

Im Hymnus wie in der Erzählung - sei es als "Kunstwerk" oder als "Naturwerk"[635] - mit ihrer Präzision im Detail, dem Rahmen der biographischen Form und dem "Abwesenden" als geheimer Bestimmung des Lebens[636] kündigte sich schon an, daß die Zeit - auch von einem erhöhten, artistischen Standort - nicht mehr reiche, um jenes ins Bewußtsein zu holen, was verlebt worden war. Mit dem Niedergang der Erzählung, den Benjamin in der Erfahrungsarmut und dem Aussterben der epischen Wahrheit[637] durch fortgetriebene Abhängigkeiten sah, begann die Not der Geschichte des Menschen. Äußere Ereignisse und individuelle Lebensgeschichte trennen sich tendenziell seither. Gedächtnis und Erinnerung weisen Lücken auf, die die Vergessenheit als Objekt konstituieren.

Dennoch bewahren diese *Lücken* die Vergessenheit auf, in denen die entledigte Geschichte sich mit der noch nie gewußten rührt. Dekonstruktionen und Destruktuationen setzen hier an.

Die Intellektualität, Simmels Kreisbildungskriterium der Moderne, das auf der

---

[634] Hölderlin 1943, Bd.1, S. 241.

[635] v. Goethe 1987, S. 5, S. 261, S. 274; Goethe bezieht sich mit dem Urteil "Naturwerk" der Erzählung auf den Lebensbericht Johann Christoph Sachses, dessen Leben die Reise ohne Ankunft war: "Das Leben des Menschen aber, treulich aufgezeichnet, stellt sich nie als Ganzes dar ...", v. Goethe 1987, S. 7.

[636] Kinzel 1989, S. 8, über "Anton Reiser" von Karl Philip Moritz.

[637] Benjamin 1980, WA Bd. 5, S. 442.

Zentralisierung der Industrie und der Mobilmachung der Arbeiter durch Befreiung vom Eigentum basierte, sowie es aus der Enge des symbolisch-heimatlichen Raumes hinausführte, beförderte das einzelne Interesse und hierdurch geleitete Koalitionen. Raum und Gefühlsbindungen wurden bewußt.

In dieser Herausbildung der Freiheit durch Differenzierung, durch die es "Sache der Freiheit" wurde, "an wen man gebunden ist"[638], lösten sich Bindungen auf, wurden Bindungen zerrissen, die einen Aufbruch zum Subjekt der Geschichte aus dem Objekt der Geschichte befördern sollten. Die Intellektualität als Kriterium der Kreisbildung, in dem Simmel eine gleichmäßige Annäherung der Ideale des Kollektivismus und des Individualismus ermöglicht sah[639], brachte jedoch auch ideologische Bindungsstrategien für eine Einheit hervor, die in räumlicher und zeitlicher Entrückung ersehnt wurde.

Unverstandene Trennungen wurden durch frühere Traumata überlagert und das Bewußtsein, eine "verspätete Nation"[640] zu sein, fand seinen Ausdruck in einer ersehnten vornationalen Idee des "Reiches"[641]. Das deutsch-nationale Interesse machte sich jedoch auch die parallelisierten Erfahrungen von Krieg und Frieden zunutze.

Freiheit und Nomos[642] wurden im Annexionsraum gesucht[643]. Diese politische Massendramaturgie, wie sie in Deutschland um die Jahrhundertwende vertreten wurde, vollendete ihr Komplement: die "Exterritorialität der deutschen Freiheit"[644].

Die im 19.Jahrhundert erzeugte Mobilität der Arbeiter durch das Loßreißen vom Boden und den Zeiten, welche den Boden repräsentierten - hierin war auch der historisch nicht beendete Streit um eine "schrankenlose zeitliche Verfügung über die Arbeitskraft" seitens der Unternehmer gegen den "zumindest teilweisen Erhalt .. der *Zeitautonomie*" der Arbeiter verwickelt[645] - wurde eine, wenn auch zunächst "gemütliche"[646], Dynamisierung erreicht, deren Disziplinarcharakter den Antagonismus von Lebenszeit und der Zeit des "Werts" in der Produktion durch eine räumliche Statik der Gebäude und "Raumruhe" des städtischen

---

[638] Simmel 1968, S. 306.

[639] Ebenda, S. 325.

[640] Plessner 1974.

[641] Vergl. ebenda, S. 43 ff.

[642] Vergl. Schmitt 1950, S. 48 - 51.

[643] Vergl. Pross 1983, S. 269 ff: Der Mythos vom Volk.

[644] Reinicke 1982, S. 41 - 49.

[645] Meißl 1984, S. 96.

[646] Claessens/Claessens 1979, S. 172 ff.

Gestaltaufbaus[647] ästhetisch wiederholte.

Auch wenn die mehrfachen Trennungen von Boden und Beheimatung, von herrschender Zeit und Lebenszeit, von Arbeit und Leben, von Institution und Individuum, von Bewegung und Freiheit, von Fortschritt und Utopie durch das vorherrschende Auseinanderfallen von Technik und Ästhetik im Raum symbolisiert wurden, faßte der zentralperspektivisch ausgerichtete "Block" des Stadtraumes das Disparate unter seinem fiktiven Auge zusammen. In der Trennung von Technik und Ästhetik, die selbst die zwiefach gelebte Kultur von innen und außen, von oben und unten zusammenfaßte, erscheint im Symbol die *Zentrierung* der Architekturästhetik auf ideologische Arbeit[648].

Doch geht das Symbol nicht in dieser Deutung auf.

Was im Gebrauch - in der "taktilen" Rezeption - nicht zur Ruhe zu bringen war, wurde durch den in der Gestalt des Raumes enthaltenen zwingenden Blick des fiktiven Auges der Zentralperspektive in der "optischen" Rezeption[649] auf das Fernbild der Monumente und Staatsbauten ausgerichtet.

Die Verinnerungsweisen dieses fiktiven Auges - besonders in identifikatorischer Hinsicht, nämlich sich zum phantasierten All-Auge des Staates zugehörig zu fühlen - brachten im Verein mit militärischen Erziehungspraktiken eine Wahrnehmungsweise hervor, die die Selbstwahrnehmung und die eigenen Erfahrungen zugunsten eines fiktiven Ganzen beiseite schoben.

> Doch" was ist Perspektive?" wirft Bruno Taut 1920 im "Frühlicht" ein: "Wenn eine Leiche ein Auge zukneift"![650]

Negt und Kluge[651] heben hervor, daß in der Unerreichbarkeit einer zusammenfassenden Selbstwahrnehmung, die "für fast alle der bürgerlichen Gesellschaft subsumierten Individuen gilt", eine Erwartung gewisser werde, daß sich die Abhängigkeit "im Arbeitsprozeß und die Enge des Lebenszusammenhangs nicht wenden lassen" und "sich ein gegen das Interesse an Erfahrung überhaupt gerichteter Block" verfestige.

Die Erfahrung jenes Blocks gegen die Aufmerksamkeit und das Interesse an eigener Erfahrung, die das "Erlebte" in ein Leben aufgereihter, unerfüllter Augenblicke

---

[647] Petsch 1977, S. 66.

[648] Vergl. z.B. Fehl 1980, S. 173 - 221 über den Städtebauer Camillo Sitte als "Volkserzieher".

[649] Vergl. Benjamin 1980, WA Bd. 2, S. 465 f und S. 504 f.

[650] Vergl. Taut 1963, S. 16.

[651] Negt/Kluge 1976, S. 63.

zurücksinken läßt, wird in der baulichen Ästhetik wiederholt und bereitet die Fluchtwege aus dieser früh eingefriedeten Enge in der militärischen Annexion, in der Arbeit am Besserfunktionieren der Ideologeme, in einer inneren Emigration, in der Emigration vor Mangel, Verfolgung, Krieg und Tod und in konstruktivistischen, expressionistischen und utopischen Entwürfen in der Kunst.

Alle Wünsche bekamen fremde Örter, alle Bedürfnisse, getrennt behandelt, wurden Modi der Verräumlichung. Noch heute erscheinen diese Modi in der Nutzungstrennung der städtischen Räume und der Raumordnung, die ein verkehrreiches Miteinander konstituieren.

> Die Liebe steckt nun im Detail der technischen Zurüstung, "Gerätschaften" und "Apparate".

Die Herausbildung jenes Blocks gegen das Interesse an eigener Erfahrung spricht - im Vermögen Zufriedenheits- und Glückserwartungen, erlebte und erfahrene Geschlagenheiten abtrennen zu können - dennoch für eine gelungene Realitätsprüfung, in der das "Gesetz des utopischen Standorts"[652] herrscht, Wege freimacht, Enttäuschungen zu umgehen sucht und die utopische Energie nicht ummodelt zu symbolischen Aufladungen subsumtiven Mitseins.

Der Block gegen die Erfahrung zerschlagener Hoffnungen spricht auch für die Herausbildung einer Skepsis, die vor allem einen Block gegen den *Glauben* an die Kräfte der Immanenz bildet.

Sich der Form herrschender Geschichte zu entschlagen gehört zu den Bewegungsmomenten dieses Jahrhundert, sowie zu den Gegenstrategien der Ideologiebildung.

Mit dem Kampf gegen die überkommene und geliehene Form brach die Jugend mit den Metaphern des Lichts, des Feuers, des Kristalls, des Klangs und der Woge in diesem Jahrhundert in die Zukunft eines beherbergenden Universums auf[653].

> Gegen den "Untergang der Seele", gegen das bloße Existieren im Geiste des "*Monons*", des "Eins des lebensverfeindeten Ichs"[654], das aus dem auseinandergerissenen Zusammenhange "zwischen dem Menschen und der Erde"[655] entsprang, fand sich die freideutsche Jugend auf dem Hohen Meißner 1913 antikapitalistisch und antitechnisch unter der Klage verlorener Mythen

---

[652] Plessner 1981, Bd. IV, S. 419 ff.

[653] Vergl. für den Expressionismus: Hofmann 1978, S. 262 ff; Conrads 1975 für die Manifeste der "neuen" Baukunst.

[654] Klages 1956, S. 13.

und der Frage nach dem Wozu und Wohin zusammen. Aufbruch und Utopie haben, das sei am Beispiel von Klages' Rede auf dem Hohen Meißner verdeutlicht, immer einen Bezug zur Klage und zur Frage. Je stärker das Mißlungensein des Wohnorts und des Ich und ihr Miteinander, desto stärker der Wunsch, den "Sarg" des "Topischen" zu erschüttern[656]. Vielleicht erwacht die vergiftete Schönheit.

Der Zweck des Städtebaus ist grundsätzlich die Leitung von Bewegungen. Hierin, in dieser Zwecksetzung, sind geltende Raum- und Zeitauffassungen symbolisiert: Die "Vorstellung eines im Zeitlichen liegenden Telos ist von Anfang an untrennbar von einem Werk der Baukunst"[657]. Im geistigen Erfassen des Zeitlichen gestaltet der Mensch, durch seine Objektivationen geleitet und irritiert, die »Idealität« des Raumes.

So ist auch die auf Zeitlichkeit bezogene optische Wahrnehmung - der Blick wandert, springt; der Mensch ist in Bewegung, hetzt - in der zentralperspektivischen Gestalt als dem Modus der Verräumlichung für die sozial dynamisierte Zeit anzusehen. Innerhalb der architektonischen Geste entledigt sich der Mensch seiner akzelerativen Not und seiner Zeitlosigkeit: Unbewußt und interpretativ in der Verschobenheit seiner Alltagsperspektive verräumlicht der Mensch im hierzu evokativen zentralperspektivischen Raum seine nur noch an Symptomen von Mangel und Not, Bedürftigkeit und Wunsch erkennbare Lebenszeit.

Bei Entledigung entäußerter Zeiten *und* Erkenntnis hierüber sind Raumgebilde der Architektur dennoch möglich, gerade auch wenn Funktionen den Raum beherrschen und der Mensch ausgegliedert wird. So kommt das Fremde der Entäußerung zum Fremden neutraler Räume.

Die verräumlichten Zeiten des Menschen im Raum sind als das Daß der Verräumlichung selber zwar ins "Licht" des Bewußtseins zu setzen, doch ist der Raum mit der Erkenntnis des Zwangs zur Verräumlichung, die ja in der Suche nach den Ichanteilen im Raum erneut nachvollzogen wird, nicht zu transzendieren.

"Das Transzendieren des Raumes", sagt Levinas, der in der Möglichkeit der "Unbegrenztheit des Lichtes" als "Universalität der Erkenntnis" keine "radikale Fremdheit" erblicken kann, "könnte nur dann als wirklich sichergestellt werden, wenn es auf ein Transzendieren ohne Rückkehr zum Ausgangspunkt gegründet wäre. Das Leben könnte nur dann zum Weg der Erlösung werden, wenn es im Kampf mit der Materie einem Ereignis begegnen würde, das sein alltägliches Transzendieren hindert, auf einen Punkt

---

[655] Ebenda, S. 21.

[656] Vergl. Schmidt 1988, S. 80 in bezug auf Landauer 1907.

zurückzufallen, der immer derselbe ist." In der Situation, in der das "Licht im Genießen gegeben ist", im Eutopos der Wiederkehr der Vereinigung von Ich und Sich, von Ich und Selbst lasse sich, in solcher Rückkehr "zur materiellen Existenz", ein Transzendieren ohne die geheime Spannung der Fragwürdigkeit wahrnehmen[658].

Doch wer den Kräften der Immanenz *vertraute*, fand sich in infrastrukturellen Weiten (auch in jenen des Krieges) wieder, in denen das Auftreten von Seins- und Bindungsbedürftigkeit als Einbruch störender Fremde empfunden wurde. Die Lebenslogik bekam ihren Ort außerhalb der Geschichte.

Die Suche nach Spannungsreizen und Angstlust wurde der Motor der technischen Helden, der "Industrieritter", wie Klemperer[659] sagt. Ihre Sicherheit bezogen sie von magischen Objekten der Ausrüstung, der Eroberungsstrategien und der sicheren Existenz eines Heims, eines Hafens, in dem ein achtloses Aufgehobensein möglich sein sollte: Denn das Leben beginnt mit Liebesobjekten, die die Zukunft verläßlich machen, und endet mit ihnen - ob nun in zwanghafter oder harmonischer Wiederankunft[660].

Mit Balint wäre zu überlegen, ob der "Philobat", der den Nervenkitzel liebt und aus sicherer Distanz Bindungen zur Objektwelt seiner "freundlichen Weiten" hinzuschlägt, nicht der seelische Typus jener in der "primären Liebe" verirrten Menschen ist, die eine Kongruenz von Welt und System anstreben:

"Die philobatische Welt besteht aus *freundlichen* Weiten", die "mit mehr oder weniger gefährlichen und unvorhersehbaren Objekten durchsetzt sind"[661]. In dem System laufen alle Aggregate gleichzeitig und alle "kommunikativ erreichbaren menschlichen Erlebnisse und Handlungen"[662] sind in ihrer auch *begriffenen* Geschichte systemzeitlich abgestimmt, d.h. "geregelt". Planerische »Geschicklichkeit«, "ohne Geschicklichkeit gibt es keinen Philobatismus"[663], von regressiver Omnipotenz geleitet, schafft jene Verschränkung von innen und außen, die eine Entscheidung zur Sicherheit der "freundlichen Weiten" erlaubt - ohne Einbruch von Objekten, ohne den »Schrecken« der Bindung auch ans eigene Ich[664].

---

[657] Zucker 1924, S. 243.

[658] Levinas 1984, S. 38 und S. 39.

[659] Klemperer 1982, S. 11.

[660] Vergl. Balint 1959, S. 46 f über die magischen Objekte des "Philobaten"; vergl. auch ders. 1970.

[661] Balint 1959, S. 30 und S. 74.

[662] Luhmann 1973, S. 90.

[663] Balint 1959, S.68.

[664] Vergl. Balint 1970, S. 83.

Die Progression steht im Dienste der Regression[665]. Die theoretisch abgeleiteten Zustände »erlauben« den Prozessen die Bewegung in einer Unverschiedenheit zum projektierten Zustand neutraler Möglichkeiten, während das im Prozeß an Identität Gewonnene ins Vergessen, ins Nichts neutraler Anderheit der systemischen "Spezifikation geschichtlicher Relevanzen" gerät[666].

Die "freundlichen Weiten" der "philobatischen Welt" sind Anstrengungen, das Unbefriedigende der Räume und Zeiten zur Welt und zu sich durch ein realistisches Aufsuchen und Aussetzen an die Gefahr[667] zu überwinden, um in dieser Überwindung eine harmonische Verschränkung (wieder!) zu erreichen. Doch bleibt der Philobat "Gefangener" der Reise[668]. Der Antrieb, das "Da-draußen" geschickt zu überwinden, geht einher mit der realen Angst, daß die Reisebewegung durch den Einbruch von Bindungen (der "Objekte") unterbrochen wird.

So ist die Angstlust und der Spannungsreiz (»thrill«), die in der realen Gefahr aufgetrieben werden, nur die Rückseite einer Xenophobie[669], die vom Liebenden her droht. Lebenslogisch gesehen, ist alle Erfahrung, die hier in der Bewältigung von Gefahren gemacht wird, eine Suche im Raum nach dem noch nicht gewonnenen Verhältnis von Ich und Selbst, von Ich-Selbst und Welt.

Die Identität, die in dieser unreflektierten Zeit gefunden wird, ist eine, die der Sicherheit in der Ordnung der Mobilität entspricht, und das Andere, den Schrecken vor dem liebenden Anderen, versteckt. Denn er trägt in der philobatischen Welt das Antlitz des Todes.

In dieser Ambivalenz, der Suche nach realer Gefahr und der Flucht vor dem Antlitz des Anderen, wird das akrobatische Leben des Philobaten durch den *Tod* gespannt.

Das unstete Innen zum Draußen zu machen hat nur die Konsequenz, den "effektiven Raum"[670] auszuweiten und in der Herrschaft über ihn das Bindungswillige in Anruf und Frage (bestenfalls) zur Neutralität verkommen zu lassen.

Während die "oknophile Welt aus Objekten, getrennt durch *furchterregende Leerräume*,

---

[665] Ders. 1959, S. 72.

[666] Luhmann 1973, S. 101 sieht gerade in der "technischen Neutralisierung der Geschichte nicht die Funktion der Ausschließung, sondern" die der "Spezifikation geschichtlicher Relevanzen erfüllt".

[667] Balint 1959, S. 17 ff verwendet den Ausdruck "thrill".

[668] Kasack 1963, S. 63.

[669] Vergl. Teichert 1987, S. 122.

[670] Forsthoff 1971.

[besteht]"[671], die Angst vor dem Draußen vorherrscht und nur das Ertastete Sicherheit gibt
- der "Tastsinn ist dumpf und scharf", sagt Bloch, "inwendig und auswendig zugleich, er
hat das Leibhafte sozusagen nach zwei Seiten"[672] - schmälert, neutralisiert die
Komplementärgestalt des Philobaten die Qualität der Furcht vor dem Draußen, wie er sich
selbst entzieht. So herrscht in der vorgängigen Zerreißung von innen und außen und in
der gedehnten Suche nach einer Verschränkung, nach harmonischem Einssein und nach
zusprechender Weite die Furcht.

Doch können, heißt es in der »Dialektik der Aufklärung«, "die Götter .. die Furcht nicht
vom Menschen nehmen, deren versteinerte Laute sie als ihre Namen tragen. Der Furcht
wähnt er ledig zu sein, wenn es nichts Unbekanntes mehr gibt. Das bestimmt die Bahn der
Entmythologisierung. Aufklärung, die das Lebendige mit dem Unlebendigen ineinssetzt wie
der Mythos das Unlebendige mit dem Lebendigen. Aufklärung ist die radikal gewordene,
mythische Angst. Die reine Immanenz des Positivismus, ihr letztes Produkt, ist nichts
anderes als ein gleichsam universales Tabu. Es darf überhaupt nichts mehr draußen sein,
weil die bloße Vorstellung des Draußen die eigentliche Quelle der Angst ist"[673].

Das Ineinssetzen von Lebendigem mit dem Unlebendigen, die Gefangenheit des Hier als
Impuls, als Herrschaft über dem Ordnungsraum der Mobilität und der sich immer
wiederholende Beginn der ertasteten oder überformenden Bewegung zum Anderen der
entzauberten Welt[674] umreißen die traumatische Spur dieser Entzauberung selbst in ihrer
Raum-Zeit.

Wenn nur noch in der Steigerung des "effektiven Raums"[675] die Suche nach dem Antlitz
des Todes das Leben spannt und das Opfer in Grenzen lebt, die Einverleibung des Opfers
es trauerlos aus der historischen Raum-Zeit abdrängt, neigt sich die Geschichte der
Herrschaft der »Veranderung« von Mensch und seiner Allgemeinheit noch keinem anderen
Ende als dem des Opfers ohne Beistand, ohne Gedenken zu.

Das ist die Not der Geschichte, die uns die Realität der Geopferten und die seelische
Prädisposition des Oknophilen im "Todes-Raum"[676] der Geschichte erklärt.

---

[671] Balint 1959, S. 28.

[672] Bloch 1972, Bd. 7, S. 132.

[673] Horkheimer/Adorno 1979, S. 18.

[674] Vergl. Weber 1981, S. 319.

[675] Forsthoff 1971.

[676] Rosenstock-Huessy 1956, S. 292.

"Nebenbei: wer sich nicht ruiniert, aus dem wird nichts"[677].

Das Sterben "außerhalb der Historie"[678], gebannt im "Mitsein", das den Gegenständen gleich ist[679] - außerhalb der Geschichte, in der "der Mensch .. nicht einmal als Opfer gefragt" ist[680] -, macht die Not des Fragens nach der Geschichte aus.

Mitten in der Not der Geschichte stehend, befragen wir tastend die Vergangenheit, die Gegenwart und die Zukunft auf die Möglichkeiten eines auch leiblichen Übertritts in eine solidarische Ordnung der Geschichte.

Sich dem Fliehen der Gegenwart durch das Aufsuchen einer Grabesnähe zu entziehen hieße, im Zustand des Leidens zu verharren, in dem sich der Tod ankündigt. Doch sei der Tod "niemals jetzt", sagt Levinas[681], sondern er sei "unergreifbar", daher rühre die Tatsache , "daß jede Gegenwart flieht". "Die Zukunft, die der Tod gibt", sei "noch nicht die Zeit. Denn diese Zukunft, die niemandem gehört, diese Zukunft, die der Mensch nicht übernehmen kann, muß, um ein Element der Zeit zu werden, gleichwohl in Beziehung zur Gegenwart treten"[682].

Diesen Bezug zur Gegenwart stellt die Steigerung des technischen Impulses in ihrer Dauer nicht her, diese bringt uns um die Gegenwart. Die Zukunft in ihrer Beziehung zur Gegenwart ist nur eine Verzeitlichung der "Situation des Von-Angesicht-zu-Angesicht mit dem anderen"[683].

Eine Konstituierung der Geschichte dieser Situation, in der sich Lebenszeit vollzieht, faßt den Übertritt in eine solidarische Ordnung doch erst dann, wenn am Anderen die "Mitte der Geschichte" als Verbindung "vorwegnehmender Sinnerfüllung mit der Forderungsqualität des sinngebenden Prinzips, mit der fortreißenden, Neues setzenden Qualität der Geschichte"[684] nicht abgefordert, sondern mit ihm, d.h. mit ihnen, eingerichtet wird.

Hierbei dekonturiert sich die Verschmelzung von Selbst und Substanz, "die Harmonie mit

---

[677] Rühmkorf 1989, S. 0008.

[678] Bastian 1969, S. 61 bezieht sich auf Ernst Jüngers "Tagebuch III".

[679] Vergl. Brugger 1974, S. 1456 f.

[680] Bastian 1969, S. 61.

[681] Levinas 1984, S. 45.

[682] Ebenda, S. 44 und S. 51.

[683] Ebenda, S. 51.

[684] Tillich 1963, Bd. VI, S. 95.

dem Grenzenlosen zerbricht"[685]. Grabesnähe und Himmelsflucht bieten keine Sicherheit gegen den Fortgang der schlechten Unendlichkeit und ihrer Dauer. Sie sind historisch zugerichtete Haltungen des materialen Versprechens der Sicherheit vor einem utopischen Standort.

Von der Möglichkeit der Transzendenz angeschaut, verschwindet am Ende der ideologischen, schädlichen Raumgestaltung - sei es in ihrer metaphysischen Leere oder in ihrer Verstelltheit in der Vexation reiner Immanenz - der Modus der bloßen approximierenden Verdinglichung durch den intendierten Geist des Raumes als seine gestaltete, aber entäußerte Äußerlichkeit.

Das Aufgehen "echter Zukunft" sieht Bloch im Raum der "großen" Nähe, in dem sich das "immer weiter ziehende Plus ultra des Horizonts" mit einem "Intimum" vermittelt[686]. Dieser Raumbegriff, vom Konstruktivismus[687] herkommend, tendiert auf die "Tiefe" der Welt.

Hierin entschlägt sich der Raum seiner "metrisch-starren Gewordenheitsform"[688]. Der Vorgang des Sich-Entschlagens ist weniger dem Übersiedeln der Ideologeme in die Zeit zuzuschlagen als vielmehr durch ein auf Gelungenheit hoffendes Sich-Einwohnen gegeben, denn in solcher Erwartung wirkt das noch Unausgedrückte, wartet das Unentfaltete einer "echten Zukunft"[689].

In solcher Tendenz sieht Bloch, daß das "Werden früher als das Vergehen ist" und die "Zukunft also vor Vergangenheit" liegt[690].

Wir trinken dann Welt im Raum der "großen" Nähe, wo das Geometrische schon ordnete, obgleich hierin noch das Eigene - weil nicht Unausgedrückte - Unruhe und Irrtum »stiftete«. Doch streift, wie Bloch sagt, alles historische Ordnen "in seinem gestalteten Gebrauch Gelungenheit, wo nicht das Ende des Auseinander"[691].

Wenn wir andererseits trauervoll auf die Trümmer von Geschichte und Erfahrung blicken,

---

[685] Balint 1970, S. 83.

[686] Bloch 1975, Bd. 15, S. 112 und Anmerkung siehe Anhang.

[687] Gabo und Pevsner in den Grundprinzipien des Konstruktivismus: "Wir behaupten, daß man den Raum nur von innen nach außen in seiner Tiefe, nicht von außen nach innen durch seine Volumen gestalten kann. Denn was ist der absolute Raum anderes als eine einzige zusammenhängende Tiefe?"; in: Conrads 1975, S. 53.

[688] Bloch 1975, Bd. 15, S. 112.

[689] Ebenda, S. 90.

[690] Ebenda, S. 90.

[691] Bloch 1975, Bd. 15, S.90.

die Erfahrung, die nur noch Schmerzlinderung im anderen Schmerz erhofft, dann läßt sich mit Bobrowski sagen:

> "Zeichen, Farben, es ist
> ein Spiel, ich bin bedenklich,
> es möchte nicht enden
> gerecht
> ...
> Wär da ein Gott
> und im Fleisch,
> und könnte mich rufen, ich würd
> umhergehn, ich würd
> warten ein wenig."[692]

Wenn die Welt in der "großen Nähe" Tiefe erlangt, dann nur, weil wir doch gleich hinausreisen wollen in eine andere. Alle teleologischen und finalen Vorstellungen, die vom utopischen Standort aus entstehen, müssen ins Kausale zurücktreten.   **

*   Die intentionale Verewigung der quantitativen Steigerung als ästhetische Kategorie[693], die die "symbolische Todesdrohung" ausdrückt[694], da Anpassung *und* eingreifende Veränderung für das Individuum mißlingen müssen, sowie die Steigerung ihrer Geschwindigkeit[695] - "das Rasen kann den Tod bedeuten; es ist zugleich Erfüllung", notierte Kracauer[696] - und das wortlose aber nicht fraglose Leben in solcher Übermächtigung[697] sind die "Male" eines Todes[698], der entäußerten traumatischen Spur im Leben. Diese "Male" deuten auf ein doppeltes Mißlungensein der Vereinigung einer vorgängigen Trennung von Subjekt und Objekt bzw. der Trennung eines vorgängigen Einsseins, das im Zustand der Sprachlosigkeit zerrissen wurde.

Der Begriff des Mals verweist auf die Bedeutung des Wundmals, eines Traumas, das einem "Aufbruch ins Nicht-Versicherbare"[699] vorherging. Der Erinnerung des Traumas zur "Unzeit" wird der "Aufbruch ins Nicht-Versicherbare" entgegengesetzt, um nicht "wehrlos ...

---

[692] Bobrowski 1978, S. 106 aus dem Gedicht: "Immer zu benennen".

[693] Anmerkung siehe Anhang.

[694] Fuchs 1973, S. 210.

[695] Anmerkung siehe Anhang.

[696] Kracauer 1987, S. 36.

[697] "Stummheit" muß als "Zeichen des Todseins" gedeutet werden, sagt Freud 1969, Bd. X, S. 187.

[698] Vergl. über den Text des "Mal[s]" bei Nossack, als Name eines Geheimnisses, des Geheimnisses des "Aufbruch[s] in seinem Charakter als Schrift", als Sprache, als Ausdruck, den Vortrag von Jan Gäthje: "Und schließlich: wie maliziös ist ein Text" 1988.

[699] Nossack 1987, S. 576.

in die Vergangenheit [zurückgewiesen werden]" zu können[700].

Denn der philosophische Selbstmord, wie ihn Nossack besonders in der Erzählung "Das Mal"[701] versprachlicht, scheint aus der Ferne der hierin gefaßten Situation der Kälte, aus der Ferne der Betrachtung und der Erzählung nur für jene Ausgang und - als künstlerisches Mittel - ein "Herausspringen aus der Todschlägerreihe" zu sein[702], deren Erinnerung an den zugefügten Schmerz oder an den "schuldhafte[n] Drang der Selbsterhaltung"[703] das Bewußtsein zerstört[704].

Die Versprachlichung des philosophischen Selbstmords (als einer "Beziehung zum Tode", in der die "blockierte Zukunft" abgelehnt und übernommen wird[705]) in der existentiellen oder absurden[706] bSituation ist eine "provisorische" "Verwerfung des Selbstmords und die Erhaltung jener hoffnungslosen Kluft zwischen der Frage des Menschen und dem Schweigen der Welt"[707].

Doch im Aufrechterhalten dieser Kluft bleibt eine Suche, ein erneutes Fragen nach dem Unbekannten möglich, da sich hierin der "Widerspruch zwischen dem Unbekannten, das die Menschen bewußtlos suchen, und dem Leben, das ihnen angeboten und erlaubt wird"[708] fortwährend ausdrückt.

Die provisorische Verwerfung des Selbstmordes muß nicht gelingen: das "in der Tortur eingestürzte Weltvertrauen wird nicht wiedergewonnen"[709], wie auch die "Schuld des Lebens", von der Tortur gerettet worden zu sein und überlebt zu haben, "mit dem Leben

---

[700] Ebenda, S. 643.

[701] Nossack 1987, S. 364 - 374.

[702] Wolf 1970, S. 107, mit Bezug auf Kafka, Tagebücher 1967, S. 406.

[703] Adorno 1975, S. 357.

[704] Anmerkung siehe Anhang.

[705] Vergl. Sartre 1968, S. 89.

[706] Camus 1974, S. 29 ff.

[707] Camus 1969, S. 11, S. 9; "Die vollkommene Absurdheit versucht stumm zu sein. Wenn sie spricht, so deshalb, weil sie sich darin gefällt oder wie wir sehen werden, weil sie sich für provisorisch hält" (Camus 1969, S.11) - sicher eingedenk der Ambivalenz von Annehmbarkeit und Unannehmbarkeit der Welt, vergl. Mattheus 1985, S. 15 - 26.

[708] Hegel 1971, Bd. 1, S. 457, vergl. Theunissen 1981, S. 29 ; Anmerkung siehe Anhang.

[709] Améry 1988, S. 73; vergl. Keller 1984. Ich verweise auf das öffentliche Sprechen über den Zusammenhang von Tortur, Selbstmord und das erinnernde Schreiben. Vergl. Heißenbüttel 1988, Kesting 1988, Levi 1988, Sebald 1989.

nicht mehr zu versöhnen [ist]"[710].

**   So, wie die provisorische Verwerfung des Selbstmords eine ebenso provisorische Form des Überlebens durch eine Vergegenwärtigung des je eigenen willigen Lebens ist, bedeutet uns die übermittelte Scham des *Entronnenen*[711] in seiner Entblößung des Ich, in der Suspendierung eines fraglosen Weltvertrauens oder gar der Fraglosigkeit einer »prästabilierten Harmonie« eine Vergegenwärtigung des "sinnlosen, unverdienten Zufall[s]", des "Unrecht[s]", der "Blindheit des Lebens ..., noch dazusein"[712].

Hier liegt keine positivistisch "verrichtete Tat"[713] vor, für die sich der Entronnene schämen müßte. Kein Tadel, der eine Scham auslösen könnte.

Die "einsame Rückkehr ... ins nutzlos gewordene Herz der Seele", wie Jabet[714] das Zögern vor sich selbst im Satz erscheinen läßt, konturiert die schmerzhafte Ferne zum Leben und zur sich fortsetzenden Welt, die keine Heimat mehr ist: "Die Blumen sind Mittäter. Sie sind von Knochen genährt und von Knochengedanken. Ihr Duft ist Meineid"[715].

Die Scham in solcher Rückkehr läßt die Scham der "Liebe der Geschlechter"[716], die sich in ihr selbst erkennen[717], in der Unerreichbarkeit des einfachen Lebens versinken. Jedoch ausgeschlossen und ins Nichts geschleudert treten Leben und Tod zwischen dem Stigmatisierten und den Anderen auseinander, und das Ich des Bewußtseins als Instanz der Realität bezeugt dem Selbst gegenüber die Wirklichkeit des eigenen Todes.

Das ist die Macht der "Gemeinschaften", "die Ewigkeit zu erlisten"[718].

Die Scham, noch dazusein, durch die Anmaßung von Tortur und Tötung hervorzupressen, ist eine intendierte Verewigung der Ordnung außerhalb der Zeit. Diese »Verewigung«

---

[710] Adorno 1975, S. 357.

[711] Vergl. Horkheimer 1974, S. 202 den Aphorismus "*der Entronnene*" im Anhang.

[712] Ebenda.

[713] Vergl. Spinoza 1976, S. 138.

[714] Jabés 1989, S. 47.

[715] Ebenda.

[716] Rosenstock-Huessy 1956, S. 216; "Wir fangen an uns zu schämen in dem Augenblick, wo wir selbstständig werden, das heißt wo sich *in uns* [!] Lebenspol und Todespol auseinandertun".

[717] "... und schämten sich nicht", Mose 1, Kap. 2, Vers 25. Der Mythos des Sich-Erkennens in der Nacktheit ohne Scham zeigt uns den Bruch auf, der im Weg der Entwicklung dieses "Weltgrundes" (Plessner 1981, Bd. IV, S. 424) gegangen worden ist, wie der Bruch für die Wirklichkeit der Einsamkeit in der "Exzentrizität" (ebenda) des Menschen selber spricht.

[718] Rosenstock-Huessy 1956, S. 220.

konstituiert nichts Soziales mehr. Das Soziale ist ihr fremd[719]. Wenn das je eigene Leben und die Geschichte dieses Lebens fremd, gar feindlich gemacht worden sind auf dieser Erde, kann die Scham des Entronnenen, in der Abwesenheit einer auch erinnerten "Fremdexistenz", als "Anerkennung" *seiner* "Gegenständlichkeit", die "Scham vor Gott" sein[720].

In ihr, sagt Sartre[721], "*realisiere* ich meine Gegenständlichkeit im Absoluten und hypostasiere sie: die Setzung Gottes ist von meiner Objektheit begleitet; mehr noch, ich setze mein Für-Gott-Objekt-Sein als realer als mein Für-sich ..., ich lasse mich von meinem Draußen darüber unterrichten, was ich sein soll".

Die Scham vor Gott ist dann auch die *Klage* und *Frage* an ihn:

Psalm 44[722],

Vers 16: "Täglich ist meine Schmach vor
mir, und mein Antlitz ist voller Scham"

Vers 17: "daß ich die Schänder und Läste-
rer hören und die Feinde und Rach-
gierigen sehen muß."

Vers 24: "Erwecke dich, Herr! Warum
schläfst du? ..."

Vers 25: "Warum verbirgst du dein Antlitz ..."

Vers 27: "Mache Dich auf, hilf uns und
erlöse uns um deiner Güte willen."

In der Erfahrung des Dämonischen, das die Existenz zerstörend getroffen hat, ist die *Scham* vor Gott eine innige Verbindung zur "Urgewißheit" des Seins[723]. In der Scham wird

---

[719] Vergl. den Gedanken der Schande als "Todesschmerz nicht unseres Leibes, sondern unseres Selbst". Dieses sei der Schlüssel zu aller Wirklichkeit", "Scham ist Todesschmerz der Gemeinschaft in uns und verhindert unsere vorzeitige Verselbständigung" (ebenda). Als reflektierte Unterwerfungsstrategie wird hiermit der Grund alles Sozialen getilgt.

[720] Vergl. Sartre 1987, S. 338. Alle *Gnade* erzeuge Scham, sagt Nietzsche (1973, S. 408); die "Scham vor Gott" ist jedoch ein Hinter-sich-lassen der von Nietzsche thematisierten "habituellen Scham", die einen Gnadenstand durch Leistung und Wertung in Geschäft und Beruf (Weber 1968, S. 363) voraussetzt und die habituelle Scham durch Gewissenhaftigkeit erzeugt.

[721] Sartre 1987, S. 338.

[722] Der Psalm 44 ist eine "Unterweisung ... vorzusingen" (ebenda Vers 1).

[723] Vergl. bei Coreth 1961, S. 145 den Zusatz zum §11 "Das Sein als Horizont", das hier als Bindungs- und Beziehungsqualität gelesen werden kann.

durch die "Urklage", durch die "Warum-Frage"[724], die Transzendenz dieses Seins im Schmerz hervorgebracht. Es bleibt diese Transzendenz selbst beklagbar, insofern sie aus dem angespannten Werden für die je *konkrete* Existenz ein Aufbruch in die Kälte des "Nicht-Versicherbaren"[725] ist.

Wenn "das Schamgefühl .. seiner Natur nach *Anerkenntnis* [ist]"[726], anerkennt der Entronnene durch seine Scham im Stehen vor Gott die Möglichkeit des Erkennens des Absoluten selbst, in der die Einheit der Zerstörbarkeit und Unzerstörbarkeit des Liebenden selbst erscheint: Der Liebende, der sich der "Akzeleration ins Nichts"[727] oder dem eiligen oder verzögerten Prozeß in den "Determinismus des Geschichtsverlaufs"[728] nicht anzupassen vermag. (Der vorgängige Bruch, die unmenschliche Trennung werden hierin geopfert, nicht versöhnt.)

Der ontische Zustand der Scham[729] und das Sich-Schämen als Verhalten lösen sich aus dem Sein, aus dem Ich heraus, sowie das Ich aus der Einheit der sich durch Tortur und Krieg trennenden Welt heraustritt.

Die Scham negiert das Ich und die Welt, und dennoch verbindet sie innigst: "durch das Schamgefühl habe ich einen Aspekt *meines* Seins entdeckt", sagt Sartre[730], der ich zwar *bin*, der jedoch unvollständig ist. Werden will.

Die übermittelte Scham des Entronnenen zeugt von der in die Geschichte getretenen Kraft, eine zukünftige Einheit von Mensch und Welt im Glück und in der Gerechtigkeit vor dem eigenen Gott doch zu erreichen[731].

Die Möglichkeit des doppelten Gelingens von "vertikaler" und "horizontaler" Geschichte,

---

[724] Vergl. Bastian 1969, S. 269, S. 265 - 275 "Zur Frage im Alten Testamant", hier in bezug auf Westermann 1960.

[725] Nossack 1987, S. 576.

[726] Sartre 1987, S. 300.

[727] Benz 1977, S. 52 f spielt mit diesem Begriff auf die sinnlose Beschleunigung der "horizontalen Eschatologie" in der "Maschinenzivilisation" an, in bezug auf Ziegler: Menschwerdung I, Olten 1948

[728] Blumenberg 1986, S. 244 kritisiert Benz' These vom "zentralen Säkularisat" der Akzeleration, "präziser": "die Ersetzung des Weltendes durch die Weltperfektion".

[729] Als "Erlebnis" der Reflexion zugänglig, vergl. Sartre 1987, S. 299.

[730] Ebenda.

[731] Das entspricht dem Vermögen der Syntheseleistung des Selbst. Dazu ein Zitat von Rosenstock-Huessy im Anhang.

des Heils und des Ziels in der"Akzeleration"[732] unserer Zeit jedoch hängt von der
Betrachtung, der Reflexion und der sozialen Bedeutung der Zeiten selber ab. Einen
Standort im Nirgendwann, von wo die Herrschaft über die Zeit errungen werden könnte,
gibt es nicht.

Vielleicht gelingt eine Zeitsouveränität in der entzeitlichten Zeit als "die paradoxe Einheit
von Innen und Jetzt"[733], die jedoch ohne Scham und Scheu - d.i. *aidos*[734], da sie das
Rätsel des Heiligen, des "Reinentsprungenen"[735] wahrt - keine "Obhut" mehr bietet[736].

In den Zeiten des beschwerten weltlichen Lebens, in dem man nach Hölderlin bleibt wie
man anfing - "Soviel auch wirket die Not und die Zucht ..."[737] - in dem die alten
Gestaltzeiten der Feste für Ursprung und Gründung ökonomisiert werden, gerät selbst das
soziale und familiale Miteinander in den "Zweifrontenkulturen"[738] der Zeit vom *säkular*
präsenten *Immer* und dem planenden *Dann* gegen ein sinnstiftendes *Jetzt* in den bewegten
Zustand des Wartens auf Zeitsouveränität, um eines hautnahen Miteinanders wegen[739].

Die an die Zukunft preisgegebene Gegenwart der bürgerlichen Askese findet in der
"Zweifrontenkultur" der Zeit eine reflektierte Wiederkehr.

Die "Zeit des Händlers"[740] im Mittelalter bestand aus Investitionen von Kapital. Man hoffte,
"aus dem Warten auf die Rückzahlung der Schulden Profit ziehen zu können". Die "Zeit des
Händlers" bestand auch in der "Hortung" von Waren "in Erwartung von Hungersnöten"[741].

Das Warten und der rechte Zeitpunkt bestimmten also die Wirksamkeit des "rationalen
Wirtschaftsethos"[742]. Hinzu tritt heute - beim Verschwinden der religiösen Grundlage

---

[732] Benz 1977, S. 3 - 53; vergl. Blumenberg 1986; vergl. auch Virilio/Lotringer 1984, S. 133: "Gott
ist durch die Tür des Schreckens in die Geschichte zurückgekehrt."

[733] Plessner 1985, Bd. IX, S. 262.

[734] Vergl. Otto 1959, S. 70 ff.

[735] Hölderlin 1951, Bd. 2, S. 143, aus dem Gedicht "Der Rhein".

[736] Vergl. Snell 1980, S. 162.

[737] Hölderlin 1951, Bd. 2, S. 143.

[738] Claessens/Claessens 1979, S. 30.

[739] Vergl. z.B. Grabow/Henckel 1988; für die Entstehung des modernen Zeitbewußtseins vergl. z.B.
Seifert 1988. Im Warten "spricht sich eben die Sehnsucht nach einer unbefleckten,
innehaltenden Gegenwart aus" (Habermas 1981, S. 446; vergl. Frisby 1984, S. 15).

[740] Le Goff 1977, S. 393 - 414.

[741] Ebenda, S.393 und 394.

[742] Weber 1981, S. 358 - 374.

dieses Wirtschaftsethos - das Warten auf Subventionen, bis das "Risiko gegen Null"[743] geschrumpft ist, und das Warten auf den Einbruch oder - analytisch - die Rückbeugung des in Planung und Bilanz historisch Ausgelassenen. Das *katastrophische* Erscheinen des historisch Ausgelassenen macht sich besonders deutlich in einer Ökologie der Vernutzung und Vergiftung. Das, was sich heute *in* der Zerstörungspotenz und im Schaden zeigt, ist ein Mal als das "mahnende Zeichen der Schuld"[744], das nur noch schwer durch den Abwehrzauber der Wirtschaftsrationalität gebannt werden kann.

Das spärlich vorhandene sinnstiftende Jetzt im subjektiven Warten auf Zeitsouveränität und im objektiven Warten auf eine katastrophische Zeitenwende spricht im Dämmer der Gegenwart von der Produktion eines Mals, in dem in Scham und Scheu, in Schuld und Sühne die Zeit entzeitlicht wird: Die Raschheit - zum Wahn geworden - mündet in die Entzeitlichung der Zeit ohne Obhut.

"Insofern der Zusammenhang von Schuld und Sühne ein zeitlich magischer ist, erscheint vorzüglich diese *zeitliche* Magie im Mal in dem Sinne, daß der Widerstand der Gegenwart zwischen Vergangenheit und Zukunft ausgeschaltet wird und diese auf magische Weise vereint über den Sünder hereinbrechen"[745].

Doch die Zeiten brechen auch in magischer Weise über den Leidenden, über das Opfer herein. In der Scham noch *da* zu sein, der Scham, *daß* das Ich-Selbst ist, erscheint ein objektiv thanatisierter Daß-Grund und ein geheimes Gefühl der Selbstverschuldung gegen das eigene Leben, die das Bewußtsein nicht bestätigen kann.

In dieser vom Scham-Schuld-Dilemma[746] geprägten Verarmung des Ich und der Verarmung der Welt ist die Anerkennung der Abwesenheit einer auch erinnerten "Fremdexistenz"[747] gleich dem Augenblick einer entzeitlichten Zeit, die eine quantitative Verewigung der transeunten Zeit aufsprengt.

---

[743] Offe 1983, S. 55.

[744] Benjamin 1980, WA Bd. 5, S. 605. Das Mal *ist* nicht das Zerstörte oder die Zerstörungspotenz, sondern gleich einem Gemälde weist es "auf etwas, das es nicht selbst ist, d.h. auf etwas, das nicht Mal ist" (ebenda, S. 606). Das Mal im Kunstwerk spricht den Menschen durch das an, was im Wort, im Bild zu strahlen, zu leuchten vermag. Im "Zugleich von Innen und Außen, von Unverborgenem und Entzogenem ... von Vergangenem und Zukünftigem bildet" sich der "Grund des Mals" (Gäthje 1988, S. 6). Im künstlerischen Sehen, das dem Kunstwerk vorausgeht, es dann begleitet, ist das Strahlen und das Leuchten im Geschädigten und Zerstörten als der Modus des Zugleich ein verlorenes und doch noch zugewinnendes "Für-uns".

[745] Benjamin 1980, Bd. 5, S. 605.

[746] vergl. Wurmser 1988 zum Zusammenhang von Scham und Ressentiment und Hultberg 1988 über *das Dilemma* von Trennung und Abhängigkeit.

In der Scham des Entronnenen kündigt sich historisch eine Zeit an, in der das Bedürftige, das Eingeschlossene, das Unentfaltete, das Erwünschte und Ersehnte in einem Blitz jäher Erkenntnis zusammenschießt als Erkenntnis eines Unerfüllten im Augenblick, was dennoch im Zusammenschließen selbst sich eine Tür zum erfüllten Augenblick freimacht.

Dies bedeutet, dies *ist* für die Nachkommenden ein Heraustreten aus den geschichtlich zugerichteten "unerträglichen Augenblicken"[748], ein Heraustreten aus dem "negativen Staunen"[749]. In diesem Übergang, der sich im Zueinanderschießen von Zeit und Entzeitlichung eröffnet, schwindet das unverfügbare Fragen[750], und im Emporschießen des Daß-Grundes aus der Lähmung kommt die Frage ins Leben[751]. So sind die übermittelte Scham des Entronnenen und das aufgerichtete Mal im Kunstwerk[752] die Entzeitlicher einer Zeit, die in der Lähmung verwartet wird und im Schrecken diese erneuert.

Eine Entzeitlichung, die aus dem Selbst durch die Scham vor Gott eine Individuation aus dem "Daß des Existierens in der Schlafkammer [in der Zelle, G.K.] des gelebten Augenblicks" hervortreibt[753].

Das Eindringen des zeitlich Magischen in das Warten auf Erlösung bedeutet eine Verinnerung der Akzeleration im historischen Raum, im "räumlichen Rahmen"[754] des Historischen, wodurch der Rahmen als Dokument der Schrift die daran gebundene Erinnerung in seinem Verschwinden oder in seiner Uminterpretation gefährdet[755]. Eine durch die Verinnerung in der "Stimmung"[756] des Wartens entwickelte (reflektierte) Langsamkeit wäre ein Ort, von dem aus das Woraufhin der Beschleunigung und seine subjektiven wie objektiven Kosten zur Erkenntnis kämen.

Der ontische Zustand der Scham, der in der Empfindung erlebt wird, unterbricht das

---

[747] Vergl. Sartre 1987, S. 338.

[748] Bloch 1959, Bd. 5, S. 350.

[749] Ebenda, S. 351.

[750] Vergl. Pöltner 1972, S. 82.

[751] Vergl. Bloch 1959, Bd. 5, S. 353 über den "Quell", in dem "eine Mündung angelegt" ist, die "selber .. als *lebende* Frage allem vorausgesetzt [ist]".

[752] Vergl. die Erzählung Nossacks "Das Mal", 1987, S. 364 - 374.

[753] Bloch 1959, Bd. 5, S.353.

[754] Halbwachs 1985, S. 142.

[755] Vergl. ebenda, S. 143.

[756] Simmel 1957, S. 141 - 152.

kontinuierliche Leben im Ereignisstrom, hält sich aktuell in der *eigenen*, inneren Reihe der Lebensentwicklungen.

Schütz[757] weist in seiner Untersuchung über das "Phänomen der inneren Dauer" auf Husserls Begriff der "doppelten Intentionalität des Bewußtseinsstroms" gegenüber dem Zeitphänomen im Erleben hin: die immanente und echte Zeit, in der es eine Dauer und ihre Veränderung gibt, und die Einordnung des Jetzt, So, Da, Geradeeben, des Nun und des Gleich in die werdende, kommende oder entschwindende Dauer. Die jeweiligen Verschattungen der gelebten oder erlebten Dauer sind abhängig von der Heftigkeit der *Retention* im Innehalten oder -werden - als "Noch-Bewußtsein der Urimpression" - oder im Innewerden der gelebten Dauer selber als "Erleben" der *Reproduktion oder Reflexion* der "sekundären Erinnerung" bzw. der "Phantasie"[758]. Befragt man diese Zeitanalyse auf ihre anthropologische Grundlage, so wird deutlich, daß die *Bewegung* der Dauer als Beschleunigung *und* Verlangsamung zur Anthropogenese und Ontogenese gehört:

1.) "So gibt es auch in der Phase des Übergangs vom Tier zum Menschen im Prozeß der Hominisierung eine Phase der Akzeleration, in der in relativ raschem zeitlichen Ablauf überraschend viele Hominiden-Formen auftreten, von denen nach einer im einzelnen noch unbekannten Periode der Auseinandersetzung der homo sapiens übrigbleibt"[759].

2.) "Langsamkeit [erscheint] als etwas Somatisches, das mancherlei Folgen für die psychische Entwicklung hat, es erscheint die Evolution des Somas als Voraussetzung der psychischen Sonderart des Menschen"[760].

"Langsamkeit der Entwicklung erscheint nicht bloß als somatische Grundsituation, sondern in Zuordnung zur weltoffenen Existenzweise des Menschen. Diese Langsamkeit ist nicht die Folge einer Störung im Gefüge des als Norm gedachten tierischen Entwicklungsganges, nicht eine Störung, die dann das psychische Verhalten aus einer natürlichen Harmonie herausführte, nein, diese Langsamkeit ist in der Anlage unserer Ontogenese ebenso gegeben, als Faktor zur Verwirklichung der Endgestalt, wie irgendwelche andere Faktoren unseres Werdeganges.

Vergessen wir auch nicht, daß diese vielbesprochene Langsamkeit ja nicht einfach das Kennzeichen der ganzen menschlichen Ontogenese ist, wie das so oft behauptet wird; erinnern wir uns noch einmal daran, daß sich die embryonale Zeit wie auch die des extraembryonalen Frühjahres gegenüber der Entwicklung der Menschenaffen gerade durch Raschheit des Massenwachstums auffällig auszeichnet. Nur bei der Berücksichtigung dieser Tatsache wird man die

---

[757] Schütz 1974, S. 62 ff.

[758] Ebenda, S. 64 in bezug auf Bergson und Husserl 1928, S. 382 - 427. Vergl auch hierzu Kierkegaard 1955, S. 3: der Husserlsche Zusammenhang von "Urimpression", "primärer Erinnerung oder Retention" (bei Schütz 1974, S. 64), in dem "die Jetztphasen der Wahrnehmung .. stetig eine Modifikation [erfahren]", - Husserl bezeichnet das als ein "Zurücksinken in die Zeit" (ders. 1928, S. 420) - ist für Kierkegaard die *Wiederholung* als Erinnerung nach vorn, während die Reproduktion oder "sekundäre Erinnerung bzw. Phantasie" eine Erinnerung nach rückwärts ist.

[759] Benz 1977, S. 4.

eigenartige Gliederung unserer Entwicklungszeit in Perioden deutlich erkennen"[761].

Der kritische Zusammenhang der Langsamkeit mit der entschwindenden Dauer weist in der Entwicklung für eine weltoffene Existenzweise des Menschen auf "sozio-biologische Institutionen"[762], in denen die "Nischentechnik"[763] zur Stabilisierung und Entwicklung von Innenklimata als Abwehr "gegen den allgemeinen Anpassungsdruck"[764] "Urimpressionen"[765] der Gefährdung durch Akzeleration und der Reaktion der Verlangsamung zugunsten einer vollständigen Wahrnehmung nahelegt.

Dabei bleibt durch die Abschattung von der Retention zur Reflexion durch den Schmerz ein Riß, ein Unversöhnliches in der Scham des Entronnenen, da auch die Selbsterhaltung beargwöhnt wird, daß "das Leben, in dem sie [die Selbsterhaltung, G.K.] sich festmacht", zu dem werde, "wovor ihr schaudert"[766]. Auch der Stachel der Abwertung der abwesenden Toten, die durch die Todesmechanik ins Vergessen gestürzt werden sollten, erscheint in der Scham des Entronnenen. Schon um mit sich identisch zu bleiben, wird der Bezug zum Vergangenen, zu den Ahnen gebraucht.

Doch in der "Blindheit des Lebens"[767], in der, "einer Statistik gemäß, .. eine überwältigende Zahl Ermordeter durch eine minimale Geretteter ergänzt"[768] wurde, bleibt das Leben, dem nicht mehr getraut wird, doppelt geschädigt, und der Bezug zu den abwesenden Toten ist mit dem Schmerz amalgamiert.   **

Vom bewegten Zustand eines vernichteten Standpunkts zur Welt her gesehen, in der eine Anpassung wie eine Veränderung sich chancenlos zeigen, bilden die funktionalen und strukturellen Elemente - von Kooperation und Organisation, von Ordnung und Regel - eine fliehende "Flucht", aus der heraus auf eine aus individueller Not ergriffene Veränderung mit der Strategie des "flexible response" reagiert wird: Hierin liegt die besondere Gleichgültigkeit gegen die Individualität. (Nicht der Arme, das Opfer wird versorgt, sondern die Armut, um sie gleichzeitig als soziologische Kategorie zu reproduzieren und zu

---

[760] Portmann 1956, S. 92 f.

[761] Ebenda, S. 93; vergl. Overhage 1959, S. 103.

[762] Claessens 1980, S. 35.

[763] Claessens 1980, S. 36.

[764] Ebenda, S. 60.

[765] Husserl in Schütz 1974, S. 64.

[766] Adorno 1975, S. 357.

[767] Horkheimer 1974, S. 202.

[768] Adorno 1975, S. 357.

erweitern[769]).

*   Angesichts der Gleichgültigkeit gegen die Individualität, gegen die Kontinuation jedweder Besonderheit, weist die Möglichkeit des "Verschwindens des letalen Nichts im sozialistischen Bewußtsein"[770] auf eine kommende und heraufdrängende Gesellschaft, in der *der Mensch mit lethäischem Bewußtsein*[771] nicht mehr durch undistanzierten Selbstzwang und der "Unrechtsmonopolisierung"[772] gegenüber dem Einzelnen, gegenüber den "Figurationen" menschlicher Zusammenhänge und den "Naturereignissen"[773] Ausdruck der gesetzten, mitvollzogenen und erlittenen Gewaltverhältnisse ist.

Solcher, das Ich-Selbst verarmenden Vergessenheit als Folge des unheilvollen Verhältnisses von Opfer und Täter in der thanatischen Situation, die sich im Verhältnis von Not und Gunst wiederholt, steht durchaus eine Hypermnesie beiseite, die die im Trauma oder in der unmenschlichen Tat überscharf konturierten Bilder für eine Auflösung der Situation aufbewahrt.

Das Miteinander von Amnesie und Hypermnesie im Einzelnen und der Gesellschaft erzeugt so viel Angst und neuen Schmerz, welche aus der Spannung von Vergessenheit und überscharf konturierten Bildern entstehen, wie das Gedächtnis bearbeitet wird, um zu vergessen.

Wie der Täter das Gedächtnis bearbeitet, um die eigene Tat zu vergessen, muß das Opfer die Erinnerung bearbeiten, um von Angst und zugefügtem Schmerz befreit zu werden. Aus einer Vergeßlichkeit kann gerade hier nicht die geltende Wahrheit werden, da die Not, die Zusammenhänge, die ja noch aus tieferen Quellen gespeist werden, erkennen und verstehen zu müssen, zunimmt. Wird diese Spannung fahren gelassen, entsteht jene schmerzhafte Leere, die eine mechanische Zuordnung zu den Anderen erzwingt, ohne daß ein Miteinander oder gar eine Beheimatung gelingt:

"... er tat Alles wie es die Anderen taten; es war aber eine entsetzliche Leere in ihm, er fühlte keine Angst mehr, kein Verlangen; sein Dasein war ihm eine notwendige Last. - So lebte er hin"[774].

---

[769] Vergl. Simmel 1968, S. 345 - 374.

[770] Bloch 1959, Bd. 5, S. 1378, ... und vom gesetzten "Ananke" - und "Leistungsprinzip" (vergl. Marcuse 1973, S. 40 ff) erlösten Bewußtsein.

[771] Anmerkung siehe Anhang.

[772] Freud 1974, Bd. IX, S. 39.

[773] Vergl. Elias 1978, S. 173 über die "Triade der Grundkontrollen".

[774] Büchner 1978a, S. 124.

Der Rückgang in die »mechanische Solidarität«, in der die *Ähnlichkeit* von Opfer und Täter auseinandertritt, wie sie mit ihr geschlagen ist, besteht nur noch der Form nach, obgleich *nur in* dieser Form, der grundlegenden menschlichen Solidarität, eine Auflösung und gegenseitige Annahme möglich ist. Kein Eingedenken in dokumentarischer Form und keine Symbolisierung der Versöhnung, auch nicht durch Recht und Natur, bringt die materiale Fragespannung, die die Präsenz der Frage nach der Wahrheit ist, in die Sprache.

Das Ineinsbringen von Geburtstrauma und zugefügtem Schmerz, der in der Folter als sozialem Geschehen die »Welt« unbewohnbar macht, fixiert die Auflösung des Schmerzes an den sozialen Zusammenhang, in dem das Schreckliche geschah. Die »Ent-deckung« der Wahrheit ist an die Aufhebung der Verdrängung gebunden: "Die Voraussetzung zur Entdeckung einer Wahrheit", sagt Rank[775], sei "somit die Agnoszierung des Unbewußten in der Außenwelt durch Aufhebung der inneren Verdrängung, welche unmittelbar ... von der Urverdrängung ausgeht".

Da für das Opfer die Aufhebung der eigenen Verdrängung wie die Aufhebung der verdrängenden, auf Vergessenheit tendierenden Repräsentanzen im "kommunikativen"[776] wie "kulturellen Gedächtnis"[777] für das Erkennen der Wahrheit unabdingbar sind, die Arbeit am Gedächtnis jedoch überwiegt - gerade auch in den Formen der Repräsentation der Erinnerung -, ist das Entdecken der gesellschaftlich produzierten Unbewußtheit wie ein stummer Ruf. Ein Ruf, der in den Verhältnissen von Not und Gunst die »mechanische Solidarität« rekonstruiert und in trennender Spannung hält.

Das, was in der dokumentarischen Technik der symbolisierenden Erinnerung nicht aufgeht und nicht eingehen kann - doch fortwährend wachgerufen wird -, ist das "Gedächtnisbild"[778] der überscharf konturierten Bilder, das sich nicht "einmagazinieren" läßt.

> "Die Züge", sagt Kracauer[779], "deren es sich erinnert, stehen in einer Beziehung
> zu dem als wahr Erkannten, das sich in ihnen kundgeben oder von ihnen
> ausgesperrt werden mag. Das Bild, in dem sich jene Züge finden, ist vor allen
> anderen Gedächtnisbildern ausgezeichnet; denn es bewahrt nicht wie sie eine
> Fülle undurchscheinender Erinnerungen, sondern Gehalte, die das als wahr
> Erkannte betreffen. Zu diesem Bilde, das mit gutem Recht das letzte heißen darf,
> müssen sich sämtliche Gedächtnisbilder reduzieren, da nur in ihm das

---

[775] Rank 1988, S. 175.

[776] Assmann 1988, S. 10 f in bezug auf Halbwachs 1985.

[777] Ebenda, S. 12 f in bezug auf Aby Warburgs Projekt der »Mnemosyne« als Bildgedächtnis des Abendlandes.

[778] Kracauer 1977, S. 24 f.

[779] Ebenda.

Unvergeßliche dauert. Das letzte Bild ist seine eigentliche *Geschichte*."

Das Dilemma für den gesellschaftlich Traumatisierten wird so deutlich: Gefesselt an die überscharf konturierten Bilder kann er zu *seiner* Geschichte nicht kommen, da die gedächtnisbildende Funktion, die vom Geburtstrauma her wirkt, vom zugefügten Schmerz verdeckt bleibt und in den Rekonstruktionsleistungen des kulturellen Gedächtnisses in der Repräsentation »verstaut« wird.

Das Abbildverfahren des Erinnerten *in* der Präsentation von Dokumenten und ihrer Musealisierung legt einen Begriff der Geschichte nahe, die Kracauer mit der Photographie vergleicht. "Geschichte gleicht Photographie unter anderem darin, daß sie ein Mittel der Entfremdung ist"[780]. Hier wie dort ist unter der Gegenwärtigkeit der Repräsentation die Geschichte des Menschen "wie unter einer Schneedecke vergraben"[781]. Da die Frage nach der Wahrheit in ihrer Repräsentation gebannt ist, doch die fragwürdige Spannung des gesellschaftlichen Verhältnisses von Not und Gunst zur Sprache will, muß die Perfektion des kulturellen Gedächtnisses als *Abwehrform* in der Geschichte der Reflexion gesucht werden.

Irigaray[782] sucht diese Abwehrform beim "Anbruch der okzidentalen photologischen Systematik" im Begriff der sokratischen "a-létheia", die sie, "noch in der Verneinung, Verleugnung, die sie artikuliert, als Vortäuschung einer Entschleierung des Vergessens interpretiert"[783].

Die platonische Höhle - *das* Abbild der photologischen Szene - fungiert als eine von "Magiern-Imagiern"[784] präsentierte "sonderbare"[785] Dialogkonstruktion, die als "geschlossener Raum der Repräsentation, der Vorstellung"[786] zu sehen sei. Dieser Raum, der im Dialog nicht in Frage gestellt wird, beherbergt im getrennten Miteinander von Ander-Menschen - den Gefesselten, die die Schatten interpretieren, den Magiern, die "teils reden, teils schweigen" und Schatten werfen, und jenen Entfesselern und Nötigern zur Wahrheit des Sonnenlichts - die Anwesenheit der Frage nach der Wahrheit, die nur in der

---

[780] Kracauer 1973, S. 17.

[781] Kracauer 1977, S. 26.

[782] Irigaray 1980, S. 336.

[783] Ebenda, S. 335.

[784] Ebenda, S. 331.

[785] "Ein sonderbares Bild, das du da vorführst, und sonderbare Gestalten", spricht Glaukon zu Sokrates (Platon 1988, Bd. V, S. 269), als Bestätigung, daß die wunderliche Vorstellung des Höhlengleichnisses gelungen sei.

[786] Irigaray 1980, S. 331.

Spannung des Getrennten und des Trennenden von innen und außen, oben und unten gedacht werden kann.

In der aktuellen Situation, in der der gesellschaftlich Traumatisierte an den Repräsentationsvorgang der Wahrheit in der Welt, die ihm abhanden gebracht worden ist, und an die »mechanische Solidarität« der Repräsentierenden und Interpreten fixiert worden ist, bleibt die eigene Selbstbegegnung in der Zentrierung des Erkennens der materialen Szene der thanatischen Situation und ihrer materialen Wahrheit noch die Höhle der Tragödie der Wahrheit.

Ohne ein reales Gelingen der Annahme des Traumatisierten, die dann die Welt, aus der er herausgestoßen wurde, radikal verändern würde, erleidet er in der »unverborgenen« Selbstbegegnung die Trennung des Erkennens in dreifacher Art:
Einmal, indem er durch das Phantasma des Gesetzes[787] im Schmerz in der Höhle gefesselt wird; ein anderes Mal, indem er durch das gleiche Gesetz ins Licht gebracht wird[788]; ein drittes Mal ist ihm - durch das Setzen der Dialogszene - das Sprechen über die Wahrheit verunmöglicht.

So sei das Wissen der Wahrheit für das Grab oder für die Miterzeugung der Ambivalenz der Phantasmagorien. Somit sei in der Perfektion der abgedichteten Szene die "A-létheia" jenes "Pfand", das noch in der erzwungenen Selbstinitiation des Opfers eine "Garantie für das Vergessen des Vergessens"[789] gibt. Doch ist es nur das »Pfand« des Phänomens der Geltung der Repräsentation. Die Gedächtnisbilder der eigenen Geschichte verschwinden nicht, sie werden eher an der sich verdichtenden Oberfläche der Repräsentation der Wahrheit wachgerufen.

Dieses Wachrufen nötigt zu einem Standhalten mit der je eigenen Geschichte. Die Reflexionsweise des ambivalenten Verbergens erzeugt so im Wachrufen des ins »kulturelle Gedächtnis« nicht Eingegangenen eine Präsenz, die - in der geglätteten Oberfläche der Vergessenheit erscheinend - auf einen Augenblick hinaus will, in dem sie über ihr ästhetisches Erscheinen und durch es zur Wahrheit kommt.

Wie Wiplinger berichtet, ist es Heidegger nicht verborgen geblieben, daß die "A-létheia", die er zunächst als Wahrheit und Unverborgenheit im Modus des Entzugs, der Verweigerung

---

[787] Des männlichen Gesetzes, würde Irigaray (1980) sagen. Das entspricht den psychoanalytischen Erfahrungen mit dem "Setting" der Analyse, die, vom Ödipuskomplex ausgehend, den nach einem "Objekt" suchenden Patienten durch die "Abstinenzregel" erneut ans Leiden bringt (vergl. Cremerius 1984, S. 788; vergl. Moser 1987).

[788] Vergl. bei Platon 1988, Bd. V, S. 274 "die Störungen der Sehkraft zwiefacher Art".

[789] Irigaray 1980, S. 336.

und des Vorenthaltens gedacht hatte[790], ein positives Wesen hat. Die "Verborgenheit", als Aspekt der A-létheia, sei "das Unaufhebbare, darin sich das Sein in sein Wesen birgt. Die A-létheia ist das Geschehen, in der diese *bergende* Verbergung ins Freie kommt"[791].

Wenn jedoch die "bergende Verbergung" im "Freien" der öffentlichen gesellschaftlichen Prozesse bei sich bleibt, ist die Transzendenz im einfachen Werden und in der Befreiung als ein Geschehen thematisiert, in dem die Freiheit des sich konstituierenden Ich-Selbst hierin in einer »Velleïtät« verwartet wird.

"Geschehensartiges und Tathaftes" scheiden sich und "das Geschehen löst die produktive Subjektivität sich zeitigenden Daseins auf"[792]. Wenn diese »bergende Verborgenheit« im »Freien« verborgen bleibt, ist dann nicht die Wahrheit und Freiheit des Transzendierens als erst noch in Bewegung zu setzende an eine befragende Instanz abgegeben, die die Potentialität des Spontanen und Tathaften für eine gesellschaftliche Wirklichkeit erst aufschließt?

So wäre in der Entledigung des orientierenden Wesens der Frage - das Warten auf den Anstoß durch die Befragung wäre dann in anderen Theoriezusammenhängen die kooptative Selbstthematisierung - die Transzendenz und mit ihr die A-létheia aus der Gesellschaft vertrieben[793].

Anders gelesen, kann das »Unaufhebbare« auch im Sinne einer sich bewahrenden Selbstheit in einer historischen Praxis der Entfremdungsleistung, die, aufs Ontische zurückschlagend, ein reaktives Verbergen hervorbringt, gedeutet werden. Der Aspekt der Verborgen-*heit* in der Alétheia ist dann jenes Unaufhebbare, in dem sich das Sein bergend und schützend in sein Wesen birgt. Das Geschehen der A-létheia - als erfahrenes in der Ambivalenz der Gedächtnisbilder verdichtet - ist dann ein Innehalten als wortloser Aufgang der Frage, das eine neue Ich-Wir-Balance im "präsentischen Raum"[794] bereitet, in dem ein Überschreiten in ein »Mehr Leben« sich ankündigt.

Im Zeichen der je eigenen Geschichte, die in den Bildern des Gedächtnisses erscheint, die verdichtet oder hypermnetisch das Geschehen der »A-létheia« bewahrt, geschieht in der

---

[790] Vergl. Wiplinger 1987, S. 31.

[791] Ebenda, S. 56.

[792] Görland 1981, S. 95 - 100, bes. S. 97 f, S. 100, über die Entwicklung des Transzendenzgedankens bei Heidegger.

[793] Vergl. Baier 1989, bes. S. 45 f zur Kritik der Zirkularität der Selbstreferenz bei Luhmann.

[794] Straus (1960, S. 176) unterscheidet zwischen dem historischen Raum, dem er das "gnostische Moment" des Erlebens (vergl. ebenda, S. 150) und dem "präsentischen Raum" des Klangs und des Tanzes, dem er das "pathische Moment" (vergl. ebenda, S. 172) zuordnet.

Vergessenheit ihrer Repräsentation eine Öffnung, die uns leibhaftig bewahrt.

Dieser Aufbewahrung im Prozeß, in der "das Unvergeßliche [als Gedächtnisbild] dauert"[795], entspricht ein Warten, das durch Zeugenschaft, auch durch Rache, durch den Wunsch nach Erlösung, aber auch durch ein immer während Fliehen oder ein angespanntes Werden durchstimmt sein kann. Doch die so verschieden Wartenden[796] leben in und mit verschiedenen Zeiten - wenn auch nicht unvermittelt.

Die der eigenen unmenschlichen Tat Fliehenden suchen in der Haltung der aggressiven oder zurückweichenden Rechtfertigung[797], die Zeit für sich zu dehnen oder zu skandieren; die, denen das angespannte Werden als einzige Überlebensmöglichkeit zugerichtet worden ist, verzögern, unterbrechen vor allem subjektive Abläufe durch die Frage nach dem richtigen Tun.

"Wem die Zeit wie Ewigkeit "[798] ist, der trägt die Last des "Vertriebenseins] aus der religiösen Sphäre"[799]. Da dieses Vertriebensein säkularisiert und entzaubert im "Talmi-Mythos der Faschisten"[800], in einer machtgeleitet inszenierten "Kultgemeinschaft"[801] durch Opfer vergessen gemacht werden sollte und durch Verleugnung der thanatischen Situation Vergessenheit wurde, vollzieht sich das Warten auf Erlösung im "historisch leeren Raum"[802].

Das Warten geht nur in die Form des Durchstimmtseins[803] des staatlichen, gesellschaftlichen und wirtschaftlichen Lebens ein. Es besitzt keine Positivität, sondern wird überformt durch die Gesetze des säkularisierten Welt ohne Transzendenz. So, wie das Warten auf Erlösung in den technisch-ökonomischen Impuls historisch eingeschmolzen wurde und das Wissen um das Vertriebensein aus der religiösen Sphäre hierdurch individuell verlorenging, verschwand es auch im ökonomischen Weltzusammenhang.

---

[795] Kracauer 1977, S. 25.

[796] Vergl. ebenda, S. 106 - 119.

[797] Anmerkung siehe Anhang.

[798] So der Titel einer Kohlezeichnung von Ernst Barlach.

[799] Kracauer 1977, S. 107; Kracauer (1971, S. 79) sieht hierin eine "Sinnverflüchtigung", die "den Höllensturz der Menschen in der historischen Zeit" bewirke.

[800] Adorno/Horkheimer 1979, S. 15.

[801] Möding 1984, S. 29 - 31.

[802] Vergl. über das Verhältnis des historischen "Wirklichkeitsinhalts" "in der Zeit überhaupt" und einer "bestimmten Zeit" bei Simmel 1984, S. 48 - 60.

[803] Vergl. den hier eingeführten Begriff der Stimmung bei Simmel.

** Doch werden auch Zeitzeichen der Vergessenheit des Wartens aufs Heil ausgemacht. In der Schlangenbildung (vor allem der "Riesenschlange") vor knappem ökonomischen Gut, vor gemeinsamer Abfahrt, dem Abflug, während der knappen Bemessung von Reisestraßen zur Ferienzeit (Stau), angesichts des knappen Besucher- und Betrachtungsraums vor Kunstwerken sieht Clausen[804] einen Ausdruck der Formgebung von Anomie, der anscheinend von sehr langweiligen sozialen Prozessen abhängig ist.

Unerwartete Schlangenbildung, gar noch informer Massenbildungen an einem Sammlungssymbol ("Superzeichen"), die in ihrer *Erscheinungsdauer* zu knapp (kostbar) sind, und für die es sich verlohnt ein Zeitopfer zu bringen, stellt Clausen in den Erklärungszusammenhang einer "*gewollten Feier*"[805].

Welcherart Verdichtungen sind in den *Anlässen* von unerwarteter Schlangenbildung zu suchen[806]? Dreierlei wird herausgehoben: "Hochkomplexe Mühe; Unwiederbringlichkeit; Wohlschaffenheit".

Anlässe also, die einer Anomie entgegenwirken können. Schon die Suche, der Ausblick danach kann "etwas mehr Nomos ins Leben der Teilnehmer bringen"[807].

Doch wird diesen Zeichen der Zeit "diffus" mißtraut: am Ende verstärkt die Teilnahme an einer solchen "Schlange" die Not, nämlich sich eingestehen zu müssen, am falschen Ort, zur falschen Zeit mitsymbolisiert zu haben. Der Dumme zu sein. Der bloßen Selbstanregung ein Opfer gebracht zu haben.

Macht diese Erklärung nicht die beobachtete "diffuse Ängstlichkeit", das "diffuse soziale Mißtrauen oder Vertrauen"[808] plausibel? Gleichviel: im Ausdruck der "Schlange" bleibt etwas Unausgedrücktes, eine "*anomische Egalität der Not*"[809], die aus einer Zeitenferne herüberwirkt und das Daß des Sozialen selber konturiert. Eine typische Konfliktlage des grundlegenden "Streits" *im* Menschen und *in* Seiner Welt, deren Lösung sich noch unausgemacht zwischen einer höheren Einheit ("Magisierung") und einer formgebenden Routine-Abtrennung ("Säkularisierung") befindet[810].

---

[804] Vergl. Clausen 1981a.

[805] Ebenda, S. 319.

[806] Vergl. ebenda.

[807] Ebenda, S. 321, z.B. die "Billigkeit" des Tausches, vergl. Nietzsche 1973, S. 889.

[808] Clausen 1981a, S. 311.

[809] Ebenda, S. 321.

[810] Vergl. Clausen 1978, S. 139 ff.

Aus der Lage der Unergründlichkeit des "prinzipiellen Skeptikers" heraus[811] wird erst einmal "nostrifiziert"[812], während der Künstler (hier der Poet und der Maler) wieder magisiert: "denn was sich reimt, das leimt sich"[813] und wo die Inhalte des Kunstwerks von den Panegyrikern der geschlossenen Gesellschaften ins Geschirr der starren Formen der Legitimationsideologien eingejocht werden (zugkräftig müssen solche Inhalte schon sein), reagiert der Maler schadensklug mit der "Abstraktion vom Inhalt ... als Erscheinungsform des Wahren"[814]:

Das Kompositorische von Form und Inhalt als dargebotener Stoff strebt zum Magischen - "befreit von dem Wahn, wirklich zu sein"[815] - oder zum platten Dekor. Mit dem Ergebnis für den Betrachter, daß die Suche nach dem "Wahren" als noch zu gewinnende Einheit, ebenfalls "in der Weise des Sich-Entziehens"[816] mitvollzogen wird.

Das braucht jedoch ein Vermögen zu einem magischen Einssein mit dem Künstler und seiner Auseinandersetzung mit der Gesellschaft über das Kunstwerk als "Vermittlung"[817], aus der diese Auseinandersetzung spricht, und weniger eine Kennerschaft - gleichgültig ob mit Stabreimen wie "Kunstwerk und Kennerschaft", "Kunst und Können"[818] auch die "Gewalt vom Worte aus[geht]"[819].

Die Wahrheit, die in der abstrakten Kunst "in der Weise des Sich-Entziehens" gesucht wird, hat ihren Anfang im Widerstand gegen "die Entartung der Idee zur Ideologie", "gegen den zur Ideologie degradierten Inhalt"[820], gegen die zur Idealität gewordene Ersatzwelt, um einer wirksamen Verschlossenheit der Gesellschaft zu entrinnen, die "die Unwahrheit der totalen Identifikation"[821] als gelungene "Ursprungsnähe"[822] pädagogisierend zu vermitteln, zu erzwingen sucht.

---

[811] Kracauer 1977, S. 113.

[812] Nach Matthes' Vortrag auf dem Züricher Soziologentag 1988; Matthes 1989.

[813] Rühmkorf 1985, S. 27.

[814] Andersch 1979, S. 48.

[815] Adorno 1973a, S. 41.

[816] Andersch 1979, S. 45.

[817] Adorno 1967, S. 92.

[818] Vergl. zur Griffigkeit solcher Stabreime wie "Kunst und Können" die Hitlerrede vom 19.7.1937 in München über das n.s. Kunstverständnis, in Wulf 1966, S. 360 f.

[819] Rühmkorf 1985, S. 39.

[820] Andersch 1979, S. 44 und S. 45.

[821] Adorno 1975, S. 18.

Insofern ist das Vermögen zur Magisierung, zur Herstellung einer höheren Einheit keine Bewegung nach rückwärts, keine Remythisierung, sondern der Versuch einer "genealogischen Rückbindung an den Ursprung", die auf "die Leben zerstörende Bedrohung [antwortet], mit nichts identisch zu sein"[823].

Nur kehrt die Ungebrochenheit der "Ursprungsnähe", die im Mythos gefaßt ist, nicht wieder, wenngleich Mythen immer wieder neu erlebt werden. "Sie leben", sagt Pavese, "weil sie bisher noch nicht in poetischem oder klarem rationalem Ausdruck aufgelöst worden sind[824], strahlen aber so viel Leben, so viel Wärme, so viel Hoffnung auf Licht aus, daß sie wie Leuchtfeuer oder Scheinwerfer unseres Bewußtseins wirken". Deshalb zwingen sie uns, sie "ganz in unseren Besitz zu bringen. Besitzen aber heißt zerstören"[825].

"Das Leben jedes Künstlers und überhaupt jedes Menschen ist, wie das Leben der Völker, ein unaufhörliches Bemühen, Klarheit in seine Mythen zu bringen" ... "Nur was dann von ihnen übrigbleibt (und irgendetwas muß verbleiben, so wahr der Geist unerschöpflich ist), kann Lebensquell sein"[826]:

In dieser distanzierenden Bewegung von den "Ursprungsmächten"[827], in der der Mensch auch dem "Ursprung Entronnensein" entrinnt, sieht Heinrich "die Tradition des Protestes gegen ein ursprungsmythisches Denken. Mit der "Frage nach dem Ursprung des personenhaften und welthaften Seins"[828]:

> "Wer sind wir? Wo kommen wir her? Wohin gehen wir? Was erwarten wir? Was erwartet uns?"[829]

wird "die distantia des Seins entfalte[t]", die Welt erbaut, werden wir selbst und die Welt zur Sprache gebracht. Wir "durchbrechen jede sprachliche Verfestigung mit neuen Fragen", in denen wir "alles Seiende", das uns "umsteht, wieder hineinnehmen in die

---

[822] Heinrich 1985, S. 15.

[823] Ebenda, S. 13, der "die zentrale Funktion *des* Mythos in der Funktion der Genealogie *im* Mythos" zu bestimmen sucht (ebenda, S. 12 f).

[824] Die Instrumentalisierung der Mythen ist keine ausgedrückte Rationalität, sondern eine erhandelte; deshalb konnte und kann die Instrumentalisierung die Mythen halbieren: die instrumentelle Vernunft besorgte die "Entmythologisierung" (Adorno 1975, S. 148).

[825] Pavese 1967, S. 377.

[826] Ebenda, S. 333.

[827] Vergl. Heinrich 1985, S. 17 f über die Unterscheidung von "Ursprungsmacht" und "Ursprungsmächten".

[828] Ebenda, S. 15, S. 25, S. 24.

[829] So die Blochschen Eingangsfragen zum Prinzip Hoffnung, 1959, Bd. 5, S. 1.

distantia des Seins"[830].

Dieser Protest, der im Vermögen zu fragen, nach dem Ursprung zu fragen begründet ist, hat sich und wird sich auch weiter zwischen "Pessimismus und Mut"[831] bewegen, als ein "Schwanken", wie Heinrich sagt. Denn ein vor "Enttäuschung und Nicht-Enttäuschung" gesicherter Ort, "das Jenseits des Enttäuschungsprozesses selbst"[832] ist nicht mehr zu haben, erklärt aber das Zögern und das Mißtrauen der Menschen in den historisch immer wieder neu opaken Prozessen der Magisierung, die gegen ein Erstarren eines fixen Abständigseins vom Ursprung gerichtet sind.

Sieht man die Warteschlangen vor einem Kunstwerk[833], das Kunstwerk und den Künstler als Einheit, läßt sich durchaus von einem hier ganz leiblich gesehenen Heraufwollen eines "ästhetischen Subjekts" sprechen, das sich als "Einspruchsinstanz" und als "Opfer" gegen die Ordnung des "transzendentalen Subjekts"[834] veranstaltet[835], um zögernd, mißtrauisch eine "Remigration" zur Herkunft aus der Unschuld des glaubensförmigen Lebens im "Spiralgang" anzutreten, das Einssein in Offenheit verspricht[836].

Doch *muß* die Remigration nicht gelingen, diese Offenheit im Einssein nicht eingelöst werden.

So in den Aufbruchsbewegungen der "Frühe aus Muff"[837]: In der "Remigration" im faschistischen Marschverband wurde das ästhetische Subjekt selbst zur ästhetischen Substanz "im Dienste" der "Ordnungsmächte des transzendentalen Subjekts"[838] im Massenornament der Doppelmasse, die als "krasse Manifestation der unteren Natur"[839] in katastrophale Stummheit verfiel, die am heutigen lethäischen Bewußtsein ihren Anteil hat.

---

830   Heinrich 1952, S. 111.

831 Camus 1960/70, S. 51.

832 Heinrich 1985, S. 48, S. 47.

833 Clausen (1981a, S. 312) zitiert hier die Caspar-David-Friedrich-Ausstellung in Dresden und Hamburg von 1974.

834 Das transzendentale Subjekt ist nach Kant das denkende Subjekt, "als das alle Urteile bestimmende Subjekt" (Anacker 1974, S. 1442; vergl. Kant 1973, S. 426 f, B 407).

835 Heinrich 1979, Vorl. 6.11.1978, S. ff.

836 Vergl. zum Begriff der "Remigration" und der "Spirale" das Werk von Nossack, z.B. Die gestohlene Melodie, 1975, Nach dem Letzten Aufstand, 1981,; auch Biser 1981, im Nachwort zu "Nach dem Letzten Aufstand", S. 369 - 412.

837 Bloch 1962, Bd. 4, S. 112.

838 Heinrich 1979, Vorl. 6.1.1978, S. 5.

839 Kracauer 1977, S. 60.

Denn: "Die Ratio, die es (das Massenornament) hervorbringt, ist groß genug, um die Masse aufzurufen und aus den Figuren das Leben zu streichen. Sie ist zu gering, um in der Masse die Menschen zu finden und die Figuren durchscheinend gegen Erkenntnisse zu machen". So ist aus der Sicht Kracauers das Massenornament das Symbol einer Ohnmächtigkeit einer Ratio, die "vor der Vernunft ins Abstrakte flieht"[840].

Auch die Remigration im "Kreisgang"[841] kann individuell mißlingen, auch wenn sie als aufgerichtetes "Mal"[842] für die Nachfolgenden eine Richtung angeben kann. Sicher trägt man nach durchschrittenem Lebenskreis in einer Gesellschaft mit "kaltem" Wandel das "Todesurteil in der Tasche"[843], wenn man sieht und begreift, daß alle Mühe, alle Zeit, alle Gelungenheit für die Katz waren.

Das heißt nicht, daß die gegen "heißen" Wandel gerichteten Strukturtheorien

- indem sie den gesellschaftlichen Interdependenzzusammenhang durch die Funktion, die funktionale Differenzierung[844] und den naturwissenschaftlichen Kausalitätsbegriff[845] affirmieren -

gegen ein Transzendierenkönnen ausgelegt sind, nein, sie zwingen zum Überschreiten des Vorgegebenen, da sie *gegen* höhere Einheiten (Magisierungen), *gegen* Abtrennung (Säkularisierung), *gegen* Radikalisierung und Verästelung, *gegen* Beschleunigung und Verlangsamung gerichtet sind, bei der Strafe des Verdumpfens in sich selbst.

Da nur von hier aus Widerstand möglich scheint, gehört das Scheitern und das "Schwanken"[846] im existentiellen Aufbruch zur Kontrolle des institutionell kontrollierten Wandels[847].

Ob im lebenszeitlichen "Kreisgang" oder im "Spiralgang" der historischen Zeit - wenn man so, im Jargon der ästhetischen *Distanznahme*, das Paradoxon von "Weltgrund" und der gleichzeitigen Entwirklichung dieses "Weltgrundes" durch Aufbruch und Erkenntnis[848] bezeichnen darf - am Ende ist es , "als ob man wieder in das Dickicht gerate, von dem man

---

[840] Ebenda, S. 61.

[841] Vergl. Nossack 1981, S. 242.

[842] Nossack 1987, S. 364 - 374.

[843] Ebenda, zumindest für das ästhetische Subjekt in sich.

[844] Vergl. Breuer 1987.

[845] Vergl. Clausen 1978, S. 87, Anmerkung 4.

[846] Heinrich 1985, S. 48.

[847] Das hat Clausen 1978 in der "Adjustierung" seiner soziologischen Theorie sehr deutlich herausgestellt, vergl. bes. S. 144 f.

ausgegangen ist und das Heimat genannt wird. Aber man gerät vom Rücken her daran und sieht, wie alles ist, bevor die Dinge ihr Gesicht der Zeit zukehren und sich Heimat nennen lassen, um die Leute nicht zu erschrecken. Das ist die große Fremde". So heißt es im "Bericht" "Nach dem Letzten Aufstand" bei Nossack[849].

Die Fremde als Heimat, die im Kunstwerk erscheint, ist eine, die im Ausdruck schmerzlicher Bindung und Verpflichtung als "schädliche Nähe"[850] ausgemacht werden kann.

Die Fremde im Kunstwerk ausgedrückt, ist gegen sie gerichtet, insofern sie als bloß blasse *entäußerte* Welt die Kraft zum Aufbruch, zum Überschreiten ihrer bindet und verbraucht.

Zu rasch binden stimmende, stimmungsvolle Bilder "Heilserwartungsreste"[851]. Wer sich jedoch bewußt im Stau der von den Architekten der Strömungslehre zugerichteten Beschleunigungsräume befunden hat, bemerkt im Rücken den Sog der Enge von Determinismen des Geschichtsverlaufs, durch die leicht "Verzögerer" ausgemacht und "aus dem Wege" geräumt werden können[852], und daß von vorn die falsche Ankunft als Schmerz des zentrifugierten Ich-Selbst droht. Und die im Stau festgefahrene Intersubjektivität feiert dann, ungewollt.

> "Denn ein Experiment des Geistes mit der Materie ist diese Geschichte nicht mehr - oder noch nicht. Der Ausgang steht fest. Gerade deshalb spielt sich das Ganze in einer eigentümlichen Isolierung von der Natur und ihren Bedingungen für die Prozesse des Lebens ab. Es sieht aus, als hätte die Geschichte kraft ihrer Logik in der Natur keine anderen Bedingungen als die Ausschöpfung gegebener Potentiale - vielleicht mit der noch kaum ins Auge gefaßten Randbedingung: Beschleunigung kostet Kraft"[853].

Nun wird bei dieser Reise um die Welt[854] die Kraft durch Infrastrukturen potenziert, für das Subjekt jedoch, das sich im "Kreisgang" oder "Spiralgang" zur Rückseite des Paradieses aufgemacht hat, wird es diese mechanische Zeithilfe nicht geben: "In der Gegend da gibt es keine Hilfe", heißt es bei Nossack[855].

---

[848] Vergl. Plessner 1981, Bd. IV, S. 424.

[849] Nossack 1981, S. 242.

[850] Bloch 1975, Bd. 15, S. 16 f; vergl. Raulet 1987, S. 19 ff.

[851] Blumenberg 1986, S. 243 ff, in bezug auf Benz 1977.

[852] Ebenda, S, 245.

[853] Ebenda, S. 247 f.

[854] Kleist 1961, Bd. 2, S. 342.

[855] Nossack 1981, S. 243.

So ist "die Summe aller Welt- und Selbsterfahrungen"[856] im existentiellen Aufbruch des Grenzgängers, der in einer Vorwärtsbewegung zurückkehrt, als widerstehende Bewegung gegen das "zentrale Säkularisat" der Bestimmung der Geschwindigkeit zu sehen: Doch rückt, mit solchem transzendentalen Ordnungsvermögen ausgestattet, die institutionelle Welt von ihrem profanen Ziel des Glückszustands ab, muß die Ferne in den Dienst der Nähe stellen und verschichtet Transzendenz und Immanenz mit ästhetischen Mitteln[857].

Ein Grund mehr, der "neoexpressionistischen Haltung" jener Künstler zu mißtrauen, denen der Zweck der Kunst eine "durch Selbstausdruck zu erreichende Selbstverwirklichung ist", bei der "die künstlerischen Ausdrucksformen als bloße Mittel, die verfügbar sind und nicht eigens entwickelt werden müssen", fungieren[858].

In solcherart "Kurzschlüssen" jedoch wird in den Menschen ein "geheimes Mißtrauen gegen sich selbst erweckt"[859] und der Richtungssinn geht verloren, der Einspruch gegen sich selbst verinnert den Stau, die Spontaneität wird gebrochen. Die "natürliche Grazie" verschwindet und ein "eisernes Netz" legt sich um "das freie Spiel der Gebärden"[860].

Wird das Kleistsche Motiv der verlorenen Grazie als ein historisches gedeutet, kann nur eine Befreiung des Ursprungs und des Anfangens diese "anomische Egalität der Not"[861] lösen. "Doch das Paradies ist verriegelt und der Cherub hinter uns; wir müssen die Reise um die Welt machen, und sehen, ob es vielleicht von hinten irgendwo offen ist"[862].

Das zögernd-mißtrauisch betriebene metaphysische Einheitsverlangen, die "Remigration", der "Kreisgang" und der "Spiralgang" im Werk Nossacks ist von diesem Kleistschen Motiv der Reise um die Welt geleitet. Die Motivgeschichte sieht Biser[863] bei Maximus Confessor (580 - 662)[864] als dem frühesten Zeugen beginnen.

Hier wird die Frage nach der "Möglichkeit einer gradlinigen Rückkehr zum Ursprung verneint: Denn es durfte ... der Ursprung nicht so gesucht werden, als ob er im Rücken läge; vielmehr sollte er als das Ziel erkundet werden, das vorne liegt. So sollte der Mensch

---

[856] Biser 1981, S. 377.

[857] Vergl. Blumenberg 1986, S. 247: hier heißt es "ästhetische Gleitmittel".

[858] Lingner 1988, S. 31.

[859] Kracauer 1977, S. 115.

[860] Kleist 1961, Bd. 2, S. 342.

[861] Clausen 1981a, S. 321.

[862] Kleist 1961, Bd. 2, S. 342.

[863] Biser 1981, S. 379.

[864] Vergl. Völker 1965.

durch das Ende den verlassenen Ursprung kennenlernen, nachdem er das Ende nicht aus dem Ursprung zu erkennen wußte«"[865]. Vom verlassenen Ursprung jedoch geht gerade für das Unentfaltete ein Sog aus, der als Regression bekannt ist, gegen die mit angespannter Zerstreuung angegangen wird.

Die Bewegung der Zerstreuung bleibt an den Sog gebunden und führt nicht herauf zum utopischen Ziel im "Spiralgang". Die Frage muß also auf eine die Spiralbewegung impulsierende Kraft gehen. Wie können sich Einheit mit dem Ursprung und Verschiedenheit gegenseitig bedingen und steigern? In Hegels Analyse des Anfangs ist die "ununterschiedene Einheit" des Seins und des Nichtseins in ihrer Konkretheit der Beziehung die "Vermittlung in sich"[866].

Doch ist dieses Konkrete keine Beziehung "innerhalb seiner selbst", das enthielte bereits ein "Fortgegangensein", sondern ist "eine Bewegung, die das Gegenteil des analytischen Verfahrens ist, eines der Sache selbst äußerlichen, in das Subjekt fallenden Tuns"[867].

Was also nach Hegel im Anfang den Anfang macht, ist eine *synthetische* Einheit "als ein Nichtanalysierbares", das als "Identität der Identität und Nichtidentität" gefaßt, in ihrem *Begriff* "als die erste, reinste, d.i. abstrakteste Definition des Absoluten angesehen werden [könnte]". Was mit dieser Vorstellung des Anfangs "über das Sein ausgesprochen oder enthalten sein soll in den reicheren Formen des Vorstellens von Absolutem oder Gott, dies ist im Anfange nur ein leeres Wort und nur Sein; dies Einfache, das sonst keine Bedeutung hat, dies Leere ist also schlechthin der Anfang der Philosophie"[868].

Diesem "Primat des Subjekts" mißtraute Adorno, da mit dem "idealistisch gewonnene[n] Begriff der Dialektik" - berge er nicht Erfahrungen, die unabhängig seien "von der idealistischen Apparatur" - der Philosophie die Entsagung von Inhalten unausweichlich bleibe bei der Beschränkung der Philosophie als Methode.

Sie streiche sich durch, "virtuell"[869]

Wie kann im Sinne der negativen Dialektik, deren "Utopie der Erkenntnis wäre, das Begriffslose mit Begriffen aufzutun, ohne es ihnen gleichzumachen"[870], die »Identität von

---

[865] Maximus Confessor: Questiones ad Thalassium 59 (PG 90, 631 D), in: Biser 1981, S. 379 f und S. 410.

[866] Hegel 1979, Bd. 5, S. 74 f.

[867] Ebenda, S. 75.

[868] Ebenda, S. 75, S. 74, S. 79.

[869] Adorno 1975, S. 19.

[870] Ebenda, S. 21.

Identität und Nichtidentität« gefaßt werden, gerade wenn der heutige Mensch seine »Veranderung«, seine Fremdbestimmtheit, seine Dezentrierung, seinen Verlust an weltstiftender Macht"[871] in Abgetrenntheit zum Anderen und zur Welt durchstehen lernen muß?

In den Symposionsschriften über Maximus Confessor in Fribourg im September 1980 wurden diese Fragen als "christologisches Zentralproblem" diskutiert[872]. "Hegels Satz von der »Identität der Identität und Nichtidentität« ist ja nichts anderes als die abstrakte Formulierung dessen, was die unio hypostatica konkret ausdrückt: daß die Identität von Schöpfer und Geschöpf in Jesus Christus gleichzeitig die unüberbietbare Differenz von Gott und Welt bezeichnet, daß allein in ihr der Grund liegt, daß es überhaupt - und damit ist die Grenze des Hegelschen Identitätsphilosophie überschritten - *so etwas wie Nichtidentität gibt*, die sich der Identität nicht nur als ihr Anderssein, sondern als das Andere entgegensetzt"[873].

Da jedoch dieses "Andere" methodisch auf das Identische als das herrschend Vorhandene zurückgebeugt worden ist, müsse, so Adorno, das Subjekt "am Nichtidentischen wiedergutmachen, was es daran verübt [habe]"[874].

Wird das, was nicht aufgeht, nicht stimmt und was fehlt, an einem Totalitätsanspruch gemessen, geht die Kraft der Steigerung aus dem Nichtidentischen verloren, und das Werden aus dem Begriffslosen der Nichtidentität bleibt im Ich-Selbst eingeschlossen, bleibt womöglich bloße "Velleität"[875], die, durch weltverneinende Innerlichkeit geleitet, ihren Anteil an der "Strafe" der "Vergottung" des Subjekts hat[876].

Weil das "konsequente Bewußtsein von Nichtidentität" Schmerz und herrliche Fremde bedeutet, ist das Werden nicht nur eine Last des Subjekts; obgleich sie mitgetragen werden muß, bis die "Gesellschaft zur Gesellschaft" eingerichtet worden ist, die "ihr Telos an der Negation des physischen Leidens noch der letzten ihrer Mitglieder, und der inwendigen Reflexionsformen jenes Leidens [hätte]"[877].

Doch trägt sich jede Last leichter, wenn nicht nur ein Ziel zu erreichen ist, sondern die

---

[871] Theunissen 1965, S. 85.

[872] Stickelberger 1982, S. 381, in bezug auf Karl Rahner.

[873] Ebenda.

[874] Adorno 1975, S. 149.

[875] Bloch 1961, Bd. 6, S. 184.

[876] Vergl. Adorno 1975, S. 143.

[877] Adorno 1975, S. 17, S. 203.

Bedingungen für die Last selber historisch verlassen werden können. So ist ein Hinweis gegeben, daß das Motiv des Spiralgangs ein dialektischer Zugang für die Analyse der Folgen von jedwedem historischen Versuch der Fixierung der Abständigkeit von der Nichtidentität und vom Ursprung ist ebenso wie für die Schärfung eines Richtungssinns, durch den eine gelungene Kommunität gefeiert werden kann.

"Den Geist hochhalten" sagt Camus, um Freundschaft aufbauen zu können, damit der Mensch wieder anfangen könne, "die Freude am Menschen zu empfinden, ohne die die Welt nie etwas anderes sein wird als eine unermeßliche Einsamkeit"[878]. Hier liegen die Verheißung und der Grund der "Hypostase" des Weltgegensatzes.

Die "unio hypostatica" nun, der Mensch als "Hypostase zweier wesensverschiedener Wirklichkeiten", der "hypostatische[n] Union und der naturhaften Synthese zugleich", die "aber selbst nicht wieder etwas Naturhaftes" ist[879], sondern bestanden sein will in Welt und Geschichte, wird in der Maximus-Forschung als "freisetzende Einheit"[880] herausgehoben, die Nähe mit utopischer und atopischer Ferne vermitteln kann.

Insofern es nicht nur ein Rückschauverbot (für die Suche nach Einheitsverlangen und nach Einheit, nicht für Erinnerung und Wiederholung), sondern auch ein Rückkehrverbot auf geradem Wege gibt, ist der Spiralgang als "Reise um die Welt" eine Befreiung des Ursprungs und des Anfangs für die Offenheit im Einssein, die das Naturgeschlossene wie das fremde Gesetz, unter dem die wartende Kommunität steht, flieht. Der Spiralgang als "Reise um die Welt" ist jedoch mehr als ein Fliehen vor der Naturgeschlossenheit, die in den sozial-kulturellen Institutionen und Organisationen herrscht. Auch das, was "ewig sich flieht", ist nur eine vom Subjekt vergessene und verdrängte Schuld sowie ein vergessener und verdrängter Sinn im Anfang, die, unbeachtet geblieben, weiterwachsen und Erlösungswünsche in Verkörperungen des Lebensentzugs und des Verschwindens hervorbringen.

Erst wenn die Schuld und der Sinn aus dem Anfang nicht mehr ins Lethäische gedrängt werden müssen - und hier liegt Freuds Kritik an einem Kulturfortschritt als Kulturversagung[881] - ist ein Beginnen möglich, in dem das "Herkommen vom Ursprung"[882] eine *zwanglose* Bindung erfährt, mit der ein "Weitertragen" der "Macht des Ursprungs"

---

[878] Camus 1960/70, S. 53, S. 56.

[879] Uthemann 1982, S. 229 f, S. 232.

[880] Stickelberger 1982, S. 375 - 384.

[881] Vergl. bes. Freud 1974, Bd. IX, S. 226 ff.

[882] Heinrich 1985, S. 14 f.

möglich wird, so, wie ein Entrinnen des dem Ursprung Entronnenseins.

Das fortgesetzte Trauma des Bruchs mit der Natur, und hierin mit der Natur des Menschen, setzt zwar schon utopische Kräfte frei, sie sind jedoch noch fern von der Überschreitung des Utopischen, in der ja weiterhin bei der "Reise um die Welt" die Macht des Ursprungs im Modus der Flucht eine Rückschau zum gerade *hierdurch* mißlungen scheinenden Anfang (der Anthrogenese) erzwingt:

Die erzwungene Rückschau erscheint im Zuspätkommen der Befreiung des Menschen aus der gefesselten oder unterkühlten Dialektik von Freiheit und Ordnung.

So, wie sich im Atopischen der von Schuld gereinigte Erlösungswunsch von der bedrohlichen Schwere des Materiellen zeigt, erscheint im Utopischen und Gegenutopischen die Struktur eines Aufbruchs im Modus der Flucht. Erst in der Frage nach dem radikalen Hinausgehen über die Struktur des Utopischen selber, über das "Hinausgehen des Hinausgehens" kann eine Auflösung der Macht des Unbewußten in der Geschichte gefaßt werden[883], sowie auch dann in ihr das Überstehen thanatischer Gegenutopien, der Utopien der Immanenz überstanden werden mag.

Insofern wirkt allein das "utopische Element" "als kollektivierende und damit .. politische Kraft" für eine "untergründige" Verknüpfung der "Realitätskonzeption der verschiedenen Gesellschaftsklassen"[884] nur unvollständig. Erst im Hinausgehen über die utopische Struktur kann eine Gelungenheit der Verknüpfung der Geschichte, der Ziele und der Realitätskonzeptionen von Antagonismen in den Gesellschaften, in der Natur und zwischen ihnen "entwickelt" werden - wie ein "verborgene[s] Bild"[885].

Das radikale Hinausgehen über die utopische Struktur kann aber eine Beharrung gegen einen weithin akzeptierten Fortschrittsimpuls bedeuten: Selbst wenn ein Sammlungssymbol historisch ins Auge springt und spontane Aktivität freimacht, gebietet doch das Zögern wie die Empfindung einer "diffusen Ängstlichkeit", die Empfindung eines "diffuse[n] soziale[n] Mißtrauen[s] oder Vertrauen[s]"[886] jene Vor-sicht, ob denn die rechte Zeit gekommen oder ob gar selbst die Zeit im herrschenden Fortschrittsimpuls verlorengegangen und vergessen worden sei.

So ist, wie man sieht, das Verfolgen der Wege der »Schlange«, des

---

[883] Vergl. Tillich 1963, Bd. VI, bes. S. 204.

[884] Mannheim 1935 in: Neusüss 1968, S. 118 f.

[885] Elias 1978, S. 163.

[886] Clausen 1981a, S. 311.

"Heilserwartungsrests"[887] und des »Spiralgangs« für eine Analyse fruchtbringend, zumal, wenn sie die "säkulare Anomie"[888] nicht nur beklagt, sondern die Suche nach dem "verlorenen Motiv"[889] aufnimmt, das von den frühen Häretikern ausging und die antiaristokratischen, später die frühbürgerlichen asketischen Kräfte leitete, deren Selbstgenügsamkeit "die eschatologische Hoffnung auf Erlösung und Errichtung einer sozial gerechten Ordnung in der Zukunft"[890], die heute *ist*, zum Ziele hatte[891].   **

Plessner sah schon 1935, daß der industrielle Fortschritt auf der Ablösbarkeit der technischen Anwendung von der Theorie, "auf der Neutralisierbarkeit der Theorie gegen das sie tragende Ethos" - des "abendländische[n] Ethos des Humanismus" - beruhe und daß das Konstituens des Weltmarktes ein industrieller Fortschritt ohne dieses Ethos sei[892]. Im Kampf um die Märkte bleiben alle Teilnehmer mundial einer weiteren Entzauberung im Modus der rigorosen Neugier verpflichtet. Die Vergessenheit eines Wo und Wann des Ursprungs und des Telos, der Rückbindung und des Heils ist nur im Menschen und in der Welt.

*   Und doch kann der Mensch mit einem lethäischen Bewußtsein nicht ganz ins gesellschaftliche Leben zurückkehren oder eingehen, weil er sich zwischen dem Zustand des Verlorenen (von Vertrauen und Unschuld) und des Erwarteten (der Auflösung oder der Wiederkehr des Traumas) bewegen muß. Durch den Mangel an Aufgehobenheit und durch die Praxis der Distanz zur Gesellschaft kann der Wunsch nach einem totalen Gedächtnis entstehen, das die Spur der Aktualisierung des Traumatischen und die Wege zur Flucht im Modus der transeunten Zeit dokumentiert.

Die "Gedächtnisbilder"[893] der je subjektiven geschichtlichen Wahrheit verblassen in einer entsteigenden Verklärung oder im Versinken in ein dunkles Wort, und das Fragen wird eingesperrt, wird zu einem "Gift des dunklen Insichseins"[894] in der historischen Lage

---

[887] Blumenberg 1986, S. 243.

[888] Clausen 1981a, S. 321.

[889] Kesten 1983, S. 412 - 418: "Das verlorene Motiv" ist für Hermann Kesten das Motiv eines undeutlich gebliebenen Partizipationswunsches an einer verlorengegangenen Liebe.

[890] Kofler 1976, S. 123.

[891] Vergl. auch in Georg Simmels "Religion" (1906) die Darlegung der Wechselwirkung von GOTT als der "Name für die soziologische Einheit" (S. 44 f), der "als eine Hypertrophie des Kausaltriebes [erscheint]" (S. 12), und der *Konkurrenz*, die zwar der Befriedigung der Bedürfnisse "vollendet dient, aber ihre Vollendung mit Unvollendetheit des Individuums erkauft" (S. 59).

[892] Vergl. Plessner 1974, S. 34 f.

[893] Kracauer 1977, S. 25.

[894] Bloch 1969, Bd. 10, S. 100.

herrschender Fraglosigkeit. Für die Nachkommenden erscheint dann das "Fragen insgesamt als etwas .. Verwehrtes"[895].

Handke zeigt in seinem "Spiel vom Fragen" die Figur eines autistischen Parzivals[896] auf der Reise zur Frage, zum Fragen an die Anderen, für die Anderen, da eine Frage an ihn selbst "unernst und folgenlos" bliebe[897]:

> "Und wenn ich meinerseits nicht fragte, so hieß das nicht, daß ich keine Fragen hatte. Das Fragen ist beständig in mir, aber ich konnte es nie äußern, auch nicht in Haltung oder Blick. Das Nichtfragenkönnen: mein Lebensproblem. ... Weil ich nie fragte, galt ich als roh und verwildert. Aber in Wahrheit erschien mir das Fragen insgesamt als etwas mir Verwehrtes - ich weiß nicht, durch wen. In den Heimen, von Archangelsk bis Agrigento, wurden dann die bizarrsten Dinge aufgeführt, um den in sich selbst Gefangenen zum Fragen zu bringen. ... Höchste Zeit, daß ich es schaffe, zu fragen. Nur wen? Denn frage ich mich allein, bleibt es unernst und folgenlos. Vater und Mutter, jetzt da ihr tot seid, hätte ich Fragen um Fragen an euch!"[898]

Das Wissen um die Vergessenheit, die Selbstvergessenheit und ihre Eingrenzung ist der Grund für Egozentrismen - geleitet aus einer Angst- und Furchtverschlossenheit, die ein Ausdruck von Menschen ist, die um ihre Inhalte gebracht wurden[899] - und der Grund für das sehnende Fragen im Zustand des "Doppelheimwehs", in dem nach sich und den Anderen gesucht wird, weil das Nicht-Da, das Fehlen eines Wo und Wann der Gelungenheit sich gehoben und erneuert hat.

*   Doch steigert das lethäische Bewußtsein im Menschen auch die "Angst, nicht fertig zu werden", und er ringt sich in der Sphäre des Schöpferischen eine "Unsterblichkeit des Werks" ab[900]. Die Unsterblichkeit des Werks verweist auf eine Unbedingtheit der Teilnahme an der Fülle des Lebens und ihres Hervorbringens, wie auf die Anschattungen dieser Fülle: Das Unsterbliche erlischt für das Subjekt im Werk.

So ist in der Sphäre des Schöpferischen - die die hervorgetriebene, hervorbrechende und reflektierte gesellschaftliche Praxis des "utopischen Standorts" ist[901], hervorgetrieben aus dem genichteten Bezug zum Leben und zur Welt - der Übergang der Athanatologie zur

---

[895] Handke 1989, S. 132.

[896] Vergl. über das "Parzivalmotiv der Frage", als "Symbol für die Idee der »Brüderlichkeit«", Heinrich 1952, S. 145 und Anmerkung 25, S. 39 im Anhang.

[897] Handke 1989, S. 133.

[898] Ebenda, S. 131 - 133.

[899] Vergl. Kierkegaard 1956, Bd. 1, 2 - Anmerkung siehe Anhang.

[900] Bloch 1959, Bd. 5, S. 1359, S. 1370 f.

[901] Plessner 1981, Bd. IV, S. 419 ff.

Thanatologie als das Dritte[902] selbst festgehalten und macht das Motiv des "ontologischen Imperativs"[903], das zur Todeshinnahme drängt, fragwürdig.

Doch ist auch der utopische Standort des Wo und Wann ohne Grund - gelingt es, die Todeshinnahme vorauszusetzen - "panegyrisch"[904] verriegelbar.

Wird es akzeptiert, daß der Tod *ist*, ein Sein *hat*[905] und hier die "Unverborgenheit des Seienden", die "A-létheia" "ins Werk gesetzt"[906] bleibt, verbirgt die Kollektivierung der Todeshinnahme in den Formen der Erhabenheit des Todes den sozialen Zwang hierzu. So kann eine Selbstopferung des Menschen als Folge der Verinnerung des "Imperativ[s] der Selbsttranszendierung"[907] - nicht nur im Werk - gerade auch dann entstehen, wenn durch thanatokratische Praktiken der soziale Lebensweg sich auf eine produktive und konsumtive Lebensphase beschränkt, die Krankheit und das Sterben in thanatokratischen Institutionen eingeschlossen werden[908] und durch das Beiseiteschaffen des Leichnams der Tod als ein "gesellschaftliches Verhältnis"[909] aus dem öffentlichen Blick gerät. So ist die Todeshinnahme dann im Ich-Selbst eingeschlossen, das Erleben des gesellschaftlich ausgeschlossenen Fremden in sich überwiegt und muß durchaus heroenhaft als geheimes Wissen ausgehalten, in den Tag eingewirkt werden.

In der Verriegelung des utopischen Standorts verkehrt sich das Wirkliche, das Wahre, das "Unverborgene"[910] in die thanatisch verzerrte Gestalt von Mensch und Welt. Der Vollzug der je subjektiven Lebenszeit bringt das verschlossen gelebte Gegenbild hervor, in dem das nach Fülle fragende und aufbrechende Leben sich verfängt, sich fesselt und sich dem Unwirklichen im Leben, der "Fluchtmacht des Todes"[911] überantwortet.

Dazu gebracht werden können, ein Sich-selbst-zum-Verschwinden-Bringen als Sinnsuche

---

[902] Ebeling 1979, S. 11 ff nennt das die "Inversion der Thanatologie".

[903] Sternberger 1981, S. 196.

[904] D.i. verherrlichend und nicht apologetisch, vergl. Hauser 1972, S. 186.

[905] Vergl. Heidegger 1977, S. 259.

[906] Heidegger 1986, S. 30.

[907] Brock 1986, S. 39.

[908] Vergl. Ziegler 1977, S. 80 ff über den Begriff der Thanatokratie.

[909] Macho 1987, S. 299.

[910] Heidegger sieht "das *Wesen* der Wahrheit im Wort Unverborgenheit", insofern ist das Wahre unverborgen, ders. 1960, S. 48 + S. 49; als *Verkehrung* (un-) der Präsenz des Verbergens und des Verborgenen.

[911] Altner 1981, S. 140.

positiv zu versprachlichen und zu ästhetisieren[912], das Subjektive ohne Rückkunft zu sich selbst zu serialisieren[913], zeigt eine thanatokratische Geste im Systemischen auf, deren Fluchtlinien auf eine sehr grundlegende Verarmung der Bedingungen für das Transzendieren-Können zulaufen.

Vom entäußerten Gegenbild des Lebens, vom Gegenbild des entäußerten Lebens, das abgetrennt befremdet wird, ist eine Vergötzung der "physischen Ordnung"[914] möglich, in der sich Lebensweltliches nur noch im Negativen der Fluchtgestalten von Warenglanz, von Moral der Form und von der systemischen Verewigung des Aufbruchs konstituieren kann.

Der ästhetische Zugang zu dieser Erfahrung, die in ihrer nichtenden Form über uns scheint, wird über äußerste Ferne der Zeit - wenn Zeit in der verhaltenen Dynamik wie Ewigkeit ist - und äußerster Gestaltlosigkeit der Bilder versucht: Hierin ist das Erhabene als die "Größe des Menschen als eines Geistigen und Naturbezwingenden"[915] enthalten. In Bild und Sprache die Ferne der Zeit und die Gestaltlosigkeit tendenziell als Affirmation des genichteten Lebens auszulegen bedeutet, daß der Geist des Menschen als Geist im naturhaft erscheinenden historischen Prozeß der Vernichtung des Lebens, der Vernutzung des Qualitativen verschwindet.

Liegt der Grund des Bildes und der Sprache nicht mehr in gemeinsamer Bildlichkeit[916], trennen sich Ausdruck und Grund, und eine Interpretation fällt in die Beliebigkeit der Sprache. Wird gar noch der Zweck verfolgt, das Unbestimmbare, das Unausdrückbare mit Ähnlichkeit zu schlagen[917], kann es durchaus ein "geheimes Einverständnis zwischen dem Kapital und der Avantgarde"[918] geben: Alle Formen werden vom Inhalt befreit, da im Fluchtpunkt der Suche ein Choc des Endgültigen steht, der der Zeitlosigkeit, der Zeitenfülle des Kairós, der Choc des "Hereinbrechens des Ewigen in die Zeit"[919].

---

[912] Das ist die Fluchtgestalt des Lebens.

[913] Vergl. Hein 1987, S. 13 über den sich im Zeitalter der technischen Reproduzierbarkeit des Kunstwerks (vergl. Benjamin 1980, Bd. 2, S. 431 ff + S. 471 ff) sich vollziehenden Prozesses des Verschwindens des Künstlers.

[914] Schiller o.J., S. 196.

[915] Adorno 1984, Bd. 7, S. 295.

[916] Vergl. Boehm 1985, S. 454: "... die Natur des Verhältnisses von Bild und Sprache besteht in einem gemeinsamen Grund der Bildlichkeit, an dem beide teilhaben." Das gilt für die Interpretation wie für die Produktion von Bildern und Sprache.

[917] Schmidt sieht das Problem der modernen Kunst in "ihrer semiotischen Wende" ...: der Rückzug aus dem Darzustellenden auf die Darstellungsmöglichkeiten ..., ders. 1986, S. 140.

[918] Lyotard 1984, S. 163.

[919] Tillich 1963, Bd. VI, S. 33.

Doch jede positive Suche nach Erhabenheit - gar noch als Formalübung - mündet in eine

Verheiligung des Prozesses, der Dinge und der physischen Ordnung, die solcherart Suche

trägt.

> "Erbe des Erhabenen [der bürgerlichen Welt, G.K.] ist die ungemilderte
> Negativität, nackt und scheinlos wie einmal der Schein des Erhabenen es
> verhieß. Dies ist aber zugleich das des Komischen, das ehedem vom Gefühl des
> Kleinen, sich Aufspreizenden und Insignifikativen sich nährte und meist für
> etablierte Herrschaft sprach. Komisch ist das Nichtige durch den Anspruch der
> Relevanz, den es durch sein bloßes Dasein anmeldet und mit dem es auf die
> Seite des Gegners sich schlägt; so nichtig aber ist, einmal durchschaut, der
> Gegner, Macht und Größe ihrerseits geworden. Tragik und Komik gehen in der
> neuen Kunst unter und erhalten als untergehende sich in ihr."[920]

Unmittelbarkeit und Echtheit von Selbsttranszendenz ließen sich nicht erzwingen, ruft

Bazon Brock heute der "Gottsucherbande" zu[921]. Vor dem genichteten Doppelhorizont von

bürgerlichem Telos und bürgerlichem Heil verliert sich eine Herstellung von Erhabenheit,

die noch offene Horizonte verstellen soll, im Komischen. Auch das ist ein Teil der absurden

Situation, in der die Welt, befragt, - auf ihren verstellten Horizont weisend - keine Antwort

mehr zu geben braucht[922].

*   Es ist die Situation "Lefeus"[923]: in der Ablehnung des "Glanzverfalls"[924] lebt er im

öden Haus des städtischen Nebenraums, "im Haus [, das] aus dem Veränderungsprozeß

ausgeschieden [ist] und .. jetzt beschäftigungslos herum[lungert]"[925], der Rue Roquentin

im Verfall. Dem Verfall, der einen "zeitfreudigen, zeituntertänigen, zeithörigen" Aspekt des

Lebens mit einem Verweis auf Zeitlosigkeit bedeutet[926]. Der Skandal des Hauses im Verfall

ragt aus der glänzenden, scheinenden, reflektierenden Oberfläche der Renditeobjekte

heraus, die - schon immer auf der Reise der Zirkulation - der Spiegel ihrer eigenen

Metaphysik geworden sind.

In der reflektierten (und versprachlichten) "Verfalls-Verfallenheit" sich aufzuhalten

bedeutet anscheinend, daß ein Weitergehen, eine das Leben ausdrückende Ästhetik nur

---

[920] Adorno 1984, Bd. 7, S. 296.

[921] Brock 1986, S. 22 ff.

[922] Vergl. Camus 1969, S. 9 ff.

[923] Vergl. Améry 1982.

[924] Ebenda, S. 21, Améry sieht die Moderne als "Glanzverfall"; vergl. Kracauer 1987, S. 17: "Der
immerwährende Wechsel tilgt die Erinnerung".

[925] Kracauer 1987, S. 18.

[926] Améry 1982, S. 22; Améry stellt dem "Glanzverfall" das Leben in der "Verfallsschönheit" als
"Verfalls-Verfallenheit" in der Figur der Malers Lefeu entgegen, ebenda, S. 14, S. 47.

noch in der "Destrukturation" zu finden sei, um der "Strukturation"[927] den Rücken zu kehren, um den planerischen und technokratischen Glanz, der die Geschichte, die Natur, die Lebenswelt und den Leib zu überschreiten droht, aus der Lage des Vergehens, der Auflösung heraus als Werke von Planen und Arbeit - im Widerstand gegen diese - zu verstehen[928]. Denn, weil Wissenschaft und Technik "die Ebene des Empirisch-Antropologischen [transzendieren], ... [sind sie] eine Erscheinungsform der Metaphysik"[929].

Der metaphysische "Grundriß", der als "Entwurf erst einen Spielraum [eröffnet], darin die Dinge, d.h. die Tatsachen sich zeigen"[930] und in dem schon jede Frage nach dem Wo und Wann, dem Wie und Was eingebaut ist[931], verlangt ein reflektiertes Sich-Aufhalten in der "Verfalls-Verfallenheit", um den Leib, die Lebenswelt und die Natur mit der Geschichte ihrer Bearbeitung und Domestikation ins "Wahrnehmungsfeld"[932] zu rücken.

Sein heißt "Orientiertsein" und in der Wahrnehmung ist diese "primordinale Begegnung mit dem Sein" vom Standpunkt des Leibes, seinen Richtungen, seiner Bezüge ("Anhalte"), seines Miteinander mit der Welt abhängig[933]. Subjektsein heißt eine figurative[934] Bezogenheit von Ich-Selbst und Welt. Desorientiertsein heißt auch sich selbst nicht mehr zu verstehen, zurücktreten zu müssen zu dem, was unbedingt *da* ist.

> "Das Wahrnehmungfeld besitzt Orientierungen - einen Vorder- und einen Hintergrund, ein Oben und Unten. Und es muß sie besitzen, d.h. es ist ohne sie gar kein Wahrnehmungsfeld im vollen Sinne einer Offenheit zur Welt. In den seltenen Augenblicken, wo wir die Orientierung verlieren, wissen wir nicht, wo wir sind, und wir wissen auch nicht, wo und was die Dinge sind. Wir verlieren den roten Faden in der Welt, und unser Wahrnehmungsfeld ist nicht mehr der Zugang zur Welt, sondern enthält nur noch die wirren Trümmer, in die unser alltägliches Weltverständnis zerbröckelt."[935]

Ich versuche zu verstehen: Wenn die Figur von allgemeiner und gemeinschaftlicher Arbeit (d.i. unmittelbare und mittelbare Kooperation) und ihrem Produkt als Kooperation und als

---

[927] Ebenda, S. 15, S. 22.

[928] Anmerkung siehe Anhang.

[929] Breuer 1988, S. 319, in bezug auf Heideggers Frage nach dem Ding.

[930] Heidegger 1984, S. 92.

[931] In der Interpretation des Galileischen Fallversuchs spricht Heidegger vom "mathematischen Entwurf", indem die "Naturkörper .. nur das [sind], als was sie sich im Bereich des Entwurfs *zeigen*", ders. 1984, S. 93.

[932] Taylor 1986, S, 197 in bezug auf Merleau-Pontys Phänomenologie der Wahrnehmung.

[933] Merleau-Ponty 1966, S. 294.

[934] Elias 1978, S. 140 f.

[935] Taylor 1986, S. 197.

Gut[936] sich zu einem harten Gegenbild des Lebendigen für den von der Gesellschaft Traumatisierten entwickelt hat, ist diese Figur als "Glanzverfall" zu verstehen, wie der Schmerz selber als Topos des Lebendigen der Ort der rettenden (?) »Verfalls-Verfallenheit« ist. Denn da der Traumatisierte durch den wiederkehrenden Schmerz in das Wahrnehmungsfeld des Leibes gezwungen wird, sind für ihn alle Domestikationen von außen überschritten.

Da das Verhör und die Tortur überstanden sind und das "Nichtüberstehen" Vermächtnis für eine bessere Welt bleibt, läßt sich auch das Trauma der Entsolidarisierung des Fragenden vom Antwortenden ausmachen. Logisch ist eine Frage nicht länger, die sich vom Verhör und Tortur[937] zum Zwecke der Allmacht der Kontrolleure ableitet, sei sie auch quantitativ aufgelöst in einer "Theorie der Frage" oder einer "Theorie der Fragebatterie", um an eine wahre empirische Aussage für eine "Zieldimension" heranzukommen[938].

Doch sind unbefragte öffentliche und private "Bekenntnisse" als Antwort auf "Fragen der Zeit" ernst zu nehmen: Hier zeigen sich, wenn auch das Geheimnis einbeschlossen bleibt, der, wenn auch ängstliche oder mutvolle Versuch der Einflußnahme auf Planungs- und Rechtsvorgänge[939] und die Suche nach Zuspruch, daß das Leben nach den Bedingungen doch richtig gelebt worden und das, was nicht gelingt oder fehlt, der Fehl der Gesellschaft sei[940].

Der historische "Grundriß" der kulturellen Orientierungsmittel, der die Horizonte der subjektiven Wahrnehmungsfelder sprengte, gab eine Orientierung für eine ausgedehnte Verweltlichung der einzelnen Subjekte um den Preis ihrer Aufgabe. Das Verhältnis von Ich-Selbst und Welt mußte sich im Sinne der Veranderung unmerklich anomisieren. Der Widerstand gegen den »Glanzverfall« wie auch die Suche nach Ausdruck in der »Verfalls-Verfallenheit« bedeuten den Aufbau eines »Wahrnehmungsfeldes« zur Orientierung aus der Sicht des Qualitativen im Niedergang zum Qualitativen des Werdens.

---

[936] Vergl. Marx 1979, MEW Bd. 25, S. 113 f

[937] Vergl. Bloch 1965, Bd. 9, S. 39 - 43; vergl. Hahn 1982, S. 413 ff; noch im Zedlerschen Universal Lexikon aller Wissenschaften und Künste , Bd. 9 von 1735, S. 1599, wird unter dem Stichwort FRAGE - als "peinliche" oder "scharfe" - auf das Stichwort TORTUR verwiesen.

[938] Vergl. Holm 1974, S. 91 - 114

[939] z.B. beim öffentlichen Abtreibungsbekenntnis früherer Jahre

[940] z.B. in den Psychotherapien, vergl. Hahn 1982, S. 427 ff, der die neuen Bekenntnisformen "im Dienst der Dynamisierung des Selbst angesichts fremderzeugten Anpassungsdrucks" stehen sieht.

Der Verfall, das Vergehen, die Auflösung ist wohl als Ort der Reflexion[941] mit keinem Ekel mehr behaftet, da es der letzte Ort ist, der einen Ausdruck zur Orientierung verspricht: Sartres "Antoine Roquentin" verlor seinen Ekel, in dem das Ich erlosch, als er die Möglichkeit (den Ton) eines Ausdrucks fand, die eine Erinnerung "ohne Widerwillen" versprach[942].

*   Wenn der Fernsinn des Auges den "Tastraum" weitet und die Ferne hierhin zurückbringt - bis auf einen verstanden-unverstandenen Rest, der weiter in die Ferne strebend auch das Bei-sich-selbst-sein nah und fern zugleich haben will -, spricht der Ekel für ein Zuweitgegangensein in der Trennung vom "pathischen Moment" des Erlebens durch das "gnostische"[943] des heutigen bewehrten Fernsinns und seiner Abbildtechnik. Der "Tastraum", mit dem das Subjekt sich als Subjekt zur Welt stellt, ist von Ströcker als primäre Leistung gesehen worden. Das Subjekt konstituiert sich als Sein und Haben, als Subjekt *und* Objekt, wie es seinen Ort zur Welt hiermit bestimmt.

"Jede Frage zu stellen, bedeutet von vornherein, sie für den Leib zu stellen, der nicht nur tastend tätig und im Tasten derselbe, sondern der auch tastend *sich* als derselbe *weiß*, und das heißt zugleich, der sich *bewegen* weiß"[944]. Dies erste subjektsetzende Tun ist allerdings an das Gehörtwerden und das Hören gebunden: "Der Mensch wird ins Leben gerufen", wie er "ins Leben [ruft]"[945]. Genauer besehen, *will* der Mensch ins Leben gerufen werden, wie er ins Leben rufen *will*.

Die "Räumlichkeit des Leibes" ist vom Tasten und Hören doppelt bestimmt, in ihr ist der Mensch im Gleichgewicht zu sich und zur Welt. Er ist nicht nur durch die "Motorik" seinem Leib gegenüber und einer Welt gegenüber "situiert"[946], sondern hat auch die Möglichkeit, die Verschränkung als Hintergrundsgeschehen auszubalancieren. Aus dieser erweiterten "Situationsräumlichkeit" ist die Möglichkeit gegeben, den Raum gestisch[947] zu erweitern.

---

[941] Anmerkung siehe Anhang.

[942] Vergl. Sartre 1981, S. 187.

[943] Straus 1960, S. 150 - 162.

[944] Ströcker 1965, S, 165.

[945] Kamper 1986, S. 329 in Bezug auf Rosenstock-Huessys Begriff der Soziologie als "Hörwegwissenschaft", vergl. Rosenstock-Huessy 1956, S. 140 - 144 zum Begriff des "Hörwegs".

[946] Merleau-Ponty 1966, S. 125: die Räumlichkeit des Leibes sei *nicht* eine "*Positionsräumlichkeit*", sondern "vielmehr eine "Situationsräumlichkeit".

[947] Vergl. Straus 1960, S. 165 ff über die Erweiterung des "Leib-Raums" durch Geste und Tanz.

Getragen durch die Affirmation des Eros, der vom Gestimmtsein seinen Anfang nimmt[948], wird der Blick gezwungen, sich das ins Ungleichgewicht Gebrachte anzusehen: Im Ekel erscheint das schlecht Geratene der äußeren Welt, wie die Trennung, die der Leib von ihr erfuhr. Wir *sehen ein* und *begreifen*, wie das Horizonthafte des Fernsinns mit dem dumpfen aber scharfen Nahsinn kooperiert[949], und, daß das Widerstreben des uns Zugehörigen in Ekel und Scham uns nötigt, zu erkennen, daß das "Auge-Hand-Feld"[950] zurückwirkend auf uns nicht für die *Balance* des aufrechten Ganges sorgt.

Doch liegt im Fremdwerden durch die Weitung und die Differenzierung der Nähe auch die Freiheit der Emanzipation von der Schwere der Gegenständlichkeit, von dem Grenzhaften des Fernnahen - das »pathische Moment« der Wahrnehmung »nostrifiziert« ja auch neben dem Verstehen - und vom blinden Ungefähr der vorgängigen Balance in der Welt. Das, was offenbar wird, geschieht uns am "Nächsten und Fremdesten"[951], indem wir unser selbst an ihnen innewerden, als Bereicherung oder als Gefährdung. Wenn ein Einstimmen in das Fremdgewordene und Fremdgebliebene durch einen gelungenen Klang gelingt, werden wir gewahr, daß das Gleichgewicht in uns und zur Welt - "d.h. mächtig zu sein, Ich und anderes zu polarisieren"[952] - vom Gehör abhängig ist.

Das Ohr, das sich nicht verschließen kann - "Töne dringen ein"[953] -, ist jedoch auch dem Geräusch und dem Lärm ausgesetzt. In der vertrauten Umgebung ist der Ton (z.B. des Hämmerns aus der Schmiede) und das Geräusch (z.B. eine kreischende Säge, von der man genau weiß, wem sie gehört) in der Reflexion mit dem Optischen vermischt, auch "mit unanschaulicher Gewußtheit". In einer fremden Umgebung verlieren "die Geräusche ihre spezifische Wirkung und nähern sich in ihrer Daseinsweise dem Ton". Für das fremde Geräusch, den fremden Lärm in vertrauter Umgebung (wie z.B. das Dröhnen und Schlagen von Flugapparaten im Tiefflug) gilt jedoch auch, das es den Raum erfüllt. "... es erschwert, den Raum homogenisierend, die Orientierung und steigert dadurch die Verwirrung und

---

[948] Das gilt auch für die Sexualität: "sex without song is sin", urteilt Rosenstock-Huessy 1956, S. 145.

[949] Vergl. Plessner 1980, Bd. III, S. 343.

[950] Ebenda, S. 333: "Die Freilegung des Auge-Hand-Feldes verdankt der Mensch seiner aufrechten Haltung."

[951] Simmel 1968, S. 502 bezieht das Sich-Lösen aus dem blinden Ungefähr auf die Beichte: "man offenbart sich dem Nächsten und dem Fremdesten."

[952] Plessner 1980, Bd. III, S. 346.

[953] Plessner 1980, Bd. III, S. 344.

Fremdheit"[954].

Musik und Poesie, Klang und Sprache, Melodie und Geste tragen uns etwas an Gebundenheit zu, die uns zu einer Geschichte einer Gesellschaft zugehörig macht[955], wie sie uns als einander Fremde zusammenbringt oder in der Vergangenheit dem Fremden, dem Feindseligen und Mühseligen von »auffressender« Schwerarbeit eine Gemeinsamkeit der Arbeitsgruppe, der »Leute«, der »gang«, der »Mannschaft« stiftete, die das doppelte Müssen von Mühsal und Notwendigkeit in die Balance der Angemessenheit brachte[956].

Fern davon, die Mitte zu bilden, zerströmen das fremde Geräusch und der entfremdende Lärm die Orientiertheit und fixiert dennoch durch seinen "Charakter des Anzeigens und Hinweisens"[957]. Das Widerstreben des Leibes, das oft in einer akzeptierten Situation, trotz gelungener Realitätsprüfung, störend wirkt gegen den gebrüllten (Volumen!) oder dem gezischten Befehl (Intensität!), auch gegen die lautstark ausgedrückte Einsamkeit, ist der Widerstand gegen eine Dezentrierung des Ich-Selbst, das sich über das Hören nicht mehr ausbalancieren kann. Die Gefährdung wird dann zur Gefahr, der schlecht zu begegnen ist, da der Ort der Geräusche sich verallgegenwärtigt hat. Im Geräuschgeschehen ist keine »naive Reflexion«[958] mehr möglich: Ich kann der Gefahr nicht begegnen, obgleich ich die Gefährdung spüre; sie ist nicht »objektivierbar« im Sinne einer Handlung, eben nur im Sinne eines unendlichen Verstehens, in dem das Ich-Selbst unverstanden bleibt.

Doch prospiziert[959] ein Geräuschgeschehen ganz speziell das menschliche Tun: das ist die

---

[954] Straus 1960, S. 147, auch gilt für die Erzeugung von Desorientiertheit in der Suche nach Orientierung der umgekehrte Prozeß: der des Tönens einer mundial wirkenden "Soundsphäre", ohne eigentlichen Herkunftsort. - Dieses Tönen, das einen "Hallraum" des Geräuschs und, sich steigernd, des dröhnenden, schlagenden Lärms erzeugend "alle Außenwelt zum akustischen Scheingebilde" reduziert (Steiner 1972, S. 126 f).

[955] Vergl. Elias 1987, S. 62 f.

[956] Vergl. Clausen 1988, S. 18 f, "Das Verstummen des Arbeitsliedes seither zeigt einen tief umwühlenden Prozeß in unserer Gesellschaft an", ebenda, S. 19. Vergl. Thomson 1976, S. 44 - 48, der in der Loslösung des Arbeitsliedes vom Arbeitsprozeß eine Formalisierung von Improvisation und Refrain in eine dreiteilige Form beobachtet.

[957] Straus 1960, S. 147.

[958] Vergl. Gadamer 1976, S. 320; er wählt das Beispiel des Tons, um zu zeigen, "daß nicht alle Reflexion eine objektivierende Funktion ausübt" Es sei eine "mitgehende Reflexion, die immer das Hören" begleite.

[959] "Prospizieren" ist hier im Sinne des »Prospekts« gebraucht, das als Erweiterung der Perspektive eine tiefliegende Augenhöhe hat. Es kommt zur Höhenübertreibung , vergl. Linfert 1931, S. 141. Der Lärm und die Vibration der Maschine, die eine Allpräsenz für die Wahrnehmung bedeutet, verkürzt die Wahrnehmung auf das, was die Maschine leistet. Wir haben es im Unterstrom der Wahrnehmung mit einer *erhörten Erfahrung* zu tun, die die Maschine will, weil sie alles kann.

Maschine, an der gearbeitet wird! Es ist eine "Sozialbeziehung"[960] ganz besonderer Art: Durch den Lärm der Arbeitsmaschinen wird der Arbeitende in eine Ambivalenz gebracht. Widerstrebend stellt er sich dem Gefühl der Dezentrierung des Ich-Selbst entgegen - auch weil es im Lärm kein Jetzt gibt - und im Wohlgefühl des Vertrauens, sich vertraut machen zu können mit dem, was ihn im Lärm einhüllt, drängt es zum Tun. Die Allpräsenz des Maschinenlärms bringt den Arbeitenden - der im Arbeitsvorgang an die Maschine gebunden, durchdrungen mit einer klaren Vorstellung des herzustellenden Gegenstands, sich an sie bindend - an die Stelle eines Tuns heran, das jenseits des Lärms in einer Stille liegt, wiegleich der Maschinenlärm ein Arbeiten wachruft, dessen Zeitstruktur anderswo bestimmt wird. So bleibt die Jetztheit des Tuns ein Fernbild.

Der Widerstand gilt also nicht dem Lärm der Maschine für sich, sondern dem »Getriebe«. In ihm zeigt uns die *Ferne* solcher Arbeit vom Leben, das sich nach Stille sehnt, in der das Leben sich in sich selbst einläßt und mit sich vertraut wird, ein dumpf gedehntes, entrückendes *Wann, in dem kein Werk vollendbar ist.* Die Empfindung, sich verausgabt und doch nichts gewärtigt, gezeitigt zu haben, verebbt auch mit dem Verstummen des Maschinenlärms nicht.

"Ist also Gegenwart ohne Erhöhung über Vergangenheit und Zukunft, dann lebt kein Gott zu strafen und zu rächen, dann regiert ein blindes Fatum die Welt, und dann wird unser Bewußtsein ein Fluch und ein Hohn auf unsere Sklavenlage"[961]. In der "Wannheit" der Frage[962], in ihrem klaren Bezug zum Jetzt, zum Kairós, stemmt sich der Mensch gegen die »Schrumpfung« der Gegenwart. Die Verzeitigung des Subjekts als Substanz, die den blinden Strom des Getriebes in Gang hält, reduziert die Frage nach dem Wann prosopopoietischer[963] Gegenwart auf Signalfunktionen im Ablauf der Aggregate. Nur das Vertrautsein und das Vertrautwerden mit der Maschine bietet ein Jetzt in der Distanz zur bestimmenden Zeitstruktur, die durch sozialen Druck vermittelt, vom Lärm abgeschirmt wird.

Der gebrüllte Befehl und der Maschinenlärm konstituieren dadurch, daß sie gehört werden, ohne daß sie das hörende Subjekt aufrufen, eine leibfremde Kollektivität.

---

[960] Vergl. v.Borries 1980.

[961] Rosenstock-Huessy 1958, S. 125.

[962] Ebenda, S. 126.

[963] Der Begriff ist nicht im Sinne der Literaturwissenschaft als Personifizierung von Dingen oder Begriffen gemeint, sondern wörtlich als Machen des Antlitzes oder Machen der sozialen, moralischen Person; vergl. Gemoll 1962, S. 652 unter Stichwort: Prós-opon.

Der imperative Doppelton, der ohne Abstand durch das Ohr in den Leib eindringt[964], ist reiner »Kürwille« auf »wesenswilligem« Unterbau: Er stimmt keine Gemeinde zusammen, wie der Chor im Bekenntnis, Gebet, der Klage, Frage und der Bitte, sondern erzwingt eine Kollektivität auf ein Zentrum, das sich eben jener kollektiven Leiblichkeit bemächtigen will. Nun ersetzt das Gehorchen das Hören, Gehörtwerden, das Sich-selber-Hören und die Selbstwahrnehmung des eigenen Hörens. Gehorchen macht harthörig.

"Wer ists, dem bei einem zuckenden, wimmernden Gequälten, bei einem ächzenden Sterbenden, auch selbst bei einem stöhnenden Vieh, wenn seine ganze Maschine leidet, dies ACH, nicht zu Herzen dringe? - ", fragt Herder[965]

Es ist der "Barbar", der durch die dezentrierenden Strategien der Formung eines «Ander«-Leibes entsteht, als Kriegs- oder Arbeitsleib. Der eigene Leib ist dann nur noch im Schmerz, der noch mit Scham geschlagen ist, weil der Schmerz anzeigt, daß dieser Leib dem Kollektiv nichts mehr nützt, ihm nicht mehr genügt. Mitten im »Ander«-Leib[966] sind wir aus der Mitte der Welt, wiegleich dennoch in der Imagination dieser Bindung ein Versprechen liegt, um einen neuen Anfang zu finden.

Es wird verständlich, daß der Enttäuschte, Betrogene und Traumatisierte gar noch nach der historischen Erfahrung, sich selbst namenlos in das »blinde« Kollektiv durch einen Singzwang einstimmen zu müssen, nicht mehr singen kann und mißtrauisch gegen alles Gehörte und skeptisch gegen jede Form des Sich-Einstimmens, der Selbstanregung wird. Doch kann eine Einheit des Ich nicht in der Negation von Machenschaften, Schuld und Opfern gelingen. Nach Herder ist das "Gehör auf gewisse Weise der mittlere .. [der menschlichen] Sinne, die eigentliche Tür zur Seele und das Verbindungsband der übrigen Sinne geworden"[967]; eine Tür, die sich selbst nicht schließt. Dadurch, daß "die gesehene und gefühlte Natur tönt", ist das Gehör für Herder der "Sinn zur Sprache"[968]. Das dunkle Ineinssein des Gefühls und die Gefahr der nur »mitgehenden Reflexion« im selbstreferentiellen Zusammenhang von Gefühl und Sprache werden durch den mittleren Sinn in eine Ordnung des Nacheinander entfaltet, in der die Gestaltung des Ineinander von Nähe und Ferne, von Anfang und Horizont, von Aufbruch und Innehalten nach zwei Seiten

---

[964] Plessner 1980, Bd. III, S. 344: "Im Hören fällt das Moment des Abstandes fort. Ob fern oder nah, ... Ton dringt ein, ohne Abstand." Anmerkung siehe Anhang.

[965] Herder 1985, Bd. I, S. 705, die Rührung ist bei Herder an die Töne der Natur gebunden: "Da unsere Töne der Natur zum Ausdrucke der Leidenschaft bestimmt sind, so ists natürlich, *daß sie auch die Elemente aller Rührung werden*".

[966] Anmerkung siehe Anhang.

[967] Herder 1985, Bd. 1, S. 746; vergl. Plessner 1980, Bd. III, S. 346.

geklärt wird: Das Gehör "bringt in das *Dunkelmannichfaltige* des Gefühls mehr Einheit und in das *Zuhellmannichfaltige* des Gesichts auch: und da diese Anerkennung des Mannichfaltigen durch Eins, durch ein Merkmal, Sprache wird, ists Sprache"[969].

Wenn auch durch eine "Regression des Hörens"[970] die Gefahr besteht, daß dieses "Verbindungsband der übrigen Sinne" auf Beschwörungsformeln bloßen Wiedererkennens im Gefallen reduziert werden mag, und daß der Hörer "zwischen breitem Vergessen und jähem, sogleich wieder untertauchenden Wiedererkennen [fluktuiert][971], bleibt doch durch das Tönen, durch das Eingestimmtseinkönnen "*jeder Sinn sprachfähig*"[972].

Das Gefallen im Wiedererkennen des eigenen Schattendaseins, das in der Gedankenflucht luzid verglüht und in der Leibversunkenheit verdumpft, fungiert als ein repräsentiertes Ich-Selbst im Spiegel der Optionskultur, die im Zuspruch zum Genuß des eigenen Ich die Individualität beglaubigt und die Reflexion im Denken den Träumen überliefert. Doch da sich das Ohr nicht schließen kann, werden das Echo, der Widerhall und der Nachklang gehört.

Mag die Ordnung der Dinge in der gebildeten Reflexion auch prospektiv und perspektivisch die Bilder der Wahrnehmung hierarchisieren, das "tönende Echo"[973] gibt im Nachklang - durch die Preisgabe des Ortes ihrer Repräsentation - doch den Ursprung und das Woraufhin preis. Abgetrennt vom Ursprung, gehalten in einer fixen Abständigkeit vom eigenen Sein als Ruhe und Willen, hört sich der Nachklang der "phoné", aus der die Natur der Dinge und der Menschen spricht, wie das Ungehörte eines Vorklangs an, der, in Vergessenheit oder in die Verdrängung geraten, zur Sprache kommt.

Der Nachklang trifft nicht mehr den an den Mast gefesselten Odysseus - den die nichthörenden Gefährten um so fester banden, je mehr die Verlockungen des Sirenengesangs ertönten, von dem die nicht hörenden Ruderer, die immer "hurtiger rudern"[974], nur die Gefährdung wußten -, sondern der Nachklang trifft Hörende, die die

---

[968] Herder 1985, Bd. 1, S. 747.

[969] Herder 1985, Bd. 1, S. 748.

[970] Adorno 1958, S. 9 - 45.

[971] Adorno 1958, S. 29 sowie Anmerkung siehe Anhang.

[972] Herder 1985, Bd.1, S. 747.

[973] Irigaray erkennt die "phoné" in der platonischen Höhle als eine Unterstützung der "Ungewißheit der Beziehung dieser Schatten zu einem eigentlichen Ursprung". Das "tönende Echo" verleihe den "Trugbildern" hierin "Authentizität". "Mit einem Kunstgriff wird auch die phoné unterworfen und ein wenig in ihren Verhältnissen zur alétheia verwirrt", Irigaray 1980, S. 369.

[974] Homers Odyssee 1963, XII. Gesang, Zeile 194, S. 606.

Gefahr vorüber wähnen, sowie den Entfesselten; und die gespaltene Ich-Konstruktion von Arbeit und Taubheit, von Gefesseltsein und Hörlust[975] vergeht in ihrem bewegenden historischen Ort, der auf der Reise ist, die mit der Seefahrt begann.

Was ist im Nachklang des Sirenengesangs zu vernehmen? Blanchot scheint es, daß der Sirenen anmutiger und holder Gesang mit einem Mangel behaftet war. Der Gesang gab nur die Richtung an, "[deutete auf etwas Bevorstehendes .. [hin] ..., wo das Singen erst wahrhaft anheben sollte"[976]. Die Insel der Sirenen, vor der Kirke warnte, war selber nur ein Ort, der, wie die Bewohner, ein Spiegel war, in dem sich das Unentfaltete und Beschädigte durch den Modus des Verlassens des Ursprungs seine Verkörperung sucht. Entsprechend der Flucht durch die raschen Ruderschläge - denn an solchem Ort der Regressionsbereitschaft und in solcher Zeit des Nachklangs ist stets Windstille - erscheint die Insel des Gesangs in den Verkörperungen des Entzugs[977].

Das hörende, aber gefesselte, das fliehende, aber taube Ich muß im Folgenden des Nachklangs das eigene Jenseits als einen Ursprung erkennen, das nichts anderes ist, "als eine Wüste, gerade so als sei das Kernland der Musik ein Bereich, der jeder Musik bar ist, ein bracher und dürrer Ort, wo die Stille sowohl wie das Geräusch dem Menschen, der sich zum Singen aufgelegt fühlt, jeden Zugang zum Gesang verzehrt"[978].

In der *Fragwürdigkeit* des fliehenden Tuns des sich selbst verzehrenden Ichs in seiner Spaltung, in die das Ich durch den Nachklang einmal hineingestellt , wird offenbar, daß jenes "Kernland der Musik" die Wüste eines Ursprungs und Anfangs ist, von dem das Unentfaltete, das Beschädigte und das Ersehnte aufklingt und erscheint, um angerufen, benannt und zwanglos *erfüllt* und nicht geflohen zu werden.

Im Modus der Flucht ist der Rückblick auf solchen Ursprung kein Innehalten vor ihm: In aktuellen Emanzipationsbewegungen ist der Ruf nach einem verdinglichten Ich zu vernehmen, das sich vom geflohenen Ursprung her konturiert. Doch spricht der Nachklang auch *dieses* Rufs mehr von einem Schweigen der Sirenen, wie Kafka vermutet, und - Odysseus habe den "Scheinvorgang" der Gefährdung durch den anmutigen und holden Gesang der Sirenen ihnen selbst und den Göttern "nur gewissermaßen als Schild

---

[975] Anmerkung siehe Anhang.

[976] Blanchot 1982, S. 11.

[977] "Denn es bezaubert ihn [den sterblichen Menschen] der helle Gesang der Sirenen, die auf der Wiese sitzen, von aufgehäuftem Gebeine modernder Menschen umringt und ausgetrockneten Häuten", Homers Odyssee 1963, XII. Gesang, Zeile 44 - 46, S. 601.

[978] Blanchot 1982, S. 12.

entgegengehalten"[979]. Der Ruf an ein verdinglichtes Ich ist dann der Schild vor der solidarischen Ordnung des noch Unentfalteten. Das spräche für die Harthörigkeit des zweigeteilten Ichs, das, zwischen Taubheit und Hörlust stehend, hörend sich selbst nicht hört.

Wenn das so subtil Verleugnete und das Unentfaltete im Nachklang, der ja auch von der *Macht* des Schweigens durchtönt ist, sich dennoch zusammenstimmend Gehör verschafft, indem es innig berührt, entsteht ein ausbalancierter archimedischer Punkt in der Reflexion, von dem die Möglichkeit des Ansehens eigener Fragwürdigkeit und konkret gewordener Nichtigkeit gegeben ist. Das betrifft auch ein in der Leidabwehr verschüttetes Verhältnis der Geschlechter.

Eingestimmt in eine Balance zwischen Ich und Welt, zwischen Ich und Selbst, in der die Erfahrung des "Nichtpassen[s] in unbegrenztem Maße"[980] auf dem Grunde des grenzenlosen Ersetztwerdenkönnens als eine Entäußerung der unreflektierten Unbegrenztheit des Ich-Selbst überwiegt - d.i. die Bestimmtheit »negativer Anthropologie« -, sind wir aus dem "individuellen Gesetz"[981] heraus gezwungen, vor dem historisch ins Ungleichgewicht Gebrachten innezuhalten und es in diesem »utopischen Standort« des Eingestimmtseins auch fragend zur Sprache zu bringen.

Herder hat die "Essenz der Musik"[982] in der Andacht bestimmt. Sich über Poesie und Epos, Tanz und Gebärde hinaushebend, habe die Musik "im Kommen und Fliehen, im Werden und Gewesensein .. die Siegeskraft des Tons und der Empfindung"[983] geschaffen, in der die hörende Versammlung selbst Ton wurde: "Andacht ists, die den Menschen und eine Menschenversammlung über Worte und Gebehrden erhebt, da dann seinen Gefühlen nichts bleibt als - Töne"[984]. Die erste »Ordnung des Nacheinander« als »Naturwerk« sah Herder in der *Erzählung* der "unbuchstabierte[n] Naturmenschen": "Auf das, was vor mir steht, zeige ich: was in mir vorgeht, drücke ich durch Töne und Gebehrden aus; was aber *abwesend* oder *einst* geschah, bedarf, wenn es vernehmlich werden soll, einer

---

[979] Kafka 1970, S. 351.

[980] Simmel 1987, S. 183.

[981] Nur das *Wirkliche* kann hierin individuell sein, Simmel 1987, S. 230; vergl. auch 1923, S. S. 213 - 228 über das individuelle Gesetz in der "Gesetzmäßigkeit im Kunstwerk".

[982] Plessner 1980, Bd.III, S. 349.

[983] Herder 1955, S. 152, sowie Anmerkung siehe Anhang.

[984] Herder 1955, S. 151.

zusammenhangend-geordneten Rede. So ward das Epos"[985].

Da das, was "*abwesend* oder *einst* geschah", seine Auswirkungen auf Orte und Zeiten hat, die bei den interdependenten Vernetzungen im heutigen Weltverkehr nicht direkt betroffen erscheinen - im Prozeß der »Entwertung der Vergangenheit«, in der die *Wirklichkeit* des Vergangenen verlorengeht (»Gewordensein« und »Unabgegoltenheit« sind hierin Ressourcen für Gefallen und Reklame geworden[986]) -, sind alle genötigt, sich zumindest eine Meinung zu bilden. Da der Prozeß der Meinungsbildung durch Bedürfnis *und* Interesse zuwege kommt, treten Meinungen in eine Konkurrenz. Man versammelt sich im Streit, dessen Woraufhin offen bleibt. In der Meinungsbildung sind wir auf das Lesen angewiesen. Doch, so Tönnies, "lesen ist Sehen und Hören zugleich - leibliches Sehen, geistiges Hören. Was man liest, das ist vorher geschrieben worden; je jünger es ist, um so mehr wird es vernommen, als ob es unmittelbar gesprochen worden sei; manches Geschriebene ist eine Wiedergabe von unmittelbar vorher Gesprochenem"[987].

Wenn in der Abstraktionsleistung des Lesens das geistige Hören als Nachklang verlorengeht und das Verlorene zurückwirkt auf das Gesprochene, vor allem auf das der professionellen Hersteller der Medienöffentlichkeit, dann »geht alles«, was der Höhe der Abonnements oder der Einschaltquoten dient, weil von der Herkunft abgetrennt. Vor allem aber ist noch heute das, was am meisten hervortritt die "laute Meinung auf dem konkurrierenden Medienmarkt[988]. Um sich des "Gesamtwillens" der "ideell" Versammelten[989] zu versichern, wird das Angebot einerseits differenziert und - bei Erfolg - vertritt dann andererseits die Zahl der Frequentierung der Optionen die Bedeutung einer Gesamtheit des sozialen Willens. Anstelle vorgängiger propagandistischer Bewußtseinsbearbeitung auf das Dogma der »höchsten Werte« tritt nun neben die *Zahl* die "Illusion"[990] von Mitsprache und Repräsentiertheit. Und das "Ideal" einer "ethische[n] Öffentlichen Meinung", "die Wahrheit zu erkennen"[991], bleibt am Einzelnen hängen, der zwischen den Zeilen nach diesem Ideal sucht, im Nachklang das stumme Etwas heraushört und im Augenblick der Andacht erkennt.

Wenn, weil wir das Unsere bewegt sehen, beim Hören *Andacht* entsteht, in der sich ein

---

[985] Ebenda, S. 114.

[986] Anmerkung siehe Anhang.

[987] Tönnies 1924, S. 77.

[988] Vergl. ebenda, S. 91.

[989] Vergl. ebenda, S. 83.

[990] Anmerkung siehe Anhang.

vergegenwärtigter *Augenblick* ankündigt, in dem alles im Ton aufgeht, oder wenn bei der Erzählung, die durchaus ein nachgelesener Vortrag sein kann, das erfragte oder erwartete Wissen endlich erscheint, und hierbei eine Einheitlichkeit des Ich-Selbst sich konturiert, rückt auch heute - bei allem massenkommunikationstheoretischen Strategien der Fixierung der Hörer und Seher an die Zerstreuung - die informationelle Totalität der theoretischen Deutungskonstruktionen beiseite. Auch die *habituelle* Andacht[992] (geschehen durch eine Art verinnerter Diskurspolizei auf Gegenseitigkeit), die vom deutlichen Fehlen des wirksam versammelnden Tons zeugt, löst sich auf, wenn in diese Grenze von verleugneter Stummheit und Ausdrucksnot die Stimme einer innigen Verbindung zwischen innen und außen eintritt.

So wie aus der Ferne dessen, was »einst geschah«, das Sittliche und das Wahre nachklingt, hat in der spezifizierenden »Differenzierung« der »Hörbarkeit«[993] des Kulturellen die Erzählung ihren gesellschaftlich konstituierenden Sinn der Erfahrung und des Wissens eingebüßt; gleichwohl ist sie in der »Differenzierung« auf Individuation abgestellt. Ist auch der besondere Ausdruck entwickelt und gesteigert worden, indem das Subjektive verklingt, verschärft sich das "diskrepante Verhältnis der objektiven und der subjektiven Kultur". Es verhält sich die "verdichtete Geistesarbeit der Kulturgemeinschaft", so Simmel, die sporadisch und zufällig nur aufgenommen, "zu ihrer Lebendigkeit in den individuellen Geistern wie die weite Fülle der Möglichkeit zu der Begrenzung der Wirklichkeit"[994]. In dieser Begrenzung, die räumlich und zeitlich wirkt, gerät das Mannigfaltige der objektiven Kultur zu einer Vielheit. So ist der innige Verkehr mit den kulturellen »Schätzen« in eine Intimität zurückgetreten, die, als »Rückzugssyndrom«[995] durch die Fixierung auf allerlei Kulturgegenstände als Sammlung oder Zerstreuung beklagt, doch auch erst Intimität herstellt.

Gerade für die Erzählung (in der auch beim Lesen gehört wird) gilt, daß sie in den Formen der individuell und historisch unabgeschlossenen (!) und verstanden-unverstandenen Gefühlsfiguren das noch zu Verstehende - durch ein trennendes Diaphragma hindurch und eingehüllt in dies - vermittelt[996]. Selbst beim eingefrorenen Diaphragma - der

---

[991] Tönnies 1924, S. 97, d.h. die Einheit der öffentlichen Meinung zu erhalten.

[992] Anmerkung siehe Anhang.

[993] Vergl. Simmel 1957, S. 241.

[994] Simmel 1989, S. 622.

[995] In der "neuen Urbanität" wird eine aus Defiziten der Planung entstandene Bedrohung der "Entöffentlichung der Stadt" diskutiert, Häußermann/Siebel 1987, S. 216.

[996] Zum Begriff des Diaphragmas als Grenze siehe Anmerkung im Anhang.

Hinterlassenschaft der Mächte des kalten Wandels - verliert es nicht seine doppelte Möglichkeit von Trennung und Durchlaß, von Einhüllen und Differenz (Individuation), in der dann doch die Vexation von Lähmung und uneinsehbarer Herkunft eines vergegenwärtigten Schmerzes vernommen wird.

> "Das Glas der Ewigkeit - behaucht:
> mein Atem, meine Wärme drauf."[997]

Die Vermittlung in der Erzählung ist gleich der Poesie, wie ein Hauch - Ton und Zeichnung - auf dem "Glas der Ewigkeit", zu dem dann auch beim Zuhören und beim Nachklang das eigene Fenster der Seele wird. Die Phantasie des Zuhörenden tut - mitgehend mit dem Atem und dem Herzschlag des Erzählers - Eigenes hinzu, um sich vom Erzählten und vom Unausgedrückten ein Bild machen zu können.

In dieser Situation des »Gegenüber-und-in-zugleich«, die als Situation der Frage "ein Protest gegen jedes Auseinanderreißen von konkretem Seienden und universalem Sein" und "der Protest gegen ein verratenes Wissen" sowie "die Balance von Vergegenständlichung und Entgegenständlichung"[998] und der Protest gegen die fixe Abständigkeit vom eigenen Sein und vom Transzendieren-Können war, wird die Zeugenschaft einer teils unvorstellbaren materialen Wahrheit und einer im Leiden versunkenen geistigen Wahrheit vererbt.

In dieser Situation ist der Nachkommende fern vom "Dünkel der Betroffenheit"[999] in die Mitte einer Welt gestellt, in der die brennendsten Fragen die nach dem Wo und Wann des Gelingens sind. So gibt die Erzählung, in der das Epos nachklingt, Kunde von der Wirklichkeit jener »Windungen« des Diaphragmas als Ort des individuellen »Zwischen« vom "Absoluten" der Idealitäten und der durch Subjekte getätigten und erlittenen Praxis.

• Doch muß man auch die Modi der »res extensa« der Wirklichkeitsverfassung der objektiven Idealitäten im Kopf haben, wenn man durch- und ankommen will. Als Seekarten und Landkarten, als Stadtpläne und Grundrisse zeugen die Kataster der »res extensa« von einer frühen Frage nach dem Wo und Wann, mit der über die Horizonte der Nahsehfelder hinausgegriffen wurde. In der Mühe der Selbstbeantwortung ist ein Übergang vom Zeigen zur Zeichnung vorgenommen worden, mit der jeder Horizont des Sehfeldes durchbrochen werden konnte. In diesem Prozeß als der Verinnerung des mitgeschaffenen

---

[997] Mandelstam 1986, 7. und 8. Zeile des Gedichts: "Man gab mir ...", S. 35.

[998] Heinrich 1982, S. 164 f, Anmerkung 2 des 1. Kap..

[999] Vergl. Fetscher 1989, S. 161 - 185, über "die Moral der Nachgeborenen".

Gegenüber konnte über die "Sphäre der Versagungen und Verbote"[1000], auch als innere Instanzen des Gewissens der Angst- und Furchtverschlossenheit des »magisch-mythischen« Lebens, hinausgegangen werden.

Wer heute eine Karte befragen will, muß den hierauf dargestellten Erdkreis in seinen verschiedenen Projektionsgittern und Maßstäben in "Gegend und Landschaft", Objekt und Lage rückübersetzen können. Er "muß die ursprüngliche Transformation dem Wesen nach begriffen haben, in einem radikalen Sinn. Die Transformation muß den Frager mit einschließen"[1001]. Die Projektion muß buchstabengetreu in ihrer Zeichenhaftigkeit sein und den *Begriff* historischer Wahrnehmung einschließen, wenn sie den Frager lehren will, zu einer äquivalenten Vorstellung zu kommen. So daß Erfahrungen wachgerufen werden, die der Frager zur Rückübersetzung hinzutut, damit ein ganzes Bild der Ausgangslage des nach oben gedrehten Sehfeldes in der Vorstellung entstehen kann.

Das Begreifen des eigenen Standortes anhand der Karte und der eigenen Lage, die in der Offenheit oder Fragwürdigkeit die Frage aufwarfen, ist der Mitvollzug der Abstraktionsleistung im Sinne einer "Entmaterialisierung" gleichwie der Nachvollzug der Auflösung der Gemeinschaften[1002], in der der Erdkreis durch Bindungen, Gebunden- und Bezogenheiten in Abgrenzung zum Fremden, zum Elend in strenger Symbolik ausgedeutet worden war. Nun ist zu vermuten, daß hinter den Zeiten der transformierten und projezierten Ordnung, "welche ein Mensch als seinen *Apparat* im Kopfe trägt"[1003], durch den Prozeß der Auflösung der Gemeinschaften und neuer Körperdistanziertheiten, die symbolische Welt nicht mehr zu entdecken ist. Der verwirrte Blick des Einheimischen und der territoriale Blick von Conquistadoren auf die Karte zeigen eine Störung, eine Retention des Fragens auf. Die Verwehrtheit der Frage, die als ein Sinnloserscheinen *der Frage* nach einem Wo und Wann als eigenem Ort gedeutet werden kann, behindert dann auch den Vollzug des "fragenden Hinausgreifens über sich selbst"[1004].

Doch erst im Hinausgreifen über sich selbst, im Hinausgehen über eine begrenzte

---

1000   Straus 1953, S. 147.

1001   Straus 1953, S. 148.

1002   Straus, 1953,s. 148, gebraucht den Begriff "De-corporalisation", sicher, um den Verlust des Hier und Jetzt der Körperlichkeit zu betonen, der ja Distanzierungsleistungen vorausgehen und wieder folgten.

1003   Tönnies 1979, S. 93 f, diesen "*Apparat* im Kopfe" nennt Tönnies das System von *Bestrebungen*, die die "Gesamtform des Kürwillens" mit den "Elemente[n] des Wesenwillens in sich enthalten".

1004   Straus 1953, S. 148.

Ordnung lag der Beginn der Haltung eines "fragenden Durchmessens"[1005] der bekannten Welt, die ihr Antlitz durch die Drehung des Sehfeldes zu einem oberen Punkt[1006] preisgab. Mit der geometrischen »Ähnlichkeit«, die hierdurch geliefert wurde, konnte ein »Maßstab« entwickelt werden. Mit dieser ideellen Konstruktion des Weges und seiner Zeit wurde das Bekannte erweitert - auch um das hier entstandene Ich, dessen Aufbruchscharakter im heutigen Labyrinth der ausgeschilderten Welt nicht zur Ruhe zu bringen ist[1007]. Das Auf-Dauer-stellen des "fragenden Durchmessens" brachte die Abstraktion dieser Abstraktionsleistung hervor, die das Heraustreten aus allem Wandel des Sehfeldes um uns und in uns zur unbefragten Methode werden ließ. Als Fundament des kulturellen Wandels von Wissen und Tun, von Planen und Arbeit fungierte die Methode des "fragenden Durchmessens" bis hin zu einer ideellen Objektivität einer »zweiten Natur« ohne hinreichende Gründung und Substruktion.

> "Das Bild der cartesianischen Fundamentalisierung vervollständigt der Umstand, daß ihr Prinzip als einzige Methode zur Erkenntnis der physischen Dinge die mathematisch-mechanische Darstellung oder die Messung fordert. Bei der Identifikation von Körperlichkeit und Ausdehnung und der damit gegebenen Äquivalenz von Ausdehnung und Meßbarkeit zieht das Alternativprinzip res cogitans - res extensa die Fundamentalisierung der mathematischen Naturwissenschaft ohne weiteres nach sich"[1008]. ... "So werden um der restlosen Quantifizierung der Körper willen alle Qualitäten *subjektiviert* und zu Nur-Erscheinungen, weiterhin zu Empfindungen umgedeutet"[1009].

Trotz der von Plessner festgestellten Reduktion der Qualitäten auf die bloße Innerlichkeit der Empfindung, ist doch auch durch die Teilhabe am gesellschaftlichen Rohstoff Arbeit eine Paradoxie von »Wissen und Macht« zu erkennen. Diese Paradoxie gibt Einsicht in die naturwissenschaftliche Frage an die Natur als eine Frage, in der ein unbedachtes und uneingesehenes »Mitsein« der eigenen Beziehungen zu ihr ungestellt bleibt.

In dieser Frage, dem Experiment als Fundament des Wissens der empirischen Wissenschaften, wird die mit unseren geschichtlichen Beziehungen verschlungene Natur durch hohe Drücke, hohe Temperaturen und hohe Geschwindigkeiten gezwungen, auf die

---

[1005]   Straus 1953, S. 147.

[1006]   Plessner 1981, Bd. IV, S. 419, beginnt "Das Gesetz des utopischen Standorts" mit einem Archimedes zugeschriebenen Zitat: "Gib mir (einen Punkt), wo ich stehe".

[1007]   Das Verirren im Labyrinth hat psychische Folgen von Lähmung und unsteter Ziellosigkeit. "Inzwischen [läßt es sich] die Psychotherapie angelegen sein, im befragenden Durchforschen der Vergangenheit dem *Einbahnstraßler der Lebensgeschichte* rückblickend ein Verständnis der versäumten Möglichkeiten zu eröffnen, in der Hoffnung, daß sie keine endgültig Verpaßten seien", Straus 1953, S. 146.

[1008]   Plessner 1981, Bd. IV, S. 79.

[1009]   Ebenda, S. 83.

Fragen des »bestallten Richters«[1010] zu antworten. Dem Wissen wird nur noch ein dialogisches Prinzip neuer Subjekt-Objekt-Einsichten als »Tür zur Naturallianz« nützen, wie auch die nötige »Entaktualisierung« des Machens - angesichts der Schäden und Risiken als zurückschlagende Kräfte der Natur - das Wissen um das Wie der Allianz mit der Natur vermehrt. Noch kehrt vom Machen, das das Wissen verfrüht in eine Ausdehnung bringt, und von der nicht hinreichenden Gründung und Substruktion der experimentellen Methode das unbedachte Nichtwissen, das nun ein unkalkulierbares Risiko in der Zeit bedeutet, zurück.

Eine vollständige Ordnung mit der »Front« zum Unbedachten und Noch-nie-Bewußten ist also hierin noch nicht erkannt. Das umschiffte Novum erscheint uns nun als Obskurum. Die entäußerten und fremdgebliebenen (aber auch enttäuschten) Beziehungen zur Natur, die von der Geltung des "Objektsystem[s] und Beobachtungssystem[s]"[1011] im Modus des "Verhörs"[1012] herrühren, weisen im Zusammenhang mit der »Stimmung« der Landschaften und Portraits im künstlerischen Blick und im Kunstwerk - welche »metaphysische Öden«, »zentrifugale Aufsprengungen«, »Auflösungen« und bestenfalls Hoffnungen in der Geschlagenheit erscheinen lassen, die nur utopisch aufgehoben werden können - auf die Unbefragtheit der Geschichte der Beziehungen zwischen Natur und Mensch.

Diese Unbefragtheit der geschichtlichen Beziehungen und ihr unerkanntes »Zwischen« lassen vermuten, daß trotz der einzelnen Erfahrungen der je eigenen entschwindenen Lebenszeit, in der "das traditionelle Verhältnis von Sein und Zeit sich umkehrt"[1013], der Begriff der zyklischen Zeit dem Naturbegriff innewohnt mit dem - geschichtslos den »ewigen« Naturgesetzen folgend[1014] - der Wandel dynamisiert wird, durch den der Tod antizipiert werden kann.

In solcherart dynamisiertem Wandel, in dem Wandel der "Identifizierung von Körperlichkeit

---

[1010]   Kant 1973, S. 26, B XIII; in der Paradoxie von »Wissen und Macht« kann auch eingesehen werden, daß der Modus der Ausdehnung des Wissens durch die Technik, die Seite der vernunftsleitenden Prinzipien, die Kant für das Geltenkönnen der "übereinkommende[n] Erscheinungen für Gesetze" (ebenda) forderte, durch politischen Pragmatismus ersetzt worden ist.

[1011]   Pohl 1986, S. 112 f in bezug auf Heisenberg: "Das Naturbild in der heutigen Physik", München 1954.

[1012]   Vergl. Hohlfeld u.a. 1986, S. 33 in der Kritik zu Prigogines und Stengers "Dialog mit der Natur", München 1981.

[1013]   Pohl 1986, S. 109.

[1014]   Vergl. ebenda.

und Ausdehnung, physischem Dasein und Meßbarkeit"[1015] - in dem Wandel, in dem das "fragende Durchmessen" ein Schema der objektiven Gebilde, der »Stellen«, auf dem Grund des durch das »Fundament« der Naturgesetze abstrahierten »Körperausschaltungsprinzips« geworden ist, kehrt das sich vollendenwollende Ich in der Grenze der eigenen Zersprengung und des eigenen Todes zyklisch in die Welt der Idealitäten zurück. Doch ist die Preisgabe des «Aufbruchs ins Nicht-Versicherbare«, dem das »Mal«, die »Scham des Entronnenen« und das »Nichtüberstehen des Überstehens« vorausging, nicht folgenlos für die *Faktizität* sich vollendenwollender Identität. In dieser Rückkehr, die - das Unbewußte spaltend und vom Ursprung abtrennend - Ausformungen der auch eigenen Todesflucht sind, wird die »phylogenetische Erbschaft« der Unsterblichkeit unbedacht[1016] altruistisch abgetreten, betrogen um den konstituierenden Nachvollzug in der Ontogenese - nicht *ohne* den gelinden Zwang der empirischen Methode. Da wir dem "biogenetischen Grundgesetz" unterstehen, müssen wir "alle Phasen lebendig erhalten", so Rosenstock-Huessy[1017]. Die Herausformung - gar noch unter dem »Gesetz des Krieges« - der «Akzeleration« der res extensa, die (unerhört) die Bewußtwerdung über es selbst verschlingt, mag einer Abkürzung des Weges zur Vollendung gedient haben, jedoch geht eine zu schnelle Rekapitulation der Phylogenese zu Lasten der Unbedachtheit in der Ontogenese, mit der eine »Störungsgeschichte« des selbst Hervorgebrachten auch mit abgeschnitten wird[1018].

Am Fundament der Zeit in der experimentellen Befragung der Natur läßt sich erkennen, daß in der »Natürlichkeit« der Naturgesetze die Perspektiven und Prospekte der Zwecke des »antagonistischen« Tauschs, des Eigentums an Produktionsmitteln, der Bearbeitung von Legitimationsdefiziten und des Krieges fortwährend - wenn auch variierend - nachgezeichnet werden. Andernorts ist das Machen an das Prospekt des Hungers gebunden, dessen Grundlage im zurückschlagenden Nichtwissen - gekoppelt an imperialistische Gepflogenheiten des Weltverkehrs der »Wertdinge« - sich verbreitert. Das Versinken das Rationalitätstableaus einer in Dienst genommenen Wissenschaft und das Entsteigen des Rationalitätstableaus eines spekulativen Machens läßt sich im "Gesetz der Technik" nur durch vermehrtes Wissen der »Entaktualisierung« des Machens in der Technik, ihres Nicht-Mehr, ihres Wohin, ihres Noch-nicht, womöglich heute im Bündnis *mit* den Ingenieuren ausbalancieren, neugründen und substruieren.

1015   Plessner 1981, Bd. IV, S. 83.

1016   In der Absperrung des Unbedachten liegt die Bearbeitung des Gedächtnisses als Verleugnung der Kränkung und der unmenschlichen Tat.

1017   Rosenstock-Huessy 1952, S. 175.

1018   Vergl. Haeckel o.J., S. 49, zum "biogenetischen Grundgesetz".

Es ist eine Sache des »Werts« der Öffentlichkeit, wie die Situation der Frage in die öffentlichen Dialoge überführt wird. Einerseits in Anerkenntnis der "Grenzen der Gemeinschaft", die zwar Einheit herstellen, aber nicht verlangen kann, andererseits des einheitsverneinenden und subjektverneinenden "reinen Kürwillens" der Interessen wegen müssen *Sätze* sprechen, die eine *bewußte* Instanz der Verneinung von Dehumanisierung zur Einheit bringen, und die jenes Nein lebensverneinender und verengender Praxis mit ihrer Ausdeutung in ein gesprochenes Ja für ein ungeteiltes Menschenbild übersetzen.

Das *Miteinander* von Meinungsstreit und Fürbitte, der Kampf um Erinnerung und Gedächtnis und die Feier mit der "Front"[1019] zum einheitlichen Leben und zum Selbst, zum Leib und zur Welt, zum Jetzt der Sinnstiftung und zum Aufbruch als Antlitz der Geschichte lassen erst die vollen Kosten der doppelten Distanzierung, die im Begriff der Front erscheint, verhandelbar werden. Der "Wert" der Öffentlichkeit kann danach beurteilt werden, in wieweit sie eine Sicherung gegen die Spaltung der Rationalität und ihre Auflösung in Zeit und Krieg ist.

Dieses Miteinander mit der Front zur Erinnerung an das "Sein"[1020] gestaltet den Übertritt in eine solidarische Ordnung, wie sie den *Zeitenwanderer* "Ahasver" erlösen mag[1021]. Kracauers Analyse über "Ahasver oder das Rätsel der Zeit"[1022] tendiert auf eine *Vermittlung* der "Antinomie im Innersten der Zeit", die "unauflösbar" ist. Vom Ort der Reflexion des »utopischen Standorts« ist die Auflösung dieser Antinomie "vielleicht ... erst gegen Ende *der* Zeit zu lösen"[1023]. Wenngleich dieses Ende als das Aufgehen der Zeiten im sinnstiftenden Jetzt nicht aufzugeben ist, weil sonst jede Vergegenwärtigung eines Jetzt den Modi der «Abteilungsmomente« von Vergangenheit und Zukunft geopfert wird.

> "Vielleicht entfaltet das Gedächtnis für Qualitäten sich im umgekehrten Verhältnis zum chronologischen Gedächtnis: je besser jemand ausgestattet ist, wesentliche Züge von Begegnungen, die eine Rolle in seinem Leben spielen, wiederzuerwecken, desto leichter wird er ihre zeitlichen Abstände von der Gegenwart   fehleinschätzen   oder   ihre   chronologische   Ordnung durcheinanderwerfen. Diese Irrtümer sind seiner Schwierigkeit anzulasten, seine Erinnerungen von ihren auf seiner subjektiven Zeitkurve festgelegten Standorte auf ihre objektiven Positionen in chronologischer Zeit zu übertragen - eine Zeit,

---

1019   Anmerkung siehe Anhang.

1020   Ungewordenes und Unentfaltetes, Verdrängtes und Unbedachtes bilden dann nicht mehr den Baugrund einer Zukunft der Veranderung, einer Zukunft, die das lethäische Bewußtsein durch ein scharfes Abheben der Bedürfnisse und Interessen von personenhafter und welthafter Gegenwart in die Vergangenheit zurückbeugt; wenn die Arbeit, in diese Frontstellung zu gelangen, beizeiten gelingt.

1021   Kracauer 1973, S. 162 - 188.

1022   Ebenda, S. 162.

die er nie erfuhr. Nichts ist schwieriger, als sie zu erfahren. ... Das Ergebnis ist, daß der Zeitraum sozusagen vor unseren Augen zerfällt. Von einer sinnerfüllten raumzeitlichen Einheit wandelt er sich zu einer Art Treffpunkt für Zufallsbegegnungen - wie etwa der Wartesaal eines Bahnhofs."[1024]

Diese Zufälligkeit von Begegnungen und Ereignissen[1025] sind die Kreuzungspunkte im Netzplan der Beschleunigung durch die *Mechanik* der Geschichte. Diese Beschleunigung koste Kraft, so Blumenberg[1026], eine Kraft, die der Aufhalter genauso aufbringen muß - um sich schließlich zu erschöpfen - wie der Beschleuniger: Das ist eine Weise der Entwicklung, deren Formung ebenso schnell veraltet wie die Infrastruktur zur Industriebrache wird.

Gerade das rasche Veralten von Infrastruktur belastet den modernen Zeitbegriff mit dem Fatum der Unwirklichkeit. Der ehemals kenntnisreiche Pionier oder der "Held" in der Arbeit wird wie der »Verzögerer« aus dem Wege geräumt. Das ergibt die "schädliche Nähe" des Vordergrunds[1027] des Zeitbegriffs und ethische Probleme für die Beschleuniger des Kürwillens oder auch der Unbedachtheit der Identifikationssucht.

Im Veralten der aktuellen Daseinsweisen von Identität durch Wissen und Können, der Rolle ohne die Momente der Identifikationsgefühle (die ja mit ihnen Arbeit gegen das Erinnern ist) liegt Amérys Reflexionsort der "Verfalls-Verfallenheit". Sie ist ein sinnhaftes Widerstandsnest, das der transeunten Zeit in der "Transtemporalität" des "echten Verfalls" "zeitfreudig, zeituntertänig, zeithörig"[1028]bleibt. Doch auch nur dann, wenn der "Nachklang", der auch Ungewordenes und Unentfaltetes zusammenbringt, nicht durch das *Trauma* des Geräuschs des zerbrechenden Leibes als widerhallende Todesdrohung die »Leidenheit«, die innen und außen verbindet, begrenzt worden ist.

Das Nichtausgedehnte der res cogitans hat in seiner Innerlichkeit, deren unruhiges Daß im angespannten Werden über das Leben hinausmuß, dann auch das Offene eines herbeigefolterten "Aufbruchs ins Nicht-Versicherbare", das jenseits des Lebens ist. Diese Geschichte ist vererbbar, weil sie im »Diaphragma«, das das Miteinander der Tiefenschichten der Seelen repräsentiert, die Sehnsucht zum Materialen, die Freud Thanatos genannt hat, als Möglichkeitsschicht der Realitätsprüfung wachruft. Die Grenze

---

1023   Ebenda, S. 188.

1024   Kracauer 1973, S. 173 f.

1025   Anmerkung siehe Anhang.

1026   Blumenberg 1986, S. 248.

1027   Raulet 1987, S. 19 in bezug auf Blochs Interpretation der Landschaftsmalerei.

1028   Améry 1982, S. 47, S. 22.

des Diaphragmas bekommt in der »Scham vor Gott« ihren eigenen, sich schließenden, "mystisch gekrümmten Raum"[1029].

Das "Gesetz der Technik" heißt, daß in "jeder Lage .. und jeder neuen Phase .. sich der Raum [erweitert], .. sich die Zeit [verkürzt], .. sich die Gruppe [verändert]", was einen "freien Gegenstoß"[1030] zur Rettung von Zeiten, Räume und Gruppen einschließt. Es erfordert in der aktuellen Lage der Besetzung der Arbeitsräume durch frei programmierbare Maschinen - gesunde Klimata und Verarbeitungsweisen können hier *ganz* aus dem Blick geraten - den "freien Gegenstoß" *vor* dem Schaffen neuer Räume und Zeiten. Die Modifikation des "Gesetzes der Technik" tendiert auf seinen zweiten Teil, daß es ein "Gesetz für Freie"[1031] ist, in dem die Identität als die Verheißung des Namens, und nicht nur das Überleben, im Mitsein mechanischer Solidaritäten, das Maß dieses freien Gegenstoßes ist. Die Frage nach dem Wo und Wann wird in einer ausgeschilderten und durch Piktogramme erklärten Welt, in der die wachsenden Risiken dem unausrottbaren Anankeprinzip zugeschoben werden, zu einer Frage des Überlebens, das für uns fundamental ist.

So kann die *Notwendigkeit* herauskommen, die zwischen der doppelten Kontingenz des Grundes des eigenen Daseins und des eigenen Standorts erscheint[1032], "daß eine Sache fundamental wichtig ist, ohne Fundament zu sein"[1033]. In dieser Notwendigkeit, in der das Fundament der *res extensa* bedacht wird, erfahren wir, daß "die res cogitans von selbst die *Funktion des Subjekts* übernimmt"[1034]. Auf dem Fundament der Ausdehnung des Wissens als Entäußerung und Entfremdung wird es immer schwieriger, sich vorzustellen, daß die Produktion des Katastrophischen sich *nicht* vermehrt, während das Obskurum als kalter Schein des Thanatos und das Novum als warmer Schein des Eros von selbst aus der Sphäre der Innerlichkeit der res cogitans hinauswollen.

Die Differenz von "Einbildung" (hier im Sinne des Vorstellungsvermögens) und "reiner Erkenntnis", in der "zum Einbilden eine eigentümliche Anstrengung des Geistes nötig ist, die ich zum Erkennen nicht brauche"[1035], wie Descartes sagt, zeigt, daß die

---

[1029] Bloch 1975, Bd. 15, S. 112.

[1030] Rosenstock-Huessy 1952, S. 174, S. 179.

[1031] Rosenstock-Huessy 1952, S. 179.

[1032] Sartre 1987, S. 404.

[1033] Plessner 1981, Bd. IV, S. 78.

[1034] Plessner 1981, Bd. IV, S, 92.

[1035] Descartes 1863, S. 130, "und hieraus erhellt [sich, G.K.] der Unterschied zwischen Einbilden und reinem Erkennen".

Erfahrungsrichtung als "Fremdzeugnis" von der zweiten Erfahrungsrichtung des "Selbstzeugnisses"[1036] mit der Front zum Selbst *und* zur Welt - des "Selbstzeugnisses" von Gründung und Substruktion der sukzessiven Befestigung der geschichtlichen Zeit, so daß das Zyklische in erfüllten Momenten eines Jetzt erscheint und nicht als Bann einer Wiederkehr aus der unverstandenen Ausdehnung - hier wie von selbst zu erfahren ist. Doch ist das "Selbstzeugnis" leicht erschütterbar, da das "Fremdzeugnis" die Befestigung der inneren Bewegung versagt und nur wie ein blinder Spiegel oder wie ein Zerrspiegel die innere Bewegung zu objektivieren vermag. In der Befestigung der inneren Bewegung als Ausdruckssuche liegt sowohl die Arbeit am Kunstwerk als auch eine sukzessive Entfaltung der bislang in der Retention verharrenden libidinösen Besetzung der gestalteten Welt durch unentfremdete Arbeit.

"Einzig als Selbst kann die res cogitans die ihr aus der Identifikation von Körperlichkeit und Ausdehnung zufallende Aufgabe einer Rettung der Erscheinung erfüllen. Und sie erfüllt die Aufgabe nur um den Preis ihrer Selbstabsperrung gegen die physische Welt"[1037]. Das ist der Zustand und die Lage. Diese Absperrung wird jedoch immer von Grenzbegriffen des Subjekt-Objekt-Hiatus *und* -Nexus getragen, so daß die von der Konsumtion abgetrennte Arbeit in die Arbeit ihres Zusammenhangs überführt werden kann, die Erscheinungsweisen des »Vorrangs des Objekts« an ihm selber abgebaut und am Subjekt die »Übermacht« der Selbstverdinglichung und die historisch verschlossene Innerlichkeit gelöst werden.

Die Intention des Selbst greift also, immer tendierend auf höhere Einheit, im inneren Dialog mit dem Anderen auf einen verstandenen Prozeß der Geschichte - ohne die Warnung der als unwandelbar erscheinenden Lebens-, Welt- und Naturverhältnisse zyklisch hervorzubringen; jener Verhältnisse, die uns aus dem Zyklus von Arbeit und Kapital, von Naturgesetz und funktionaler Ausdehnung anrufen.

Der durch die Verdinglichung und Objektivierung geschaffene »Vorrang des Objekts« brachte eine gedoppelte Doppelrichtung der Erfahrungsweisen als geistige und materiale, als äußere und innerliche hervor, mit denen das Zu-nahe-dran-Sein am Objekt im »negativen Staunen« als Versagen und Schuld (vom Selbst): als Blindheit der intendierten Prozesse (vom Ich) zurückkehrt.

[1036]   Plessner 1981, Bd. IV, S. 81 "Das Selbstzeugnis der inneren und das Fremdzeugnis der äußeren Erfahrung" seien "zwei ineinander nicht überführbare Erfahrungsrichtungen". Ihr Miteinander erscheint im Bild oder im *Zustand* der qualitativen Ordnung der gestalteten Welt (ob in Alfred Sohn-Rethels "neapolitanischer Technik" oder in der ästhetischen Verriegelung der Benutzung öffentlicher Plätze für eine Gemeinde auf Distanz).

[1037]   Plessner 1981, Bd. IV, S. 92.

Angesichts der Produktion des Unsichtbaren als Destruktion, in der die Modi der res extensa schließlich auch im Sinne der Entaktualisierung der Destruktion nachgemessen, nicht nur ergänzt werden müssen, ist die res cogitans keine Instanz der Reinterpretation und der Nacharbeit im Sinne materialer Ideologie von Obskurum und Novum mehr, sondern durch ihre Vorgelagertheit vor die res extensa die Instanz, die, im Wahrnehmen der Grenzen *mit* Anderen, die Prozeßarbeit der figurativen Zusammenhänge des Gegenwärtigen *und* des Nacheinander nach außen bringt.

Die Verbindung des Unsichtbaren (als noch aufzuarbeitende Destruktion *und* des Seins als des Wirklichen[1038]) mit dem an die Front gekommenen Selbst *ist* das Ende der optimistischen (auch materialen) ideologischen Ausdeutung "der unaufhebbaren mechanischen Totalität des bürgerlichen Schicksals"[1039].

> "[Descartes] setzt sich das Ziel, den stoischen Pessimismus zu überwinden, aber nicht durch eine Änderung der Welt[1040], sondern unter Festhaltung des stoischen Fatumsbegriffs durch eine Änderung der Gedanken über die Welt. Der Hauptinhalt des stoischen Fatumsbegriffs ist die Kontingenz des Menschenschicksals. Überwindung der Kontingenz - im Denken, nicht im Handeln - wird zum Zentralproblem der Descartesschen Philosophie. Sie wäre gelungen, wenn das, was dem Menschen äußerlich geschieht, als sein inneres Wesen aufgezeigt werden könnte"[1041].

In der Verinnerung der Innerlichkeit, Folge der reflektierten Dominanz der (veränderten) Fremderfahrung, die die Empfindungen durch die Differenzierung des Genusses zwar schärfte und doch den Trieb entseelte, bleichte die historische res cogitans, indem sie die Befreiung in Taten und Werken einkapselte, die die "Velleität" der "unsichtbaren Kirche der Gesinnung"[1042] noch einmal festigte, die Gewißheit des Erkennens.

Mit der sich selbst verschließenden, verinnerten Innerlichkeit, die durch die Tortur der »scharfen Frage« als unbekanntes Land begrenzt werden sollte, beginnt ein Prozeß, in dem die »mitgehende Reflexion«, die auf den Ton im vertrauten Raum bezogen ist, mit Kant auch für Ton *und* Farbe zu gelten hat: "Schön ist, was ohne Begriff als Gegenstand eines

---

[1038]   Vom Nichtsein, das nicht ist, komme "keinerlei Kunde", sagt Parmenides. "So bleibt einzig noch übrig die Rede von dem Weg, daß (etwas) ist. An ihm sind sehr viele Kennzeichen, daß Seiendes ungeworden und unvergänglich ist, ganz und einheitlich, und unerschütterlich und vollendet", Parmenides 1986, S. 17, Fr. 2, S. 19, Fr. 8.

[1039]   Borkenau 1932, S. 327.

[1040]   Das zieht auch die Modi der Verlebendigung der leeren Form und des abstrakten Begriffs durch ein sich zur Existenz erschöpfendes gesellschaftliches Dasein nach sich.

[1041]   Borkenau 1932, S. 326 f.

[1042]   Bloch 1961, Bd. 6, S. 184.

notwendigen Wohlgefallens erkannt wird"[1043]. Diese Art des Genusses kann als ein licht-spiegelnder Ausgang der platonischen Höhle zum Erkennen des Wirklichen (als *Meta*physik) gedeutet werden, der lediglich das Mehr eines sich nach innen ausdifferenzierenden Habenwollens bedeutet.

Die Zeichnung als "das Wesentliche" - die das Zuviel der Fremderfahrung als öde oder vollgestopfte, zerfallende oder fliehende Räume reflektiert und betitelt, d.h. eine Differenz von Zeichnung und Schrift thematisiert[1044], durch die eine Lücke konstruiert wird, in die hinein ein Blick auf das fällt, was hinter den Körpern in ihrer Ausdehnung und ihrer Grenzen fällt - ist ihm (Kant) ohne den Reiz der Farben ein "Wohlgefallen an der Form"[1045], ohne Zusatz gar noch ein "interesseloses Wohlgefallen"[1046].

Der im inneren Raum der Innerlichkeit sich spiegelnde Genuß und das sich spiegelnde Wohlgefallen wollen den Begriff ohne Bildlichkeit, ohne ihre Entfaltung.

"Daß Kant keine andere gegenständliche Welt als die innerhalb unseres Bewußtseins anerkennt, gibt doch dem Tiefsten, Eigensten, Entscheidenden in uns keine andere Macht, als daß es die Formen bietet, denen das passiv hinzunehmende Sinnesmaterial sich fügt, die es zu einer Gegenstandswelt gestalten. Wo dieses Material im letzten Grunde herkommt, ist für Kant gleichgültig; es ist einfach gegeben, und zwar »von außen« - wenn dieses Außen auch nicht räumlichen Sinn hat, sondern nur den Ursprung außerhalb der geistigen Machtsphäre bedeutet, und wenn die besondere Qualität dieser Eindrücke auch durch die Verfassung unserer Sinnesorgane bestimmt ist. Aus einer unbedingt eigenen geistigen Gestaltungskraft und einem nur Aufzunehmenden webt die Erkenntnis sich zusammen"[1047].

Wenn das "Dunkelmannichfache des Gefühls", das alles ineinandersetzt, und das "Zuhellmannichfache des Gesichts" in einer "Art unendlich feiner Pantomime"[1048] sich ins unermeßlich Weite hinauswerfen, durch das Gehör entfaltet werden und mehr Einheit entsteht, sind der Plan, die Karte, der Grundriß, das Raster des Ausgemessenen, in dem die Wege und Orte zum multifunktionalen, neutralen Zweck, der im (durch Verwaltung und Gesetz sektionierten) Raum verzeichnet ist, noch *nicht* die Wiedergabe des Erdkreises

---

[1043]   Kant 1979, Bd. X, S. 160, [B 69].

[1044]   Ich denke hier vor allem an die Veduten Piranesis, die *Vedute di Roma* und die *Carceri d'invenzione*, vergl. hierzu Wilton-Ely 1978, "Die aus der Unendlichkeit, Größe und Gewaltigkeit der Carceri entspringenden Empfindungen des Schreckens sprachen vor allem eine Generation an, die von Edmund Burkes Enquiry into the Sublime and Beautiful von 1757 beeinflußt war", ebenda, S. 99.

[1045]   Kant 1979, Bd. X, S. 142, [B 43].

[1046]   Starobinski, o.J., S. 158.

[1047]   Simmel 1916, S. 36 f.

[1048]   Herder 1985, Bd. 1, S. 748, S. 747.

als eine Landkarte der Bindungen, Gebunden- und Bezogenheiten.

Die Schatzkarte und die Seekarte mit der Insel Utopia sind außer Gebrauch gekommen. Sie sind in die Zeit geraten, die solcherart Vergegenwärtigung verschleppt. Der Punkt, von dem aus Archimedes die Erde aus den Angeln heben wollte, ist zunächst der Ort der Zeichnung gewesen, in der die Ausdehnung der Welt eine mathematische Ordnung bekam[1049]. Um ein "ganzes Bild", eine "Gesamtvision" zu bekommen, müssen die Figuren, die "des Schwimmers im Strom" und die der "Landkarte"[1050], in eine Zeichnung als ein "drittes Sein" zwischen natürlichen und übernatürlichen Dingen[1051] - die das zu Nahe wie das zu Ferne im Dreierschritt der Zeit (in ihrer Verschränkung) zur Ansicht bringt - eingetragen und die Spannung der Elemente und der Tiefenkonstruktion in ihrer »Stimmung« im Sprung des Blicks vermittelt werden, um Ort und Zeit in ihrer Ausgedehntheit zu erkennen.

Mit dem Sprung, dem Umbrechen des Blicks, der im Sehfeld das Qualitative mit der Front zum Selbst und zur eigenen Geschichte hat, zu den Karten der res extensa, die das von ihm Entfremdete mit enthält, kann eine Sehfeldverschränkung in der Reflexion gelingen. In der Lücke des Miteinander von erzählender Zeichnung und Satz[1052], im Miteinander von Stadt und Landschaft, von Ferne und Nähe, von Neuem und Altem, Materialem und Ersehntem, Kontinuität und Diskontinuität, innen und außen, oben und unten, rückwärts und vorwärts, in dem die Doppelteilung der Räume und der Zeiten[1053] erscheint, dehnt sich - analytisch - die Distanz, synthetisch das Miteinander vom Schwimmer im Strom und der Karte des »fragenden Durchmessers« aus.

Wünsche und Sehnsüchte, Ziel und Heil, die von der Schwere und der Abgetrenntheit der Körper im Raum sprechen, sind im Fernbild des Doppelhorizonts der Vedute auszumachen. Das zu Nahe und zu Ferne, dem das Vorverständnis der mitgehenden Reflexion zu schnell Erklärungen liefert, wird in der Spannung von Nahfeld und Horizont,

---

[1049] Nach Bagrow/Skelton 1963, S. 33 ist *Anaximander* der erste, der eine Weltkarte gezeichnet haben soll.

[1050] Elias 1987, S. 71, S. 73, vergl. 1977, S. 40 den Begriff der "Landkarte".

[1051] Anmerkung siehe Anhang.

[1052] Ich denke hier vor allem an die *Caprichos* und *Desastres* von Goya, vergl. Fundación Juan March 1989.

[1053] Rosenstock-Huessy 1956, S. 291 f, mit der Zeit muß die Analyse anheben, denn im Raum als der "vierten Dimension" der "dreidimensionalen Zeit" von Vergangenheit, Gegenwart und Zukunft herrsche der Tod.

von Einzelszene und Hauptszene[1054] komplementarisiert, in deren Miteinander die »Stimmung« den Zustand des Fehlenden anklingen läßt.

Dem Miteinander und Nacheinander von Bilderverbot und Begriff muß noch einmal nachgegangen werden, da eine Schwächung und Irritation der vorgelagerten Bildlichkeit, im Denken dieser, vermutet werden kann; so daß die Geschichte des Fehlenden als Ungewordenes und als Unentfaltetes, das sich zeitlos im Kairós und versteckt im Zyklus wiederholt, entdeckt werden kann.

Gerade weil das Denken in Bildern der Telluriker und der Träumer die Zeit im Raum fixiert und der "Schlaf der Vernunft .. Ungeheuer [gebiert]"[1055], wie uns Goya deutlich gemacht hat.

Die Caprichos (wie Desastres, Tauromaquia und Disparates) Goyas zeigen durch das reflektierte Diaphragma in der Spannung von Zeichnung und Schrift den Ort auf, in den das dargestellte Thema hineingestellt ist: in die Landkarte der res extensa der Inquisition, deren Ratio ein eiskaltes Klima für das einfache Leben erzeugte: "Dieser Staub" ("Aquelles polbos")[1056].

Der Zeichner und Erzähler, der gegen dieses Klima einspricht, verbirgt seine Rührung, seine Sorge, seinen Zorn und Ekel um die zugerichtete Ortlosigkeit des Lebens am Schandpfahl nicht, das, mit den Plätzen von Hohn, Häme und Roheit umgeben, oder, eingesperrt in die Stille einer verschachtelten Kerkerwelt, selbst hier noch der Gier der Dämonie der Unzulänglichkeit ausgesetzt ist.

Wenn die Flucht aus umfriedeten Räumen, aus fallenden Zeiten auch das thanatische Produkt der Verinnerung der Innerlichkeit ist, erzeugt durch die eiskalten Klimata der res extensae der Geschichtsdeterminismen, sind doch der Aufgang und Horizont durch ein entsteigendes Fliehen zum utopischen Standort möglich, von dem aus sich immerwährend der Tagtraum in den Kern des Menschen einnistet und seine Caprichos hinterläßt.

Die Theoriebildung kommt um die Erzählung nicht herum, in der die Modi der je eigenen Erfahrung mit erscheinen: Das Diaphragma solchen Miteinanders ist im Erzählen und in seinem Ton - welcher Trauer und Freude, Erregtsein und Melancholie zu Gehör bringt - selbst zu vermitteln. Hierdurch spricht dann die Auseinandersetzung mit sich und der

---

[1054]   Daß die Einzelszene die Hauptszene deutend unterstützt, habe ich von den Stichen und Zeichnungen der venezianischen Veduten des 18. Jhrdts., vergl. Dreyer 1985.

[1055]   Vergl. Fundación Juan March 1989, S. 56 das Capricho Nr. 43: "El sueño de la razon produce monstruos", das Goya ursprünglich als Titelblatt der Caprichos vorgesehen hatte.

[1056]   Vergl. ebenda, S. 45 das Capricho Nr. 23.

gesellschaftlichen Welt.

In den fallenden Zeiten, in denen die unreflektierte Raumkategorie noch das Denken des Zusammenhangs der geschichtlichen Zeit beherrscht, sollten die destruierenden Modi der Situation der Frage, die fern von einer solidarischen Ordnung sind, nicht mehr gelten. Das Frageverbot im Modus des Verhörs an die Natur und an die Natur des Menschen hat sein »anderes« Äquivalent im anthropologischen Geheimnis, das, wenn es herausgefragt, lediglich zerstört wird und die Fähigkeit zur Sinnstiftung und zum Aufbruch im Miteinander zerbricht.

Frage Nicht
Wie sehr ich dein, soll ich dir sagen?
Ich weiß es nicht und will nicht fragen;
Mein Herz behalte seine Kunde,
Wie tief es dein im Grunde.

Oh still! ich möcht sonst erschrecken,
Könnt ich die Stelle nicht entdecken,
Die unzerstört für Gott verbliebe
Beim Tode deiner Liebe."[1057]

Solcherart Fragen, die Angst vor der Einsamkeit, dem Abgetrenntbleiben ausdrücken, verdeutlichen, wie noch in bester Absicht der Thanatos wirkt und daß die Todesfrage nicht "unverfügbar" bleibt[1058]. Diese Fragen nach der Liebe Sicherheit und der Erlösung Ankunft gehören zum *Gebot des Frageverbots* im paradiesischen Zustand[1059]. "Das Frageverbot wird nicht erlassen, um die Antwort zu vermeiden, sondern um die Frage fernzuhalten". Weil diese Frage den "Frager dem Gefragten gegenüber selbst entmächtigt"[1060]. Dieser Frager steht dann am Anfang des Kreises seiner Fraglichkeit, seiner Gefangenheit.

Das *Gebot des Frageverbots* im paradiesischen Zustand kehrt in der "unkonstruierbaren Frage" als "unbetrogenes Ahnen" "am wesenhaftesten" wieder[1061]. In ihr erneuert sich das Geheimnis des anthropologischen Kerns, der die »Todesfrage« nicht mehr vererbt und ein zu frühes WOZU in die Augen der Kinder treibt.

1057   Lenau 1971, S. 282.

1058   Pöltner 1972, S. 282.

1059   Vergl. Heinrich 1952, S. 138 ff über "die Selbstauslegung des Fragens in der religiösen Überlieferung, in Märchen, Mythos und Sage".

1060   Ebenda, S. 142, S. 154.

1061   Bloch 1969, Bd. 10, S. 120, vergl. 1964, Bd. 3, S. 209 ff.

AUSLEITUNG UND FORTSTIMMUNG

ZUR FRAGE DER DIALEKTIK VON EINSSEIN UND TRENNUNG

"Einssein" ist verbundenes Geteilt- und Getrenntsein. Das Moment des Einsseins entsteht durch seine fortwährende Wiederherstellung der Beteiligten auf dem Grunde der Selbstüberschreitung und durch das Vermögen, durch "Leidenschaft oder Entschluß"[1062] einem Anderen zu begegnen, ihn als Gegenüber zu finden.

Die je historisch vorhandenen Bindungen, Gebundenheiten und Verbindungen zwischen Natur und Mensch und zwischen den Menschen bewegt sich von der namenlosen Fraglosigkeit eines erfüllten Zustandes zur Fragwürdigkeit eines brüchigen Zustandes. Das gilt sowohl für die Liebe als auch für allgemeine soziale Gestalten, besonders bei einer Zweck-Mittel-Rationalität, die die Kraft der Bindungen und ihrer Geschichte einfach verbraucht. Doch es bleibt auch eine Beziehung von Fraglosigkeit zur Fragwürdigkeit *in* den Individuen und *zwischen* ihnen durch aktuelle Bedürfnisse, Interessen, Wünsche und Sehnsüchte, gleich einem Seil, ausgespannt.

Die Bindungen beruhen primär auf dem Gefühl, auf seelischer Bezogenheit und Vermittlung (wie bei der "Exklusivität der Liebe"[1063]) und einer raumbezogenen Einheit (wie "Heimat"[1064]) oder primär auf dem Bewußtsein einer "gleichen Lage"[1065] (wie der Klasse), eines gleichen Interesses (wie Verbände, Vereinigungen und Faktionen, eben auch Herrschaftsverbände, Genossenschaften und Parteien) und eines gleichen sozialen "verbundenen Willens"[1066] (wie Religionsgemeinschaften, chiliastische Bewegungen oder Nationen[1067]).

1062   Simmel 1906, S. 7.

1063   Simmel 1984, S. 22.

1064   Vergl. Bausinger 1980, S. 23: "Heimat als Identität nicht als Verhaftung".

1065   Vergl. Simmel 1968, S. 331.

1066   Tönnies 1931, S. 183.

1067   Anmerkung siehe Anhang.

Dem Einssein gehen eine *Einheit* wie bei der Mutter-Kind-Dyade, der Familie, dem historischen Verhältnis von Individuen in ihrer Gesellschaft mit dem dazugehörigen Raum der Lebenspraxis und eine *Einigung* voraus, in denen ein Sollen und Wollen der Beteiligten wirkt. Das "Müssen", "Sollen", "Nichtdürfen", so Tönnies[1068], sei es gefühls- oder bewußtseinsgeleitet, bindet den Einzelnen, wie es seine Möglichkeiten für ein Ungebundensein affiziert.

Das Sollen im Prozeß des Einigseins "ist nur der Name für den praktischen Aspekt, den dies Verhältnis für das Individuum besitzt"[1069]; bei einer Übermächtigung des Individuums jedoch oder einem Weltentzug[1070] vom für ihn wirksamen Allgemeinen, durch die die Spontaneität in sozialen Automatismus umschlägt, die Eigensteuerung des Einzelnen verloren geht, zeigen sich die Sollenspostulate - gerade auch "neben der bewußten Selbstkontrolle" in der "automatisch und blind arbeitende[n] Selbstkontrollapparatur"[1071] . offen in ihrer *transpersonalen* Tendenz: "Die Person ist dadurch in Frage gestellt, *daß* sie kollektiviert wird"[1072].

Die Natur in ihrer Identität von Produktivität und Produkt gerät, da die menschliche Bearbeitung, der empirische Gebrauch immer auf "Aktualisierung" und "Entaktualisierung" ihrer Kräfte aus ist[1073], in ihrer "Produktivität als Subjekt"[1074] unter ein Sollen, das sich in seiner transqualitativen Tendenz zeigt:
Das Übergehen der "absolute[n] Produktivität .. in eine empirische Natur" muß nicht "empirische Unendlichkeit" im "unendlichen Werden" sein, sondern kann in der Natur-für-uns Verendlichung des Qualitativen bedeuten. Das ist die Erweiterung der Grenzen der "Natur als Objekt"[1075], auf die nun die Empirie der *Entaktualisierung* ihrer Kräfte gerichtet werden muß. Vom Aspekt der Produktivität der Natur ist die Möglichkeit einer Verendlichung des Qualitativen nicht vom ökonomischen Arbeitsbegriff zu trennen: "Wonach die Arbeit des Menschen durch ihre Undurchschautheit ihm sein fremdes »Schicksal« macht"[1076]. Dies "fremde Schicksal" betrifft auch den Mitproduzenten

---

[1068] Tönnies 1931, S. 182.

[1069] Simmel 1987, S. 177.

[1070] Vergl. Anders 1984, S. XII ff.

[1071] Elias 1977, S. 317.

[1072] Buber 1936, S. 93; Hervorhebungen G.K..

[1073] Vergl. Wittfogel 1970, S. 482 f.

[1074] Schelling 1858, Bd. 1.3, S. 284; vergl. Schmied-Kowarzik 1984, S. 161.

[1075] Schelling 1858, Bd. 1.3, S. 285, S. 284.

[1076] Bloch 1985, Bd. 4, S. 204.

Natur[1077].

"Nicht also wir kennen die Natur, sondern die Natur ist apriori ... Aber ist die Natur apriori, so muß es auch möglich sein, sie als etwas, das apriori ist, zu erkennen"[1078].

Wie das Sollen nicht im Menschen und in seinem Naturverhältnis aufgeht, sondern aus ihm einen Anderen und etwas Anderes[1079] macht, geht auch das Wollen, das "sich in einem Können [erfüllt]"[1080], nicht in den Formen als Zielen und Zwecken auf: die Formen werden durch das Wollen und Können der Individuen im Bewußtsein ihrer Gebrochenheit überschritten, wenn sie nicht gar widerwillig beachtet werden. Simmel nennt das in seiner Analyse der Moderne den "Kampf des Lebens gegen die Form überhaupt, gegen das Prinzip der Form", da das "Leben" als "Schnittpunkt" gesellschaftlicher Sollenspostulate und der sich erschöpfenden Existenz, die im Ringen nach Ausdruck Mehr-Leben verlangt[1081], nicht von den Formen beherrscht sein will.

Alles soziale Wollen der Menschen, das in Verbindungen eingeht, ist vom "Kampf des Lebens gegen die Form" her gesehen transformal bzw. transsystemisch:

Sei es, daß Erlösung durch Glück vom geliebten Gegenüber gewollt wird, der nicht erlösen kann und die Bindung lösen muß, sei es, daß widerwilliges und subversives Verhalten einer »ungeliebten« Körperschaft gegenüber - von der das Sollen ausgeht und durchgesetzt werden kann - diese langsam zerstört. In dem "Erlöst-sein-Wollen" und dem "So-nicht-haben-Wollen" geht der Impuls des Wollens über die Form hinaus.

Beiden Verhaltensformen ist "ein Riß zwischen Gefühl und Denken"[1082] eigen, in denen der Zweck allein maßgebend geworden ist, das Wünschen überwiegt, die Lust zurücktritt - sie macht der "Zweckvorstellung" Platz - und die Unterlassung reflektiert zur Tätigkeit wird. Dies nennt Tönnies das "rationale Wollen", dem er ein "organisches Wollen" gegenübergestellt hat, das, im Gefühl gründend, "erst allmählich Vorstellungen in sich hineinbildet"[1083].

1077   Vergl. auch Habermas 1982, S. 218: "Die Materie, als das Reich der Natur, kann erst zur Grundlage des menschlichen Daseins werden, wenn das wirtschaftliche Reich der Naturnotwendigkeit zur Basis eines gesellschaftlichen Reichs der Freiheit gemacht ist."

1078   Schelling 1858, Bd. 1.3, S. 279.

1079   Anmerkung siehe Anhang.

1080   Tönnies 1931, S. 185.

1081   Simmel 1926, S. 7, S. 10 f.

1082   Tönnies 1982, S. 75.

1083   Ebenda, vergl. S. 71, S. 70.

Doch ist die Trennung von Mittel und Zweck scheinbar auch gegeben, wenn die Formvorstellung des Zwecks approximativen Charakter hat und gleichwohl an den Beweggründen der Ablehnung einer Form ein Überwiegen des Gefühls ablesbar ist.

In diesem Beieinander von doppeltem Wollen, dem organischen und rationalen, macht sich das *Herausarbeiten* des vom Zweck abgetrennten Mittels deutlich: Die Internalisierung der Verkörperungen (die als Zwecke ja auf von außen vermittelte Einheit zielen) der anthropologischen Kluft zwischen Sein und Haben, zwischen "Nichtigkeit und Transzendenz"[1084], bestärkt gerade in der fühlbaren, geschaffenen Ordnung der Ortlosigkeit ein Wollen zur Verschlingung zwischen Sein und Haben, zwischen Nichtigkeit und Transzendenz, in dem die "sittliche Gesetzmäßigkeit"[1085] als "individuelles Gesetz"[1086] spürbar und sichtbar wird.

Das individuelle Gesetz, das im doppelten Wollen die "einheitliche individuelle Ganzheit"[1087] des Lebens als seine Sittlichkeit im Allgemeinen verkörpert, ist dort zu erblicken, wo durchs Denken Empfindungen und Gefühle genauer werden und zweckhafte Formvorstellungen in ihrer Approximation gefühlshaft - in Wahrnehmung der "Stimmung"[1088] in jeweiliger *historischer* Lage - auf eine lebentragende Zweck-Mittel-Relation überprüft werden.

Das doppelte Wollen, gleichermaßen wie das "individuelle Gesetz", im historischen Prozeß, der vom Fremden Gesetz beherrscht war, durch Verinnerung und Reflexion herausgearbeitet, geht in seiner Tendenz auf einen Begriff von Freiheit des "Bei-sich-selbst-seins"[1089] mit der "Struktur des im-*Anderen*-bei-sich-selbst-Seins"[1090] und auf einen Begriff vom Allgemeinen als *subjektiver* Realisierung von Allgemeinheit, als "Verwirklichung des Menschen als Mensch"[1091].

Soweit die individuelle Bearbeitung des Widerstrebens und des Widerstands formauflösenden Charakter hat, ist sie doch als Sucharbeit, die das Leiden an der "Leidenheit"[1092]

[1084]   Plessner 1981, Bd. IV, S. 419.

[1085]   Simmel 1923, S. 200, vordem von außen gesetzt und von innen gestaltet.

[1086]   Simmel 1987, S. 174 ff.

[1087]   Simmel 1923, S. 219.

[1088]   Simmel 1957, S. 141 - 152.

[1089]   Hegel 1970, Bd. 12, S. 30.

[1090]   Görland 1978, S. 8.

[1091]   Theunissen 1981, S. 6.

[1092]   Tönnies 1979, S. XVI.

im Ausdruck abzuschaffen sucht, eine *Kulturalisierung* des Risses, der Kluft zwischen
Gefühl und Denken, zwischen "Arbeit und Glück"[1093]. In dieser Kulturalisierung werden
die tätigkeitsfliehende Sehnsucht und die formfixierte Sentimentalität als Form des
Überschreitens gestaltet. Als ausweichendes Verhalten sind beide Formen be-dacht und
verbergen Trauer und Klage über das Veralten des Hervorgebrachten in seiner Extension
und seinem Entschwinden durch den Prozeß der Aufhebung von historisch fixiertem
Konkreten.

Da - anders als in der Natur - das bürgerliche Gesetz von außen "unter grundsätzlicher
Indifferenz gegen die Totalität des Subjekts" gewirkt hat, war das "Nichtpassen" des
Einzelnen in seiner Besonderheit "in unbegrenztem Maße möglich"[1094]. Dieses
"Nichtpassen" nun, diese historisch hervorgebrachte Nichtigkeit des Subjekts, führt zu
Überschreitungen, in deren Zentrum Formauflösungen stehen, die als emanzipative
Bewegungen zu verstehen sind, obgleich hier in reflektierter Rückkunft des "unbegrenzten
Maßes" der Nichtigkeit des Einzelnen neue Irrtümer möglich sind.

Überforderung   und   Unterforderung   sind   formdurchbrechendes,   menschliches
(zusammengefaßtes) Wollen. Insofern hat sich in der Moderne das Heraustreten aus dem
Einssein, da wir uns doch nur in Formen bewußt werden können, wie Simmel sagt, als
eigene Form konstituiert. Der Widerwille, der Widerstand gegen die sozialen Formen und
die dadurch zuwegegebrachte Trennung von Form und Inhalt liegen in der Verkehrung der
gesellschaftlichen "Verhältnisse der Personen in ihren Arbeiten selbst" in "sachliche
Verhältnisse der Personen und gesellschaftliche Verhältnisse der Sachen"[1095] begründet.

In diesem Fremdwerden der eigenen Produkte in der Warenproduktion und dem
Erscheinen   der   gesellschaftlichen   Verhältnisse   "als   gesellschaftliche
Natureigenschaften"[1096] an den Warendingen, gerät das Wie der Reproduktion dieser
Prozesse aus dem Blickwinkel. Fixiert an den Tauschwert der Ware und seiner selbst als
Arbeitsvermögen wird die Not des Produzenten, sich nur durch entfremdete Arbeit in den
verkehrten Verhältnissen reproduzieren zu können, zur Gunst der Verwertungsseite, des
Kapitals.

So reproduziert jeder sich selbst als Beteiligter dieser Bindungen, die das Trennende
symbolisieren: "Der Kapitalist produziert die Arbeit als fremde; die Arbeit produziert das

---

1093   Vergl. Tönnies 1982, S. 81.

1094   Simmel 1987, S. 183.

1095   Marx 1979, Bd. 23, S. 87.

1096   Ebenda, S. 86.

Produkt als fremdes. Der Kapitalist produziert den Arbeiter und der Arbeiter den Kapitalisten"[1097].

In der fortwährenden Widerherstellung des Verhältnisses von Not und Gunst, der fremden Arbeit und der verkehrten gesellschaftlichen Verhältnisse, in der das Sollen erdrückt, wird ein Ausweg in und mit der Liebe gesucht. Doch gerade in der Not der existentiellen Lage, nicht mit sich einssein zu *können*, ein Gegenüber zu brauchen - das Gebrauchtwerden wird dann zur zugewiesenen Stellung in der Liebe -, wird die Liebe vierfach untreu und der Mensch in ihr:

Zum ersten ist der ökonomische Aspekt nicht vom Lieben zu trennen, er ist die Bedingung der Realität des Liebens. Um mit dem Gegenüber eins zu sein, müssen innen und außen getrennt werden.

Zum zweiten bedeutet ein Gebrauchtwerden immer ein sich zuordnen *Müssen*, was das Subjekt ins Sollen drängt, es zerstört (Ichaufgabe).

Zum dritten wechseln aufgrund der Bedingungen und aufgrund notwendiger Erhaltung der Ichidentität die Prozesse zwischen Ich und Du von der Verschmelzung zur Abtrennung.

Und zum vierten "schattet" eine andre Tragik noch "vom gattungsmäßigen Leben her die Liebe" an[1098]: mit dem Erzeugen, Hervorbringen, Nähren eines Kindes und dem Zuwenden zu ihm "hat dieses Leben sich selbst transzendiert, hat aus eigenen Kräften die Untreue gegen sich geboren, eine Schicht aufgetrieben, die von seinem kosmisch-metaphysischen Sein noch umgriffen sein mag, weil diesem nach Leben eben Mehr-»als«-Leben ist, in der es aber doch von seinem Gesetze, Mehrleben zu sein, abgefallen ist"[1099]. Im Ausschließen der Dritten in der Liebe und in der Notwendigkeit, die Bindung unter einer immer größeren Menschenzahl als verbindlichen Ausdruck ausweiten zu müssen, liegt der tiefste Gegensatz von Liebe und Kultur[1100].

Wird diese vierfache Gebrochenheit nicht angenommen, nicht verstanden - durch die uneinsehbare Ferne zum Anderen in ihr ist sie ja mit starker Angst verbunden -, so führt der Ausweg solcherart existentiell in Not Geratener, auf der Suche nach einem Bruch, weiter nach innen. Hier wird das Verhältnis von Not und Gunst wiederholt: Das Kind wird "narzißtisch" besetzt[1101] und muß sein Leben in der Wahrnehmung des körperlichen

---

1097   Marx 1974a, S. 362.

1098   Simmel 1984, S. 28.

1099   Simmel 1984, S. 28.

1100   Vergl. Freud 1974, Bd. IX, S. 231 ff.

1101   Miller 1979, S. 63; Mahler/Pine/Bergmann 1980, S. 100 nennen das "parasitäre Symbiose".

Alleinseins mit verstärkten Schuldgefühlen[1102] und der Angst, verschlungen zu werden,

verbringen. "Alle diese negativen Bedingungen führen zu einem Übergewicht des

Matriarchalen, der das Unbewußte und die Welt umfassenden »Großen Mutter«, an welche

sich das Ich nun in seiner Angst als »ausgeliefert« erfährt"; bei einer "überschwachen"

Mutter, so Neumann, wirkt die "matriarchale Ursituation" negativ und die Angst vor dem

Patriarchalen entsteht, die Regressionstendenz verstärkt sich[1103].

Die Loslösung aus dem dyadischen Einssein - Mahler[1104] nennt das "ein Ausschlüpfen aus

der gemeinsamen Mutter-Kind-Membran" - kann nicht einheitlich gelingen. Das

Selbstgefühl des Kindes bleibt abhängig von der Mutter, die aus eigener Bedürftigkeit her-

aus sich ein ECHO schafft. Der Rückzug von der Realität und die Suche nach Erfüllung im

Innern von Bindungen beinhalten immer eine Sinnproblematik, die durch allgemeine

Entfremdungsleistungen nicht mehr lösbar ist.

Womöglich unter dem Druck von Stigmata[1105] ohne ausgleichende Stabilisierung durch

subkulturelle Werte[1106] kann eine "Vorderbühne"[1107] nur noch in einem doppelten Sollen

betreten werden. Im Festhalten an der Rolle als fürsorglicher Mutter und in der Fixierung

der Rolle des Kindes als Folge der narzißtischen Besetzung ist dies Beieinander von

doppeltem Sollen letzte Ausübung von Macht in der Rolle der "akzeptierten

Unterwerfung"[1108]. Hierin bestätigt sich die über die sozialstrukturellen Ungleichheiten

vermittelte gesellschaftliche Abhängigkeit[1109].

Die Individuation des Kindes wird in der Bedeutungsferne gesellschaftlicher Realität

Stückwerk[1110] und läßt das so Individuierte in einer Zerrissenheit zwischen

Bindungsflucht und Verschmelzungsbedürfnissen, zwischen Angst und Glück leben. In

diesem Zusammenwirken von Wollen und Sollen, in dem die Not des Einen den Anderen

---

1102   Neumann 1959, S. 82.

1103   Ebenda, S. 84, S. 85.

1104   Mahler 1955, S. 196 in: Mahler u.a. 1980, S. 21.

1105   Goffman 1968, S. 14, Anmerkung siehe Anhang.

1106   "Stil", Lebensweise, vergl. Diederichsen/Hebdige/Marx 1983. Die Herausbildung der
        "Vielheit" der Lebensstile in Zu- oder Abwendung ist an die Herausbildung der Geldwirtschaft als
        intellektuelles Prinzip der *Versöhnlichkeit und der Indifferenz* gebunden (Simmel 1989, S. 591 -
        654).

1107   Goffman 1969, S. 100 ff.

1108   Claessens 1970a, S. 145.

1109   Anmerkung siehe Anhang.

1110   Anmerkung siehe Anhang.

noch nötigen kann, wird das Einssein wortlos aber nicht fraglos.

Gelingt es im mißlungenen und "veranderten"[1111] Werden nicht, diese Gebrochenheit im Ausdruck zu verkörpern, kommen ältere seelische Schichten herauf und schaffen eine Einheit im Dämonischen, das der gelebten Angst *im* Getrenntsein und *vor* ihm entspricht: "Dämonie" als ein "Auseinander" von "Seinsgestalt und Seinsunerschöpflichkeit" sei "gestaltwidriges Hervorbrechen des schöpferischen Grundes in den Dingen", so Tillich[1112].

Diese Angst als das Herauf- und Hervorbrechen des Unheimlichen macht eine erneuerte Rückbindung an den schöpferischen Ursprung nötig - das schlecht Entzauberte hat hier mehr entweltlicht als säkularisiert[1113]. Nun kann eine vollständige Rückbindung nicht mehr gelingen, da die Bildung von interkultureller Einheit unter ihren Prinzipien der Rückbindung als Name, als Buch, als harmonische Weite, als die Stille des Todes gar, in Tätigkeit oder Leidenheit, im Gebet, im Kunstwerk oder in Worten immer heißt, das Neue von einer sinnstiftenden Mitte her in Raum und Zeit einzubeziehen, obgleich wir schon arg vom Neuen gezwungen werden, eine Einheit einer herrschenden objektiven Kultur allein durch das Leiden an ihr herzustellen. Doch, von mannigfaltigen Subjekten getragen, hilft die ältere, spirituelle Moderne, opferlos auf eine Erlösung tendierend, das in die Welt zu bringen - sie erst als eine umzuwälzen -, was bislang im Fernbild der Transzendenz verborgen blieb: das Einssein im "nicht mehr entfremdete[n] Humanum"[1114].

Dieses Humanum bedeutet nicht *Identität* von Subjekt und Objekt. Das hieße nämlich unendliche Ausdehnung des Subjekts und Objekts und wäre Nichts. "Aber die Intension unseres Bewußtseins steht im umgekehrten Verhältnis mit der Extension unseres Seyns". Und weiter: ".. ohne Widerstand ist keine Rückkehr, ohne Objekt keine Reflexion denkbar"[1115]. In dieser Beschränkung der Realität hat sich das Profane als das Historische, nicht das Messianische als Telos zu nehmen: "Die Ordnung des Profanen hat sich aufzurichten an der Idee des Glücks"[1116].

Im Hungern nach mir selbst, dem Anderen, dem Abgründigen und dem Universellen, im

---

[1111]   Vergl.Theunissen 1980, S. 240.

[1112]   Tillich 1963, Bd. VI, S. 47.

[1113]   Die Glaubensspaltung, das Staatskirchentum, die Traditionslosigkeit, die Weltfrömmigkeit und die Zurückgezogenheit auf die eigene Innerlichkeit, die Freilegung der "Existenz selber in ihrer geschichtlichen Bedingtheit" sowie die Verbindung von Oekonomie und Technik führen in Deutschland "zu einem Bruch mit aller bisherigen Geschichte". Plessner 1974, S. 88, S. 87.

[1114]   Bloch 1968, Bd. 14, S. 354.

[1115]   Schelling 1856, Bd. I. 1, S. 324 f.

[1116]   Benjamin 1980, Bd. 4, S. 203.

Trauern um das mir Entrissene in der Welt, in der Melancholie des unerfüllten Ichs ist
Religion als Rückbindung an den Ursprung, ohne Ersatz zu intendieren, Ausgang aus
systemischer Geschlossenheit, obgleich schon in der gegenwärtigen Notsituation sicher
angestrengt nach *Mitteln* zur Stabilisierung des Alten gesucht wird, in denen alte Irrtümer
sich fortsetzen. Diese Suche nach Mitteln, in deren Zentrum der Ernst des Denkens der
*Legitimations*entbehrenden steht, verhindert besonders eines:

Daß der Aufbruch in und zu einem   ungeteilten *Menschenbild* einen "Heiden-Spaß"
macht[1117].

[1117]   Podak 1985, S. 381.

HÖHLE UND HORIZONT

EIN LITERARISCHER VERSUCH ÜBER DIE VEDUTE

Viele sind noch in sich selbst geblieben, mußten es bleiben: Nur enger Notraum umschloß
das karge Leben.

Die Sehnsucht, aus der schmerzvollen Enge hinauszukommen, ergab die Kraft der blinden
Kollektive. In ihnen ist die Ferne erhoben worden: eingeklemmt in Viererreihen. Die
Verwehrung des eignen Raumes wurde in Haß auf den fremden umgemünzt. Doch die
Marschkolonne zerfiel, in der Weite verging ihr kriegerischer Impuls.

Man floh nach Hause, das ohne Dach geblieben war - erbaute sich architektonische
Merkmale zur neuen Orientierung. Das zerbombte Alte irritierte zu sehr. Das Verschüttete
wurde überbaut, winklige Linien des Alten wurden in die neue Flucht gebracht. Räume,
des Gedenkens würdig, umbenannt und umgenutzt: Sie wurden Räume der Vermeidung.

Das half sicher dem Vergessen. So wurde der Mann dämonisiert[1118], der hoffnungsvollen
Menschen ein Grab in den Lüften machte. Die in den Kellern Mumifizierten blieben eingeschlossen. Spätere Fundamente legte man tiefer. Im Aushub verschmolzen die Zeiten, in
ihm wurde alles gleich.

Die Frontlandschaft hatte nun ihren Widerschein am Himmel: die Generation, die mit der
neuen Zeit marschierte, stand unter ihm in einer Landschaft, in der selbst die Wolken verändert waren[1119]. Wolken als immer wiederkehrende Denkmale.

Der zerbrechliche Mensch hatte die Übermacht der Räume[1120] zerstört: die Welt ist uns
eingesperrt worden. Doch man wollte hinaus, zu etwas kommen. Rasch hatte man
Bindungsreste, uralte Hoffnungen und fast vergessene Bezogenheiten mobil gemacht.

Tief Empfundenes ließ man achselzuckend hinter sich. Wenig blieb übrig. Kinderleichter
Weg nach vorn. Beschwerte Kinder folgten im leichten Gewand. Wer jetzt noch festhielt,
setzte zu.

Das Warum von Woronesch[1121] hat man durch Beschleunigung im vertraut gehaltenen

---

1118   Vergl. hierzu den Begriff der "dämonischen, ungebundenen Macht" in: Bilanz des zweiten
        Weltkrieges 1953, S. 23.

1119   Benjamin 1980, Bd. 5, S. 439.

1120   Vergl. den Begriff des "Todesraumes", Rosenstock-Huessy 1956, S. 292.

1121   Borchert 1988, S. 250 f.

Zeitraum so weit hinter sich gelassen, daß wir Nachreichskinder annahmen, es sei verdrängt.

Nein, es ist verfahren.

Aus den Sümpfen der Zellen - der Häuserzellen, Gräberzellen, Ährenzellen, Bücherzellen - sprang es hervor und kühlte klar den flirrenden Spiegel der Sommerluft auf der Asphaltstraße zum Sonntagskaffee nach dem Irgendwo der Wegweiserhorizonte. Schon längst waren sie der Reklame verdächtigt, nun klärte sich auf, daß Straße, Wegweiser und Ausflugsort - gar noch der Rundwanderweg - gegenseitig auf sich verwiesen und daß die ganze Schönheit, das ganze Glück wohl doch vor dem Warum nur zu finden sei.

Die Vereinigung der Örter gegen das Erinnern, ihre Kontrolle über das Schweigen, machte mich ängstlich weit. Eine Weite, die, von innerer Unermeßlichkeit erzeugt, auch von ihr beseelt wurde. Der wachsende Körper hatte zwar Schutz, aber wenig Halt. Sie bot Platz für ein Anderes, doch wurde der Gleichgewichtssinn gestört: Die Einverleibung war historisch abgelöst.

Ziele dürfen doch nicht verlorengehen, schweifte der Blick - und von Wegweiserhorizonten darf man sich sonntags nicht verwirren lassen.

Werktags, da ist es einfacher, da wird gebaut, geschrieben, gezäunt. Da soll das Werk - manchmal das Glück - fertig werden, termingerecht. Ja, und dann ist alles wieder auf Null, und sonntags springt es aus den Zellen heraus, und du schreist ein Wort, das weit hinter Vater und Mutter schallt.

Als ob es an alle Zeit hinanreicht, schwillt es an, aus sich heraus. Noch heute.

Die Anspannung war kollektiv, der Impuls fürsorgerisch. Die Gestalt trat zurück zugunsten einer Armut, die man mit Material und Standortwahl monetär kontrastierte. Das Karge wurde zum Prinzip.

Der Verzicht und die Erfahrung der Kargheit in den blinden Kollektiven ist zur Anschauung gebracht worden. Nun zog die Masse um - ohne soziale Bindungen. Was im Ornament der Masse ohne Ausdruck geblieben war, trat ubiquitär hervor: Der innere Notraum gewann Gestalt im kollektiven Zusammenhang von Reihung und Raster. Versorgt und eingeschlossen ward die Masse noch niemals aufgelöst.

Das Solitäre verschwand hinter Lochfassaden. Nichts war hier mehr in den Schatten gestellt. Man sah eine Zeit herankommen, in der Kraftspannungen aus reiner Energie das Tragwerk der Häuser bilden würde. Ihr Schutz läge dann vor allem in der

Trümmerarmut[1122].

So gleißend lag das Licht der Moderne auf den Behausungen. Doch innen war es recht eng. Man richtete sich taghell ein für eine ferne Aussicht.

Selbst war man noch unbehaust.

Der Feierabend wurde bebildert.

Schon die Funzel machte damals den Nachtraum im Block nicht weiter oder traulicher. Das fahle Zucken der Bilder heute skandiert Ereignismassen, die so in die Flucht gezwungen werden, wie die Fensterreihen es schon sind. Da bricht niemand auf ins Weite. Die Leibungen stürzen nicht heraus. Ihre geometrische Strenge gibt dem Licht der Bilderfetzen einen Halt zum Verzweifeln.

Der Marsch als ein Modus der Aneignung der Welt der Alten ist nun eingewohnt im Raum. Er ist offener geworden. Das Perspektivische verschwimmt, soll nun zurückgewonnen werden durch architektonisches meublement, auf das es das Erlebnis der Einzelnen evocire.

Dazu gehört das Fest. Im traditionellen Gewand wird Überholtes stolz getragen. Wiederholtes schamhaft bedeckt.

Das feudale Fernbild, vergangener Ausblick aus dem Kastenraum der Perspektive, wird nun ersetzt durch großzügige Selbstbildnisse, deren Formen Unterkünfte in sich bergen.

So wird der offener gewordene Raum zum Aufmarschraum für ganz neue Erlebnisse in überraschender Distanz:

Gier und Trauer wachsen im Publikum geheimnisvoll zusammen. Die Kraft der Phantasie wird an die Deutung der Bilder verschwendet - wie die Gefesselten in der Höhle Platons die Schatten interpretierten - die Aneignung des Raumes umgangen: noch immer stimmt der Boden nicht.

Doch der Leib "wohnt Raum und Zeit ein"[1123], er ist nicht nur in ihnen. Blieb im Marsch der Kollektive der Leib geschützt, ist er hierin auch verdeckt worden. Im Blick auf ein Ziel in zweckgerichteter Bewegung war die Welt nur geometrisierend vor-gestellt[1124].

Die Bewegung ohne Umwälzung, die bloße Skandierung der Zeit[1125], macht müde, läßt

---

1122 Vergl. das "Atomhaus" Schoszbergers am Innsbrucker Platz in Berlin, in: NEUE HEIMAT 1956, S. 110 f.

1123 Merleau-Ponty 1966, S. 169.

1124 Vergl. Gölz zum Verhältnis von Ich und Raum 1970, S. 189 ff.

1125 Vergl. Kracauer 1977, S. 41.

den Wunsch nach Verlangsamung aufkommen. Die Füße werden wund und man droht zu fallen, herauszufallen aus den Kollektiven. Das ist eine Hinwendung zum Schmerz des noch unentdeckten Körpers. Herstellung der neuen Wirklichkeit.

Zwar hilft der Rückzug ins Zentrum des Selbst, wo man sicher ist und der umschließende Raum nicht mehr droht, doch wird hier das Eigenste fremd. Das Eigenste, das umgestaltet sein will, wird dem äußeren Impuls zugedacht.

Wir fahren schneller. In einer Welt aus vier Wänden ohne Schutz. In der äußersten Grenze der Fremdheit wird selbst der eindringende Lichtstrahl zum *glühenden* Stab. Bis zur Unverstehbarkeit hat sich die Welt da draußen verändert.

Im Zusammenpressen der Zeiten schwinden die Sinne. Schwindel überkommt uns. Die Angst vor dem Fallen nach rückwärts ist groß. Wäre der Tanz schon erlernt, er hülfe einen präsentischen Raum[1126] zu schaffen. Verlockend wäre die Rückwärtsbewegung.

Hier läge der Sprung in die Praxis. Der Körper wird in der Bewegung des Leibes. Dem Territorium[1127] entwächst sein Symbol[1128]. Ist hier noch keine Weite, erschafft sie der Gesang. Geste und Gesang geben dem Auge ein neues Ziel: den Anderen. Er ist es, der im gestischen Raum uns anruft, uns fragt, das Grenzhafte des Miteinander teilt. Die Grenzen zwischen ihm und mir sichtbar macht und spannt. An ihm erschließt sich auch ein neuer Horizont. Der weggewischte oder verstellte ist gebunden an die erzwungene Mobilität.

Ihre Verlangsamung läßt Herrschaftsgehäuse erkennen. Sie schauen jetzt drein, als flöhen sie in die Zeit.

Das Bild schließt sich nun.

Die Wahrheit des Erzählers verweht

Man informiert sich.

Wird inform.

Geht mit den (begrenzenden) Anderen und gegen sie über die historische Ordnung des Lebens, des Weltkreises und über sich selbst hinaus.

[1126]   Straus 1960, S. 141 - 178.

[1127]   Vergl. Trieb 1975, S. 365.

[1128]   Das Umgreifen des durch Gewalt angeeigneten Raumes wird in der Weite der Geste, die noch leer ist, ein Zuwachsen des Raumes in die Geschichte des Subjekts eingeschrieben ist. So kann sich das Symbol wieder vom Zeichen trennen.

ANHANG

Anmerkung: 9   - ÜBER DAS NICHTSEIN -

Natürlich *ist* das Nichtsein nicht. Und doch wird es im Warum gefaßt. Es übersteigt in der
Scham vor dem Blick des Anderen und, indem ich diesen Blick wahrnehme, meine "ganze
Gewöhnlichkeit" (Sartre 1987, S. 299 f).

Hier werde ich der Grenze von Leib und Körper, von Körper und Seele gewahr, wie sie im
Gewahrwerden überschritten werden kann oder durch die Kraft eines hierin auftretenden
Imperativs, die vorgeschriebene Richtung einschlägt. D.i. das Nichtsein des Anderen als
Substanz ohne Vermittlung zur eigenen Sich-selbst-Gleichheit. Doch ist in dieser Form der
Beschämung auch die Möglichkeit gegeben, einer "zerstörerischen Dynamik" am Nichtsein
des eigenen Seins innezuwerden (vergl. Finkielkraut 1987, S. 42).

Das Nichtsein, das nur am Anderen[1129] und an den Anderen ist, meinem Für-mich-selbst-
Gleichsein gegenübersteht, sei das Erkanntwerden "oder seine Erkennbarkeit" selbst, sagt
Solger (1826, S. 220). Das Nichtsein wird bestimmt durch das bestimmte Etwas des und
der Anderen. Diese Verknüpfung von Sein und Nichtsein - als ein "seyndes Nichtseyn"
(ebenda, S. 253) - "sey sein Erkennen" (ebenda, S. 220).

In der Situation des bestimmenden Bestimmtseins erscheint eine ursprüngliche Einheit als
"die vollkommene Einerleiheit des Erkennen und des Seyns" (ebenda, S. 260) *und* das
Wesen der unendlichen Verschiedenheit in der besonderen Einheit des Erkennenden.

Das Nichtsein ist also das Andere des Seins. In und mit ihm verknüpft und verwirkt. Das
Nichtsein steht dem Sein gegenüber, es trennt, es reibt sich an ihm, droht es zu über-
kommen und flieht es zugleich.

Durch das "Moment" der *Frage* passiert eine Differenzierung (vergl. Simmel 1968, S. 527
ff), eine sich verzweigende Weiterung und das "Ungewordene" (vergl. Brugger 1964, S. 19
ff), dessen "leeres Daß" (Bloch 1970, Bd. 13, S. 243) durch das ausgesprochene Nichtsein
in der *Frage* mit ihrem Bezug deutlicher ans Licht kommt.

Im Sehnen, aus der Geborgenheit auszusteigen, ihr zu entsteigen, zeigt sich Nichtsein in
der Doppelfigur des "ganz Anderen des Seins" und "als die unwahre, die unzureichende,
die unbefriedigende Verkörperung des Seins" (Heinrich 1982, S. 103). So wird im gefaßten

---

1129   d.i. das Ding; Anders stellt eine "Scham vor der »beschämend« hohen Qualität der selbst-
        gemachten Dinge" fest (1985, Bd. 1, S. 23). In dieser "prometheischen Scham" werden Ding und
        Mensch vertauscht und im Festhalten eines historischen Sich-selbst-gleich-bleiben-Wollens
        »desertiert« der Mensch "ins Lager der Geräte" (ebenda, S. 31).

Nichtsein durch die Frage das rechte Sein intendiert, das der Fragende noch nicht hat,
was ihm noch aussteht, bis "Nichts am Ende bleibt" (Bloch 1970, Bd. 13, S. 219).

Anmerkung: 12

Das folgende Zitat soll als Beleg einer *mißlungenen* Situation des fragenden Kindes und des
antwortenden Erwachsenen stehen, die für ein Weiterfragen folgenschwer ist:

> "Als kleiner Junge kommst du aus der Fleischerei Conolly, an der Hand deiner
> Mutter. Ihr macht euch nach rechts auf den Weg und geht schweigend an der
> Chaussee entlang nach Süden. Nach etwa hundert Schritten geht ihr landein-
> wärts, und es beginnt die lange Strecke, die bis zu Hause ansteigt. Ihr geht eine
> ganze Weile schweigend in der lauen, stillen Sommerluft. Es ist spät am
> Nachmittag, und nach etwa hundert Schritten erscheint über der Höhe der
> Steigung die Sonne. Indem du zum blauen Himmel aufblickst und dann zum
> Gesicht deiner Mutter, unterbrichst du das Schweigen mit der Frage, ob er nicht
> in Wirklichkeit viel weiter weg sei, als es den Anschein hat. Der Himmel, natür-
> lich. Der blaue Himmel.
>
> Da du keine Antwort bekommst, formulierst du deine Frage im Kopf um, und
> etwa hundert Schritte weiter blickst du wieder auf zu ihrem Gesicht und fragst
> sie, ob es nicht den Anschein habe, daß er viel weniger weit weg sei, als er in
> Wirklichkeit ist. Aus irgendeinem Grunde, den du nie herausfinden konntest,
> mußte sie diese Frage zutiefst irritiert haben. Denn sie stieß deine kleine Hand
> von sich und gab dir eine Antwort, die dich so verletzte, daß du es nie vergessen
> hast" (Beckett 1983, S. 10 f).

Anmerkung: 50

Wenn auch kraft des Geistes, so Gehlen in bezug auf Scheler, der Mensch weltoffen aber

instinktarm sei, lebe er doch von dem intelligenten Verhalten, "d.h. von der Veränderung

beliebiger Naturdaten ins Zweckdienliche" (Gehlen 1975, S. 69 f). Diese herausgebildeten

Verhaltensmuster nennt Gehlen "Institutionen", die für das Innere der Einzelperson "die

wohltätige Fraglosigkeit oder Sicherheit, eine lebenswichtige Entlastung" (ebenda, S. 72)

bedeuten. Das Innovative verliert hier seinen überschreitenden Charakter: alle Arbeit

bleibt aufs System als einer postulierten menschlichen "Natürlichkeit" bezogen.

Anmerkung: 51

Der Mensch als ein Wesen, das "Geist" hat - so Scheler - sei 1. fähig, das eigene Verhalten

"prinzipiell unabhängig von seinen Triebimpulsen" und dem Gegenteil ihrer Auswirkung,

das als "Anschauungs- oder Vorstellungskomplex" zum Gegenstand erhoben wird, zu motivieren. 2. könne dieses Geisteswesen Mensch frei Triebimpulse hemmen bzw. zurückgehaltene Triebimpulse enthemmen. 3. werde vom Mensch her die "Veränderung der Gegenständlichkeit einer Sache erlebt" (Scheler 1949, S. 41).

Der "Umweltbann" werde überwunden, "abgeschüttelt", "Weltoffenheit" entstehe - eine Offenheit, mit der ein versinkendes oder entsteigendes Bedeutungstableau fortwährend neu konstituiert werden kann. Doch auch eine Offenheit zum Leib und zum Körper als sozialem Gebilde (vergl. Douglas 1981, S. 99), als "ensemble der gesellschaftlichen Verhältnisse" (Marx 1969, MEW, Bd 3 S. 6) in natürlichem Ort und natürlicher Zeit ist hiermit gegeben: Wir *leben* "die innersomatische Trennung von Körper und Leib" (Plessner 1983, Bd. VIII, S. 397) ebenso, wie wir ein "ideiertes" (Scheler 1949, S. 50 ff zum Begriff der "Ideierung") Verschließen dieser Offenheit im Schmerz somatisierter Konflikte *fähig* sind, zu leben (vergl. Laplanche/Pontalis 1973, Bd. I, S. 271 ff zum Begriff der "Konversion").

Körperliches und Geistiges sind so Träger *eines* Sinnes, der sich in Offenheit entfaltet und nicht nur wie bei Gehlen einer "Entlastung" folgt. "Die Abgehobenheit des Vermögens der Ideation als eines menschlichen Monopols bei Scheler läßt die *Verschränkung* (Hervorhebung G.K.) im Ganzen der menschlichen Natur ebenso übersehen wie die Ausdehnung der Weltoffenheit bei Gehlen, der ... die Weltoffenheit dazu benutzt, die Grenzen zwischen Tier und Mensch zu verwischen" (Plessner 1983, Bd. VIII, S. 404). In der Be- und Erarbeitung der Verschränkungen selbst realisiert sich der Mensch als kulturelles Wesen (vergl. Simmel 1986, S. 195 ff).

Anmerkung: 72

Die Frage nach der Ordnung der Dinge heißt, nach den Bedingungen und Möglichkeiten des Ausdrucks und seiner historischen Rationalität zu fragen. Das subjektiv Mißlungene und das objektiv Mißachtete treibt hier an. Wissenssoziologisch geht es um das Problem einer Orientierung durch zureichende "Orientierungsmittel", ihrer Produktion, ihrer Wahrung und ihrer Weitergabe (vergl. Elias 1983, S. 522). Foucault nennt die Konfigurationen, die im "Raum der Gelehrsamkeit ... den verschiedenen Formen der empirischen Erkenntnis Raum gegeben haben", "das epistomologische Feld, die *episteme*" (Foucault 1974, S. 25, S. 24). Hier wird nach den Konstitutionsbedingungen des Wissens gefragt. Die Untergründe einer Geschichte des Ausdrucks werden freigelegt.

Anmerkung: 74

Daß mit der Frage das "Antiquum" negiert und das "Novum" intendiert wird (vergl. Bastian 1969, S. 138), sei vorausgesetzt. In der bestimmten Negation geht es jedoch darum, in der Objektivität der subjektiven Erfahrung das Neue nicht zu verabsolutieren, sondern im Alten und Neuen "das Nichtige des Falschen richtig [zu] erkennen und dennoch den Anspruch des Falschen auf[zu]bewahren, weil im falschen Ideologischen allein die Idee richtigen Lebens entstehen kann" (Grenz 1975, S. 74; vergl. Adorno 1974, S. 82 f).

Fragen gelingt auch nicht in der "bloße[n] Entspanntheit des Werdens", wo die Zeit "zeitfremd" verdinglicht wird und die Zukunft eine unechte ist, "weil sie unter die Vergangenheit gebeugt" bleibt, sondern nur dort, wo das Innehalten sich im "Vorsich von Ereignissen, die sich erst bilden, die weder ihrem Eintritt noch gar ihrem Inhalt nach voll bedingt, bestimmt und so voll vorhersehbar sind" (Bloch 1975, Bd. 15, S. 91, S. 90), konstituiert.

In der "Entspanntheit des Werdens" ist die Angst gedehnt und so symbolisch aufgehoben. Solches Werden flieht und birgt die Angst; es ist ein Ausdruck, sie in der Zeit aufzulösen: Die Geburtsangst wird wiederholt als Angst vor Emanzipation. "... die Geburtsangst der Freudschen Theorie kann als eine vor Freiheit bestimmt werden. In ihrem Status als Schutzlosigkeit ist diese, wie von Hegel erkannt worden ist, auch das Schreckliche; aber eines, wie er jedenfalls nicht aussprach, dessen Verweigerung das noch Schrecklichere ist, da der Tod" (Sonnemann 1981, S. 234). In der bestimmten Negation richtet sich der Einzelne gegen die Abwesenheit von Humanem als dem notwendigen "Schoß" von Gesellschaft.

Anmerkung: 75

"Grundbezogen" heißt hier das Herausarbeiten des Wesens im Werden, das Überschreiten als "Grundfreiheit" (vergl. Röd 1973, Bd. 3, S. 654; Heidegger 1949), wie in der "Freiheit zum Grunde" als "Ursprung von Grund" sich die Endlichkeit des Daseins in der Transzendenz enthüllt und die Warum-Frage im geworfenen Weltentwurf im Hinblick auf "ein Überschwung von Möglichem ... entspringt" (Heidegger 1949, S. 41, S. 50, S. 44). Hier ist das Beharrende des traumatisierten Antiquums in der Affirmation im "Gegenüber-und-in-zugleich" (Heinrich 1982, S. 164 f, Anmerkung 2) thematisiert.

Ein noch nicht durch Traumata erschöpfter, erlahmter, erschlaffter Grund als "Daßgrund" hungert nach der Intendierung des Novum: Subjekt ist noch nicht Prädikat: "... das Prädikat des zu bestimmenden Daßgrunds des Seienden muß substantiell noch herausgebracht werden; es ist in der Welt viel versucht, oft gestaltend umkreist, noch nie zentral gelungen" . Im Hungern und Fragen erscheint das Nicht-Haben, "und so das Daß ist", (Bloch 1970, Bd. 13, S. 220 f, S. 216).

Anmerkung: 92

Das Buch der Fragen ist ein Befragen der Wörter, in denen die Welt existent wird; "denn Existieren bedeutet mit dem Namen verwachsen" (Jabès 1989, S. 27). "Heißt Schreiben nicht auch noch die Ontologie und Grammatik vermischen?" fragt Derrida (1989, S. 119) bei der Suche nach der Differenz von Rede und Schrift in Jabès' Buch. Das Buch der Fragen, ein Roman über Sarah und Yukel - ist eine Meditation über die Wurzel der Schrift, des Schriftzeichens, des Buches. "... es handelt sich um einen gewissen Judaismus als Geburt und Passion der Schrift" , die die Geschichte einer "aus dem Buch hervorgegangenen Rasse" (Derrida 1989, S. 102) in der "Geschichtlichkeit" erzeugt.

Anmerkung: 100

Merleau-Ponty sieht hierin auch den Unterschied zwischen Wissenschaft, die "glaubt, ihr Objekt überschauen zu können", und Philosophie, in der "der Fragende durch seine Fragen selbst in Frage gestellt wird" (1986, S. 47). Schärfer faßt das Problem Plessner: "Den Menschen als offene Frage behandeln heißt, die Entscheidung über den Primat von Philosophie, Anthropologie, Politik offen lassen" (1979, S. 351). Das ist nicht agnostizistisch gemeint, sondern eine Versicherung gegen Verdinglichung und Zwang durchs Offene.

Anmerkung: 103

Bei geändertem Standpunkt, von der Tätigkeit her gesehen, entspricht das "Umbrechen des Blicks" jener Kategorie der "Drehung/Hebung" bei Bloch, der das, was nicht da ist, weil es in sich ist, im Augenblick des "Nun", das ein "Jetzt und Hier" ist, "ständig unterbrochen vom Nie und Nirgends", fassen will: "Dieses Nun und immer wieder Nun freilich ist nicht mehr nur vor- , ja unzeitlich wühlend, sondern tickend und pochend" (1975, Bd. 15, S. 83 ff).

Anmerkung: 108

"... der Kardinalpunkt meiner Theorie", so führt Tönnies aus, ist "die *subjektive Begründung* aller Verbundenheit zu betonen". So faßte Tönnies auch den Willen als das spezifisch Menschliche in Gemeinschaft und Gesellschaft, als *"appetitus rationalis"* (1932, S. 107) auf. "Willkür" bzw. "Kürwille" (Tönnies 1979, S. XXXVIII) meint im Gegensatz zum gemeinschaftsbildenen "Wesenwillen" eine rationalisierte gegenseitige Bejahung und Verneinung in gesellschaftlichen Gebilden und Verhältnissen; denn: "Man geht in die Gesellschaft wie in die Fremde" (ebenda, S. 3).

Anmerkung: 112

Das Prinzip der Unergründlichkeit meint keinen agnostizistischen Standpunkt, auch nicht, daß vom Schrecken des Unergründlichen her "das Wissen ... Schutz und Sicherheit" (Gadamer 1972, S. 226) gewähre, sondern indem sich der Mensch als Macht fasse, so Plessner, und die "Verbindlichkeit des Unergründlichen" anerkenne, nimmt er dem historisch Gesichteten, das "aus der Macht vergangener Generationen" Gewordene, "in dieser historischen Relativierung das Gewicht eines absoluten Standpunktes" (Plessner 1979, S. 321, S. 315).

Es erscheint das Prinzip der Unergründlichkeit hier nicht als ein (vorgängiger) "Mangel der menschlichen Erkenntniskräfte" oder einer Selbstbegrenzung aus Not vor dem Dunkel solches Grenzenlosen, sondern als "Voraussetzung für das Verständnis des Menschen als Können oder als Macht und damit als die Offenheit für die grundsätzlich nicht voraussehbare Zukunft" (Bollnow 1983, S. 35). Im Prinzip der Unergründlichkeit wird "das auf Formung Hindrängende" (ebenda, S. 36) gefaßt, sei es aus dem "Dunkel des gelebten Augenblicks", dem es an zeitlichem Abstand fehlt, der insofern noch unenthülltes "Noch-nicht-sein" (vergl. Bloch 1975, Bd. 15, S. 31) enthält, sei es aus dem Schmerz-Dunkel des historisch verschütteten Aufbruchs oder in der fassenden Vorausschau des auftauchenden Neuen.

Anmerkung: 113

Was bewußt nicht benannt und ausgesprochen werden kann, wird symbolisiert, noch einmal verdrängt zum "Klischee" (vergl. Lorenzer 1971, S. 79 f). Hier muß zur Erhaltung der Reflexionsfähigkeit übersetzt werden. Übersetzung zielt auf Erkenntnis und tut Erkenntnis zum Zu- Übersetzenden dazu. Jede Übersetzung ist eine von "einer unvollkommenen

Sprache in eine Vollkommenere" (Benjamin, 1980, Bd. 4, S. 151). Die Übersetzung des
»Nein« zu sich und zur Welt in ein gesprochenes Ja bedeutet, lebendig-schöpferisch an sich
und der Welt teilzuhaben: "Nicht-übersetzen wäre Verrat an der sprachlichen
Wirklichkeit", und: "die Verwandlung sprachlicher Wirklichkeit, die diese nicht zerstört, ist
übersetzen" (Heinrich 1982, S. 113).

Anmerkung: 127

Die Doppelfigur des Mißlungenseins ist die der "Analogie zwischen totaler Kontrolle und
komplettem Aufhören von Lebensgeschichte". Die Analogie kommt auch dem Zustand bei,
"der es schließlich nur noch auf Vereitelung seiner Negation anlegt (Sonnemann 1981, S.
25), trifft allerdings dann auch sein Substrat, den Vereitler selbst.

Anmerkung: 138

Boehm stellt heraus, daß "der in seiner ontologischen Bedeutung aufgeklärte Begriff der
Stimmung .. geeignet ist, die Einheitsbeziehung von Mensch und Landschaft zu bestimmen (1969, S. 63):

> "Stimmung haftet nicht an etwas Einzelnem, sie schließt nicht die gegenständ-
> liche bedeutsame Form der Dinge und ihren Problemgehalt auf, sie ist selbst
> nichts Einzelnes, »Innerliches« - sondern sie ist die Einheitsbeziehung der einzel-
> nen Elemente der Landschaft, jeder Teil ist in ihr gefaßt und geordnet, und zwar
> hingeordnet auf die Anschauung, die erst diese Beziehung als einen einheitlichen
> »Kreislauf« vollendet. Stimmung bezieht uns in ihr Wesen ein, spricht uns in
> einer Farbe, einer Nuance an und schließt *Anschauung und Anschauliches in*
> *horizonthafter Einheit zusammen*" (Hervorhebung G.K.; Boehm 1969, S. 64).

Anmerkung: 154   - HEIMAT UND FREMDE IM AUFBRUCH -

Die Auslassung im zitierten Schlußsatz von Plessners "Stufen des Organischen und der
Mensch" heißt: "... wie der Christus des Marcion ..." (Plessner 1981, Bd. IV, S. 425). Nach
Harnacks Studien - über die Bedeutung Marcions aus Sinope (geboren um das Jahr 85
n.Chr.) für die Religionsstiftung des Christentums - hatte Marcion den unbekannten und
fremden Gott, "den guten Erlöser" (Harnack 1960, S. 4) gegen den bekannten Gott der
Weltschöpfung gestellt und konsequent verkündigt. Nicht die Menschen seien fremde
Gäste auf der Erde, sondern der Gott in seiner "barmherzigen und erlösenden Liebe" ist
fremd. "Nicht kehren die Menschen durch die Erlösung in ihr Vaterhaus zurück, sondern
eine herrliche Fremde ist aufgetan und wird ihnen zur Heimat" (ebenda, S. 19, S. 20).

Diese Paradoxie von Eindeutigkeit und Fremdheit, die "Distanz und beseligende Nähe zugleich enthält" (ebenda, S. 95, Anmerkung 1; vergl. auch S. 118 ff), dem Aufbruch ein "Signallicht herwärts von Atopos" zur Heimat in der Fremde wurde (Bloch 1968, Bd. 14, S. 243), ist allbindend und vor Marcion "in der gesamten Religionsgeschichte" nicht gelehrt worden (Harnack 1960, S. 120).

Die "selige Fremde", die Erlösung zum Aufbruch durch "erbarmende Liebe" durch den das Unsichtbare beherrschenden "guten" Erlösergott (vergl. Harnack 1960, S. 121), ist die alles umspannende Figur der Hoffnung aus christologischer Sicht: eben jenes Angekommensein, das als Distanz des Sich-Fassens und des unentfremdeten Seins in der Welt etwas entstehen läßt, "das allen in die Kindheit scheint und worin noch niemand war: Heimat" (Bloch 1959, Bd. 5, S. 1628).

Den Hiatus zwischen dem strafenden Schöpfergott und dem guten Erlösergott philologisch herausgearbeitet und verkündet zu haben, war das Verdienst Marcions aus Sinope (vergl. auch Leisegang o. J. (1924), S. 271 - 280).

Dieser religiöse Gedanke entlastet den Menschen vom Leiden und von der Unerfüllbarkeit seiner Wünsche, läßt eine radikale Verinnerlichung beim Einzelnen entstehen, wie auch eine genuine Öffentlichkeit (Tönnies 1922, S. 69 f, S. 569 ff) sich gestaltet, in der der Fetischcharakter der "Selbstvergegenständlichung" "zu einer Selbstverwirklichung des Menschen in seiner eigenen Welt (Geschichte)" (Matthes 1967, S. 70) sich fortwährend neu entwickelt.

Doch mündete die Geschichte dieses Aufbruchgedankens durch die Institutionalisierung der "organisierten Religion" in einem Akzept der "Selbstentfremdung, die sie selbst dadurch verfestigt, daß sie den projektiven Prozeß auf Dauer stellt" (ebenda).

Dieses Auf-Dauerstellen der Selbstentfremdung im Prozeß des Aufbruchs zur "seligen Fremde" instrumentalisiert das Wesen des Menschen. Diese (Selbst)-Instrumentalisierung ergab historisch überhaupt erst die Möglichkeit, die Impulse des Aufbruchs zu profanisieren und die Idee des erlösenden fremden Gottes in ein dem Menschen fremdes Gesetz umzustellen, unter dem die "planmäßige Eroberung" des Glücks in der bürgerlichen Produktion, eine Eroberung eines "ewig-fremden Landes" wurde (Tönnies 1982, S. 81; vergl. auch Weber 1968, S. 357 - 381).

Diese Umstellung führt Max Weber auf eine von Kontemplation und vom mystischen, orgiastischen, ekstatischen "Erleben" einer "Außeralltäglichkeit" (d.i. das "Heilige) gereinigten religiösen Askese zurück (ders. 1981, S. 318, vergl. S. 319, S. 366 über die "Magiefeindschaft" des Christentums). In und mit der gereinigten Askese entstand eine

Paradoxie von Wirken und Wollen, die im säkularisierten wirtschaftlichen Leben wiederholt wird: "In eigentümlicher Paradoxie gerät vor allen Dingen ... die Askese immer wieder in den Widerstreit, daß ihr rationaler Charakter zur Vermögensakkumulation führt" (ders. 1976, S. 353 f; vergl. S. 259 über das "Gebet", als "Abwendung »diesseitigen« äußerlichen Uebels und Zuwendung »diesseitiger« äußerlicher Vorteile").

Das Magische, Ekstatische und das Heilige kehren nun als Verschiedenheit der kulturellen Rationalität in einer Schattenkultur (vergl. Hutten 1982) oder als "Gerücht" der Transzendenz wieder (vergl. Berger 1981, S. 108 ff), einer Transzendenz, die als "eine besondere Erfahrungsweise des Menschen" bedeutet, daß "jede Begegnung mit dem anderen im Zeichen der praesentia Dei erfahren" und durchlebt wird (Dürckheim 1984, S. 205).

Anmerkung: 157

Das, was "Fassungskraft" und "Lebenskraft" übersteigt, sei, so Kant, ein "Gefühl der Beraubung der Freiheit der Einbildungskraft durch sie selbst, indem sie nach einem anderen Gesetze, als dem des empirischen Gebrauchs zweckmäßig bestimmt wird". Die "Einbildungskraft" nötige uns "durch das Gefühl der Unerreichbarkeit der Idee durch die Einbildungskraft", "subjektiv die Natur selbst in ihrer Totalität, als Darstellung von etwas Übersinnlichem, zu *denken*, ohne diese Darstellung *objektiv* zu Stande bringen zu können" (Kant 1979, Bd. X, S. 195, S. 193, S. 194).

Anmerkung: 167

"Kierkegaards Bedeutung in diesem Zusammenhang liegt nämlich nicht darin, daß er als gläubiger Christ argumentiert, sondern in der Erhabenheit jener nihilistischen Grenzlage, von der aus er den Sprung in den christlichen Glauben wagt. Die Begegnung mit einer in jeder Hinsicht entgötterten und von jedem vernünftigen Halt befreiten Welt hat ausschließlich die Funktion, den Menschen auf sich selber in seinem bloßen Dasein zurückzuwerfen und zur Entscheidung zu zwingen zwischen der realen Selbstvernichtung und dem Glauben. Nur weil der Glaube paradox und unbegreiflich ist, bedeutet die Rettung durch ihn ein Opfer, und nur weil es zum Paradox keinen stetigen Übergang, keine allmähliche Umbildung gibt, verlangt es den Sprung als blindes und völlig ungesichertes Wagnis. Vor die Frage nach dem Grund des Seins schlechthin ohne einsichtigen Sinn kommt der Mensch für gewöhnlich überhaupt nicht zu stehen. Sie wird ihm durch die unverbindliche Auslegung der Öffentlichkeit, da sie als verbindlich einmal angenommen sind, verdeckt. Gleichwohl ist der Mensch darauf angelegt, diese verdeckende

Umgänglichkeit und Verständlichkeit des Daseins zu durchbrechen, aus ihr ganz eigentlich auszubrechen, und Kierkegaard hat als solche Vorstufe der echten Verzweiflung
Ironie, Langeweile und Schwermut analysiert. In ihnen beginnt sich der Mensch, ohne es
noch zu wissen, auf das Seiende als Seiendes im ganzen zuzubewegen, das sich ihm entsprechend vor einem Hintergrund der vollkommenen Leere und Nichtigkeit, des Auch-
anders-sein-könnens abhebt. Die eigentliche Aufgabe besteht darin, diese Abhebung nicht
wieder theoretisch-philosophisch oder moralisch, d.h. durch Rückgriff auf natürliche oder
vernünftige Sicherungen zu unterbinden und zu entwerten, sondern in vollem Maße ernst
zu nehmen" (Plessner 1974, S. 171).

Anmerkung: 170

"Die verschleierte Nebellinie, die im Norden überall Land und See trennt, erwies sich als
Grenze zwischen der sklavischen Bindung des Individuums an das Kollektiv und der
Freiheit der Person. Diesseits dieser Linie herrschten die halbnomadischen Wanderstämme
vor. Wer sie überschritt, der segelte in ein neues stolzes Ich-Bewußtsein, der segelte in die
neue Freiheit hinein, aus der die moderne abendländische Kultur erwuchs" (Borkenau
1947, S. 37).

Anmerkung: 172

Während sich Borkenau (1984) auf den keltisch-irischen Mönch Pelagius bezieht, der im
"Pelagianischen Streit" 411 - 431 n.Chr. gegen die Erbsündenlehre für ein Erreichen der
Vollkommenheit durch eigene Anstrengung antritt, verweist Mirgeler auf die Notwendigkeit
des Verständnisses der "nordischen Tradition des Urstandes" (1965, S. 12) für die europäische Kultur der Distanznahme, deren eine Wurzel die keltisch-irische "Zwischenstation"
mit der Gralssuche sei.

"Dieser Gral ist aber der Sage zufolge nicht mehr einfach da, sondern er muß gesucht
werden, und gefunden werden kann er nicht durch bloße ritterliche Taten im Stile des
Ritters Gawan (Parzivals Kontrastfigur), sondern nur durch die *Frage*, d.h. durch
Wiederaneignung einer verloren gegangenen Weisheit" (Mirgeler 1965, S. 12).

Anmerkung: 176   - ABSTRAKTION UND EINFÜHLUNG -

Simmel (1919, S. 148) verweist hier auf Worringer, der 1906 seine Dissertation über
»Abstraktion und Einfühlung« vorlegte. Im Vorwort zur Neuauflage von 1948 schildert
Worringer die Begegnung mit Georg Simmel in Paris als eine "gegenwartsatmosphärische
Verbindung" zu ihm: "daß sich in *den* Stunden ... der sturzartig plötzliche Geburtsakt jener
Gedankenwelt in mir vollzogen hat, die dann in meine Doktorarbeit eingegangen ist."
Worringer geht in seiner Arbeit dem Grundgedanken nach, daß die moderne Ästhetik, "die
vom Begriff der Einfühlung ausgeht, für weite Gebiete der Kunstgeschichte nicht anwend-
bar ist" (Worringer 1987, S. 10, S. 3).

Im Zeitalter des "ästhetischen Subjektivismus" [und einer vom Negat der menschlichen
»Welt« her geeinten »Weltgeschichte« (G.K.)] habe sich eine "Einfühlungslehre" entwickelt,
so Worringer (1919, S. 2), die "vom Verhalten des betrachtenden Subjekts" ausgehe. Mit
der Herausbildung des Kunstmarktes, der durch ein kunstkritisches Publikum, durch den
Interessenten und den Käufer bestimmt wird, ist der *Künstler* gezwungen, sich in ein
System einzufühlen. Ihm folgt der Interpret, da ein Vorverständnis für die Kunst des sich
ausschöpfenden Künstlers nicht mehr gegeben ist - oder: noch nicht. Es sei denn, es werden Topoi moderner Diskurse als Präformierungen durch die Vertreter der
Kunstöffentlichkeit dem Künstler »optional« offeriert, damit die Kunst systemisch
»anschlußfähig« bleibe.

In der Realisierung des Kunstwerkes über den Markt und in der Selbstausschöpfung ohne
die Stabilität eines tradierten Stils bemüht sich der Künstler der Doppelfigur von
Abstraktion und Einfühlung gerecht zu werden.

Nun mag solch eine Zerreißung durch die theoretische Wirkung von Manifesten und
Programmen wieder gemildert werden. Für die Künstlerin jedoch, die eher die
Wahrnehmungsweise des Neuen entdeckt hat als der Mann, ist eine "Durchsetzung" ihrer
Kunst schwerer. Nicht nur aus Gründen der stärkeren Gebundenheit an die Lebenswelt -
die Künstlerin mag vielleicht Alleinerziehende sein oder sich als Alleinversorgende durch-
schlagen - wird ihr die »weibliche Kultur« zugeteilt, auch nicht nur, weil sie zurückhalten-
der und "ausgesprochen publizitätsscheu" ist (Andersch 1977a, S. 63), sondern vor allem,
wie Andersch feststellt, weil ihr "subjektiv erlebte Wahrheit ... wichtiger [ist], als synthetische Erkenntnis" und "ihre Phantasie .. nicht objektivierend, sondern existentiell [arbeitet]"
(ebenda, S. 70).

Gleichgeltend sich in gegensinnige Richtungen einfühlend und sich im schöpferischen
Prozeß, im genichteten Standort, in der *Abstraktion* betätigend - die die äußere

Ausgangslage war -, ist ein Zustand erreicht, in dem schließlich das Kunstwerk vom Tode,
der die Sanktion von allem ist, wie Benjamin sagt, Zeugenschaft ablegt.

Auf die individuelle Existenz hin muß sich die Künstlerin, der Künstler beschützen, um
sich als schöpferisch gestaltender Mensch bewahren zu können. Auf das Verstehen seiner
selbst, der Anderen und der Vermittlungsformen über den Markt hin muß er sich in die
Lebensprozesse ausweiten, in die er sich verlieren kann. Der Interpret geht den umgekehrten Weg, nur, daß er sich schließlich im Kunstwerk verlieren kann und es womöglich
ablehnt; erregt, ärgerlich oder im negativen Schock.

Im Bestreben, sich nicht zu erschöpfen, sich nicht einverleiben zu lassen, nicht selbst einverleiben zu müssen - durch die Arbeit am Werk, die, vom Thanatos geleitet, das schöpfe-
rische Leben aufnimmt - muß die innere Unermeßlichkeit oder die "wahre Unendlichkeit",
die in das "Subjekt fällt", wie Schelling sagt (1859/1960 § 65, S. 112), geschützt und die
äußere intellektual betrachtet werden.

Die ästhetische Beziehung zur Außenwelt führt zu *sinnlichen Abstraktionen*, wie Simmel
sagt, die nicht mit den interpretativen Ordnungsleistungen einer »Dauerreflexion« zu erlan-
gen sind. Führen die Abstraktionen der »Dauerreflexion« zu einer totalisierenden
Einziehung der äußeren Welt in eine sich selbst gleichbleibende Reflexion, bewirken die
sinnlichen Abstraktionen eine »Introszendenz«, die das sich verändernde »Herüberwirken«
aus der Außenwelt als ein *Novum* konstituiert; ein Novum, das als Empfundenes und
Geschautes nicht preisgegeben wird und so im Sich-selbst-Innewerden der Reflexion diese
verändert.

Dieses nach Innenwirken des ästhetisch betrachteten Außen hat Simmel das *individuelle
Gesetz* genannt:

> "Über die Wirklichkeit des Menschen, seines Tuns, seines Werkes, schwebt, wie
> aus der gleichen Wurzel in überragende Höhe getrieben, das Bild dessen, was all
> dieses sein soll; ein Gesetz, durch Befolgtheit und Nicht-Befolgtheit nicht in
> seiner Verbindlichkeit getroffen, wird der tatsächlichen Erscheinung nicht nur
> von außen, einem wie idealen und vergeistigten Außen auch immer auferlegt,
> sondern ersteht als eine Funktion ihres gelebten Lebens selbst" (Simmel 1923, S.
> 220).

Im Kunstwerk entsteht so eine Schranke durch das Ornament des Kompositorischen
selbst, die der Betrachter gegen sich gerichtet empfindet. Sei es, daß ihm, von der Frage
des Todes her gesehen, nicht genug zur eigenen Vollendung gegeben wird, sei es, daß er,
sich im Ornament des Kunstwerks verlierend, die Leere der eigenen Weite, ihre
Unausgefülltheit bemerkt. Daß Ekel vor Kunstwerken entstehen kann, die, sich der
Sehnsüchte in den rationalen Diskursen bemächtigend, diese nur spiegeln, bleibt von der

tieferliegenden Konfrontation unberührt.

Die Notwendigkeit, das Kunstwerk über den Markt realisieren zu müssen, macht die »Dauerreflexion« einsichtig, die jedoch nur auf das Erscheinen des Produkts des Kunstwerkes gerichtet ist. Die Beziehung des Künstlers zum Markt hat ihre eigene Ambivalenz und Spannung. Vom "Markt als Denkansatz" (Clausen 1978, S. 11 - 35, die "Werbung" und "Gegennachfrage" einschließend) her gesehen, muß sich der Künstler von allen Präokkupationen des "antagonistischen Tauschs" - wenn gar noch in extremis "Ware *und* Waffe" zusammenfallen (ebenda, S. 116) - bedroht fühlen.

Es ist zwar häufig der »Choc« vor dem Kunstwerk thematisiert worden - wie auch der »Choc« einer Gesellschaft, die die Kunst ideologisch in Dienst genommen hat - jedoch ist nur wenig darüber gesagt worden, daß der *»Choc« des schöpferischen Menschen* angesichts des Versinkens und Entsteigens des »synagonistischen« Tauschs am Anfang steht. (Anderswo ist das die »Wunde« der künstlerischen Produktionsfähigkeit genannt worden).

Nicht von einem *normativen* Sollen, sondern von einem inneren Sollen geleitet, arbeitet sich der Künstler an mißlungenen Trennungen ab und drückt diese Trennungen in ihrer Wortlosigkeit aus. Das ist nicht ohne Kritik am Einheitsverlangen, das sich Sehnsüchten überläßt. Der Künstler bietet also, von diesem Gedanken her gesehen, etwas an, das auf still vorausgesetzte, aber, bei einverleibender Konsumtion, beiseitegehaltene Lebenswirklichkeit tendiert. *Gilt* aber nur der antagonistische Tausch, verschwindet das »synagonistische« Sollen selbst in den Formen jener Irrationalität, die Probleme macht und keine löst: Allzuleicht ist dann die »synagonistische« Wahrheit des Tausches auf die Seite der "Täuschung" (vergl. Clausen 1978, S. 117) geschoben.

Obgleich die Tauschangebote im Publikum wie in den Etablissements der Gesellschaft verstanden und aufgenommen werden, bleibt das Mit- und Gegeneinander des »synagonistischen und antagonistischen Tauschs« - als Bedrohung *und* Erfolg, der dann auch bedrohen kann - im Kunstwerk als Einheit der Kritik oder als Einheit des Getrennten sichtbar.

Da seit dem Expressionismus die »abstrakte« Linie vorherrscht, die für Worringer ein Zeichen der "Raumscheu" ist (1919, S. 20), die, gegen die Verworrenheit der äußeren Erscheinungen gesetzt, "vom Zufälligen des Menschseins überhaupt" erlösen soll (vergl. ebenda, S. 31), wird vom "Abstraktionsdrange" her die Vielfalt der auch gegensinnigen Motive im Ausdruck geeint. Der künstlerische Ausdruck dient der Konstituierung des Künstlers. In ihm ist die Besonderheit der künstlerischen Existenz zu einer allgemeinen Lage reflektiert und dient doch auch dem Verschließen der Person des Künstlers, was vom

Interpreten, da er erst verstehen will, nicht ohne weiteres als Mittel des Schutzes - doch auch notwendiger Vergitterung - erkannt werden kann.

Vielmehr wird vom Interpreten auf verschiedene Ästhetik und Selbstverrätselung des Künstlers verwiesen. Die Schranke oder Grenze im Kunstwerk selbst ist jedoch mehrdeutig, vor allem, weil das Ornament des Kompositorischen das Transzendente oder das »Böse« im Betrachter anruft oder verstellt. So kann das Kunstwerk den sich einfühlenden Betrachter verwirren, verärgern, erregen oder schockieren. Basiert beim Betrachter die historische »Abstraktion« auf Gefühlen, treibt ihn der künstlerische Ausdruck zu sich selbst zurück, in der Form, nun sich selbst durch eigenen Ausdruck zu befreien.

Ist im anderen Falle das Kunstwerk verrätselter Ausdruck einer besonderen Lage, spiegelt es die gesellschaftlichen Verhältnisse, d.h. es »verkörpert« die »Evokation« der Ausschöpfung der Existenz aller. Ferner ist das Kunstwerk Ausdruck des »utopischen Standorts«, von dem aus individuelle und professionelle Ausdrucksverweigerungen und individuelles und professionelles Ausdruckswollen selber thematisiert wie auch eingesehen werden können.

Hier erschließt sich das Paradoxe im Kunstwerk, das ein Licht auf den menschlichen Anfang wirft: es ist "ein Pfand dafür, daß jenes beides, Spaltung zugleich und Sicherung gegen die Spaltung, ein Auseinanderzweigen aus unserer wortlosen Wesenstiefe ist" (Simmel 1923, S. 228).

Blickt man auf das Kunstwerk in »statu nascendi« der Firnlandschaft, das als Natursymbol nicht mehr die "Schönheit des Organischen" ist, sondern die "Schönheit" des "lebenverneinenden Anorganischen", des "Kristallinischen" (Worringer 1919, S. 4) wurde, wird einsichtig, daß der Weg der Einfühlung in die Natur und in die Idealität der zweiten, den unreflektierten Abstraktionsdrang als unbefragtes Bedeutungstableau bloßgelegt hat. Wir haben uns bis ins »Kristallinische« einfühlend ausgeweitet und werden hierdurch, was im »Massenornament« als Antlitz des Todes über uns ist, im Erkennen des entorganisierten Lebens begrenzt.

Das geschieht in einer Jähheit, die der Modus ist, in dem eine gelungene Einfühlung die Abstraktion der Erkenntnis zu einem Ornament verbindet. Das Ornament des Abstraktionsdranges kann eine angst- und furchtgeleitete Schranke und ein Übergehen in die Unermeßlichkeit des Fremden sein. In der erregten Bewegung gegen das sich dem Blick darbietende Kunstwerk »in statu nascendi«, als Symbol der Natur, wird der Mensch sich seines »utopischen Standorts« bewußt.

So sind Abstraktion und Einfühlung, die eine kristallinisch ordnend, die andere dem

Kommenden, Wachsenden nachspürend, als anthropologische Möglichkeit des Erkennens und des Ausdrucks dieses Erkennens immer wieder neu in ihrer *statuarischen* Komplementarität, mit ihrem Bewegungsgesetz, zu untersuchen; weil allzuleicht sich Fesselungen im Forderungscharakter des Verstehens zu normativen Bedeutungstableaus ergeben. Das Symbol der »Abstraktion vom Leben« im Leben gewönne als anthropologischer »Andeut« der Grenze, in der wir stehen, und der Schranke, vor der wir stehen - die uns hoffentlich das Dämonische sichtbar und unsichtbar hält - Lebendigkeit zurück.

Anmerkung: 263

Die europäische Kultur der Distanznahme zur Welt sieht Mirgeler in folgenden Bewegungen gegründet:

"Die *asketische Bewegung* schafft den Abstand zum eigenen Selbst, der sich vor allem in der Probe des Schmerzens und des Leidens bewährt. Die *ritterliche Bewegung* schafft den Abstand zum Nebenmenschen; dieser bewährt sich in der Vermeidung der rohen Zugriffe des Vorteils und vor allem der Geschlechtslust; er ermöglicht in der an den Höfen ausgebildeten »Höflichkeit« allererst einen menschlichen Umgang in würdiger Form. Die *scholastische Bewegung* endlich schafft den Abstand zur Welt der Dinge, der sich bewährt in der Loslösung von einer kritiklos übernommenen Meinung und in der prüfenden Abwägung aller zur Sache vorgebrachten Argumente" (Mirgeler 1965, S. 15 f).

Anmerkung: 266   - ENTSCHEIDUNG OHNE GEWISSHEIT -

Verwaltungsentscheidungen gelten nur im Normalzustand in einer normalen Zeit. Ungewiß werden sie, wenn die Arbeit der Verwaltung sich auf Legitimationsbeschaffung zentrieren muß, der Organisationsgrad für diesen Zweck erhöht wird und eine "Pseudo-Arbeit" (Clausen 1981b, S. 25) entsteht, die vor allem durch eine Unübersichtlichkeit der "Innenpolitik" der Organisationen geleitet wird (ebenda, S. 26 f). Das eigene Handeln provoziert dann Konflikte, die eine "weitere Handlungsfähigkeit beeinträchtigen" (Offe 1977, S. 126) sowie Widerstände hervorrufen, die im Warten auf Subventionen oder auf wohlfahrtsstaatliche Arbeit bestehen können (Offe 1983, S. 54 f).

Im Zentrum jener "Pseudo-Arbeit" sind dann auch jene Geheimhaltungen, wie und was gearbeitet wird, als Gegenstrategien, aber auch als "*geheime* Sinnstiftung" (ebenda, S. 28) zu finden. Der Verwaltungsgegenstand gerät aus dem Blickfeld (kann durchaus zur "Altlast" werden), und der Widerstand der Verwaltungsgegner läßt sich nur antibüro kratisch (miteinander sprechen!) produktiv machen. Dieser Vorgang ist auch als (Selbst-) "Destruktion" überkommener Verwaltungsarbeit zu verstehen (vergl. Clausen 1988, S. 94 ff, S. 136 ff).

Durch Erhöhung der "Innenpolitik" im inneren oder äußeren Spannungsfall, in einer latenten oder manifesten anomischen Situation, machen die Verwaltungsaufgaben aus der Sicht der Verwalter keinen Sinn mehr, und es ist ein irrationales oder egozentrisches Handeln ihrerseits zu erwarten.

Nossack hat die Latenz der "Entscheidung ohne Gewißheit" in seinem 1943 geschriebenen literarischen Bericht über den "Untergang" Hamburgs deutlich gemacht:

> "Es wäre aber verkehrt, damals von einer Bereitschaft zu Aufstand und Unruhen zu reden. Nicht nur die Feinde, sondern die eigenen Behörden haben sich hierin verrechnet. Es ging alles sehr ruhig und durchaus mit einem Willen zur Ordnung her, und der Staat richtete sich nach dieser aus den Umständen gewachsenen Ordnung. Wollte er seinerseits organisierend eingreifen, wurden die Menschen nur aufgeregt und schimpften. Machthaber und Behörden waren zum Teil wie vom Erdboden verschwunden, wo sie aber noch ein Scheinleben, und gleichsam geduldet, führten, gaben sie sofort nach, wenn einer aufbegehrte. Was sollten sie auch tun? Auf dem Bahnhof in Harburg hörte ich eine Frau, die, ich weiß nicht was, getan hatte, schreien: Stecken Sie mich doch ins Gefängnis, dann habe ich wenigstens ein Dach überm Kopf! und drei bewaffnete Bahnpolizisten wußten nichts anderes zu tun, als sich verlegen fortzudrücken und es der Menge zu überlassen, die Frau zu beruhigen. Ich habe noch viele andere Fälle erlebt, auch wohl solche von größerer Feindseligkeit, doch dies Beispiel mag genügen; es schildert am eindeutigsten unsere Einstellung und die Machtlosigkeit des Staates. Jeder von uns hätte das gerufen, was jene Frau rief, wenn der Staat uns in die Quere gekommen wäre.
>
> Er rechnet sich heute seine Zurückhaltung als Verdienst an, aber das ist lächerlich. Andere meinen, wir wären damals viel zu apathisch gewesen, um uns auflehnen zu können. Auch das stimmt nicht. Damals sprach jeder aus, was er dachte, kein Gefühl war den Menschen ferner als Furcht. Nach allem, was ich gehört habe, komme ich zu dem Ergebnis, daß man dem gegenüber, was man Macht oder Staat nennt, keine größere Verachtung zeigen konnte, als indem man es als etwas völlig Nebensächliches behandelte, das an einem Schicksal, wie es Hamburg erlitt, weder schuld war noch in der Lage, etwas daran zu ändern. Es war ein Augenblick, wo sich der Mensch nicht mehr als der Sklave seiner Einrichtungen zeigte. Zum Beispiel wußte jeder, daß gerade die, die ihrer Stellung und ihren Versprechungen nach besonders verpflichtet gewesen wären, bis zuletzt auf ihrem Posten auszuharren und zu helfen, als erste die Flucht ergriffen und ihren Einfluß noch obendrein dazu mißbraucht hatten, sich rücksichtslos Fahrzeuge zu verschaffen, um ihren Besitz fortzubringen; ja, und daß sie andere Flüchtlinge mit ihrem letzten Bündel auf der Straße liegenließen. Dies ist kein Einzelfall und nicht übertrieben, Tausende sahen es. Doch wenn sie davon sprachen, geschah es wohl mit bitteren Worten, aber fern von allem Hetzen, und mehr so, als machten sie sich über sich selbst lächerlich, daß sie je etwas anderes erwartet hätten. Wehe uns, wenn sich die Macht eines Tages für diese Verachtung rächt! Ich glaube aber, sie hat es nicht einmal begriffen.

Und noch etwas anderes: Ich habe nicht einen einzigen Menschen auf die Feinde schimpfen oder ihnen die Schuld für die Zerstörung geben hören. Wenn in den Zeitungen Ausdrücke wie Luftpiraten oder Mordbrenner standen, so hatten wir kein Ohr dafür. Eine viel tiefere Einsicht in die Dinge verbot uns, an einen Feind zu denken, der dies alles verursacht haben sollte; auch er war uns höchstens ein Werkzeug unkennbarer Mächte, die uns zu vernichten wünschten. Und so habe ich auch nicht einen einzigen Menschen getroffen, der sich mit dem Gedanken an eine Rache tröstete. Im Gegenteil, man sagte oder dachte: Wozu sollen die andern auch noch zugrunde gehen? Es ist mir berichtet worden, daß man einen Schwätzer, der von Vergeltung und Vernichtung der Feinde durch das Gas redete, windelweich geprügelt habe. Ich war nicht dabei, doch wenn es geschehen ist, dann geschah es, um eine entweihende Dummheit zum Schweigen zu bringen.

Dies alles muß einmal gesagt werden; denn es gereicht dem Menschen zum Ruhm, daß er am jüngsten Tage sein Schicksal so groß empfand. Und wenn es auch nur für eine kurze Spanne war; denn inzwischen hat sich das Bild wieder verwirrt.-" (Nossack 1963, S. 228 - 230)

Anmerkung: 267

Vergl. Kerényi (1946, 1959) über den Mythos des gefesselten und erlösten Prometheus; sowie Landes (1973) über die Bedingungen der Entwicklung der industriellen Revolution; vergl. auch den Dialog zwischen Epimetheus und Prometheus über Maschinerie und Ausbeutung, Ausbeutung und zukünftige Lösungen durch sanfte Technologie oder durch Höherentwicklung von Technologie und Wissenschaft bei Jan Bloch (1982, S. 136 ff).

Anmerkung: 284   - UNBEDACHTHEIT UND UNBEWUSSTHEIT -

Um die von Pfütze (1988) herausgestellte verbundene Doppelkategorie von "Ungewußtheit und Unbewußtheit" trennschärfer und im Hinblick auf das gesellschaftliche Phänomen der strukturellen Abschließung gegen die Vergangenheit (Claessens/Claessens 1979, S. 34) produktiver zu machen, verändere ich den Terminus "Ungewußtheit". Da sich ein Wissen nicht auf ein "Un-" als "Nicht-" zentrieren läßt (ge-) und ein allgemeines "Vergessen" "sich zumeist auf eine »Absperrung« [reduziert]" (Freud 1975, Erg. Bd., S. 208), die ja erinnernd und wiederholend (vergl. Kierkegaard 1955, S. 3 und 22) überbrückt werden kann - an Folgen bzw. Symptomen, Symbolisierungen und "Deckerinnerungen" (Freud, ebenda) bleiben die vergessenen Inhalte ja erfahrbar bzw. erkennbar -, schlage ich für den Terminus "Ungewußtheit" den Terminus *"Unbedachtheit"* vor.

Das "Un-" als Nicht be-dacht ist einfach "fehlerfreundlich" (Weizsäcker 1985, S. 24) und nimmt das Unscharfe an den Rändern des Blicks umsichtig als "die durchgängige

Gleichförmigkeit des immer Anderen" (Bubner 1974, S. 115) mit. Der Begriff der "Unbedachtheit" klammert so gesehen auch nicht das selbstgefährdende "unbedachte" Verhalten eines Träumers, eines Bemächtigungswahn-sinnigen, eines Selbstabgeschlossenen, eines Berauschten, eines träumenden Kindes gar aus.

"Wenn der Patient von diesem »Vergessen« spricht, versäumt er selten hinzuzufügen: »Das habe ich eigentlich immer gewußt, nur nicht *daran* (!) gedacht«" (Freud 1975, Erg. Bd., S. 208). Im "Unbedachten" wird der Grund für eine "gesellschaftliche Produktion von Unbewußtheit" bereitet (Erdheim 1984, S. 36), es ist aber gleichzeitig der rational zugängige Wissensgrund, der im Symbol, in der "Deckerinnerung" das noch nie Bewußte (d.i. die "Urverdrängung" und das "Heil" der Befreiung des Anfangs) mitenthält (vergl. Freud 1975, Erg. Bd., zum Zusammenhang von Kindheitsamnesie und Deckerinnerung, S. 208 f).

Die "Unbewußtheit" faßt "die andere Gruppe von psychischen Vorgängen ... in ihrem Verhältnis zum Vergessen und Erinnern". "Hier ereignet es sich besonders häufig, daß etwas »erinnert« wird, was nie »vergessen« werden konnte, weil es zu keiner Zeit gemerkt wurde, niemals (!) bewußt war..." (Freud, ebenda).

Das trifft im strengen Sinne auch für den Jungschen Begriff des "Schattens" zu. Er ist eine Thematisierung des Doppelgängerphänomens, einer "negativen Seite", von der der Mensch "nichts weiß" (Ellenberger 1973, Bd. II, S. 951). Ellenberger sieht jedoch den "Schatten" im Zusammenhang mit einer "Unbewußtheit", die "nicht [mit dem Freudschen Phänomen des] *Unbewußten*" zutun habe (vergl. ebenda, S. 950).

Erworben durch eine verengte oder sich "verengernde" (Simmel) Lebenspraxis, die der Geburtsangst zugeschlagen wird, oder erworben durch eine auf ein angespanntes Werden hin ausgerichtete Lebenspraxis, erscheint der "Schatten" als das Dämonische oder als eine Lichtgestalt, die das Ich von innen aus verschiedenen dynamischen Positionen heraus bedrängt. Der Begriff "Unbewußtheit" faßt hier nun ganz einfach das, was zu keiner Zeit gemerkt wurde und niemals bewußt war. Er schließt somit das Verdrängte, das ja keine Repräsentanz im Bewußtsein hat, wie den Jungschen "Schatten" und die "archaische Erbschaft" (Freud 1974, Bd. IX, S. 545 ff) mit ein.

Das Überbrücken des Hiatus zwischen "*Unbedachtheit* und Unbewußtheit" geschieht im Nachttraum, im Witz, im Tagtraum (Bloch 1959, Bd. 5, S. 97), im traumatisch kollektiven, schuldgeleiteten Handeln - mit dem es eine Wiederkehr des Verdrängten gibt und durchaus "sich an der Masse" vollenden kann, "was am Vater [oder an der Mutter (vergl. Borkenau 1984, S. 143 f, G.K.)] begonnen wurde" (Freud 1974, Bd. IX, S. 258) - und im intuitiv geleiteten, interkollektiven Handeln des Aufbruchs "zur seligen Fremde" (Plessner 1981, Bd. IV, S. 425) im Licht, das von "Atopos" (Bloch 1968, Bd. 14, S. 143) herscheint, latent in der "Tendenz" ist oder das im Aufbruch als angespanntem Werden das Traumatische milde verblassen läßt.

Anmerkung: 299

Doch ist auch ein weltweit zugenommenes Bestreben, Verhandlungen zu führen, festzustellen. Das weist auf eine Verschiebung der "Machtbalance" (Elias 1978, S. 189) heute. Unblutige Konfliktlösungsstrategien gepaart mit sozialem Druck bedeuten immer eine Verschiebung der Machtbalance von einem uneingesehenen dependenten zu einem eingesehenen interdependenten Verhältnis von Rolle und Macht (Claessens 1970a).

Anmerkung: 300

Gerade dadurch, daß die einzelne sittliche und ethische Handlung gegenwärtig folgenlos bleibt (vergl. Greffrath 1989; die vor allem ja in der Arbeitsverweigerung besteht), ist zwar eine Freiheit von allem Herkommen signiert worden, jedoch auch jene Unfreiheit erzeugt worden, die den Einzelnen in seinen ethischen Handlungen in die Hilflosigkeit des Partikulären drängt. Dieses verspannte Miteinander von Freiheit und Unfreiheit sei nur - verstehe ich Tönnies - in einer *bewußten* Übernahme von konstituierendem Handeln (d.i. wesenswilliges "Küren") in Richtung auf jene Freiheit, sich im Ganzen wiederzuerkennen, zu entspannen.

"Je mehr wir freier von der Sitte und freier in der Sitte werden, desto mehr bedürfen wir der bewußten Ethik, d.h. aber der Erkenntnis dessen, was den Menschen zum Menschen macht: der Selbstbejahung der Vernunft; und die Vernunft muß eben dadurch aufhören, eine wesentlich analytische Potenz zu sein ..." (Tönnies 1909, S. 94 f).

Anmerkung: 329

"Der menschliche Körper ist das mikrokosmische Abbild der Gesellschaft, ihrem Machtzentrum zugewandt und in direkter Proportion zum zu- bzw. abnehmenden gesellschaftlichen Druck »sich zusammennehmend« bzw. »gehenlassend«. Seine Gliedmaßen - einmal in strikter »Habacht«-Stellung, ein andermal ungezwungen sich selbst überlassen - repräsentieren die Glieder der Gesellschaft und ihre Verpflichtungen gegenüber dem Ganzen. Gleichzeitig aber bildet dieser physische Körper - vermöge der Reinheitsregel - den polaren begrifflichen Gegensatz zum »Körper der Gesellschaft«" (Douglas 1981, S. 109 f).

Bei zu hohem gesellschaftlichen Druck wird die Erfahrung solcher Einsamkeit zur

Erfahrung des "Tod[es] des sozialen Körpers". Hier ist der soziale Körper erkrankt oder im Wahn. Dieses wird symbolisiert durch die Verschiebung der Grenze (vergl. zum Begriff "Grenze" und "Tod des sozialen Körpers", Macho 1987, S. 327 ff) in den physischen Körper, in den Leib, der nun - befreit auch vom Hindernis der "freien Zustimmung" - in die Möglichkeit des totalen Beherrschtseins gerät (vergl. Arendt 1986, S. 691 f und Anmerkung S. 116 ebenda).

Anmerkung: 331

Der Begriff der "asyllosen Räume" meint nicht nur, daß nach dem Dokument der päpstlichen Kommission *Justitia et Pax* "ein Fünftel der Menschheit" aus Gründen der Flucht vor politischen Verhältnissen, "Krieg oder Naturkatastrophen" oder strukturell durch sozioökonomische Ungleichgewichte "keine angemessene Wohnung [besitzen]", wovon Hundertmillionen "buchstäblich das Dach über dem Kopf fehlt" (Justitia et Pax 1988, S. 51 - 57), sondern das Auseinanderfallen von Raum und Asyl schlechthin, in dem die schon unmenschliche Trennung aus sozio-ökonomischen Gründen weiter fortgeführt werden kann (vergl. Mühlmann 1962).

Anmerkung: 353

"Ende Dezember 1941, Mannschaften einer Infanteriekompanie im Unterstand von Leningrad.

Ein Gefreiter: Nun hat der Führer das Heer übernommen. Dann wird wenigstens etwas für *uns* geschehen. Mit den Vorrechten der Luftwaffe und der SS ist's jetzt aus.

...

Der Gefreite: Und vor Moskau soll es schwer mulmig sein ...

Der Schütze: Das kriegt der Führer auch in Ordnung ...

[und weiter:] In einem Ersatztransport auf der Fahrt von der Heimat zur Ostfront.

Der Unteroffizier: ... Adolf läßt sich immer genau berichten. Wozu der alles Zeit hat, da kann man bloß staunen. Und dabei soll er auch noch an den neuen Waffen mit herumkonstruieren.

Der Gefreite: Mensch, wenn die mal kommen ...!"

(Heusinger 1950, S. 157 f und S. 173 ff)

Heusinger entwarf 1945 "aus frischem Gedächtnis" "Frontbilder" als "erdachte Wiedergaben von Auffassung und Stimmungen", die jedoch keinerlei Aufschluß über das

Wie der Zusammenhänge des "Befehls im Widerstreit" ergeben (ebenda, S. 7).

Die oben geschilderte Situation, daß besonders Mannschaften in Hitler einen Fürsprecher sahen, steht im krassen Widerspruch zu "truppenfremden Befehlen" wie dem befohlenen Novemberangriff 1941 auf Moskau (Bundeszentrale für politische Bildung 1964, S. 24 f).

Anmerkung: 354

Gerade im Hörigen wird der Anteil der fehlenden Sinngebung in der bürokratischen Herrschaft (abgestuftes "Dienstwissen", Weber 1976, S. 129) deutlich, die die Anteile charismatischer Herrschaft ("Führer", "Außeralltäglichkeit", "Wandlung der zentralen Gesinnungs- und Tatenrichtung", ebenda, S. 124 und 142) im Sinne einer Suche nach Führung nach sich ziehen, die jedoch als gegenutopischer Impuls die Wirklichkeit der Suche selber verschlingt.

Anmerkung: 355

Doch ist zu konstatieren, daß die Überwindung der zivilen Tötungshemmung durch eine gedrillte "Kampfmoral" "mit wachsender Technisierung der militärischen Organisation und damit des Kampfgeschehens .. abzunehmen [scheint]. ... der Gegner [ist] nicht unmittelbar sichtbar: die Konsequenzen der eigenen Kampfhandlungen entziehen sich häufig der primären Erfahrung" (Fuchs 1969, S. 494).

Anmerkung: 367

Lyotards Interpretation von Kafkas "In der Strafkolonie" ist durchaus als eine Analyse der Binnenstruktur militärischer Initiation zu sehen. Der Initiierte schaut hinter die Bühne der Disziplinierung und Einschüchterung und kann dennoch schwer diese Erfahrungen, wegen der erzwungenen Regression und dem Rückzug auf Identifikationsgefühle zur Selbsterhaltung, fassen oder weitergeben. Nur der "Tod" oder die "Geisteskrankheit versetzen ihn in das Publikum zurück" (Erdheim 1982, S. 68 in bezug auf Joung 1962, S. 165).

Anmerkung: 373

Brumlik deutet Anders' philosophische Anthropologie im Zeitalter der Technik ("Die
Antiquiertheit des Menschen", Anders 1985/1986, Bd. 1+2) aus dem qualitativen "Blick"
der Objekte, unter dem die "Scham" über das eigene Ungenügen, der eigenen Schwäche
erfahren wird, und als Ausgangspunkt der Reflexion und der Selbstreflexion, "die ihn [den
Menschen] endlich dazu bringt, die wahrgenommene Fehlbarkeit durch noch mehr Dinge
und durch Identifikation mit den Dingen zu kompensieren" (Brumlik 1988, S. 123).

Anmerkung: 378

Vergl. hier die frühen Einsichten der Studien von v.Wiese 1953, von Münster/van Ham
1952/53 und von Münster 1953/54 über den Zusammenhang von "Kriegswaffen und
Sozialordnung", in denen postuliert wird, daß "die Abgrenzung der Kriegstechnik gegen die
übrige Technik .. nicht technisch sondern soziologisch zu verstehen" sei (Münster
1953/54, S. 522).

Anmerkung: 379

Vergl. besonders die Stellung der Kriegervereine in S.-H. 1864 - 1914, die Zimmermann als
"festen Wall gegen die rote Flut" bestimmt; denn die "Mehrzahl der bürgerlichen Vereine
verwandelte sich von Organisationen mit emanzipatorischen Ansprüchen zu solchen mit
affirmativ-integrativen und kompensatorischen Funktionen. Die Kriegsvereine bildeten für
diesen Wandlungsprozess ... keine Ausnahme, sondern ein Musterbeispiel" (Zimmermann
1989, S. 63).

Anmerkung: 383

Friedrich Karl v. Preußen zitierend (vergl. Demeter [1930, S. 258]; 1962, S. 240), stellt
von der Gablentz für das preußische Offizierskorps "eine Spannung zwischen ritterlicher
Unabhängigkeit und soldatischer Disziplin" heraus, die die Grundlage - bei veränderter
Lage der Dinge - für den Eid gegenüber Hitler als "Treueverhältnis" (v.d.Gablentz 1958, S.
53, S. 56) gewesen sein soll. Doch ist der Rückgriff für die Erklärung dieses Eids, der
"unter Zwang geleistet" (Andersch 1968, S. 102) wurde, auf den Treuebegriff des germanischen Rechts absurd. Mit der Entwicklung des "nationalen Machtstaates" (Krokow 1958,
S. 19 - 25) als einer Souveränität »von oben« ist der "Mißverstand" (Hegel 1970, Bd. 7, S
278) eingetreten, daß die Souveränität als "Idealität aller besonderen Berechtigung" zu

einer "bloße[n] Macht und leere[n] Willkür", zu einem Zustand der Gesetzlosigkeit ("Despotismus") geworden war (ebenda, vergl. § 279).

In der Reduktion der Staatssouveränität auf "Macht und den Machtwillen" (Krokow 1958, S. 24) hatte der germanische Rechtsgedanke von Vertrag und Treue (v. Gierke 1919, S. 9) - indem "es .. keine Herrschaft [gab], die nicht zugleich Pflicht gewesen wäre und nicht durch Pflichtverletzung hätte verwirkt werden können" (ebenda, S. 8) - nur zur Verendlichung des Subjekts durch die Pflicht führen können. Der Eid gegenüber Hitler stellt in dieser historischen Entwicklung das Preisgeben des Treuegedankens als der "Heiligung des Rechts" (ebenda, S. 10) sowie in der Verspannung einer rechtserzeugenden Staatssouveränität - gar noch illegitim begründet - mit dem Treuebegriff ein Preisgeben des Rechts dar.

Die Vorstellung, "dass auch eine illegitim begründete Staatsgewalt rechtliche Wirkung zu erzeugen vermöge", war für den germanischen Rechtsgedanken "schlechthin unfasslich" (v. Gierke 1981, S. 265).

Anmerkung: 391

Im reflektierten, aber reinen Begriff des "Kürwillens" ("Kürwille" ist ein Gebilde des Denkens selber, sagt Tönnies, 1979, S. 73) wird nichts mehr im Sinne des Rechts gekürt. Es dominiert der Zug zu einer Idealität, dem das "organische Wollen" (ebenda, S. 104) als Lebensgrund fehlt. Selbstfremdheit und Zweckfremdheit entstehen. Im reinen Begriff des Kürwillens trägt das Gekürte, wie noch in den Sagen der frühen Staatenbildungen, nicht mehr das Antlitz aller.

Anmerkung: 399

Der Terminus "totale Mobilmachung" geht auf verschiedene Schriften Ernst Jüngers (vergl. Maier 1983, S. 15 - 19), sowie militärhistorisch auf Ludendorffs Schrift "Der totale Krieg" von 1935 (vergl. Wallach 1970, S. 343 - 359) und revolutionshistorisch auf die "Enthegung des Krieges durch die Französische Revolution" (Münkler 1981, S. 16) zurück. Vergl. auch den bei Bronnen mitvollziehbaren Zusammenhang von expressionistischer Bewegung und totaler Mobilisierung: "Der neue Patriotismus des Arbeiters, den ich ahnte, der erst im Werden sein konnte, kam aus der Bewegung, er lief auf Schienen und hatte seinen Orgasmus in der Technik" (Bronnen 1954, S. 191).

Anmerkung: 407

Ein Glaubenskrieg ist ein Krieg gegen Ungläubige, es ist ein "römischer Krieg" (wie
Rosenstock 1932, S. 10 zitiert), in dem es keinen Waffenstillstand gibt. Rosenstock ver-
weist darauf, daß "die gesamte Ostmission der Deutschen von 800 bis zur Schlacht bei
Tannenberg" auf dem Anspruch beruhe, eine universale Aufgabe des "abendländischen
Imperium Romanum" durchzuführen. Da die Remythisierung des alten Reiches selber
Glaubenssache war, entstand der Ungläubige im Volke selber.

Anmerkung: 408

Schon 1932 stellte Rosenstock das Herausbilden der Rechtsgemeinschaft im Kriege als
"krisenhaft" (1932, S. 8) hervor. Der alte "Rechtssatz", daß, "wer am Krieg aktiv teilnimmt,
.. damit aktiver Rechtsgenosse der Friedensgemeinschaft [wird]", galt nicht im n.s. Staat:
Das hätte stutzig machen können. Im 2. Weltkrieg stand für den Einzelnen nicht die gelei-
stete Kriegsarbeit, sondern die Identifikation mit der Staatsideologie im Vordergrund.

Anmerkung: 412

Vergl. z.B. Foucault (1976, S. 251 ff), der aufzeigt, daß der "Panoptismus" im Prinzip der
Ausschließung und Einschließung als *Raumordnung* aus den Hygienemaßnahmen der
Pestzeit stammt (vergl. Rodenwaldt 1952, 1956 - medizinhistorisch: über die Anordnung
des Sanitätsmagistrats in Venedig im 15. und 16. Jh.), die in der n.s.
"Großstadtsanierung" als politische "Hygienemaßnahmen" gegen Andersgläubige und Arme
angewandt wurde (vergl. hierzu Walther 1936).

Anmerkung: 414

Der totale Krieg im Ludendorffschen Sinne fordere eine Perfektionierung der Mobilisation
der Kräfte und weise der Politik eine dem Kriege dienende Funktion zu (vergl. Hahlweg
1957, S. 199). Doch, so Aron, impliziere bei Clausewitz der Begriff »zum Äußersten gehen«
"nicht die totale Mobilisierung, sondern nur eine Kraft, eine äußere Gewalt", die, vom
"realen Kriege betrachtet", "die Möglichkeit der Ermäßigung", "des Stillstands der
Feindseligkeiten", "das Verhalten genauso bestimmen wie die abstrakte (!) Notwendigkeit
der Steigerung" (Aron 1980, S. 108; S. 385 zu Ludendorffs Irrtum vom *Begriff* der Politik).

Anmerkung: 417

Genauer: ... mit der roboterisierten industriellen Produktion, da hierbei auch die *Distanzschaffung* in Planung und Hervorbringung von destruierenden, produzierenden und konsumtiven Gütern als politisches Element selber wirkt. In dieser Distanzschaffung kann sich die Wahrnehmung verfangen: "Die Maschinen sind ebensowenig eine ökonomische Kategorie wie der Ochse, der den Pflug zieht, sie sind nur eine Produktivkraft". Sie erscheinen als eine politisch neutrale "Wiederherstellung des Arbeiters" in der "Rekomposition der geteilten Arbeit" und wirken dennoch als eine Aktualisierung der Vereinigung gegen sie, da die *Kooperation* die "Synthese" der Maschine schuf (vergl. Marx 1971, S. 135 ff in bezug auf Proudhons "Philosophie des Elends").

Anmerkung: 437

Das ist auch die Rückkunft des Sittlichen aus anderen Völkern, die über die sich hinausgetriebene bürgerliche Gesellschaft die Besonderheit der eigenen Interessen als ein Allgemeines "zum Zweck und Gegenstand ihres Willens und ihrer Tätigkeit" machen. "... *so kehrt das Sittliche* als ein Immanentes in die bürgerliche Gesellschaft *zurück*"; dies mache, so Hegel, "die Bestimmung der *Korporation* aus" (Hegel 1970, Bd. 7, § 249).

Anmerkung: 459

Allerdings ist, aufgrund der tieferen Abhängigkeit zwischen Eltern und Kindern, in der Verschmelzung von Liebenden oder in einer therapeutischen Situation ein solches Trauma der Unvollständigkeit weniger ein Hindernis als eine Chance zu größerer Vollständigkeit. Sie kann durch eine liebevolle gegenseitige Unterstützung der Korrespondenz der tieferen Schichten des Unbewußten im Miteinander erreicht werden. Das Miteinander erscheint hier als reflektiertes Drittes (vergl. Grunberger 1982, S. 191 - 196, über die "narzißtische Triade").

Anmerkung: 465

Militärhistorisch geht die Zentralisierung des Befehls auf Hitler zurück (vergl. Wallach 1970, S. 413 f) unter Hinweis auf das Kriegstagebuch KTB des Oberkommandos der Wehrmacht OKW, Bd. II, S. 1297). Jede taktische Bewegungsmöglichkeit wurde hierdurch gelähmt. Der zentrale Einsatz der Großwaffe bzw. schon ihr bloßes Vorhandensein lähmt jede »Landesverteidigung«. Sie gerät in eine elliptische Position. Auf dieses Problem hatte

schon Adenauer in verschiedenen Reden nach der »Ehrenerklärung« für die Soldaten der
Wehrmacht am 3.12.1951 hingewiesen (vergl. Heßlein 1985: Tondokument vom 6.11.1985
im NDR III).

In späteren Reden Adenauers nach dem »Deutschland-Vertrag« vom 26.5.1952 und den
»Pariser Verträgen« vom 23.10.1954 hieß es, daß nur durch eine Westintegration über die
Europäische Verteidigungsgemeinschaft (EVG) und den Nordatlantikpakt (NATO) eine
Souveränität der Bundesrepublik Deutschland möglich sei.

Doch war diese Art der Westintegration schon ohne Landesverteidigung gedacht: Die
Verteidigungslinie war der Rhein. Dieser Plan war nicht ohne Gegenstimmen der west-
deutschen Militärs (vergl. hier die »Bonin-Studie« vom Juli 1954 und die Diskussion bei
Brill 1989, S. 69 ff).

Anmerkung: 502   - DER KOMPROMISS -

Das historische Hinzutreten eines zweiten Organisationsprinzips, das der Arbeitsteilung,
trieb das Organisationssystem der Herrschaft und ihre Auf-Dauer-Stellung hervor.
Legitimation und Motivation (vergl. Habermas 1976, S. 271 f; vergl. Pappi 1979, S. 465 -
479 über die "Spannungslinien" von Legitimation und Motivation) für die Erhaltung eines
Konsensus wurden historisch notwendig. Konfligierender Interessen wegen, die durch
einen antagonistischen oder aktuell vermittelbaren Charakter geprägt sind, hat sich aus
der Praxis der *Verhandlung* der "Kompromiß" herausgehoben, der seinerseits wiederum
nach historischer Lage wechselnd ideologisiert wurde (vergl. Kirchheimer 1981, S. 293).
Kirchheimer faßt die Veränderungen im politischen Kompromiß folgendermaßen zusammen:

> "Fassen wir unsere Bemerkungen zusammen, so können wir die Veränderung im
> politischen Kompromiß wie folgt beschreiben: Während der liberalen Periode der
> modernen Gesellschaft wirkt der Kompromiß unter den Parlamentariern sowie
> zwischen ihnen und der Regierung. Jeder Repräsentant handelte auf eigene
> Verantwortung, förderte bestimmte finanzielle, wirtschaftliche und agrarische
> Interessen und änderte seine Verpflichtungen ihnen gegenüber nach eigenem
> Interesse und Urteil. Die Wirkungsweise des Parlaments wurde somit ständig
> durch individuelle Übereinkünfte im Gleichgewicht mit der bestehenden ökono-
> mischen Struktur gehalten. Mit den Anfängen der »Massendemokratie« (etwa
> 1910 - 1911) ging die Rolle, dieses Gleichgewicht aufrechtzuerhalten, zu einem
> beträchtlichen Grade auf die Zentralbanken über. Gleichzeitig verwandelten sich
> die individuellen Übereinkünfte allmählich in freiwillige Verträge zwischen den
> Hauptgruppen von Kapital und Arbeit und deren Unterorganisationen.
>
> Der Faschismus kennzeichnet jene Stufe, auf der das Individuum seine
> Unabhängigkeit völlig verloren hat und die herrschenden Gruppen vom Staat als
> die einzigen rechtlichen Partner des politischen Kompromisses anerkannt

werden. Da das Geld - während der liberalen Epoche ein ziemlich angemessener
Ausdruck sozialer Macht - nicht länger als Vermittler zwischen dem ökonomischen und politischen Leben diente, mußte eine andere Koordinationsinstanz
für das gesellschaftliche Leben gefunden werde. Es blieb nur die Institution der
Führerschaft übrig, um zwischen den rivalisierenden Gruppen zu schlichten.
Ihre Macht beruht auf der Fähigkeit, jedes Gruppenopfer durch Vorteile aus-
zugleichen, die letztlich aber nur im internationalen Bereich erlangt werden
können, das heißt: durch eine imperialistische Politik" (Kirchheimer 1981, S.
307).

Bei gegenwärtigen Verhandlungen wird die Geschichte der Ideologisierung des
Kompromisses bei *interkollektiven* (Caruso 1963, S. 201) Begegnungen reflektiert werden
müssen, will man sich nicht als *abstrakte Individuen* (vergl. die 6. These über Feuerbach
bei Marx 1969, MEW Bd. 3, S. 6) gegenüberstehen. Aus handlungstheoretischer Sicht, in
der von "Situation zu Situation" die *"Analyse"* "das Instrument zur Aufschlüsselung der
Situation" ist, versteht Wilhelm den Begriff des Kompromisses als auf Handlungsfähigkeit
des Menschen *und* auf den Wahrheitsgehalt der "gefundenen Lösungen" ausgerichtet. Eine
"pragmatische Kompromißlehre" solle eine "Machtergreifung der Kompromißlosen?", die
Emanzipation und Erlösung wollen, verwerflich erscheinen lassen, damit die Kompromisse
in der "Erziehung zur sozialen Kompetenz" "auch Zwischenstationen auf dem Weg zu
künftiger besserer Wahrheit sein [können]" (Wilhelm 1973, S. 41, S. 43, S. 38, S. 12, S.
203, S. 51).

Die Identifizierung derer, die Emanzipation und "Erlösung" (ebenda, S. 13 ff) suchen, mit
der Philosophie des "Dezisionismus" (vergl. dazu v. Krockow 1958) widerspricht nicht nur
der *pragmatischen* Analyse einer Konfliktsituation, sondern "bereinigt" diese gerade auf das
Sich-Gegenüberstehen von *abstrakten* Verhandlungspartnern hin. Mit dem Ergebnis, daß
ein vom Verhandlungspartner übernommener "Feindseligkeitskoeffizient" (Wilhelm 1973,
S. 42[1130]) zwangsläufig zu selbstbestimmter "Systemintegration" führt (vergl. Lockwood
1979, S. 125).

Anmerkung: 503

Ich möchte darauf hinweisen, daß solch ein Verstummen angesichts hegemonialer
Fraglosigkeit und sozialer Fragwürdigkeit ein "Andeut" (Solger) für ein Versagen der
Sprache angesichts des "Furchtbaren" ist, daß ein Beiseitehalten des Todes, gerade in der
Identifikation mit kulturellen und herrschaftlichen Mitteln der Todesverdrängung, und der

---

[1130]   Wilhelm 1973, S. 42 f, in bezug auf Sartre, der in "Freiheit und Verantwortlichkeit" 1987, S.
697 darüber spricht, daß es keine "unmenschliche Situation" gebe, in der ich mich auch über
den "Feindseligkeitscharakter der Dinge" entscheide, indem "ich über mich entscheide".

Tod als Kern der eigenen Existenz historisch herausgearbeitet wurden. Die "Scheu", die

"Verzweiflung", der Grund der Lähmung, die durch die gelebte Ambivalenz zustande

gebracht wurden, zu benennen, ist jene lastende Wortlosigkeit (vergl. Hauser 1974, S. 799

- 808, über das Schweigen als soziale und ästhetische Kategorie).

Daß solcher Wortlosigkeit eine das Furchtbare *verstellende* Wirkung des "Schwätzens"

(ebenda), der Worte als "qualitätslose Zeichen" gegenübersteht (Horkheimer/Adorno[1131]),

gar als "Gerede" einer "uneigentlichen" Daseinsweise in der "Man-Welt" (Heidegger 1977, S.

175 ff) thematisiert wird, deutet auf die bloße Schwierigkeit des Sprechens in unübersicht-

licher Zeit (vergl. Habermas 1985), in der sich "utopische Energien" zu erschöpfen schei-

nen angesichts des Heraufziehens der "Fragwürdigkeit der Erscheinungen" (Straus 1953,

S. 141).

Doch "was wir sagen wollen", so Merleau-Ponty in seinem Essay: Das mittelbare Sprechen

und die Stimmen des Schweigens (1984, S. 114), "haben wir nicht außerhalb des Wortes

als reine Bedeutung vor uns. Es ist nur ein Überschuß dessen, was wir gerade erleben,

gegenüber dem, was schon gesagt worden ist."

> "Wir müssen unterscheiden zwischen dem empirischen Gebrauch der schon
> geformten Sprache und dem schöpferischen Gebrauch, von dem jeder ja nur ein
> Resultat sein kann. Ein Sprechen im Sinne der empirischen Sprache - nämlich
> der fügliche Abruf eines vorherbestimmten Zeichens - ist kein Sprechen im Sinne
> der authentischen Sprache, sondern, wie Mallarmé gesagt hat, die verschlissene
> Münze, die man mir schweigend in die Hand drückt. Das wahre Sprechen dage-
> gen, das, was bedeutet, was schließlich die »allen Sträußen Fehlende« präsent
> macht und den in den Dingen gefangenen Sinn befreit, ist hinsichtlich des empi-
> rischen Gebrauchs nur Schweigen, da es ja nicht bis zum gemeinsamen Namen
> vordringt. Die Sprache ist von sich aus versteckt und autonom, und wenn sie
> einen Gedanken oder ein Ding direkt bedeutet, so ist das nur ein zweitrangiges
> Vermögen, das ihrem inneren Leben entstammt." (Merleau-Ponty 1984, S 74)

Anmerkung: 512

Wenn Fraglosigkeit als produziert bestimmt werden kann, werden Motive, Intentionen und

Zwecke fragwürdig. Produzierte Fraglosigkeit zieht immer Stummheit (des Entsetzens, der

Lähmung) nach sich, sie ist nicht "das Erfahrene einer Frage-erfahrung" als

"Belanglosigkeit" oder als das "bislang Selbstverständliche" (Pöltner 1972, S. 32), sondern

das peinliche Geschehen im Zusammenhang von Harmoniebestreben der Menschen, die

Beheimatung in der Welt zu konstituieren suchen, und das Auf-Dauer-Stellen von

---

[1131]   Horkheimer/Adorno 1979, S. 147: "Die Entmythologisierung der Sprache schlägt, als
          Element des gesamten Aufklärungsprozesses, in Magie zurück"

Herrschaft *im* Impuls des Aufbruchs selber.

Anmerkung: 514

Im erfahrenen Welt- und Seinsentzug bleibt das Wissen des eigenen Seins ein Wissen der Form der "Veranderung" des Seins. Äußeres kam hier nur wenig so glücklich entgegen, daß ein "unbetrogenes Ahnen" (Bloch 1969, Bd. 10, S. 120) - im An-sich-selbst und an der Objektseite erlebten So-nicht-haben-Wollens - früh verbraucht wurde.

So ist die "unverfügbare Frage" (Pöltner 1972, S. 82) die Kehrseite der "unkonstruierbaren Frage", in der im Dunkel des gelebten Augenblicks die "echte, ... die unbekannte Zukunft, und die Lösung dieses Dunkels, sein sich Haben, das endlich aufgedeckte Gesicht in unser aller unaufhörlich nächster Tiefe ... noch nie erfahrene, allein wahrhaftige Wahrheit" als "unbetrogenes Ahnen" "am wesenhaftesten" wiederkehrt (Bloch 1969, Bd. 10, S. 120).

Die Situation der "unkonstruierbaren Frage" ist die des noch unvollständigen Glücks, nicht die des noch unvollständigen Verhängnisses des Todes ohne Übergang.

Anmerkung: 532

Borkenau entwickelte in seinen "Fünf Thesen über die Folge der Hochkulturen" die "Todesantinomie" vom "Mythus, der die eine Seite der Todesantinomie hervorhebt" zu seiner Rationalisierung und Rückbewegung. Hierzu die These 5: "Es gibt einen Kreislauf der Todesantinomie innerhalb der Hochkulturen, der zwei Kulturgenerationen durchläuft - beginnend mit Todesüberwindung und über Todeshinnahme zur Todesüberwindung zurücklaufend." Rückfälle in barbarische Phasen sind anscheinend immer möglich (Borkenau 1984, S. 96).

Anmerkung: 547

Umgekehrt muß ich mich für die *Chance* einer tragfähigen Beziehung oder eines entspre- chenden Bündnisses, wo ich geltend werde, "heraussprengen": "Gegenüber der unheim- lichen und unter Umständen übermächtigen Substanz also: wenn ich Identifikation mit den Ahnen, die mich auslöscht, oder das Präpariertsein zum Opfer, das ich selber sein kann, nicht dulden will, muß ich heraussprengen mich selber, oder was immer ich da freimachen will, aus der Beziehung auf die Realität der Ahnen, die durch das Opfer leben- dig erhalten wird" (Heinrich 1981, S. 158). Heinrich nimmt das Heraussprengen aus der

Identifikation mit einer übermächtigen Substanz als ein Beispiel, um zu zeigen, "daß die Logik der »wenn-dann«-Beziehung ... zuletzt zurückgeht auf eine Haltung der Wirklichkeit gegenüber, die man am ehesten als Ritualisierung bezeichnen kann" (Heinrich 1981, S. 158).

Anmerkung: 548

Fachinelli (1981, S. 73) bezieht diesen Schluß zunächst allerdings auf die einzelne Individuationsgeschichte. Die historischen Folgen dieser Angst werden im "Phänomen Faschismus" dargestellt. Im Bekämpfen dieser Angst durch weitere Identifizierungsgefühle wird ein übermächtiger "Kult" inszeniert, von dem aus die Verfolgung der mit der Todesdrohung Identifizierten einen Sinn machte: "Im Namen eines Vaterlandes, da es als höchstes Gut fungierte, konnten sie nun auch ihre eigenen Gespenster von der Tötung des Vaterlandes beseitigen, indem sie diese in ihren Gegnern bestraften" (Fachinelli 1981, S. 94 - 106, bes. S. 102).

Anmerkung: 550

Blochs Kategorien des Herausbringens zeigen genau jene Örter auf, an denen durch entsprechende Verletzungen und Schädigungen die Gestaltung einer Todesflucht beginnen kann: Sowie das "pochende, tickende Nun" als Zeitkategorie ein eigenes punktuelles Da, einen eigenen dunklen Augenblick an sich hat (Bloch 1975, Bd. 15, S. 83), was im Nicht-Haben, welches heraus und ankommen will, der Fragende in der Frage konturiert, so daß das "ausgebrochne Viel des Daß" mit seinem "Vor-Etwas" als Kategorie des Grundes den Anfang des Werdens faßt (ebenda, S. 166); und weiter: das Was im Hier auf dem Daßgrund im Fortgang seine Gestaltungen durch die immer neu sich vermittelnde Leere des Noch-Nicht und des Nicht-Habens vom Vielen, der Fülle des Vor-Etwas - "dem Versuchsfeld der Andersheiten" (ebenda, S. 171) - findet, kehrt sich die Seinskategorie des "Werde-Seins" im thanatischen Umbruch gegen ein Herauskommen; und das geschädigte Nun, Daß und Hier fallen in Vor-Gestalten eines geschädigten Vor-Etwas zurück, das sich in Anderheiten der blassen Quantität und im Horizont des längst Vergangenen nicht finden kann.

Doch bleibt der Wunsch nach dem Etwas-Sein, der Wunsch nach Fülle im Nicht-Haben, und sei es als "Rauschen" wie Nossack sagt (1981, S. 56), das auch dann noch da ist, wenn nichts mehr da zu sein scheint, wo ein Etwas sich noch finden könnte.

Anmerkung: 560

In der Auseinandersetzung mit Arnold Metzgers "Freiheit und Tod" (1955) stellt Günther fest, daß "auf dem Boden der klassischen Logik keine Metaphysik des Todes möglich ist" (Günther 1980, S. 9), da "die klassische Negation (die Seinsnegation) nicht auf die »Tatsache« des Todes anwendbar" sei. Es steht ihm eine Metaphysik des Todes mit den Mitteln des mehrwertigen Denkens noch aus.

"Der Tod war vom Bestimmungssystem des Seins ausgeschlossen. Folglich ist eine Metaphysik des Todes eine contradictio in adjecto. Richtig! Das Nichts des Seins ist nicht das Nicht des Todes. Und ein anderes Bestimmungssystem als das des Seins existiert für zweiwertig-metaphysisches Denken nicht.

Aber für das mehrwertige Denken besteht ein »zweites« Bestimmungssystem, das das innere Gefälle der Reflexion in sich selbst definiert. Die klassische Logik kennt keine in sich reflektierte, interne Struktur der Negativität; weshalb eben ein Prädikat wie »nicht-blau« schlechthin alles designieren kann. Aber so wie das Sein eine in der Erfahrung gegebene unendlich differenzierte Struktur der »objektiven« Transzendenz widerspiegelt (und derart eine Seinsmetaphysik ermöglicht), so enthüllt die reine Negativität des ichhaften Bewußtseins dem mehrwertigen Denken einen unendlich differenzierten und *logisch bestimmbaren* Aufriß der »subjektiven« Introszendenz der sich selbst innehaften Reflexion. Dieses allem Sein inverse Bestimmungssystem etabliert die Möglichkeit einer Metaphysik der Introszendenz. Und das Faktum des Todes *muß* einen Platz in dieser Metaphysik haben, ist doch die M.sche Feststellung, daß der Tod "das Fremde" im Sein ist, selbst ein Reflexionsurteil. Im mehrwertigen System ist die Idee einer Metaphysik des Todes also alles andere als eine contradictio in adjecto!" (Günther 1980, Bd. 3, S. 11).

Anmerkung: 563

In seiner Analyse über den Todestrieb, von einer Phänomenologie der "Trennung der Liebenden" ausgehend, sagt Caruso, daß "*alles Leben* nämlich .. ein sich mehrender, sich steigernder Seinsgrund [ist]", als "Notwendigkeit jedes Lebens". Da der Tod diesen notwendigen "Luxus" "nicht schaffen kann", sei es *das* "Argument gegen das Primat des »Todestriebes«: "Tod kennt keine Steigerung, keine Ausfaltung neuer Qualitäten, keine Mutation aus sich selbst heraus, keine Transzendierung seiner selbst. Er kennt nur quantitative Ausdehnung" (Caruso 1983, S. 198, S. 199 f).

Die Steigerung der Geschwindigkeit der systemischen Netzwerke *ist* quantitativ und automatisiert die Ablösung von natürlichen Örtern und Zeiten durch Abschreckung. In dieser auf Dauer gestellten Ablösung liegt die Zyklizität der Ausdehnung mit hoher Geschwindigkeit: "Das *totale Entladen*, das Clausewitz befürchtete, wird mit dem Staat des Beschleunigungszustandes erzeugt; die Gewalt der Geschwindigkeit ist gleichzeitig zum Ort und zum Gesetz, zum Zweck und zur Bestimmung der Welt (!) geworden" (vergl. Virilio 1980, S. 177 ff, S. 200).

Anmerkung: 567

"Aber (mit der Figur, die in einer großen Tradition geschichtsphilosophischen Denkens das
die Unheilsgeschichte endgültig sprengende Neue benennt) noch ist der Messias nicht
erschienen, und die Opfer stehen alle diesseits der Versöhnung, haben nur in der
Erwartung an Versöhnung teil. Das ist der *theologisch* (Hervorh., G.K.) tiefste Grund für
den [analysierten] (G.K.)] Betrugscharakter des Opfers bei Horkheimer und Adorno"
(Heinrich 1982, S. 180).

Anmerkung: 568   - DER ZWANG ZUM NEUEN -

Der Zwang zum Neuen beinhaltet nicht nur das Problem der Vergeßlichkeit durch die
kapitalistische Wirtschaftsweise und ihre Produktionsverhältnisse, in denen ja eine historische Sicht- und Erklärungsweise der Herkunft von Herrschaft und partikularisiertem
Eigentum und die hierzugehörigen Antagonismen und Konflikte ausgelassen werden,
sondern er beinhaltet ebenso eine Produktion von Unbedachtheit, "Unbewußtheit"
(Erdheim 1984) und "Nichtwissen" (Pfütze 1989, S. 447) - in dem Versuch, eine gefühlsge-
leitete Identifizierung mit einer Digitalisierung von Wissen und Orientierung, bei der es zu
einer Entwirklichung von Ereignissen und Erfahrungen zu Daten kommt (vergl. Pfütze
1989, S. 448), fürsorglich anzuregen.

Die längst thematisierte Erfahrungs- und Orientierungsarmut führt auch bei "stetiger
Selbstreflexion" (Pfütze 1989) - da ja alles geht, was funktioniert, auch wenn es ein
späteres "Schlechterfunktionieren" (Elias) hervorbringt - zu einem Zustand des
Auseinanderfallens von Streben und Verstehen, da auch durchaus reflektiertes lebens-
weltliches   Prognose-Nichtwissen   gegen   ein   digitalisiertes   Planungs- und
Verwaltungswissen wenig Chancen des Gehörtwerdens hat. Obgleich gerade in der
Theorienbildung das Problem der Dialektik von "Epignose" und "Prognose" gesehen wird
(vergl. Clausen 1987, S. 21 - 30). Die Art und Weise der Vergangenheitsbearbeitung - die
"thesauriert" abgeschlossen erscheint, gerade weil im Transport der Fakten in Daten die
Zukunft auf ein projiziertes Feld der Vergangenheit, das vor "echter Zukunft" liegt (Bloch
1975, Bd. 15, S. 90, vergl. S. 91), gebracht wird - ist von Grenzsetzungen und den
"Abteilungsmomenten" der Vergangenheit von der Zukunft in einer Gegenwart abhängig, in
der versucht wird, sich der Vergangenheit "epignostisch" als "verifizierbare Kontingenz" zu
versichern, statt die Zukunft "prognostisch in ihren falsifizierbaren Möglichkeiten"
"anzusprechen" (Clausen 1987, S. 29).

Denn: "Wie die Gesellschaft sich *nicht* zerstört, ist nicht vorhersagbar" [1132]. Da das Hervorbringen von Kausalitätsverhältnissen von den "Ritualisierungen" (Heinrich 1981, S. 158) der Abtrennungen (wenn-dann) der Vergangenheit von der Zukunft abhängt, ist nach dem Problem der Kontingenz in den Tatsachen als den Erfahrungsstoffen *und* in dem Notwendigen und Gesetzmäßigen der Reflexionsfiguren zu fragen; zumal "das kausale Müssen des Naturablaufs der Dinge" (Troeltsch 1962, S. 776) und der Zurückbeugungen der ausgelassenen Prozesse und Ereignisse in den Dispositionen und Dispositiven für eine Zukunft auf den Modus des Einwohnens in die Welt selbst "als etwas Kontingentes [erscheint]" (ebenda). Der Übergang von der "natürlichen Künstlichkeit" (Plessner 1981, Bd. IV, S. 381 ff) zu einer "künstlichen Künstlichkeit" ist dadurch zu charakterisieren, daß die "Verhinderung von Katastrophen .. vom Katastrophenwissen, dessen Voraussetzung viele Katastrophen sind", abhängt (Pfütze 1989, S. 448). Das heißt, daß solchgestaltige *normale* Wissensproduktion nicht von *normalen* sozialen Verflechtungen für die Möglichkeit von Extremereignissen ausgeht, in denen ja per Kompetenz, per Arbeit und Profession Ursachen-Wirkungen-Folgen "sozial definiert - oder sozial von der Definition ausgeschlossen" werden (Clausen 1983, S. 43).

In der Kommunizierbarkeit von Realerfahrungen durch ihre Konvertierbarkeit "in Macht oder in Geld" (Luhmann 1977, S. 192) wird das systemische »Rauschen« - als Erscheinung des Kontingenten wie des sozial Ausgeschlossenen - in den Abstimmungsprozessen der Autopoiesis zur Notwendigkeit der sozialen Ordnung. Die entstehende Wahrscheinlichkeit solcher Ordnung, der nicht Bindungen, Gründungen, Bündnisse und Verträge, sondern eine "Verhaltenswahl" zugrunde liegt, entwirklicht das zwiefach Neue um die utopische Potenz, in der ja die Suche nach einer neuen Allgemeinheit, nach Beheimatung liegt.

Diese Verdoppelung von der Unwahrscheinlichkeit gelingender Ordnung jedoch zerstört die Tauschgrundlage des Alten und die Möglichkeit der Verhaltenswahl. Einsichtig wird eine systemische Zukunftsunfähigkeit sowie eine Lähmung der Zukunftsbewältigung durch das Individuum. Die "doppelte Kontingenz" als handlungstheoretisches Problem, das als "systemkonstituierend" verstanden wird, führe in der "Verdoppelung der Unwahrscheinlichkeit" (Luhmann 1984, S. 162 f, S. 166), bezogen auf jede spezifische professionale Verhaltenswahl und durch sie, eine Wahrscheinlichkeit herbei.

Die Drehung des Sehfeldes, die Luhmann hier vornimmt, ist noch einmal die Abstraktion

---

[1132] Pfütze 1989, S. 447, vergl. Clausen 1987, S. 29 über den Begriff der Grenze, die als Drittes, in dem wir stehen, jener »Ort« ist, in dem Konfliktlagen gesehen werden können sowie eine Verständigung hierüber möglich ist: "Diese »Grenze« ... ist ein immer währender ... Hinweis aufs Ganze, die erforschbare Polykontextur".

des archimedischen Punktes. Wenn Sartre (1987, S. 404) die doppelte Kontingenz als die Zufälligkeit des eigenen Daseins und die Zufälligkeit des eigenen Standortes beschreibt, die, eine Notwendigkeit einschließend, die »Faktizität des Für-sich« bedeutet - wenn wir auch nicht das Sein sind, erinnern wir uns doch durch uns an es - ist die Umkehr der doppelten Kontingenz zu einer Möglichkeit das Aufgeben von faktischer Identität und von Erinnerung an das Sein durch uns.

Das Unwiederholbare des Subjekts in Planung und Verwaltung bzw. die auch unwiederholbare Vielheit wird flugs in ein der Spaltung fähiges Professionssubjekt als »alter ego« umdefiniert, das nun ärgerlich und staunend vor den Folgen einer Verhaltenswahl steht, die eine Solidarität im Untergang der institutionellen Handlungsformen wie ihres Grundes selbst erzwingt: die Autopoiesis vermittels der "Autokatalyse sozialer Systeme" (Luhmann 1984, S. 171) muß also nicht zwangsläufig konstituieren, sie destruiert vor allem.

Es sei denn, im Begriff des autopoietischen Systems wird eine "Ontologisierung des Todes" (Sternberger 1981, S. 214, vergl. S. 260 die Anmerkung 1) mitgeführt und die Destruktion tritt als kontingentes Sein akzeptiert in die Welt. Die Formulierung des Kontingenzproblems, das als Ich-Katastrophe und Destruktion der Verhältnisse, Abläufe und Ressourcen auftritt, wird systemtheoretisch durch die "Ausdifferenzierung besonderer Rollen für professionelle Arbeit im Bereich der Religion für eine duale Rekonstruktion der Kontingenz" als "Entwicklung einer besonderen Kontingenzformel" (Luhmann 1977, S. 189) abgefedert.

Alle Negationen, die systemtheoretisch nicht aufgehen (als Faktum und als Sinn), münden in der "Kontingenzformel Gott", in der "die Bestimmung des Unbestimmbaren" (ebenda, S. 208, vergl. S. 126 ff, S. 200) als Universalhorizont aufgehoben ist.

> "Unabhängig von aller theologischen Aufbereitung ist schon die »Lage« der Formel im Zwischenbereich von unbestimmbarer und bestimmter Kontingenz bemerkenswert. Und es ist nicht auszuschließen, daß hier eine Position gehalten wird, die ein Scheitern der Steigerungsformeln überdauern und darauf reagieren kann" (ebenda, S. 208).

Es ist scharf gesehen, daß nur in der Positionalität des Religiösen auf ein Scheitern der nur quantitativen Steigerung reagiert werden kann. Da jedoch das Individuum das Unbehagen hier auch formuliert und thematisiert, wird im Beharren auf einer Unteilbarkeit des Qualitativen die Religion selbst zum Hort der Sammlung des Neuen. Troeltsch spricht sehr klar aus, daß der reine Rationalismus, der ja im vorsorgenden, vorbestimmten *und* deterministischen Modus nicht nur Welt- und Seinsgrund, sondern auch das Novum entwirklicht, Probleme mit dem Neuen habe, es erzwänge, erschleiche, mithin findet es keine Gestalt in der Geschichte:

"Nach den Prinzipien jedes reinen Rationalismus könnte es in der Wirklichkeit nie die Entstehung von etwas Neuem geben. Alles [, auch die aporetischen Situationen wie in der Systemtheorie (G.K.),] wäre mit dem Ganzen gesetzt, also in diesem selbst immer schon vorhanden; oder es wäre alles Neue nur eine neue Erscheinungsform und Gestalt der immer in gleichem Betrag vorhandenen Kräfte. Beidemale aber ist das Neue nur durch Erschleichung beseitigt. Im ersten Fall bleibt es als in der Entwicklung hervortretend, als Unterschied des Aktus von der Potenz, im zweiten als Schein und Vorstellung. Ein wirklich strenger Rationalismus muß die Bewegung und das Werden leugnen wie die Eleaten" (Troeltsch 1962, S. 775).

Doch ist die Bewegung, das Werden, Grund und Ziel der Verwirklichung wie der Entwicklung in der Welt selber und nicht nur fortgeschoben in den Atopos eines Universalhorizontes, von dem die Zukunft droht. In diesem Zugang zum Neuen wird ein anderer Zwang spürbar: Ein Zwang, das Transzendente innerlich bewegend, auf organisatorische Prinzipien für ein Überschreiten zu warten. Die Trennung von Rationalität und Novum entspricht einer Konstruktion der fixen Abständigkeit vom Sein und der Transzendenz. Hier ist eine Verrätselung des Geheimnisses der Selbstbegegnung angelegt. Das Wissen um sich selbst geht in einer normativen Kollektivierung auf, und das Zu-sich-selbst-Wollen wird im von einer Innerlichkeit geleiteten Vergessen abgesperrt.

Anmerkung: 574

Heidegger unterscheidet zwischen dem "uneigentlichen Sein *zum Tode*", das in der "Sorge" gegründet ist, und dem "Sein zum Tode", in dem "die Möglichkeit [als *solche*] ungeschwächt *als Möglichkeit* verstanden, *als Möglichkeit* ausgebildet und im Verhalten zu ihr *als Möglichkeit ausgehalten*" wird (Heidegger 1977, S. 259, S. 261).

Daß der "Tod *ist* als Ende des *Daseins*" (ebenda, S. 259, vergl. S. 265), spricht nur für die Wirklichkeit der thanatischen "historischen Inhalte" (Simmel 1984, S. 52) von Welt- und Seinsentzug, die aber nicht so übernommen werden *müssen*, daß "der Tod .. zum Kern des Selbst [wird]" (Adorno 1971, S. 114). Es können auch die Zeitlosigkeit und mit ihr der Unsterblichkeitsgedanke übernommen werden, um die "archaische Erbschaft" (Freud 1974, Bd. IX, S. 547) im Selbst neu zu affizieren. Das wäre eine Rückübersetzung des Aufbruchs zur Vollständigkeit des Ichs ins Wirkliche.

In solcher Affirmation der Verkörperung des Daseins *ist* dann jenes *Ende* der historischen Formungen des Entzugs, die der "subjektiven Existenz [bislang (G.K.)] sozusagen das Blut" abgezapft haben (Sternberger 1981, S. 191; vergl. vor allem die Kritik an Heideggers "Sein zum Tode" im § 20, S. 182 - 195).

Anmerkung: 575

Im Sich-nicht-trennen-können wird die Ambivalenz von "Lebenseroberung und Todesflucht" (Simmel 1984, S. 31) deutlich. Selbst im verschlungensten Beieinander des Getrennten durch Introjektion und Identifikation bleibt durch die Ereignisse der "Suspendierung des unmittelbaren Kontakts" (Straus 1953, S. 141) eine Ahnung vom Tode im Leben.

> "Indes verursacht die Identifikation mit dem (gewußten, geahnten) Tode als Angreifer die Vorwegnahme des Todes: - eine passive Vorwegnahme (etwa in der Art des Selbstmordes aus Angst vor dem Tode) als masochistische Komponente jeder Trennung; und eine aktive Vorwegnahme (Destruktion der Lust und der Liebe) als sadistische Komponente derselben. Der Mensch, der an einer Kultur verzweifelt, die den Tod und die Unterdrückung nicht abschafft, sondern noch mehrt, glaubt irrigerweise wie SADE, der wahren Natur im Morden zu begegnen. Da alles - auch die Liebe - zerstörbar ist, akzeptiert er die Zerstörung und wird selbst zu ihrem Vollstrecker" (Caruso 1983, S. 215, vergl. auch 1981, S. 31 - 39).

Anmerkung: 577

Das "bewegte Nichts" korrespondiert mit Adornos Satz, daß das Leben nicht lebe (Adorno 1973, S. 145), und mit einem Begriff von Geschichte, der eine Überformung der "geschehenen" Geschichte durch eine "passierende" aufnimmt (Kamper 1985, S. 133), die die Erfahrung der Menschen transzendiert und "in einer leeren Transzendenz" verläuft (Kamper 1975, S. 182). Doch ist die Zunahme von "passierender" Geschichte von der Annahme der Herrschaftsphantasmen, vom Hereinfallen auf (auch eigene) Omnipotenzphantasien und der Annahme der Verkümmerung des Ich-Selbst abhängig.

> "Doch drängt die Ereignislosigkeit immer mächtiger in die Falle der Omnipotenzphantasien bei faktischer Ohnmacht. In einer noch undurchschauten Weise hat der Zeitplan der Moderne, diese Entqualifizierung und Abstraktion der menschlichen Lebenszeit mit der Vertreibung der Ereignisse zu tun. Die deklarierte Absicht, auf der Grundlage instrumenteller Vernunft Zeit zu gewinnen, endete irgendwie bei einem ins Maßlose reichende Zeitverlust, in einer zwingenden Paradoxie. Ereignislosigkeit aber ist unerträglich. Sie führt im Verein mit dem Nicht-Denken-Können des Ereignisses zum Machenwollen desselben um jeden Preis. Man unterschätze nicht den Kräftestau, der hier anwächst. Er ist katastrophenträchtig" (Kamper 1985, S. 133).

Anmerkung: 579

Hier ist psychologisch mit rascher Zunahme von "Magisierung" (Clausen 1978, S. 86 ff) zu rechnen, da die Bindungen, Verhältnisse und Beziehungen von Pro- und Antagonisten verschwimmen und in Unbewußtheit übergehen. Sach- und Wortvorstellungen (vergl. Laplanche/Pontalis 1973, Bd. 2, S. 445 ff) rücken auseinander, die Erkenntnis der

Katastrophe verschwindet in einer "magischen Ursache" (Clausen 1978, S. 87).

Soweit sich eine magische Kausalität nie von einer rationalen vollkommen trennen läßt, sie sind vor allem ja historische Konzepte, läßt sich jedoch eine Zunahme von Magisierung dann vermuten, wenn die konkrete Teilhabe an der Gesellschaft oder die konkrete Verfügung (oder Bindung) über den Einzelnen verschwindet. Bei einem versinkenden oder entsteigenden Rationalitätstableau also wird nach Rekonkretisierungen gesucht, die sich für Synchronisierungen von Weltzeit und Lebenszeit contraproduktiv erweisen könnten (vergl. Blumenberg 1986 über die "Kongruenz von Lebenszeit und Weltzeit als Wahn", S. 80 - 85).

Anmerkung: 611

Die gegenwärtige Betonung des Zyklischen in religionssoziologischen Überlegungen (vergl. Schmied 1989 zur Reinkarnation und Zeiterfahrung) und im sozialphilosophischen Urteil zur Lage der Zeit (vergl. Negt 1990, S. 12 zum post-histoiren Denken der Kategorie des Neuen in der Geschichte) zeigen das Bedürfnis vieler Menschen nach Zyklizität auf. Es geht um eine neue Orientierung in der »Lebenswelt«, in der Oekonomie, in der Ideologie und ihren alten Sicherungsformen. Die Zyklizität ist als Gedankenkonstruktion sicher genau so hilfreich wie ein teleologisches Stufenmodell, um sich im reißenden Strom der transeunten Zeit oder anders: in der Wiederkehr der Zurichtung aufs kollektiv akzeptierte Opfer zurechtzufinden. Beides sind nur geschichtliche Möglichkeiten der Rückbindung bzw. der Erinnerung ans Konkrete oder der Aufsprengung und des Aufbruchs aus der Enge der "magisch-mythischen" Welten von Leben und Erkennen, von Arbeit und Kooperation.

Doch wird im *Glauben* gerade an Zyklizität im Fortschritt die auch veränderbare Wirklichkeit der Reflexion mit der Wirklichkeit gesellschaftlicher Prozesse verwechselt, denn: "das endgültige Versinken wird selten oder so gut wie nie thematisiert" (Schmied 1989, S. 324). Man stützt sich vor allem auf den Glauben an die Zyklizität im Fortschritt, weil in diesem Glauben das Neue als Scheinwelt erscheint, die den Kern der alten Wahrheiten verdeckt. Doch liegt gerade in der Thematisierung des endgültigen Versinkens auch eine Kraft des Anfangs: "Es wäre übrigens nicht das erste Mal in der Geschichte, daß die Selbstzerstörung einer falschen Realität Kräfte der Erneuerung einer Idee freisetzt, die auf Gedeih und Verderb mit ihr verknüpft zu sein schien" (Negt 1990, S. 12).

Die Dominanz des Zyklischen im täglichen Leben (Ritualisierungen) sowie in der Theoriebildung, die ein "Vergangenheitswissen" unnötig, eine "Zukunftsbesorgnis sinnlos"

erscheinen läßt (vergl. Brandt 1966, S. 726), ist nie von Rechtfertigungsfunktionen frei;
gerade dann, wenn unter Opfern (auch Zeitopfern) die Rasanz der transeunten Zeit unterm
zyklischen Gesichtspunkt betrachtet und gegliedert wird:

"Daß es sich hierbei, von augenblicksgebundenen Motiven der Eitelkeit oder Gewinnsucht
einmal abgesehen, auch um einen sehr merkwürdigen Versuch des gesellschaftlichen
Unterbewußtseins (!) handelt, aus der Gefährdung durch den immer rasenderen linearen
Zeitablauf in die Geborgenheit der zyklischen Zeitauffassung zurückzukehren, dürfte
sicher sein". Brandt bezieht sich hier auf Ritualisierung einer ganz "alltäglichen Ebene, der
Neigung zum Feiern von Jubiläen". Der theoretische Gehalt geht jedoch weit über diese
Beobachtung hinaus. Im ganzen wird hier historisch "ein Konflikt zwischen
Zeitrechnungssystem und Geschichtsphilosophie" dargelegt (Brandt 1966, S. 728 und
Anmerkung 4; vergl. auch Schmied 1989, S. 327).

Anmerkung: 628

Daß wir hier "befangen" und des Jenseitigen "bedürftig" sind, macht für Kracauer unsere
Doppelexistenz aus. Sie lasse "sich freilich nicht in zwei nacheinander einzunehmende
Positionen aufspalten ", sondern spotte "als eine durch die innere Spannung erweckte
Teilhabe des Menschen an beiden Reichen der Zerlegung " (Kracauer 1977, S. 44). Im
Bohren nach den Quellen der Natur, die einen Kern des Ursprungs frei geben sollen, wird
der utopische Standort mit der Rückwendung zu einer künstlichen Konkretheit amalga-
miert und die Natürlichkeit des Gesellschaftlichen biologisiert. Der gedoppelten
Doppelexistenz: "Teil einer Naturordnung und Teil einer Gesellschaftsordnung" (Elias
1987, S. 65) in der Spannung von raum-zeitlichem Hier und transzendentem Dort zu sein,
ist für, in und bei jedem Wandel nach Aufbruch und Rückbindung Rechnung zu tragen.

Krisen, Scheitern und Tod sind in der Suche nach Balance immer einbezogen, sie können
verzögern oder forcieren, charakterisieren jedoch schon ein Zuspät-gekommen-Sein: das
Macht die Not aller Sinnfragen aus. Die Frage nach dem Sinn zu stellen bedeutet, in einem
Zustand zu leben, der etwas von Gnadenlosigkeit hat. "Daß Sinn also Gnade ist, hat
gesellschaftskritische Bedeutung gegen Predigt von Sinn durch Leistung und die Wertung
des Menschen nach seinem Nutzen in der gegenwärtigen Gesellschaft", sagt Gollwitzer
(1970, S. 46) zur Frage der Fragen, nach dem Sinn des Lebens.

Anmerkung: 629   - DIE GEFANGENHEIT DES HIER -

Die transzendentale Bedürftigkeit in der Gefangenheit des Hier - als ein Problem langwelli-
ger Prozesse - gilt gerade auch in den Bindungen, in denen wir mit uns allein zu Hause
sein müssen, da "Kirche und Oekonomie" "aneinander vorbeigetauscht" haben
(Rosenstock-Huessy 1964, S. 162):

> "Nennen wir einmal Kirche kurz die ewige und Wirtschaft die alltägliche Ordnung
> eines Volkes, so war ums Jahr 1000 der Alltag lokal, die Ewigkeit universal. Heut
> wird der wirtschaftliche Alltag universal, aber die ewigen Dinge werden in der
> Kleinstgruppe geordnet: etwa eine interkonfessionelle Ehe ist eine der erhaben-
> sten Erlebnisaufgaben. Nach kanonischem Recht vollgültig, verdichtet solcher
> Bund die weiten Himmelspole in die kleinste Hütte. Und es müssen wirkliche
> Ehegatten eines Glaubens werden" (ebenda, S. 161).

Das einstige Miteinander von christlicher Kultur und Ökonomie hat sich in ein
Gegeneinander, in einen "Kampf" verkehrt, der in der von Rosenstock-Huessy benannten
Lage radikal im Einzelnen gelöst werden muß. Die Verweltlichung der Legitimität im oekonomischen Prozeß läßt den Staat historisch zurückfallen, während die (auch verweltlichte)
protestantische Verinnerlichung bis zur Selbstfremdheit wächst. Dennoch sieht Plessner
im Prozeß der *Verinnerlichung* das immanente Ziel, daß "Subjekt und Objekt des Staates
ein und dasselbe" werden, angelegt:

"Geschichtlich liegt die Bekämpfung und der Niedergang der von Gott eingesetzten
Autorität als einer »von außen« legitimierten Fremdherrschaft durch die »von innen« legitimierte Selbstherrschaft trotzdem in der Linie des Protestantismus. Sie findet an der
Umwertung des weltlichen Lebens durch ihn ihre bestimmende Kraft" (Plessner 1974, S.
61).

Die neuere Modernisierung der kapitalistischen Ökonomie, die vielleicht am deutlichsten
in der Trennung von Börse und Wirtschaft ihren Ausdruck gefunden hat, schlägt in der
Befestigung ihrer universalen Geltung für die "Kultur zum Verhängnis aus". Das
Transzendente wird auf den Raum zurückgebeugt, gar dem anderen Leib zugeschrieben,
während die Ökonomie im Prozeß ihrer Universalisierung über das *"Fehlen* einer durch
Tradition und Wertkonsens getragenen, gegen Leistungsschwankungen immunisierten
Zustimmungs- und *Folgebereitschaft"* klagt (Habermas 1982a, S. 1026, S. 1025).

Diesem Fehlen entspricht eine Abwendung: In der Fixierung an der Raum werden
"geomantisch" Zeiten ritualisiert, und in den Räumen an Ursprungsorten der Kulturen wird
nach Ersatz für die aufgezehrte oder "verbrannte" "Energie" gesucht. Der abgeforderten
Erlösung vom Anderen wird hier "magisch" standgehalten. Der Raum nach innen zu einem
verzerrten vorhistorischen Kult transzendiert.

Dieser Suchbewegung, die den Mythos nach rückwärts auflöst, sind weniger ihre Wahrnehmungen einer feineren Stofflichkeit und ihrer Naturereignisse vorzuhalten, als vielmehr deren Aufladung mit transzendenten Inhalten. Hier wird nicht nur die *Herrschaft* des Logos, sondern der Logos selber aufgelöst. Das soll nicht sein, weil so die "Götter" wieder zu den "Stoffen" kommen, um Opfer zu verlangen (Horkheimer/Adorno 1979, S. 11 zur Genese der Mythen als Produkt der Aufklärung. Vergl. Knoblauch 1989, S. 301 - 309 über die Praxis der Geomantie bei den "new-age-Aktivisten").

Anmerkung: 686

"Klein und dicht gewordene Nähe" und der "weiterziehende" Horizont erscheinen in ihrer "Zusammenlegung eines Intimums mit mystisch gekrümmtem Raum" (Bloch 1975, Bd. 15, S. 112). Das meint, inwendig und auswendig zugleich zu sein: "Der Makrokosmos wird bei Böhme noch mehr als bei Paracelsus der Makanthropos, die in den Baum des Lebens verwandelte Welt". In der Blochschen Raumvorstellung bringt sich das Ende des Gegenwärtigen in den Anfang zurück (Bloch 1985, Bd. 2, S. 186). In der Paradoxie von Fremdheitserfahrung und Einheitsverlangen vollzieht sich das menschliche Leben in und mit seinen gewollten und ungewollten gemeinschaftlichen und gesellschaftlichen Figurationen. Das Ganze des Seins und das Ganze des Lebens verstehen zu wollen heißt auch, die Geschichte des Zu-sich-selbst-Kommens in ihren Gefahren und Irrtümern nicht zu verleugnen (vergl. hierzu Koslowski 1988).

Anmerkung: 693

Anders sieht im Aufbau einer Weltraumfront nicht ein Mittel, sondern einen Zweck: "Finanziell lohnend muß die Produktion sein, und ewig (!) muß sie dauern können" (Anders 1986a, S. 21). "Was vor uns steht, ist also die Endlosigkeit der Unsicherheit" und die Aufgabe, der Verharmlosung, die in der "Verfeierlichung", in der "Ästhetisierung des Entsetzlichen", der "Liquidierung der Menschheit" liegt, entgegenzutreten (ders. 1986, S. 69, S. 128; Anmerkung 1, S. 128 f).

Anmerkung: 695

Die Steigerung der Geschwindigkeit der quantitativen Ausdehnung beruht auf der Bewegungsform des Austauschs von bewegten und unbewegten Gütern, als Titel und Wert, deren Produktion*form* die lebendige Massenarbeit verdrängt (Engels 1978, MEW Bd. 19, S. 217) und entmachtet hat durch die Maschinerie, die das objektive Können in sich aufgenommen und der lebendigen Arbeit entfremdet hat - gerade auch in der Geschwindigkeit von Produktion und der Reproduktion der in ihnen wirksamen Verhältnisse.

"Der gesellschaftliche Geist der Arbeit erhält eine objektive Existenz außer dem einzelnen Arbeiter" (Marx 1974, S. 427 f Anmerkung 3; vergl. die Kritik an der "Dromologie" Virilios von Breuer 1988, bes. S. 327 f).

Anmerkung: 704

Da die Opfer mit beidem, Schmerz und Schuld, belastet sind, scheint eine Ersetzung der Erinnerung durchs Bewußtsein ein besonders schwieriger und fast unaushaltbarer Prozeß zu sein. Eine Erinnerungsflucht jedoch kommt dem Täter entgegen, der das im Gedächtnis Aufbewahrte vergessen will. So wird die Situation, in der der Mitmensch ein todbringender Gegenmensch wurde, wiederholt: die thanatische Situation wie ihre gesellschaftliche Verdrängung erzeugen ein *lethäisches* Bewußtsein, das nur im Schoße einer solidarischen, solch Vergangenem in Demut zugeneigten Gesellschaft, wie im Selbstbezug ohne Kälte, wieder be-wußt werden kann.

Anmerkung: 708

Theunissen (1982, S. 29), der versucht hat, diesen Gedanken Hegels für die Gegenwart fruchtbar zu machen: "Das Unbekannte identifiziere ich mit der aus dem Bewußtsein verschwundenen Bestimmung des Menschen. Das Gesuchte als solches hingegen scheint nur die Allgemeinheit zu sein, in deren Gestalt die Bestimmung des Menschen unbewußt gegenwärtig ist, als das Antreibende und Anleitende allen ethisch anspruchsvollen Strebens".

<u>Anmerkung:</u> 711

"Der Entronnene. - Menschen wie ich, nicht bloß im allgemeinen wie ich, sondern
im spezifischen, also Juden, die aussehen und dachten wie Juden, wie mein
Vater und meine Mutter und ich selber, wurden im Konzentrationslager, eben
deshalb, weil sie so waren, zu Abertausenden am Ende jahrelanger furchtbarer
Angst, nach unsäglichen Demütigungen, unvorstellbarer Zwangsarbeit, Schlägen
und Martern langsam zu Tode gefoltert, weil sie so waren, wie mein Vater und
meine Muter und ich, weil sie aussahen und dachten wie Juden, jahrelang in
furchtbarer Angst gehalten und schließlich zu Tode gemartert. Und ich soll mir
etwas zugute tun auf das, was ich mache, soll mich, den in keiner Weise
Besseren, amüsieren - wen soll ich amüsieren? - mich, den Juden, den
Menschen, der noch da ist, der sich ja schließlich amüsieren kann, sich vorkommen, sich etwas auf sich einbilden, sich groß machen kann. Als ob nicht für
jede Regung, jedes Wort, geschweige jede Tat, auf die ich mir etwas einbilden
wollte, auch die Nichtjuden zu Juden, zu Staatsfeinden und Intellektuellen
gemacht und zum gleichen hundertfachen, qualvollen Tod verurteilt worden
wären. Und jetzt, wo es nichts kostet, soll ich mich daran ergötzen. Ich soll an
mir noch Befriedigung, Frieden finden, da mein Leben doch den sinnlosen,
unverdienten Zufall, das Unrecht, die Blindheit des Lebens überhaupt bezeugt,
da ich mich schämen muß, noch dazusein" (Horkheimer 1974, S. 202).

<u>Anmerkung:</u> 731

"Das Wirken aus dem Jenseits, unter dem Mantel der Scham, ist immer
Liebesopfer, Todestat; wie Cromwell es genannt hat: stückweis täglich sterben.
Der Rauschzustand, der im Frühling die Schöpfung befällt, daß sie zum Opfer in
Liebestrunkenheit sich aufmacht, dies ist ein Sinnbild dessen, was den selbst-
bewußten Menschen allein in die Wirklichkeit hinüberträgt: seiner
Liebesfähigkeit. Nicht das Selbstbewußtsein macht uns wirklich als
Persönlichkeit, sondern nur das Maß von Überwindung eben dieses
Selbstbewußtseins. Die Sehnsuchtskraft, die uns verwandelt - die entscheidet
über unsere Verwirklichung auf dem Pfad in die Zukunft. Jenseits unserer selbst
liegt nur der Tod unserer selbst" (Rosenstock-Huessy 1956, S. 217).

<u>Anmerkung:</u> 771

Vergl. vor allem Schmidt 1986, über die fünf Strategien des "Vergessenmachens":

1. In der Postmoderne wird konstatiert, daß sie den materiellen Weltbezug des Menschen

   auflöse zu einer Immaterialität von "lauter Nachrichten" (ebenda, S. 9).

2. Die Tendenz, *alles* in Frage zu stellen, mache das Fragen wertlos (vergl. ebenda, S. 12 f).

   Die entstandene "Beliebigkeit" und die "Reduktion des Neuen auf bloße Überraschung"

   treibe mit einer "Technik des Schocks" die "Geschichte bis zur Geschichtslosigkeit" aus

   (ebenda, S. 13).

3. Alles Individuelle werde auf archaische Grundmuster von Geschichtlichkeit reduziert, in seiner systemischen "Allverwendbarkeit für jedwede Strukturen" ... "zerrissen, durcheinander gewürfelt und zermahlen" (Schmidt 1986, S. 20).

4. Die Strategie der Entqualifizierung des Wissens durch Information: "Der Masse die metaphysische Metapher ohne verbindlichen Sinn, dem Kenner das intellektuelle Spiel ohne verbindlichen Sinn" (ebenda, S. 25).

5. Die Partizipationsforschungen würden zur "Demoskopie der Bedürfnisse". Die kritische Moderne werde durch die Trennung von Form und Inhalt in Unverbindlichkeit zum Verschwinden gebracht. Man entferne sich aus allem und halte sich aus allem heraus (ebenda, S. 25, S. 26).

In diesen Strategien wird die "Unvollendbarkeit ... zum Selbstzweck" (ebenda, S. 27), die Zukunft gehemmt (vergl. Raulet 1986, S. 165 ff).

Anmerkung: 797

Vergl. Kohler 1984;
und insofern nach "Rechtfertigung zu suchen .. allein da sinnvoll [ist], wo etwas richtig oder falsch gemacht werden kann" (ebenda, S. 188) und das eigene Tun durch den Hinweis auf Befehl, Zwang, Unwissenheit und Schicksal zum fremden Tun erklärt wird, bleibt doch ein Stachel, da ein unmenschliches Was durch eigenes Tun eben auch das Eigene bleibt und in der Rechtfertigung das Ich-Selbst um Annahme ringt.

Anmerkung: 899

Vergl. Kierkegaard 1956, Bd. 1.2, S. 590 f, zum Motiv der Verschlossenheit als des Dämonischen: "Wenn die Freiheit nun die Verschlossenheit berührt, so wird dieser angst" (ebenda, S. 591). Hier betrifft jedoch die Verschlossenheit vor allem ein Binnenverhältnis des Subjekts, das durch äußere Verhältnisse in eine Verstockung geraten ist, die vor allem durch ein "Schuldgefühl" geleitet gedacht werden kann (vergl. Freud 1974, Bd. IX, S. 260 - 264).

Anmerkung: 928

Gerade weil die Aktualisierung des durch Folter zugefügten Traumas Amérys Erfahrung
ist, läßt sich vermuten, daß das Lebensverneinende im "Glanzverfall" für ihn besonders
spürbar war und durch die Erfahrung der fortwährenden Aktualisierung des Schmerzens
und des Nicht-mehr-heimisch-werden-Könnens die Gewißheit entstand, daß das
"Überstehen" nicht überstanden werden konnte (Améry 1982, S. 148).

Anmerkung: 941

Vom Begriff der "Verfalls-Verfallenheit" ist eine handfeste Soziologie entwickelbar: die
Analyse und Bilanzierung der den naturwissenschaftlichen Trennungen geschuldeten
Folgen der gesellschaftlichen Einschließung der Scham vor dem »skatologischen« Element
des Leibes und seiner Transformation in allgemeine gesellschaftliche Handlungen der
Hygienisierung.

Die "Verhäuslichung der körperlichen Verrichtungen" (Gleichmann 1977) im Verein mit der
Ablösung der Theorie des »Miasmas« hat das Problem der Abfälle externalisiert. In der
Einbildungskraft schwappen nun die Abfälle bereits - durch die Strategien der
Distanzierungen als »Übersehensleistungen« angesichts der Kloakisierung mundialer
Gemeinschaftsressourcen   wie des Meeres - in die geschlossenen Räume der Scham
zurück.

Anmerkung: 964

Im Lärm und im Geräuschgeschehen wird vieles nur halb verstanden. Das macht
erschöpfendes Nachfragen nötig, das den Befragten ebenfalls erschöpft. Die Störung der
Konzentration ist im Funktionsablauf ja auch nicht ungefährlich. Hier mag auch die
Erfahrung liegen, Fragen zum Verstummen bringen zu können, die nicht in die
Funktionen der auch inneren Abläufe gehören. Wird auf eine Frage mit "Hä?" geantwortet,
verdeckt sie die Abwehr und die Häme nicht, sowie dieses Hä? - wenn es heißt »was hast
du?«, »was (oder *waas*) fragst du da?« oder »wie kommst du (oder: gerade *du*) darauf?« -
seelisch zum Verstummen bringt (vergl. Bodenheimer 1985, S. 77 - 86 über das Hämische
des »Hä?«).

Anmerkung: 966

Der »Ander«-Leib kann auch als *Imagination* einer Icheinheit verstanden werden. Lacan hat das die "Spiegelstufe" für die Funktion der Ichbildung genannt: "Nach Lacan ist die intersubjektive Beziehung, soweit sie durch die Wirkung der Spiegelstufe gekennzeichnet ist, eine duale, imaginäre Beziehung, die sich nur in der aggressiven Spannung vollziehen kann, in der das Ich als ein anderer konstituiert wird und der andere als ein *alter ego*" (Laplanche/Pontalis 1973, Bd. 2, S. 474 - 476, Stichwort "Spiegelstufe").

Anmerkung: 971

Adorno hat ganz treffend das Gefallen eines Schlager mit seiner Bekanntheit gleichgesetzt: "ihn mögen ist fast geradewegs dasselbe wie ihn wiedererkennen" (Adorno 1958, S. 9 f). Dies spricht aber auch von der Angst des Hörers vor eigener Aphasie. Die herrschende Angst aus der ontisch zugerichteten Stummheit mag auch ein Motiv sein, den musikalischen Ausdruck soweit auszudifferenzieren, daß "der unpräparierte Hörer auf der Strecke bleibt" (Plessner 1980, Bd.III, S. 348, er kritisiert hier die "Preisgabe der Tonalität").

Anmerkung: 975

Adorno und Horkheimer haben die Dialektik der Aufklärung in der "ahnungsvollen Allegorie" in den "Maßnahmen" erblickt, "wie sie auf dem Schiff des Odysseus im Angesicht der Sirenen durchgeführt werden" . Die Ruderer bleiben in der Odyssee "unterjocht an Leib und Seele ["sechs der stärksten Gefährten fraß noch Skylla, das Ungeheuer"; Homer XII. Gesang, Zeile 256, G.K.], der Herr regrediert" . Der Sirenengesang, "noch nicht zur Kunst entmächtigt", bedroht "mit dem unwiderstehlichen Versprechen von Lust, als welches ihr Gesang vernommen wird, die patriarchalische Ordnung, die das Leben eines jeden nur gegen sein volles Maß an Zeit zurückgibt" (Horkheimer/Adorno 1979, S. 34, S. 35, S. 33).

Anmerkung: 983

Herder hat seine Schrift "Kalligone" (1800) gegen Kants "kritisch idealistische Transscendentalphilosophie" (Herder 1955, S. XII) gestellt, in der der Ton lediglich als "das' schöne Spiel der Empfindungen (durch das Gehör), oder *angenehmer* Empfindungen" galt (Kant 1979, S. 264; vergl. Herder 1955, S. 144 ff). Es ist Sonnemanns Verdienst, auf die Einheit der Wahrnehmung in der Zeit durch das Thema des Tons - das in der Kantschen "Begriffshermetik" verschlossen, seinen "ersten Linderungen der abendländischen

Ertaubung, die es dort unter Verschluß hält, entgegenharrt" - aufmerksam gemacht zu
haben (Sonnemann 1986, S. 72).

Anmerkung: 986

Das Ineinanderpassen und auch oppositionale wechselseitige Verweisen von Gefallen und
Reklame spricht für eine »Überwölbung« der Spannung vom "widerstrebenden"
Konsumenten gegen die maximierte "Macht des Anbieters, seine Interessen durchzu-
setzen" (Clausen 1964, S. 42). Auf der Rückseite der Spannung steht ein "Sog", der aus der
bewußt-unbewußten Suche nach dem Fehlenden stammt, in die der Werbestratege
"hineinstößt".

Das Ineinanderpassen »synagonistisch« betrachtet, spricht auch für eine "euphemistische"
Entspannung des tiefer liegenden kulturellen Konflikts zwischen Kapital und Arbeit, in der
ein gegenkulturelles Wandlungsgeschehen zu einer »quellenden« Zweitkultur subvertiert
wird, in der imaginäre Beziehungen als die "Wahrheit" der Spannungslösung *real* erscheinen (vergl. Clausen 1964, S. 35 - 39, "Flucht in den Sozialoptimismus").

Werckmeister hat diese Überwölbung und Entspannung durch Euphemismen in seiner
Kritik der Kultur der 80er Jahre "Zitadellenkultur" genannt: "In der Zitadellenkultur gibt es
keine Fronten mehr, sondern nur noch konkurrierende Angebote. ... Absolut und relativ
zugleich, koexistieren die Protagonisten der Zitadellenkultur in einer Dynamik unbe-
schränkter Selbstentfaltung" (Werckmeister 1989, S. 21). Im sprachlosen Konflikt zwischen
imaginierten Beziehungen, in denen Entscheidungs*losigkeit* herrscht (vergl. ebenda, S. 25),
und sich hierin fortentwickelnden, drohenden Risikozuständen wird die Suspension des
Wirklichen mit dem Einbruch des Fremdgehaltenen bezahlt werden müssen.

Anmerkung: 990

Insofern ist »strukturell« auch vom Ort der Sprecher und der "Sprechräume" (zur Vergabe
von "Sprechmöglichkeiten und ihrer Topoi, vergl. Wagner 1977, S. 5 - 13), die erschlossen
werden, das "Wissen ohne Bewußtsein" (Dröge 1972). Dies liegt eben *nicht* "im technischen
Apparat selbst begründet" (ebenda, S. 193), sondern ist dem verinnerten »stummen Zwang«
zur Erhöhung der Abonnements und Einschaltquoten als Realitätskonzept geschuldet,
gleichwie der ausbleibende Erfolg kein Wahrheitskriterium ist.

Anmerkung: 992

Die habituelle Andacht ist sicher nicht ohne die Geschichte des Zusammenhangs von Illusionsräumen, Verdunkelung und die Steigerung der individuellen Wahrnehmung (vergl. Schivelbusch 1986, S. 193 - 209), sowie auch nicht ohne die Geschichte des Verlusts der gesellschaftlich geltenden Einrichtung der Selbstreflexion und der Distanznahme durch das Theater zu verstehen: Im Niedergang der Geltung des Theaters als gesellschaftliches Instrument und als gesellschaftlicher Ort der Reflexion - so ist zu vermuten - sind die Illusionsräume real in den architektonischen Raum der Stadt und der Landschaft einge-zogen worden. Schließlich begannen die bildnerischen Ideologen, mit »totalitärer Architektur« in »Worten aus Stein« die architektonische Kulisse der Wahrnehmung und Nichtwahrnehmung für die Massendramaturgie der »Doppelmasse« zu bilden.

Im Verein mit den Medien des Lichts ist es zu einer Profanierung der Andacht gekommen, die bis in die Intimität hineinreichend habitualisiert wurde, um sie zu retten. In der so *belebten* Form verschwand die Andacht als konstituierendes Element aus der Gesellschaft in die Rarheit utopischer Räume.

Anmerkung: 996   - DER BEGRIFF DES DIAPHRAGMA ALS GRENZE -

Dem Begriff des Diaphragma entspricht am ehesten Plessners Vorstellung vom "Verhältnis des begrenzten Körpers zu seiner Grenze" (Plessner 1981, Bd. IV, S, 154), in dem das Ich-Selbst und der Andere als eine sich vollziehende Einheit in der Differenz erlebt wird. Man "wächst" hierin. Diese Grenze sei nicht nur "leeres Zwischen" von Körper und Medium, sondern Ausdruck der "Doppelaspektivität" des Menschen, in der die "Einheit von innen und außen erscheint" (vergl. ebenda, S. 149 - 156, S. 155) und die "Ganzheiten" in evolu-tionären und sozialen Wandlungsprozessen - auch in ihrer Gegenläufigkeit - "erschaubar" macht ("Der Ordnungstypus Ganzheit gehört zur Klasse der nur erschaubaren Gehalte"; ebenda, S. 173 in bezug auf Driesch).

Nun ist solches Erschauen von Ganzheiten, die ja auch das eigene Ich meinen, nicht unbedingt eine "metaphysische Macht", wie Ernst Jünger es in "Typus, Name, Gestalt" sah (vergl. Bein 1965, S. 108 f), sondern gehört zur wahrnehmbaren Praxis des Menschen, in der er, innen und außen, Körper und Medium, Wirklichkeitsverfassung und Wirklichkeit ausbalancierend und vermittelnd, gleichzeitig lebt. Bei Clausewitz ist das Diaphragma, das er "die nicht leitende Scheidewand" nannte, das "Zwischen" des absoluten und wirklichen Krieges, "durch deren unzählbare Windungen sich die logische Konsequenz nicht wie an einem einfachen Faden von ein paar Schlüssen fortführen läßt; in diesen Windungen bleibt

sie stecken und der Mensch, der gewohnt ist, im großen und kleinen mehr nach einzelnen
Vorstellungen und Gefühlen als nach strenger logischer Folge zu handeln, wird sich hier
seiner Unklarheit, Halbheit und Inkonsequenz kaum bewußt" (Clausewitz 1973, S. 953).

In dem doppelt verwirkten, kaum Bewußten - oder besser: Bedachten - aber steckt die
Wirklichkeit geschichtlichen Handelns und Erleidens als Verhinderung des Schrecklichen,
deren Unerkanntheit mechanische Kollektive vereinheitlichen läßt, oder das Ich, das sich
vermeintlich durch die Abtrennung von der Irritation zu schützen glaubt, zu einer überwertigen »Idee« macht. Das Diaphragma, die "nicht leitende Scheidewand" mit ihren
"unzählbaren Windungen", wird beim Verschmelzungsbedürftigen als Spiegel fürs eigene
Ich, beim Bemächtigungswahnsinnigen als Spiegel der "Ganzheiten", der "Gestalt" eines
mechanischen   Kollektivs   wahrgenommen   bzw.   umdefiniert.   Das   setzt   eine
Verhältnislosigkeit zur eigenen Teilhabe an dem Grenzhaften des Diaphragmas, eine
Unkenntnis oder schärfer: eine *geblendete, unerhörte Kenntnis* dessen, wo man zuende ist,
voraus.

Anmerkung: 1019

Der Begriff der Front ist gemäß Plessners "exzentrische Positionalität" des Menschen, die
qualitative Gefaßtheit des Körpers zu sich und zur Welt.

> "Im Aussehen stellt sich der Körper qualitativ dar. Seine substantielle Kernigkeit
> strahlt in den durch und durch qualitativen Eigenschaften an die Oberfläche, die
> an ihm selbst bleibend mit der res cogitans in Gegenstellung (auf unbegreifliche
> Weise) zusammenhängt. Diese (durch das conjunctum der beiden Substanzen
> ermöglichte) Frontstellung zum Selbst wird zum Grund für die Erscheinung,
> wohlgemerkt nicht nur für die Faßbarkeit der Erscheinung. Und in dem gleich
> strengen Sinne, in welchem die »Front« des Erscheinen »vor« dem Tiefenkern, der
> eigentlichen Mitte seines Seins - in ihr ist es nur das, was es »eigentlich« ist -
> liegt und die zentrale Kompaktheit seines Wesens offenbart und zugleich
> verhüllt, muß die res cogitans der res extensa *vorgelagert* sein". (Plessner 1981,
> Bd. IV, S. 85)

Diese Bestimmung der "Front" impliziert einen "Realismus der Hoffnung", in dem das
ungewordene und unentfaltete Etwas historisch ans Ziel kommt, denn es "gäbe" [aus dem
realen Vorgelagertsein der res cogitans vor der res extensa] "keinen Prozeß, wenn die
Wirklichkeit abgeschlossen wäre ..." (Bloch 1989, S. 66). Von den drei zentralen Kategorien
"des dialektischen Prozesses": "Front, Novum, Materie", ist die "Front ... der vorderste
Abschnitt der Zeit, wo die nächste entschieden wird" (ebenda). Da in der "Frontstellung"
des Menschen zum eigenen Selbst der "Grund der Erscheinung liegt", ist das Novum - das
sich in der *Stimmung* objektiviert und zwischen Nahbild und Fernbild seinen Ort hat - die

"Ausstrahlung" der Qualität *und* des Zustandes des Selbstbezugs.

Anmerkung: 1025

In der Geschichte der Architekturtheorien, denen nicht unbedingt eine Figuration, aber ein Netzwerk gegenläufiger Prozesse der Kulturalisierung von Fragen der Zeit zugrundeliegt, nimmt der holländische "Strukturalismus" gegen die funktionsfreudige Charta von Athen den oppositionalen Standpunkt ein, daß die zergliederte Zeit-Raum-Struktur der Städte ohne hinreichenden Platz für Gemeinde und Bürgerschaft, nur noch durch eine "Sinn-für-Plätze-Konzeption", in der "Ort und Ereignis" die "Gestalt des Zwischen" ausmachen (Lüchinger 1981, S. 26 + 30 in bezug auf Aldo van Eyck), der Bedeutungslosigkeit für den Menschen entrissen werden könne.

Anmerkung: 1051

"Alle Dinge, die sind und ein Sein besitzen", schrieb Dee in seinem Vorwort (zur ersten englischen Übersetzung von Euklids Geometrie 1570), "werden gemeinhin in dreierlei Art vorgefunden. Denn entweder werden sie als übernatürlich, als natürlich oder als von einem dritten Sein erfaßt ..., welch letztere mit einem seltsamen (!) Namen auch mathematische Dinge genannt werden. Denn diese, die (in einer Weise) mitten zwischen übernatürlichen und natürlichen Dingen sind, sind nicht so absolut und ausgezeichnet wie übernatürliche Dinge, nichtsdestoweniger aber auch nicht so niedrig und unfein wie natürliche Dinge: sondern sind immaterielle Dinge und dennoch durch materielle Dinge fähig, etwas zu bedeuten" (Mason 1961, S. 299).

Anmerkung: 1067

Vergl. Tönnies 1931, S. 182 über die Mannigfaltigkeit von Bindungen; ders. 1916, S. 396 über die gesellschaftliche Willensform, die im "Glauben" das politische Leben durch "Religion" leitet, im "Meinen" es durch Beteiligung an der "Kritik" als "öffentliche Meinung" bestimmen will.

Vergl. Simmel 1968, S. 313 über die Differenzierung von Kreisbildungen, in denen sich das Ich "entschiedener ... seiner Einheit bewußt" wird.

Der Begriff *Nation* verdeckt für Mirgeler (1965, S. 13) das religiöse Streben nach Einheit: "Das paganisierende Streben nach der Wiedergewinnung der unabgehobenen Einheit des

Urstandes endlich ist als Komponente eingegangen in den Begriff der *Nation und die Ausformung der nationalen Staaten;* diese glauben in der revolutionär erlebten Einschmelzung der Standesunterschiede und in der Mittelgestalt von Führern, die als Werkzeuge der Vorsehung auftreten, die uranfänglich göttliche Weltordnung wieder hergestellt."

Anmerkung: 1079

"Das Zu-*einem*-Anderen und das Zu-*etwas*-Anderem-werden bringen wir terminologisch auf einen gemeinsamen Nenner, indem wir die Veränderung, die ich hier wie dort durch den Anderen erleide, als »Veranderung« bezeichnen. Als Verdinglichung ist meine Menschwerdung eine substanzialisierende, als Vergemeinschaftung eine personalisierende Veranderung" (Theunissen 1965, S. 84).

Anmerkung: 1105

Goffman sieht im Terminus "stigma" ein Verbergen einer doppelten Perspektive: "...: does the stigmatized individual assume his differentness is known about already or is evident on the spot, or does he assume it is neither known about by those present nor immediately by them? In the first case one deals with the plight of the *discredited*, in the second with that of the *discreditable*" (Goffman 1968, S. 14).

Anmerkung: 1109

"Dieses fundamentale Doppelgängertum [von privat-öffentlich, von Haben und Sein (G.K.)] braucht der Einzelne, um sich in der Leistungsgesellschaft zurechtzufinden: neben einer mehr oder weniger nebelhaften Privatexistenz macht jeder, so gut er kann, eine öffentliche Figur ... Randfiguren sind nicht ausgenommen: auch der Outsider, der Periphere, der Bohemien, das verkannte Genie, der Gescheiterte, der Paria sind eben Randfiguren stets nur im Hinblick auf eine ihnen gegenüber geschlossene Gesellschaft, an die sie damit geschmiedet und auf sie bezogen bleiben" (Plessner 1966, S. 27).

Die Einführung des soziologischen Konzepts der "Rolle" dient hier nur der gesellschaftlichen Vermittlung von Sollenspostulaten, die gegen das Subjekt gerichtet sind. Eine Darlegung der "Rollentheorie" ist hiermit nicht beabsichtigt.

Anmerkung: 1110

Unter den gegebenen Möglichkeiten der historischen Bedingungen für den Einzelnen umfaßt der Begriff der Individuation die Erhaltung von verstandener (!) Selbstgleichheit, Wahrnehmung und Umsetzung von Triebwünschen in Beziehungen sowie "den Wunsch nach individueller Selbstbehauptung ... [in den] Beziehungen zur Umwelt" (Jacobsen 1973, S. 41, vergl. S. 35 ff).

Jacobsen hebt besonders die Rolle der Aggression im Prozess der Individuation hervor gegen eine Überbetonung der "symbiotischen Mutter-Kind-Beziehung" (ebenda, S. 41, S. 60), was durch Wurzbacher (1963) sinngleich ausgeführt wird gegen eine Überbetonung der "Sozialisation, Personalisation und Enkulturation" durch die "Primärgruppe". Das Kind muß nicht im erzwungenen Einssein "verdumpfen", wie Hegel sagen würde, sondern die Beziehungs*qualität*, die aufgebaut wird, liegt im Alternieren zwischen Verschmelzung und rigoroser Abtrennung.

In dem Bestrafen der sinnerwartenden Eltern sind Zuwendungen zu "Großverbänden" möglich, die dann durchaus auch "Gleichschaltungserfolge" (Wurzbacher 1963, S. 25, S. 13) haben können, wenn nicht eine "Mitverantwortlichkeit des Menschen für die Freiheit des Mitmenschen" (ebenda, in bezug auf Rüstow 1957) zu den vermittelten kulturellen Gütern, besonders *in* Bindungen, gehört. Rüstow legt den Zusammenhang von formeller Legalität, sozialem Zwang, Gewissen und naturrechtlicher Widerstandspflicht im Nationalsozialismus dar (vergl. Rüstow 1957, S. 464, S. 690 f).

LITERATUR

ADORNO, Theodor, W.: Ästhetische Theorie. GS Bd.7, F/M: **1984**, 4.Auflage: Suhrkamp

ADORNO, Theodor, W.: Negative Dialektik, F/M **1975**: Suhrkamp

ADORNO, Theodor, W.: Drei Studien zu Hegel, F/M **1974**: Suhrkamp

ADORNO, Theodor, W.: Vorlesungen zur Einleitung in die Soziologie, F/M **1973**: Junius

ADORNO, Theodor, W.: Vorlesungen zur Ästhetik 1967 - 68, Zürich **1973a**: H. Mayer Nachfolger

ADORNO, Theodor, W.: Thesen zur Kunstsoziologie, in: Kölner Zeitschrift für Soziologie und Sozialpsychologie, 19. Jg., **1976**, S.87 - 93

ADORNO, Theodor, W.: Jargon der Eigentlichkeit. Zur deutschen Ideologie, F/M 1971: Suhrkamp

ADORNO, Theodor, W.: Dissonanzen. Musik in der verwalteten Welt, Göttingen **1958**[2.]: Vadenhoeck & Ruprecht

ADORNO, Theodor, W.: Soziologie und empirische Forschung, in: Klaus Ziegler (Hg.): Wesen und Wirklichkeit des Menschen. Festschrift für Helmuth Plessner, Göttingen **1957**: Van den Hoeck & Ruprecht

ALSBERG, Paul: Das Menschheitsrätsel. Versuch einer prinzipiellen Lösung, Dresden **1922**: Sibyllenverlag

ALTNER, Günter: Tod, Ewigkeit und Überleben. Todeserfahrung und Todesbewältigung im nachmetaphysischen Zeitalter, Heidelberg **1981**: Quelle & Meyer

AMERY, Jean: Jenseits von Schuld und Sühne. Bewältigungsversuche eines Überwältigten, Stuttgart **1988**: DTV/Klett

AMERY, Jean: Le Feu oder der Abbruch. Roman - Essay, Stuttgart **1974/82**: KLett-Cotta

ANACKER, Ulrich: Subjekt, in: Handbuch philosophischer Grundbegriffe, hrsg. von Hermann Krings, Hans Michael Baumgartner, Christoph Wild, München **1974** f: Kösel, Bd. 5, S. 1440 - 1449

ANDERS, Günther: Die Antiquiertheit des Menschen, Bd. 2, über die Zerstörung des Lebens im Zeitalter der dritten industriellen Revolution, München **1986**[4.]: C.H. Beck (zuerst 1980)

ANDERS, Günther: "Denn sie wissen nicht was sie tun" - Philosophische Überlegungen zu Reagan, SDJ und Wissenschaft und Business, in Frankfurter Rundschau, Nr. 111, 15.5.86 (**1986a**), S. 21

ANDERS, Günther: Die atomare Drohung. Radikale Überlegungen, München **1986b**[5.]: C.H. Beck

ANDERS, Günther: Die Antiquiertheit des Menschen, Bd. 1, über die Seele im Zeitalter der zweiten industriellen Revolution, München 1985[7]: C.H. Beck (zuerst 1956)

ANDERS, Günther: Mensch ohne Welt. Schriften zur Kunst und Literatur, München 1984: C.H. Beck

ANDERS, Günther: Der Blick vom Mond. Reflexionen über Weltraumflüge, München 1970: C.H. Beck

ANDERSCH, Alfred: Die Blindheit des Kunstwerks, in : Dass. Literarische Essays und Aufsätze, Zürich 1979: Diogenes, S. 40 - 51

ANDERSCH, Alfred: Winterspelt. Roman, Zürich 1977: Diogenes

ANDERSCH, Alfred: Einige Zeichnungen, Zürich 1977a: Diogenes

ANDERSCH, Alfred: Der Eid, in: Ders.: Die Kirschen der Freiheit, Zürich 1968: Diogenes, S. 95 - 115

ARENDT, Hannah: Elemente und Ursprünge totaler Herrschaft, München 1986: Piper; zuerst NY 1951: Hartcourt Brace Jovanovich unter dem Titel "The Origins of Totalitarianism"

ARENDT, Hannah: Besuch in Deutschland (1950), in: Dies.: Zur Zeit. Politische Essays. hrsg. von Marie Luise Knott. Aus dem Amerikanischen von Eike Geisel, Berlin 1986a: Rotbuch

ARENDT, Hannah: Vita Activa oder vom tätigen Leben, Stuttgart 1960: Kohlhammer

ARGELANDER, Hermann: Der Flieger. Eine charakteranalytische Fallstudie, F/M 1972: Suhrkamp

ARIES, Philippe: Bilder zur Geschichte des Todes. Aus dem Franz. von Hans-Horst Henschen, München/Wien 1984: Hanser

ARNDT, K. / **DÖHL**, H.: Das Wort aus Stein. Begleitveröffentlichung des von der Universum Film-AG, Berlin hergestellten gleichnamigen Films (veröffentlicht unter der Zensurnummer 51428 vom 11.4.1939 und 58064 vom 16.12.1942), Göttingen 1958: Institut für den wissenschaftlichen Film

ARON, Raymond: Clausewitz. Den Krieg denken, a. d. Franz. übers. von Irmela Arnsperger, F/M / Berlin/Wien 1980: Propyläen

ASSMANN, Jan: Kollektives Gedächtnis und kulturelle Identität, in Assmann/Hölscher (Hg.): Kultur und Gedächtnis, F/M 1988: Suhrkamp, S. 9 - 19

BAGROW, Leo / **SKELTON**, R.A.: Meister der Kartographie, Berlin 1963: Safari Verlag

BAIER, Horst: Soziologie als Aufklärung - oder die Vertreibung der Transzendenz aus der Gesellschaft. Niklas Luhmann zum 60. Geburtstag, Konstanz 1989: Universitätsverlag, a.d. Reihe Konstanzer Universitätsreden Nr. 169

BALINT, Michael: Therapeutische Aspekte der Regression. Die Theorie der Grundstörung, Stuttgart 1970: Ernst Klett (zuerst London 1968, übersetzt von Käte Hügel)

BALINT, Michael: Angstlust und Regression.Beitrag zur psychologischen Typenlehre. Mit einer Studie von Enid Balint, Stuttgart **1959**: Ernst Klett (zuerst London 1959, übersetzt von Konrad Wolff unter Mitarbeit von Alexander Mitscherlich und Michael Balint)

BARTELS, Klaus: Über das Technisch-Erhabene, in: Christine Pries (Hg.)/ Klaus Bartels (Mitverf.): Das Erhabene. Zwischen Grenzerfahrung und Größenwahn, Weinheim **1989**: VCH, Acta Humaniora, S. 295 - 316

BASTIAN, H.D.: Theologie der Frage. Ideen zur Grundlegung einer theologischen Didaktik und zur Kommunikation der Kirche in der Gegenwart, München **1969**: Kaiser

BAUDRILLARD, Jean: Fetischismus und Ideologie: Die semiologische Reduktion, in: Pontalis, J.B.: Objekte des Fetischismus, a.d. Französischen übersetzt von Eva Moldenhauer, F/M **1972**: Suhrkamp, S. 315 . 334

BAUSINGER, Hermann: Heimat und Identität, in : Heimat und Identität. Probleme regionaler Kultur. 22. Dt. Volkskunde-Kongress in Kiel vom 16. bis 21. Juni 1979, hrsg. im Auftrag der Dt. Gesellschaft für Volkskunde v. Konrad Köstlin und Hermann Bausinger, Neumünster **1980**: Karl Wachholtz, S. 9 - 24

BECHER, Martin Roda: Das offene Kunstwerk, in: Merkur, 38. Jhrg. **1984**, Heft 423 - 430

BECK, Ulrich: Die Selbstwiderlegung der Bürokratie. Über Gefahrenverwaltung und Verwaltungsgefährdung, in: Merkur, Heft 8, 42. Jhrg., **1988**

BECK, Ulrich: Jenseits von Stand und Klasse. Auf dem Weg in die individualisierte Arbeitnehmergesellschaft, in: Merkur, 38. Jhrg., Heft 423 - 430, **1984**, S. 485 - 497

BECKETT, Samuel: Gesellschaft. Eine Fabel, Dt. Übertragung von Elmar Tophoven, F/M **1983**: Suhrkamp

BEIN, Sigfried: Der Arbeiter. Typus - Name - Gestalt, in: Wandlungen und Wiederkehr. Festschrift zum 70. Geburtstag Ernst Jüngers, hrsg. von Ludwig Arnold, Aachen **1965**: Text und Kritik, Rudolf Georgi

BELL, Daniel: Die nachindustrielle Gesellschaft F/M **1975**: Campus (zuerst N.Y. 1973: Basic Books Inc.)

BENJAMIN, Walter: Malerei und Graphik. Über die Malerei oder Zeichen und Mal, in: Gesammelte Schriften, hrsg. v. Rolf Tiedemann und Herrmann Schweppenhäuser, Werkausgabe, **Bd. 5**, F/M **1980**: Suhrkamp, S. 602 - 610

BENJAMIN, Walter: Der Erzähler, in: Gesammelte Schriften,, hrsg. v. Rolf Tiedemann und Herrmann Schweppenhäuser, Werkausgabe, **Bd. 5**, F/M **1980**: Suhrkamp, S. 438 - 465

BENJAMIN, Walter: Theologisch-Politisches Fragment, in: Gesammelte Schriften, , hrsg. v. Rolf Tiedemann und Herrmann Schweppenhäuser, Werkausgabe, **Bd. 4**, F/M **1980**: Suhrkamp, S 203 f

BENJAMIN, Walter: Über Sprache überhaupt und über die Sprache des Menschen, in Metaphysisch-geschichtsphilosophische Studien, Gesammelte Schriften, hrsg. v. Rolf Tiedemann und Herrmann Schweppenhäuser, Werkausgabe, **Bd. 4**, F/M **1980**: Suhrkamp, S. 140 - 157

BENJAMIN, Walter: Das Kunstwerk im Zeitalter seiner technischen Reproduzierbarkeit, 1. und 2. Fassung, in: Ders.: Gesammelte Schriften , hrsg. v. Rolf Tiedemann und Herrmann Schweppenhäuser, Werkausgabe, **Bd. 2**, F/M **1980**: Suhrkamp, S. 431 - 508

BENN, Gottfried: Nur zwei Dinge, in: Gedichte 1949 - 1955, Gesammelte Werke Bd. 1, hrsg. v. Dieter Wellershoff, München **1975**: Dt. Taschenbuch Verlag, S. 342

BENZ, Ernst: Akzeleration der Zeit, in: Abhandlungen. Akademie der Wissenschaften und der Literatur, Geistes- und sozialwissenschaftlicher Klasse, Jhrg. **1977**, Nr. 2

BERGER, Peter. L.: Auf den Spuren der Engel. Die moderne Gesellschaft und die Wiederentdeckung der Transzendenz, F/M **1981**: Fischer (zuerst N.Y. 1969: Doubleday & Co, Inc, Gorden City, übers. von Monika Plessner)

BERGER, Peter. L. / **LUCKMANN**, Thomas: Die gesellschaftliche Konstruktion der Wirklichkeit. Eine Theorie der Wissenssoziologie , F/M **1980**: Fischer

BERGMANN, Klaus / **BOEHNKE**, Heiner: Siebenmeilenstiefel, Ballon und Eisenbahn, in: Bergmann/Ockenfuß (Hg.): Neue Horizonte. Eine Reise durch die Reisen, Reinbek bei Hamburg **1984**: Rowohlt

BETZENDAHL, Walter: Über Raum und Zeit bei der Strukturanalyse der Psychosen, in: Monatszeitschrift für Psychiatrie und Neurologie, Bd. 95, Heft, **1937**, S. 1 - 27

BETZENDAHL, Walter: Der menschliche Charakter in Wertung und Forschung, Paderborn **1956**: Ferdinand Schöningh

BILANZ DES ZWEITEN WELTKRIEGES, hrsg. vom Gerhard Stalling Verlag, mit Beiträgen von: Werner Picht, Kurt von Tippelskirch, Albert Kesselring, Heinz Guderian, Lothar Rendulic, Kurt Assmann, Eberhard Godt, Hans Rumpf, Frh. v.d. Heydte, Paul Leverkuehn, Alfred Weidemann, Erich Schneider, Hans Kehrl, Walter Kumpf, Hermann Teske, Lutz Graf Schwerin von Krosigk, Hans-Joachim Riecke, Karl Heinz Pfeffer, Rudolf Sulzmann, Hans Laternser, Walter Lüdde-Neurath, Helmut Arntz, Hasso v. Manteuffel; Oldenburg/Hamburg **1953**

BISER, Eugen: Das übersehene Hauptwerk, zu Hans Erich Nossacks Roman "Nach dem letzten Aufstand", Nachwort zum Roman, F/M **1981**: Suhrkamp, S. 369 - 412

BLANCHOT, Maurice: Der Gesang der Sirenen, Essays zur modernen Literatur, a.d. Französischen von Karl August Horst, F/M **1982**: Ullstein

BLOCH, Ernst: Leipziger Vorlesung zur Philosophie im 20. Jhrdt., hrsg. von Ruth Römer, in Bloch-Almanach, 9. Folge, Ludwig-Hafen **1989**: Nomos, S. 7 - 66

BLOCH, Ernst: Kampf, nicht Krieg. Politische Schriften 1917 - 1919, hrsg. von Martin Korol, F/M **1985a**: Suhrkamp, S. 315 - 317

BLOCH, Ernst: Neuzeitliche Philosophie II. Deutscher Idealismus. Die Philosophie des 19. Jhrdts. Leipziger Vorlesungen zur Geschichte der Philosophie, bearbeitet von Eberhard Braun und Hanna Gekle, **Bd. 4**, F/M **1985**: Suhrkamp

BLOCH, Ernst: Christliche Philosophie des Mittelalters. Philosophie der Renaissance. Leipziger Vorlesung zur Geschichte der Philosophie, hrsg. von Ruth Römer und

Burghart Schmidt, **Bd. 2**, F/M **1985**: Suhrkamp

BLOCH, Ernst: Experimentum mundi, Gesamtausgabe, **Bd. 15**, F/M **1975**: Suhrkamp

BLOCH, Ernst: Atheismus im Christentum. Zur Religion des Exodus und des Reichs, Gesamtausgabe, **Bd. 14**, F/M **1968**: Suhrkamp

BLOCH, Ernst: Tübinger Einleitung in die Philosophie, Gesamtausgabe, **Bd. 13**, F/M **1970**: Suhrkamp

BLOCH, Ernst: Widerstand und Friede /Ansprache bei der Friedensverleihung, Frankfurt, Paulskirche, Oktober 1967), in: Ders.: Politische Messung Pestzeit Vormärz, Gesamtausgabe, **Bd. 11**, F/M **1970**: Suhrkamp, S 433 - 445

BLOCH, Ernst: Ein Essay des Vorbewußten nach vorwärts: das noch nicht bewußte Wissen (»Die weissen Blätter«, 1919), in: Ders.: Philosophische Aufsätze, Gesamtausgabe, **Bd. 10**, F/M **1969**: Suhrkamp, S. 115 - 122

BLOCH, Ernst: Von der Folter bis zum Spezialverhör (1931), in: Ders.: Literarische Aufsätze, Gesamtausgabe, **Bd. 9**, F/M **1965**: Suhrkamp, S. 39 - 43

BLOCH, Ernst: Das Materialismusproblem, seine Geschichte und Substanz, Gesamtausgabe, **Bd. 7**, F/M **1972**: Suhrkamp

BLOCH, Ernst: Naturrecht und menschliche Würde, Gesamtausgabe, **Bd. 6**, F/M **1961**: Suhrkamp

BLOCH, Ernst: Das Prinzip Hoffnung, Gesamtausgabe, **Bd. 5**, F/M **1959**: Suhrkamp

BLOCH, Ernst: Selbst und Grablampe oder Hoffnungsbilder gegen die Macht der stärksten Nicht-Utopie: den Tod, in: Das Prinzip Hoffnung, Gesamtausgabe, **Bd. 5**, F/M **1959**: Suhrkamp, S. 1297 - 1391

BLOCH, Ernst: Erbschaft dieser Zeit, Gesamtausgabe, **Bd. 4**, F/M **1962**: Suhrkamp

BLOCH, Ernst: Geist der Utopie, Gesamtausgabe, **Bd. 3**, F/M **1964**: Suhrkamp

BLOCH, Jan Robert: Wie können wir verstehen, daß zum aufrechten Gang Verbeugungen gehören?, Typoskript, IPN Kiel **1988**, Vortrag auf dem Bloch-Symposion in Zagreb 1988

BLOCH, Jan Robert: Natur und Arbeit: Zur Bestimmung ihrer Vermittlung, Weinheim **1982**: Beltz

BLOCH, Jan Robert: Zur Bestimmung der Naturqualität, in: Arbeitskreis Naturqualität: Andere Ansichten der Natur, hrsg. von Michael Doxner, Jan R. Bloch, Burghart Schmidt, Münster **1981**: SZD-Verlag, S. 78 - 115

BLUMENBERG, Hans: Lebenszeit und Weltzeit, F/M **1986**: Suhrkamp

BOBROWSKI, Johannes: Sarmatische Zeit, München **1978**: Heyne (aus der Reihe Heyne Lyrik NR. 2, hrsg. von Manfred Kluge), (zuerst bei Dt. Verlags-Anstalt GmbH Stuttgart 1961/62)

BODENHEIMER: Warum? Von der Obszönität des Fragens, Stuttgart **1985**[2·]: Philipp

Reclam jun.

BOEHM, Gottfried: Zu einer Hermeneutik des Bildes, in: Gadamer/Boehm (Hg.): Seminar: Die Hermeneutik und die Wissenschaft, F/M **1985**: Suhrkamp. S. 444 - 471

BOEHM, Gottfried: Studien zur Perspektivität. Philosophie und Kunst in der Frühen Neuzeit, Heidelberg **1969**: Carl Winter, Universitätsverlag

BÖHME, Gernot: Anthropologie in pragmatischer Hinsicht. Darmstädter Vorlesungen, F/M **1985**: Suhrkamp

BÖHRINGER, Hannes: Das Pathos der Differenzierung, der philosophische Essay Georg Simmels, in: Merkur, 39. Jhrg. **1985**, Heft 431 - 442.

BÖHRINGER, Hannes: Stil und Sachlichkeit, Gedanken zum Ornament, in: Merkur 38. Jhrg **1984**, Heft 423 - 430,S.609 - 618

BOHRER, Karl Heinz: Das Böse - eine ästhetische Kategorie?, in: Merkur 39. Jhrg. **1985**, Heft 431 - 442, S. 102 - 107

BOHRER, Karl Heinz: Die Ästhetik des Staates, in: Merkur 38. Jhrg **1984**, Heft 423 - 430, S.1 - 15

BOLLNOW, Otto Friedrich: Studien zur Hermeneutik, Bd. II: Zur hermeneutischen Logik von Georg Misch und Hans Lipps, Freiburg (Br.)/München **1983**: Alber

BOLLNOW, Otto Friedrich: Die Frage und das Gespräch in philosophischer Sicht, in : Universitas, Zeitschrift für Wissenschaft, Kunst und Literatur, Stuttgart **1977**: Wiss. Verlagsgesellschaft. 32. Jhrg., Heft 10, S. 1055 - 1063

BORCHERT, Wolfgang: Das Gesamtwerk, Hamburg 1949/**1988**: Rowohlt

BORKENAU, Franz: Ende und Anfang. Von den Generationen der Hochkulturen und von der Entstehung des Abendlandes, hrsg. und eingeführt von Richard Löwenthal, Stuttgart **1984**: Klett-Cotta

BORKENAU, Franz: Drei Abhandlungen zur Deutschen Geschichte, F/M **1947**: Vittorio Klostermann

BORKENAU, Franz: Zur Soziologie des mechanistischen Weltbildes, in: Zeitschrift für Sozialforschung I, Heft 3, **1932**, S. 311 - 335

BORKENHAGEN, Franz, H.,V. (Hg.): Wehrkraftzersetzung - Offiziere äußern sich zur Heilbronner Erklärung, Reinbek bei Hamburg **1984**: Rowohlt

v. **BORRIES,** Volker: Technik als soziale Kategorie, Aspekte einer Theorie der industrieellen Produktionstechnik, München **1980**: Kösel

BRANDAO, Ignácio de Loyola: Null. Prähistorischer Roman, Übersetzung aus dem Brasilianischen mit einem Nachwort von Curt Meyer-Clasen, F/M **1982**:Suhrkamp (zuerst bei Giangiacomo Feltrinelli Editore 1974)

v. **BRANDT,** Ahasver: Historische Grundlagen und Formen der Zeitrechnung, in: Studium Generale, Jhrg. 19, **1966**, S. 720 - 730

BREYSIG, Kurt: Die Meister der entwickelnden Geschichtsforschung, Berlin **1936**: de Gruyter

BREUER, Stefan: Der Nihilismus der Geschwindigkeit. Zum Werk Paul Virilios, in: Leviathan, Zeitschrift für Sozialwissenschaft, 6. Jhrg., Heft 3, Opladen **1988**: Westdt. Verlag, S. 309 . 330

BREUER, Stefan: Adorno, Luhmann. Konvergenzen und Divergenzen von kritischer Theorie und Systemtheorie, in: Leviathan, Zeitschrift für Sozialwissenschaft, 5. Jhrg., Heft 1, Opladen **1987**: Westdt. Verlag, S. 91 - 125

BRILL, Heinz (Hg.): Bogislaw von Bonin im Spannungsfeld zwischen Wiederbewaffnung - Westintegration - Wiedervereinigung, Bd. 2, Beiträge zur Entstehungsgeschichte der Bundeswehr, Militär, Rüstung, Sicherheit Bd. 52, Baden-Baden **1989**: Nomos

BROCK, Bazon: Ästhetik gegen erzwungene Unmittelbarkeit. Die Gottsucherbande. Schriften 1978 - 1986, Köln **1986**: DuMont

BRONNEN, Arnolt: Gibt zu Protokoll, Beiträge zur Geschichte des modernen Schriftstellers, Hamburg **1954**.: Rowohlt

BRUGGER, S.J., Walter: Substanz, in: Krings/Baumgartner/Wild: Handbuch phil. Grundbegriffe, Bd. 5, München **1974**: Kösel, S. 1449 - 1457

BRUGGER, S.J., Walter: Der Mensch, das fragende Wesen, in: Epimeleia. Die Sorge der Philosophie um den Menschen, hrsg. von Franz Wiedemann, München **1964**: Anton Pustet KG, S. 19 - 29

BRUMLIK, Micha: Günther Anders. Zur Existentialontologie der Emigration, in: Diner, Dan (Hg.): Zivilisationsbruch. Denken nach Auschwitz, F/M **1988**: Fischer, S. 111 - 149

BUBER, Martin: Die Frage an den Einzelnen, Berlin **1936**: Schocken

BUBNER, Rüdiger: Wissenschaftstheorie und Systembegriff. Zur Position von N. Luhmann und deren Herkunft, in: Ders.: Dialektik und Wissenschaft, F/M **1974**: Suhrkamp, S. 112 - 129

BUDE, Heinz: Deutsche Karrieren. Lebenskonstruktionen sozialer Aufsteiger aus der Flakhelfergeneration, F/M **1987**: Suhrkamp

BÜCHNER, Georg: Woyzeck. Kritische Lese- und Arbeitsausgabe, Stuttgart **1978**: Reclam

BÜCHNER, Georg: Lenz, in Gesammelte Werke, hrsg. von Gerhard P. Knapp, München **1978a**: Wilhelm Goldmann, S. 99 - 124

BUNDESZENTRALE für Politische Bildung (Hg.): 20. Juli 1944, 3., 4. und 5. Auflage bearbeitet von Erich Zimmermann und Hans-Adolf Jakobsen, o.O. **1964**, Druck: Gebrüder Lensing Dortmund

BURKE, Edmund: Vom Erhabenen und Schönen (A philosophical Enquiry into the origine of our ideas on the sublime and the beautiful [dt]. Hrsg. von Friedrich Bassenge.), Berlin **1956**: Aufbau Verlag

BURKHARDT, Armin: Zur Phänomenologie, Typologie, Semasiologie und Onomasiologie der Frage, in: Deutsche Sprache, Zeitschrift für Theorie, Praxis, Dokumentation München **1986**: Erich Schmist, 14. Jhrg., Heft 1, S. 23 - 57

Lord **BYRON**, George Gordon: Childe Harold's Pilgrimage, in: The Poetical Works of Lord Byron, London u.a. **1923**: Oxford University Press

CAMUS, Albert: Der Mythos von Sisyphos. Ein Versuch über das Absurde, Hamburg **1974**: Rowohlt (zuerst 1959)

CAMUS, Albert: Fragen der Zeit. Essays, dt. von Guido G. Meister, Reinbek bei Hamburg **1960/70**: Rowohlt

CAMUS, Albert: Der Mensch in der Revolte, Reinbek bei Hamburg **1953/69**: Rowohlt, übers. von Julius Streller und neubearbeitet von Georges Schlocher unter Mitarbeit von François Bondy

CANETTI, Elias: Masse und Macht, Hamburg **1984**: Claasen

CANETTI, Elias: Die Fackel im Ohr. Lebensgeschichte 1921 - 1931, F/M **1982**: Fischer (zuerst im Hansa Verlag 1980)

CARUSO, Igor, A.: Die Trennung der Liebenden. Eine Phänomenologie des Todes, F/M **1983**: Fischer (zuerst: Stuttgart 1974: Hans Huber)

CARUSO, Igor, A.: Ein Trieb zum Tode?, in: ALTERNATIVE, 24.Jg., Heft 136, Berlin **1981**: Alternative Verlag, S. 31 - 39

CARUSO, Igor, A.: Die interkollektive Dialektik in der psychoanalytischen Situation, in: Zeitschrift für psychosomatische Medizin IX, Heft 3, **1963**, S. 197 - 208

CELAN, Paul: Todesfuge, in: Ders.: Gesammelte Werke, Bd.1, **1983**: Suhrkamp, S. 39 - 42

CLAESSENS, Dieter: Engagement und Distanzierung: Norbert Elias, in: Merkur 38. Jhrg. **1984**, Heft 423 - 430

CLAESSENS, Dieter: Das Konkrete und das Abstrakte. Soziologische Skizzen zur Antrhtopologie, F/M **1980**: Suhrkamp

CLAESSENS, Dieter / **CLAESSENS**, Karin: Kapitalismus als Kultur. Entstehung und Grundlagen der bürgerlichen Gesellschaft, F/M **1979**: Suhrkamp, (zuerst 1973 bei Eugen Diedrichs)

CLAESSENS, Dieter: Rolle und Macht, München **1970a**: Juventa

CLAESSENS, Dieter: Instinkt Psyche Geltung. Zur Legitimation menschlichen Verhaltens, Köln und Opladen **1970**: Westdeutscher Verlag

CLAUSEN, Lars: Produktive Arbeit, destruktive Arbeit. Soziologische Grundlagen, Berlin/NY **1988**: de Gruyter

CLAUSEN, Lars: Zur Asymmetrie von Prognose und Epignose in den Sozialwissenschaften, in: Österreichische Zeitschrift für Soziologie, 12. Jhrg., Heft 4, **1987**, S. 21 - 30

CLAUSEN, Lars: Übergang zum Untergang. Skizze eines makrosoziologischen
Prozeßmodells der Katastrophe, in: Clausen, Lars und Dombrowsky, Wolf: Einführung
in die Soziologie der Katastrophen, Bonn 1983, Osang, S. 41 - 79

CLAUSEN, Lars: Die Wiederkehr der Arbeit, in: Ders. und Pappi, F.U. (Hg.): Ankunft bei
Tönnies, Kiel 1981: Mühlau, S. 17 - 30

CLAUSEN, Lars: Schlangen. Exkursion in den Quellsumpf der Theorien, in: Heine von
Alemann/H.P. Thurn (Hg.): Soziologie in weltbürgerlicher Absicht, Opladen 1981a:
Westdeutscher Verlag

CLAUSEN, Lars: Tarnarbeit. Gespräch über das Verfaulen und eigentümliche
Wiederauftauchen der Arbeit ..., in: Freibeuter, Vierteljahreszeitschrift für Kultur und
Politik, Heft 8, 1981b: Wagenbach, S. 24 - 38

CLAUSEN, Lars: Tausch. Entwürfe zu einer soziologischen Theorie, München 1978: Kösel

CLAUSEN, Lars: Elemente einer Soziologie der Wirtschaftswerbung, Bd. 25 der
Dortmunder Schriften zur Sozialforschung, Köln und Opladen 1964; Westdeutscher
Verlag

CLAUSEWITZ, Carl, v.: Vom Kriege. Hinterlassenes Werk des Generals Carl von
Clausewitz, 18. Auflage, vollständige Ausgabe im Urtext mit völlig überarbeiteter und
erweiterter historisch - kritischer Würdigung von Dr. Werner Hahlweg, Professor für
Militärgeschichte an der Universität Münster/W , drei Teile in einem Band, Bonn 1973:
Ferd. Dümmler

COLLINGWOOD, Robin, George: Denken. Eine Autobiographie, eingeleitet von H.-G.
Gadamer, Stuttgart 1955: K.F. Koehler

COMTE, August: Rede über den Geist des Positivismus, Übers., eingeleitet und hrsg. von
Iring Fetscher, Hamburg 1979[3.]: Felix Meiner

CONRADS, Ulrich: Programme und Manifeste zur Architektur des 20. Jhrdts.,
Braunschweig 1975: Vieweg & Sohn

CORETH, S.J., Emerich: Frage, in: Handbuch philosophischer Grundbegriffe, hrsg. von
Hermann Krings, Hans Michael Baumgartner, Christoph Wild, München 1973: Kösel,
Bd. 2, S. 485 - 493

CORETH, S.J., Emerich: Metaphysik. Eine methodisch-systematische Grundlegung,
Innsbruck/Wien/München 1961: Tyrolia

CREMERIUS, Johannes: Die psychoanalytische Abstinenzregel. Vom regelhaften zum
operationalen Gebrauch, in: Merkur Jhrg. 38, Nr. 9,Stuttgart 1984: Klett-Cotta, S. 769
- 800

CREMERIUS, Johannes/Hoffmann, Sven, Olaf/Trimborn, Wilfried: Psychoanalyse, Über-
Ich und soziale Schicht. Die psychoanalytische Behandlung der Reichen, Mächtigen
und der sozial Schwachen, München 1979: Kindler

CROCE, Benedetto: Die Geschichte auf den allgemeinen Begriff der Kunst gebracht, a.d.
Italienischen übersetzt und eingeleitet von Ferdinand Fellmann, Hamburg 1984: Felix
Meiner

DAHL, Ruth: Mutter werden für sich selbst, in: Pasero/Pfäfflin (Hg.): Neue Mütterlichkeit. Ortsbestimmungen, Gütersloh **1986**: Siebenstern, S. 120 - 125

DEMETER, Karl: Das Deutsche Offizierskorps in Gesellschaft und Staat 1650 - 1945, F/M **1962**[2.]: Bernard & Graefa (neubearbeitete und wesentlich erweiterte Auflage des 1930 im Verlag Reimar Hobbing Berlin erschienenen Werkes, Das Deutsche Offizierskorps in seinen historisch-soziologischen Grundlagen)

DERRIDA, Jacques: Edmond Jabès und die Frage nach dem Buch, in: Ders.: Die Schrift und die Differenz, übers. von Rodolphe Gasché, F/M **1989**[4.]: Suhrkamp (1. Auflage, dt. Suhrkamp 1972, zuerst Paris 1967: Éditions du Seuil)

DERRIDA, Jacques: Vom Geist. Heidegger und die Frage, übers. von Alexander García Düttmann, F/M **1988**: Suhrkamp (zuerst Paris 1987: Editions Galilée)

DESCARTES, René: Hauptschriften zur Grundlegung seiner Philosophie. In's Deutsche übertragen und mit einem Vorwort begleitet von Kuno Fischer, Mannheim **1863**: Fr. Bassermann

DIEDERICHSEN, Dietrich / **HEBDIGE**, Dick / **MARX**, Olaph-Dante: Schocker. Stile und Moden der Subkultur, Reinbek bei Hamburg **1983**, Rowohlt

DILTHEY, Wilhelm: Der Aufbau der geschichtlichen Welt in den Geisteswissenschaften. Mit einer Einleitung von Manfred Riedel, F/M **1974**: Suhrkamp

DINER, Dan (Hg.): Zivilisationsbruch. Denken nach Auschwitz, mit Beiträgen von Th. W. Adorno, G. Anders u.a., F/M **1988**: Fischer

DOUGLAS, Mary: Ritual, Tabu und Körpersymbolik. Sozialanthropologische Studien in Industriegesellschaft und Stammeskultur, übers. von Eberhard Bubser, F/M **1981**: Suhrkamp

DREYER, Peter (Bearb.): Vedute. Architektonisches Cappriccio und Landschaft in der venezianischen Graphik des 18. Jhrdts. Eine Ausstellung aus den Beständen des Berliner Kupferstichkabinetts, Berlin **1985**: Staatliche Museen Preußischer Kulturbesitz

DRÖGE, Franz: Wissen ohne Bewußtsein. Materialien zur Medienanalyse, F/M **1972**: Athenäum

Gf. v. **DÜRCKHEIM**, Karlfried: Von der Erfahrung der Transzendenz, Freiburg/Basel/Wien **1984**: Herder

DURKHEIM, Emile: Über die Teilung der sozialen Arbeit, eingeleitet von Niklas Luhmann, übers. von Ludwig Schmidt, F/M **1977**: Suhrkamp

EBELING, Hans (Hg.): Der Tod in der Moderne. Mit einer Einleitung von Hans Ebeling, Königstein/Ts **1979**: Verlagsgruppe Athenäum, Hain, Scritor, Haustein (Neue Wissenschaftl. Bibliothek; 91)

ELIAS, Norbert: Die Gesellschaft der Individuen, hrsg. von Michael Schröter, F/M **1987**: Suhrkamp

ELIAS, Norbert: Gedanken über die Bundesrepublik, Herbst 1977, in: Merkur 39. Jhrg.

1985a. Heft 431 - 442

ELIAS, Norbert: Humana Conditio. Beobachtungen zur Entwicklung der Menschheit am
40. Jahrestag eines Kriegsendes (8. Mai 1945), F/M **1985**: Suhrkamp

ELIAS, Norbert: Über den Rückzug der Soziologen auf die Gegenwart, in
Heckmann/Winter (Hg.): 21. Deutscher Soziologentag 1982. Beiträge des Sektions- und
adhoc-Gruppen, Opladen **1983**: Westdeutscher Verlag, S. 519 - 527

ELIAS, Norbert: Was ist Soziologie?, München **1978**[3]: Juventa

ELIAS, Norbert: Über den Prozeß der Zivilisation. Soziologische und psychologische Untersuchungen, **Bd. 2**, Wandlungen der Gesellschaft. Entwurf zu einer Theorie der
Zivilisation, F/M **1977**: Suhrkamp

ELIAS, Norbert: Zur Grundlegung einer Theorie sozialer Prozesse, in Zeitschrift für
Soziologie, 6. Jhrg., Heft 2, **1977a**, S. 127 - 149

ELIAS, Norbert: Über den Prozeß der Zivilisation. Soziogenetische und psychogenetische
Untersuchungen, **Bd. 1**, Wandlungen des Verhaltens in den weltlichen Oberschichten
des Abendlandes, F/M **1976**: Suhrkamp

ELLENBERGER, Henry, F.: Die Entdeckung des Unbewußten, Bd. II, Bern/Stuttgart/Wien
1973: Hans Huber

ENDE, Michael/**KRICHBAUM**, Jörg: Die Archäologie der Dunkelheit. Gespräche über
Kunst und das Werk des Malers Edgar Ende, Stuttgart **1985**: Ed. Weitbrecht

ENDE, Michael: Edgar Ende - Maler und Mystiker (1972), in: Jörg Krichbaum (Hg.): Edgar
Ende 1901 - 1965. Gemälde, Gouachen und Zeichnungen, Katalog der Ausstellungen in
der städtischen Galerie Lenbachhaus in München u. andernorts, mit Beiträgen von
Harald Behm u.a., Stuttgart/Wien **1987**: Ed. Weitbrecht, S. 241 - 243

ENGELS, Friedrich: Die Entwicklung des Sozialismus von der Utopie zur Wissenschaft,
Marx/Engels Werke **Bd. 19**, Berlin **1978**: Dietz

ENZENSBERGER, Hans Magnus: Politik und Verbrechen, Neue Beiträge; F/M **1978**:
Suhrkamp

ENZENSBERGER, Hans Magnus: Eine Theorie des Tourismus (1958), in: Ders.:
Einzelheiten I. Bewußtseins-Industrie, F/M **1964**: Suhrkamp, S. 179 - 205

ERDHEIM, Mario: Die gesellschaftliche Produktion von Unbewußtheit. Eine Einführung in
den ethnopsychoanalytischen Prozeß, F/M **1984**: Suhrkamp

ERDHEIM, Mario: »Heiße« Gesellschaften und »kaltes« Militär, in: Kursbuch Nr.67, Berlin
1982: Kursbuch/Rotbuch Verlag, S. 59 - 70

FACHINELLI, Elvio: Der stehende Pfeil. Drei Versuche, die Zeit aufzuheben, aus dem
Italienischen von Marianne Schneider, Berlin **1981**: Wagenbach (zuerst: Mailand 1979:
Edizioni L'erba voglio)

FEHL, Gerhard: Camillo Sitte als "Volkserzieher". Anmerkungen zum deterministischen
Denken in der Stadtbaukunst des 19. Jhrdts., in: Fehl/Rodríguez (Hg.): Städtebau um

die Jahrhundertwende, Köln u.a. **1980**: Dt. Gemeindeverlag und W.Kohlhammer, S. 173 - 221

FETSCHER, Iring: Zu Ernst Noltes »Marxismus und Industrielle Revolution«, in: Merkur, 39. Jhrg., **1985**, Heft 431 - 442

FETSCHER, Sebastian: Das dritte Reich und die Moral der Nachgeborenen, in: Neue Sammlung, Heft 2, **1989**

FINKIELKRAUT, Alain: Die Weisheit der Liebe, hierin: Die Scham, S. 37 - 42, München/Wien **1987**: Carl Hanser (aus dem Französischen von Nicola Volland, Paris **1984**)

FORSTHOFF, Ernst: Der Staat der Industriegesellschaft. Dargestellt am Beispiel der Bundesrepublik, München **1971**

FOUCAULT, Michel: Freiheit und Selbstsorge. Interview 1984 und Vorlesung 1982, hrsg., eingeleitet und übersetzt von Helmut Becker und Lothar Wolfstetter, F/M **1985**[1]: Materialis

FOUCAULT, Michel: Überwachen und Strafen. Die Geburt des Gefängnisses, F/M **1976**: Suhrkamp

FOUCAULT, Michel: Die Ordnung der Dinge. Eine Archäologie der Humanwissenschaften, F/M **1974**: Suhrkamp

FRAGE: Stichwort aus: Großes vollständiges Universal Lexikon aller Wissenschaften und Künste ... von Johann Heinrich Zedler, Halle und Leipzig **1735**, Bd. 9, S. 1599

FREUD, Sigmund: Die Verneinung (1925), Studienausgabe, **Bd. III**: Psychologie des Unbewußten, F/M **1975**: S. Fischer, S. 371 - 377

FREUD, Sigmund: Das Unbewußte (1915), Studienausgabe, **Bd. III**: Psychologie des Unbewußten, F/M **1975**: S. Fischer, S. 119 - 162

FREUD, Sigmund: Die Verdrängung (1915), Studienausgabe, **Bd. III**: Psychologie des Unbewußten, F/M **1975**: S. Fischer, S. 103 - 118

FREUD, Sigmund: Die endliche und die unendliche Analyse (1937), in: Studienausgabe, Schriften zur Behandlungstechnik, **Erg. Bd.**, F/M **1975**: S. Fischer, S. 351 - 392

FREUD, Sigmund: Totem und Tabu (Einige Übereinstimmungen im Seelenleben der Wilden) (1912 - 13), in: Studienausgabe, Fragen der Gesellschaft, Ursprünge der Religion, **Bd. IX**, F/M **1974**: S. Fischer, S. 287 - 444

FREUD, Sigmund: Warum Krieg? (1933 [1932]), (Briefwechsel mit Albert Einstein), in: Studienausgabe, Fragen der Gesellschaft, Ursprünge der Religion, **Bd. IX**, F/M **1974**: S. Fischer, S. 271 - 286

FREUD, Sigmund: Das Unbehagen in der Kultur (1930 [1929]), in: Studienausgabe, Fragen der Gesellschaft, Ursprünge der Religion, **Bd. IX**, F/M **1974**: S. Fischer, S. 191 - 270

FREUD, Sigmund: Die Zukunft einer Illusion (1927), in: Studienausgabe, Fragen der

Gesellschaft, Ürsprünge der Religion, **Bd. IX**, F/M **1974**: S. Fischer, S. 135 - 189

FREUD, Sigmund: Massenpsychologie und Ich-Analyse (1921), in: Studienausgabe, Fragen der Gesellschaft, Ürsprünge der Religion, **Bd. IX**, F/M **1974**: S. Fischer, S. 61 - 134

FREUD, Sigmund: Zeitgemäßes über Krieg und Tod (1915), in: Studienausgabe, Fragen der Gesellschaft, Ursprünge der Religion, **Bd. IX**, F/M **1974**: S. Fischer, S. 33 - 60

FREUD, Sigmund: Das Motiv der Kästchenwahl (1913), in: Studienausgabe Kunst und Literatur, **Bd. X**, F/M **1969**: S. Fischer, S. 181 - 193

FREYER, Hans: Herrschaft, Planung und Technik. Aufsätze zur politischen Soziologie, hrsg. und kommentiert von Elfriede Üner, Weinheim **1987**: VCH, Acta Humaniora

FREYER, Hans: Soziologie als Wirklichkeitswissenschaft, Stuttgart **1964**: Teubner (2. unveränderte Auflage von 1930)

FRIEDRICH Karl von PREUSSEN: Über Entstehung und Entwickelung des preußischen Offiziergeistes, seine Erscheinung und Wirkung, in: Demeter **1962**, S. 233 - 241

FRISBY, David, P.: Georg Simmels Theorie der Moderne, in: Dahme/Rammstedt: Georg Simmel und die Moderne, F/M **1984**: Suhrkamp, S. 9 - 79

FRISCH, Max: Stiller. Roman, F/M **1973**: Suhrkamp

FUCHS, Werner: Todesbilder in der modernen Gesellschaft, F/M **1973**: Suhrkamp

FUCHS, Werner: Befehl, Gewalt, demokratische Gesellschaft. Neue Literatur zur Militärsoziologie, in: Soziale Welt, Jhrg. 20, **1969**, Heft 4, S. 489 - 502

FUNDACION, Juan March (Hg.): Goya, Originalradierungen. Caprichos - Desastres - Tauromaquia - Disparates, Texte von Alfánso E. Péres, Dir. des Museo del Prado Madrid, übers. von Gina Beitscher, Renate Mayer, München/Madrid **1989**: Kastner & Callwey/G. Jomagar

GABLENTZ, von der , Otto-Heinrich: Das Preussisch-Deutsche Offizierkorps, in: Bundesministerium für Verteidigung (Hg.): Schicksalsfragen der Gegenwart. Handbuch politisch-historischer Bildung, Bd. III, Tübingen **1958**: Max Niemeyer, S. 47 - 71

GADAMER, Hans-Georg: Die Aktualität des Schönen. Kunst als Spiel, Symbol und Fest, Stuttgart **1977**: Reclam

GADAMER, Hans-Georg: Die philosophischen Grundlagen des 20. Jhrdts., aus: Kleine Schriften I, Tübingen 1967, S. 140 - 148, in: Gadamer/Boehm (Hg.): Seminar: Philosophische Hermeneutik, F/M **1976**: Suhrkamp, S. 316 - 326

GADAMER, Hans-Georg: Wahrheit und Methode. Grundzüge einer philosophischen Hermeneutik, Tübingen 1972[3].: J.C.B. Mohr (Paul Siebeck)

GÄTHJE, Jan: Und schließlich: wie maliziös ist ein Text (kleiner Vortrag zu Hans Erich Nossack), unveröffentl. Manuskript, Universität Hamburg, im Juni **1988**

GEERDS, Friedrich: Vernehmungstechnik, Lübeck 1976[5].

GEHLEN, Arnold: Arbeiten - Ausruhen - Ausnützen, Wesensmerkmale des Menschen, in: Carl Friedrich von Siemens Stiftung (Hg.): Sinn und Unsinn des Leistungsprinzips. Ein Symposion, München 1975[3.]: DTV, S. 7 - 19

GEHLEN, Arnold: Vom Wesen der Erfahrung (1936), in: Ders.: Antropologische Forschung. Zur Selbstbegegnung und Selbstentdeckung des Menschen, Reinbek bei Hamburg 1961: Rowohlt, S. 26 - 43

GEHLEN, Arnold: Mensch und Institutionen, in: Ders.: Antropologische Forschung. Zur Selbstbegegnung und Selbstentdeckung des Menschen, Reinbek bei Hamburg 1961a: Rowohlt, S. 69 - 77

GEHLEN, Arnold: Antropologische Forschung. Zur Selbstbegegnung und Selbstentdeckung des Menschen, Reinbek bei Hamburg 1961b: Rowohlt

GEHLEN, Arnold: Redebeitrag im VIII. Symposion: Das Umweltproblem, in: Plessner, Helmuth (Hg.): Symphilosophein. Bericht über den 3. Deutschen Kongreß für Philosophie Bremen 1950, München 1952: Leo Lehnen, S. 344 f

GEMOLL, Wilhelm: Griechisch-Deutsches Schul- und Handwörterbuch, München/Wien 1962: G. Freytag, Hölder-Pichler-Tempsky

v. GIERKE, Otto: Johannes Althusius und die Entwicklung der naturrechtlichen Staatstheorien. Zugleich ein Beitrag zur Geschichte der Rechtssystematik, Aalen 1981[7.]: Scientia Verlag

v. GIERKE, Otto: Der germanische Staatsgedanke. Vortrag gehalten am 4. Mai 1919, Berlin 1919: Weidmannsche Buchhandlung

v. GIERKE, Otto: Krieg und Kultur, in Deutsche Reden in schwerer Zeit, Nr. 2, Berlin 1914: Carl Heymann

GILLICH, Stefan: Ohne Moos nix los. Die Vertreibungspolitik von Pennern aus den Innenstädten. Zum Beispiel Darmstadt, in: Gefährdetenhilfe. Aktuelles aus Theorie und Praxis zur Armut und Wohnungslosigkeit, Bundesarbeitsgemeinschaft für Nichtseßhaftenhilfe (Hg.), Bielefeld 1988, 30. Jhrg., S. 79 - 82

GLEICHMANN, Peter Reinhart: Die Verhäuslichung körperlicher Verrichtungen, in: Gleichmann/Goudsbloom/ Korte (Hg.): Materialien zu Norbert Elias Zivilisationstheorie, F/M 1977: Suhrkamp, S. 254 - 278

v. GOETHE, Johann Wolfgang: Vorwort zu Johann Christoph Sachse: Der Deutsche Gil Blas und Dokumente zum Leben und zur Autobiographie Johann Christoph Sachses, in: Sachse 1987: S. 5 - 13, S. 243 - 288

GÖLZ, Walter: Dasein und Raum, Tübingen 1970: Niemeyer

GÖRLAND, Albert: Ästhetik. Kritische Philosophie des Stils, Hamburg 1937: Friedr. Prieß

GÖRLAND, Ingtraut: Transzendenz und Selbst. Eine Phase in Heideggers Denken, F/M 1981: Klostermann

GÖRLAND, Ingtraut: Die konkrete Freiheit des Individuums bei Hegel und Sartre, F/M 1978: Klostermann

GOFFMAN, Erving: Wir alle spielen Theater. Die Selbstdarstellung im Alltag, München
1969: Piper, übers. von Peter Weber-Schäfer

GOFFMAN, Erving: Stigma. Notes on the Management of Spoiled Identity,
Harmandsworth/Ringwood 1968: Penguin Books Ltd.

GOLLWITZER, Helmut: Krummes Holz - aufrechter Gang. Zur Frage nach dem Sinn des
Lebens, München 1970: Chr. Kaiser

GRABOW, Busso / HENCKEL, Dietrich: Technik und neue Zeitordnungen: Folgen für die
Städte, in: Friedrichs, Jürgen (Hg.): Soziologische Stadtforschung, Kölner Zeitschrift für
Soziologie und Sozialpsychologie, Opladen 1988: Westdeutscher Verlag, S. 150 - 192

GREFFRATH, Mathias: Kann uns die Ethik retten?, Sendung des NDR IV, vom
16.10.1989, 15[20] - 16[30] Uhr

GRENZ, Friedemann: Adornos Philosophie in Grundbegriffen. Auflösung einiger
Deutungsprobleme. Mit einem Anhang: Th. W. Adorno und A. Gehlen: Ist Soziologie
eine Wissenschaft vom Menschen? Ein Streitgespräch, F/M 1975[2·]: Suhrkamp

GREVERUS, Ina-Maria: Auf der Suche nach Heimat, München 1979: C.H. Beck

GREVERUS, Ina-Maria: Grenzen und Kontakte. Zur Territorialität des Menschen, in:
Kontakte und Grenzen. Festschrift für Gerhard Heilfurth, Göttingen 1969, S. 11 - 26

GRIESE, Hartmut, M.: Menschenbilder in der Soziologie, in: Medizin Mensch Gesellschaft,
Bd. 2, Heft 3, Stuttgart 1977: F. Enke

GRUNBERGER, Bela: Vom Narzißmus zum Objekt, F/M 1982: Suhrkamp (zuerst: Paris
1971: Les Editions Payot, a.d. Französischen von Peter Canzler)

GÜNTHER, Gotthard: Ideen zu einer Metaphysik des Todes. Grundsätzliche Bemerkungen
zu Arnold Metzgers: "Freiheit und Tod", in: Beiträge zur Grundlegung einer operations-
fähigen Dialektik, Bd. 3, Hamburg 1980: Felix Meiner, S. 1 - 13

HABERMAS, Jürgen: Die neue Unübersichtlichkeit. Die Krise des Wohlfahrtsstaates und
die Erschöpfung utopischer Energien, in: Merkur 39. Jhrg. 1985, Heft 431 - 442, S. 1 -
14

HABERMAS, Jürgen: Dialektischer Idealismus im Übergang zum Materialismus -
Geschichtsphilosophische Folgerungen aus Schellings Idee einer Contraction Gottes, in:
Ders.: Theorie und Praxis, F/M 1982[3·]: Suhrkamp, S. 172 - 227

HABERMAS, Jürgen: Die Kulturkritik der Neokonservativen in den USA und der
Bundesrepublik. Über eine Bewegung von Intellektuellen in zwei politischen Kulturen,
in: Die neue Gesellschaft, 29. Jhrg., 1982a, Heft 11, S. 1024 - 1040

HABERMAS, Jürgen: Die Moderne - ein unvollendetes Projekt, in: Kleine Politische
Schriften (I -IV) F/M 1981: Suhrkamp, S. 444 - 464

HABERMAS, Jürgen: Die Utopie des guten Herrschers (Eine Antwort an Robert
Spaemann), in: Ders.: Kultur und Kritik. Verstreute Aufsätze, F/M 1977: Suhrkamp, S.
378 - 388

HABERMAS, Jürgen: Legitimationsprobleme im modernen Staat, in: Ders.: Zur Rekonstruktion des Historischen Materialismus, F/M **1976**: Suhrkamp, S. 269 - 303

HABERMAS, Jürgen: Strukturwandel der Öffentlichkeit. Untersuchungen zu einer Kategorie der bürgerlichen Gesellschaft, Neuwied und Berlin **1971**: Luchterhand

HAECKEL, Ernst: Die Welträtsel. Gemeinverständliche Studien über monistische Philosophie, Leipzig o.J.: Kröner, Bd. 1 der Taschenausgabe

HÄUßERMANN, Hartmut / **SIEBEL**, Walter: Neue Urbanität, F/M **1987**: Suhrkamp

HAHLWEG, Werner: Clausewitz und die Gegenwart, in: Bundesministerium für Verteidigung (Hg.): Schicksalsfragen der Gegenwart, Handbuch politisch-historischer Bildung, Bd.2, Tübingen **1957**: Max Niemeyer, S. 181 - 207

HAHN, Alois: Zur Soziologie der Beichte und anderer Formen institutionalisierbarer Bekenntnisse: Selbstthematisierung und Zivilisationsprozeß, in: Kölner Zeitschrift für Soziologie und Sozialpsychologie, Jg. 34, **1982**, S. 408 - 434

HALBWACHS, Maurice: Das Gedächtnis und seine sozialen Bedingungen, aus dem Französischen von Lutz Geldsetzer, F/M **1985**: Suhrkamp (zuerst in deutsch, Berlin und Neuwied 1966: Luchterhand, in franz., Paris 1952: Presses Universitaires)

HANDKE, Peter: Das Spiel vom Fragen oder die Reise zum sonoren Land, F/M **1989**[1.]: Suhrkamp

v. **HARNACK**, Adolf: Marcion. Das Evangelium vom fremden Gott. Eine Monographie zur Geschichte der Grundlegung der katholischen Kirche. Neue Studien zu Marcion. Darmstadt **1960**: Wiss. Buchgesellschaft (unveränderter Nachdruck der Ausgabe Leipzig 1924[2.]: J.C. Hinrichs)

HAUSER, Arnold: Krisensymptome der Kunst der Gegenwart, in: Ders: Soziologie der Kunst, München **1974**: C.H. Beck. 3. Kap., S. 746 - 808

HAUSER, Arnold: Die Rolle des Künstlers im Leben der Gesellschaft, in: István Mészáros (Hg.): Aspekte von Geschichte und Klassenbewußtsein, München **1972**: Paul List (diese dt. Originalfassung ist dann 1973 [Kunst und Gesellschaft] und 1974 [Soziologie der Kunst] im Beck Verlag erschienen)

HAVEMANN, Robert: Rückantwort an die Hauptverwaltung »ewige Wahrheit«, München **1971**: R. Piper & Co

HEGEL, Georg Wilhelm Friedrich: Die Verfassung Deutschlands (1800 - 1802), in **Bd.** 1 der Theorie Werkausgabe, F/M **1971**: Suhrkamp, S. 449 - 610

HEGEL, Georg Wilhelm Friedrich: Vorlesung über die Philosophie der Geschichte, in **Bd.** 12 der Theorie Werkausgabe, F/M **1970**: Suhrkamp

HEGEL, Georg Wilhelm Friedrich: Die Wissenschaft der Logik, in: Enzyklopädie der philosophischen Wissenschaften I, **Bd.** 8 der Theorie Werkausgabe, F/M **1970**: Suhrkamp

HEGEL, Georg Wilhelm Friedrich: Grundlinien der Philosophie des Rechts, **Bd.** 7 der Theorie Werkausgabe, F/M **1970**: Suhrkamp

HEGEL, Georg Wilhelm Friedrich: Wissenschaft der Logik I, **Bd. 5** der Theorie Werkausgabe, F/M **1979**: Suhrkamp

HEIDEGGER, Martin: Der Ursprung des Kunstwerks. Mit einer Einführung von Hans-Georg Gadamer, Stuttgart 1960, **1986**: Philipp Reclam jun.

HEIDEGGER, Martin: Die Frage nach dem Ding. Zu Kants Lehre von den transzendentalen Grundsätzen, Bd. 41 der Gesamtausgabe, Abt. II: Vorlesung 1923 - 1944, F/M **1984**: Vittorio Klostermann

HEIDEGGER, Martin: Sein und Zeit, Tübingen **1977**: Max Niemeyer, 14. durchges. Auflage mit den Randbemerkungen aus dem Handexemplar des Autors im Anhang

HEIDEGGER, Martin: Zur Seinsfrage. (Erweiterter Text des Beitrags zur Festschrift für Ernst Jünger "Über »Die Linie« " (1955), F/M **1959/67**[3.] Vittorio Klostermann

HEIDEGGER, Martin: Von dem Wesen des Grundes, F/M **1949**[3.]: Klostermann

HEIN, Christoph: Das Verschwinden des künstlerischen Produzenten im Zeitalter der Reproduzierbarkeit, in: Freibeuter, Heft 31, **1987**, S. 63 - 71, Heft 32, 1987, S. 11 - 19

HEINRICH, Klaus / **RÖTZER**, Florian: Mythologien als Bundesgenossen der Aufklärung, Deutsche Philosophen im Gespräch (8), in: Frankfurter Rundschau, Zeit und Bild, 6. 12. **1986**, S. ZB 2

HEINRICH, Klaus: Vernunft und Mythos, Ausgewählte Texte, F/M **1985**: Fischer

HEINRICH, Klaus: Versuch über die Schwierigkeit nein zu sagen, Basel/F/M **1982**: Stroemfeld/Roter Stern

HEINRICH, Klaus: tertium datur. Eine religionsphilosophische Einführung in die Logik, Dahlemer Vorlesungen 1, Basel/F/M **1981**: Stroemfeld/Roter Stern (verbesserte Neuauflage von Suhrkamp 1964)

HEINRICH, Klaus: Zum Problem des Verhältnisses von transzendentalem und ästhetischem Subjekt (IX). (Probleme des Kunst- und Naturbegriffs im 19. und 20. Jhrdt), Vorlesungsnachschrift von Parhans, Messtorff, Brandt, v. Plato, Dell Agli, Schreibbüro, Berlin **1979**

HEINRICH, Klaus: Versuch über das Fragen und die Frage, Diss., F.U. Berlin **1952**, Typoskript

HEIßENBÜTTEL, Helmut: Ich ziehe meine Klage zurück. Rede über Jean Améry, in: Text und Kritik, Zeitschrift für Literatur, hrsg. von Heinz Ludwig Arnold, Heft 99, **1988**

HEPP, Robert: Die Methoden der empirischen Sozialforschung und die Kriminalistik, in: Archiv für Kriminologie, Bd. 158, Lübeck **1976**, S. 1 - 14

HERDER, Johann Gottfried: Abhandlung über den Ursprung der Sprache, in: Ders.: Frühe Schriften 1764 - 1772, Bd. 1 der von Bollacher u.a. hrsg., Werke in 10 Bdn., F/M **1985**: Deutscher Klassiker Verlag

HERDER, Johann Gottfried: Kalligone, hrsg. von Heinz Begenau, Weimar **1955**: Hermann Böhlaus Nachfolger

HERREN, Rüdiger: Die Vernehmung als soziale Kommunikation. Strategie und Gegenstrategie, in: Archiv für Kriminologie, Bd. 159, **1977**, S. 129 - 138

HEßLEIN, Bernd, L.: Vom Kloster zur Kaserne. Die pränatale Phase der Bundeswehr, Sendung des NDR III am 6.11.**1985**

HEUSINGER, Adolf: Befehl im Widerstreit. Schicksalsstunden der deutschen Armee 1923 - 1945, Tübingen und Stuttgart **1950**: Rainer Wunderlich

HOBSBAWM, Eric, J.: Sozialrebellen. Archaische Sozialbewegung im 19. und 20. Jhrdt., Gießen **1979**: Focus (zuerst Manchester 1959)

HÖLDERLIN, Friedrich: Sämtliche Werke, große Stuttgarter Ausgabe, hrsg. von Friedrich Beissner **Bd. 1, Bd. 2.1** und **Bd. 5**, Stuttgart **1943, 1951, 1952**: W. Kohlhammer, J.G. Cotta'sche Buchhandlung Nachfolger

HOFMANN, Werner: Grundlagen der modernen Kunst. Eine Einführung in ihre symbolische Form, Stuttgart **1978**: Kröner

HOHLFELD, Rainer / **INHETVEEN**, Rüdiger / **KÖTTNER**, Rudolf / **MÜLLER**, Erwin: Der Wissenschaftler und die Natur - ein Dialog?. Versuch einer kritischen Würdigung der Argumente Prigogines, in: Günter Altner (Hg.): Die Welt als offenes System. Eine Kontroverse um das Werk von Ilya Prigogine, F/M **1986**: Fischer, S. 32 - 47

HOLM, Kurt: Theorie der Frage, in: Kölner Zeitschrift für Soziologie und Sozialpsychologie, Opladen **1974**: Westdeutscher Verlag, 26. Jhrg., Heft 1, S. 91 - 114

HOLTHAUSEN, Paul, Oberarzt in Haina: Das Landeshospital Haina in Hessen. - Eine Stiftung Landgraf Philips des Grossmütigen - von 1527 - 1907, Frankenberg i.H. **1907**: F. Kahm

HOLZ, Hans, Heinz: Jean Paul Sartre. Darstellung und Kritik seiner Philosophie, Meisenheim/Glan **1951**: Anton Hain

HOLZHEY, Helmut: Menschliche Erfahrung und die Unruhe des Fragens, in: Kindlers Enzyklopädie "Der Mensch", Bd. 7, hrsg. von Norbert Loacker, Zürich **1984**, S. 210 - 226

HOMER: Ilias - Odyssee, in der Übertragung von Johann Heinrich Voß, München **1963**: Winkler

HORKHEIMER, Max / **ADORNO**, Theodor, W.: Dialektik der Aufklärung. Philosophische Fragmente, F/M **1979**: Fischer

HORKHEIMER, Max: Notizen 1950 bis 1969 und Dämmerung, Notizen in Deutschland, hrsg. von Werner Brede, Einleitung von Alfred Schmidt, F/M **1974**: Fischer

HORSTMANN, Ulrich: Das Untier - Konturen einer Philosophie der Menschenflucht, F/M **1985**: Suhrkamp

HULTBERG, Peer: Diskussionsbeitrag zu L. Wurmser, Gedanken zur Psychopathologie von Scham und Ressentiment, in: Zeitschrift für Analytische Psychologie und ihre Grenzgebiete, Basel u.a. **1988**, Heft 19, S. 307 - 311

HUMBOLDT, Wilhelm v.: Schriften zur Sprache, hrsg. von Michael Bohler, Stuttgart **1973**: Reclam

HUSSERL, Edmund: Erfahrung und Urteil. Untersuchungen zur Genealogie der Logik, Hamburg **1948**

HUSSERL, Edmund: Vorlesung zur Phänomenologie des inneren Zeitbewußtseins, hrsg. von Martin Heidegger, Halle a.d.S. **1928**: Max Niemeyer

HUTTEN, Kurt: Seher, Grübler, Enthusiasten. Das Buch der traditionellen Sekten und religiösen Sonderbewegungen, 12. Auflage, vollständig revidierte und wesentlich erweiterte Neuausgabe, Stuttgart **1982**: Quell-Verlag

INGARDEN, R.: Essentiale Fragen, in: Jahrbuch für Philosophie und phänomenologische Forschung, Bd. 7, **1925**, S. 125 - 304

IRIGARAY, Luce: Speculum. Spiegel des anderen Geschlechts, aus dem Französischen übers. von Xenia Rajawsky, Gabriele Ricke, Gerburg Treusch-Dieter, Regine Othmer, F/M **1980**: Suhrkamp

IRLE, Martin: Lehrbuch der Sozialpsychologie, Göttingen/Toronto/ Zürich **1975**: Dr. C.J. Hogrefe

ISRAEL, Joachim: Der Begriff der Entfremdung. Mikrosoziologische Untersuchung von Marx bis zur Soziologie der Gegenwart, Reinbek bei Hamburg **1972**: Rowohlt

JABES, Edmond: Das Buch der Fragen, aus dem Französischen von Henriette Beese, F/M **1989**: Suhrkamp (zuerst Editions Gallimard 1963)

JACCARD, Pierre: Kunst und Religion. Das Verbot bildlicher Darstellung im alten Judentum und im Islam, in: KZfSS 21. Jhrg., **1969**, Heft 3, S. 453 - 462

JACOBSON, Edith: Das Selbst und die Welt der Objekte, F/M **1973**: Suhrkamp

JAEGGI, Urs: Ordnung und Chaos. Strukturalismus als Methode und Mode, F/M **1970**: Suhrkamp

JAHN, Egbert: Zur Phänomenologie der Massenvernichtung. Kolyma, Auschwitz, Hiroschima und der potentielle nukleare Holocaust, in: Leviathan, Heft 1, 18. Jhrg., Opladen **1990**: Westdeutscher Verlag

JONES, Ernest: Das Leben und Werk von Sigmund Freud, Bern/Stuttgart/Wien **1978**[2]: Hans Huber, Bd. III

JÜNGER, Ernst: Über die Linie, F/M **1952**: Vittorio Klostermann, (zuerst ebenda 1950 in: Anteile / Martin Heidegger zum 60. Geburtstag)

JÜNGER, Ernst: Der Waldgang, F/M **1950/52a**: Vittorio Klostermann

JÜNGER, Ernst: Über die Linie,in: Anteile / Martin Heidegger zum 60. Geburtstag, F/M **1950**: Vittorio Klostermann

JÜRGENS, Martin: Der Staat als Kunstwerk. Bemerkungen zur »Ästhetisierung der Politik«, in: Kursbuch Nr. 20, März **1970**, F/M: Suhrkamp, S. 119 - 139

JUNG, C.G.: Psychologie und Religion, Olten **1984**[4.]: Walter

JUSTITIA PAX, Päpstliche Kommission: Dokument zum internationalem Jahr der Wohnungsbeschaffung für die Obdachlosen. Was hast du für deinen obdachlosen Bruder getan? Die Kirche und das Wohnungsproblem, in: Gefährdetenhilfe. Aktuelles aus Theorie und Praxis zur Armut und Wohnungslosigkeit, 30. Jhrg., Heft 2, **1988**: Bielefeld, S. 51 - 57, aus: L'osservatore Romano, 18. Jhrg., Nr. 11, Beilage X, 11.3.1988

KAFKA, Franz: In der Strafkolonie, in: Sämtliche Werke, hrsg. von Paul Raabe, F/M **1970**: Fischer, S. 113 - 139

KAFKA, Franz: Das Schweigen der Sirenen, in: Sämtliche Erzählungen, hrsg. von Paul Raabe, F/M **1970**: Fischer, S. 350 f

KAFKA, Franz: Tagebücher 1910 - 1913, hrsg. von Max Brod, o.O. **1967**: S. Fischer

KAINZ, Friedrich: Psychologie der Sprache, Bd. III: Physiologische Psychologie der Sprachvorgänge, Stuttgart **1954**: Ferdinand Enke

KAMPER, Dietmar: Die Gesetze der christlichen Zeitrechnung (Eugen Rosenstock-Huessy), in: Heinemann (Hg.): Zeitbegriffe, Ergebnisse des interdisziplinären Symposions "Zeitbegriff der Naturwissenschaften, Zeiterfahrung und Zeitbewußtsein" (Kassel 1982), Freiburg/München **1986**: Karl Alber, S. 325 - 335

KAMPER, Dietmar: Das Ereignis und die Ekstasen der Zeit, in: Konkursbuch. Heft 15, Tübingen **1985**: Konkursbuchverlag Claudia Gehrke, S. 131 - 139

KAMPER, Dietmar: Das Ende der bürgerlichen Revolution. Grundlinien einer Logik der Geschichte, in Ders.(Hg.): Abstraktion und Geschichte. Rekonstruktionen des Zivilisationsprozesses, München/Wien **1975**: Hanser, S. 180 - 204

KANT, Immanuel: Kritik der Urteilskraft, hrsg. von Wilhelm Weischedel, Werkausgabe Bd. X, F/M **1979**[4.]: Suhrkamp

KANT, Immanuel: Idee zu einer allgemeinen Geschichte in weltbürgerlicher Absicht, in Bd. XI der Werkausgabe hrsg. von Wilhelm Weischedel. Schriften zur Anthropologie, Geschichtsphilosophie, Politik und Pädagogik 1, F/M **1977**: Suhrkamp, S. 31 - 50

KANT, Immanuel: Kritik der reinen Vernunft, hrsg. von Ingeborg Heidemann, Stuttgart **1973**: Philipp Reclam jun.

KARST, Heinz: Das Bild des Soldaten. Versuch eines Umrisses, Boppard a. Rhein **1969**[3.]: Harald Boldt

KASACK, Hermann: Das unbekannte Ziel, in: Dass. mit einem Nachwort von Käte Hamburger, F/M **1963**: Suhrkamp, S. 63 - 66

KEIM, Dieter: Milieu in der Stadt, Schriftenreihe des deutschen Instituts für Urbanistik, Bd. 63, Stuttgart **1979**: Kohlhammer

KELLER, Gustav: Die Psychologie der Folter (amnesty international), F/M **1984**: Fischer

KERÉNYI, Karl: Prometheus. Die menschliche Existenz in griechischer Deutung, Hamburg **1959**: Rowohlt

KERÉNYI, Karl: Prometheus. Das griechische Mythologem der menschlichen Existenz, Zürich **1946**: Rhein-Verlag

KESTEN, Hermann: Das verlorene Motiv, in: Ders. (hg.): 24 Neue Deutsche Erzähler, Berlin 1929: Gustav Kiepenheuer, Reprint: Leipzig und Weimar **1983**: Gustav Kiepenheuer, mit einer Nachbemerkung von Wulf Kirsten

KESTING, Hanjo: Der Tod des Geistes als Person - Erinnerung an Jean Améry - zum 10. Todestag, Sendung des NDR III vom 18.10.**1988**, 21$\underline{00}$ - 22$\underline{25}$ Uhr

KIRCHHEIMER, Otto: Strukturwandel des politischen Kompromisses, in: Horkheimer/Polloch/Neumann/Kirchheimer/Gurland/Marcuse: Wirtschaft, Recht und Staat im Nationalsozialismus. Analysen des Instituts für Sozialforschung 1939 - 42, hrsg. von Helmut Dubiel und Alfons Söllner, F/M **1981**: Europäische Verlagsanstalt, S. 285 - 313

KIERKEGAARD, Sören: Der Begriff der Angst, in: Werke, Bd. 1.2, Philosophisch-Theologische Schriften, hrsg. von Hermann Diem und Walter Rest, Köln und Olten **1956**: Jakob Hegner, S. 441 - 640

KIERKEGAARD, Sören: Die Wiederholung, in: Gesammelte Werke, 5. und 6. Abtg., Düsseldorf **1955**: Eugen Diederichs, übers. von Immanuel Hirsch

KIERKEGAARD, Sören: Abschließende unwissenschaftliche Nachschrift zu den philosohpischen Brocken, Kopenhagen **1946**, übersetzt von H. Gottsched, Gesammelte Werke, Bd. 6

KINZEL, Ulrich: Am Ursprung des Erzählens. Zeit und Erzählen bei Moritz, Büchner, Benn und Bernhard. Vortrag, gehalten auf der gemeinsamen Tagung der Germanischen Institute der Universitäten Aarhus und Kiel in: Sandbjerg, am 13.5.1988, unveröffentlichtes Typoskript, Kiel **1989** (i.E. im Jahrbuch der Deutschen Schillergesellschaft 1990)

KLAGES, Ludwig: Mensch und Erde (1913). Rede auf dem Hohen Meißner, in: Ders.: Mensch und Erde. 10 Abhandlungen, Stuttgart **1956**: Kröner, S. 1 - 25

KLEIST, Heinrich, v.: Über das Marionetten Theater, in: Ders.: Sämtliche Werke und Briefe, hrsg. von Helmut Sembdner. 2. Bd., München **1961**[2]: Karl Hanser, S. 338 - 345

KLEMPERER, Victor: L T I (Lingua Tertii Imperii). Notizbuch eines Philologen, Leipzig **1982**: Philipp Reclam jun.

KLUGE, Alexander: Mangel an Deutschland, in: Merkur 38.Jhrg., **1984**, Heft 423 - 430

KNIGHT, Thomas: Questions and Universals, in: Philosophy And Phenomenological Research, pub. for the International Phenomenological Society, University of Buffalo Fd., Vol 27, **1966/67**, S. 564 - 574

KNOBLAUCH, Hubert: Die Zeit der neuen Magie, dargestellt am Beispiel der "radioästhetischen Geomantie", in: Schweizer Zeitschrift für Soziologie/Rev. suisse sociol., Heft 2, **1989**, S. 301 - 319

KOFLER, Leo: Zur Geschichte der bürgerlichen Gesellschaft, Darmstadt und Neuwied

1976[7.]: Luchterhand

KOFLER, Leo: Der asketische Eros. Industriekultur und Ideologie, Wien/Frankfurt/Zürich **1967**: Europa

KOFLER, Leo: Der proletarische Bürger, Marxistischer oder ethischer Sozialismus, Wien/Köln/Stuttgart/Zürich **1964**: Europa Verlags-AG

KOHLER, Georg: Was tun? Die Frage nach dem richtigen Handeln, in: Kindlers Enzyklopädie: Der Mensch, Bd.7, hrsg. von Norbert Loacker, Zürich **1984**: Kindler, S. 182 - 209

KOOLWIJK, Jürgen, van: Unangenehme Frage, in: Kölner Zeitschrift für Soziologie und Sozialpsychologie, Opladen **1969**: Westdeutscher Verlag, S. 864 - 875

KOSLOWSKI, Peter (Hg.): Gnosis und Mystik in der Geschichte der Philosophie, Zürich/München **1988**: Artemis

KRACAUER, Siegfried: Straßen in Berlin und anderswo. Mit einem Essay von Gerwin Zohlen, Berlin **1987**: Arsenal

KRACAUER, Siegfried: Die Wartenden, in: Ders.: Das Ornament der Masse, F/M **1977**: Suhrkamp, S. 106 - 119 (zuerst FZ 12. März 1922, vergl. ebenda, S. 349: Drucknachweise)

KRACAUER, Siegfried: Das Ornament der Masse, in: Ders.: Das Ornament der Masse, F/M **1977**: Suhrkamp, S. 50 - 63 (zuerst FZ 9. und 10. Juni 1927, vergl. ebenda, S. 349: Drucknachweise)

KRACAUER, Siegfried: Die Reise und der Tanz, in: Ders.: Das Ornament der Masse, F/M **1977**: Suhrkamp, S. 40 - 49

KRACAUER, Siegfried: Die Photographie, in: Ders.: Das Ornament der Masse, F/M **1977**: Suhrkamp, S. 21 - 39 (zuerst FZ 28. Oktober 1927, vergl. ebenda, S. 349: Drucknachweise)

KRACAUER, Siegfried: Geschichte - Vor den letzten Dingen, F/M **1973**: Suhrkamp (zuerst NY 1969, aus dem Amerikanischen von Karsten Witte)

KRACAUER, Siegfried: Schriften I. Soziologie als Wissenschaft. Der Detektiv-Roman. Die Angestellten, F/M **1971**: Suhrkamp

KRAUSHAAR, Wolfgang: Auschwitz ante. Walter Benjamins Vernunftskritik als eine Subtheorie der Erfahrung, in: Dan Diner (Hg.): Zivilisationsbruch. Denken nach Auschwitz, F/M **1988**: Fischer, S. 201 - 241

KRELLE, Wilhelm: Militarismus, in: Zeitschrift für die gesamte Staatswissenschaft, Bd.107, Heft 1, Tübingen **1951**: J.C.B. Mohr, S. 698 - 722

KRICHBAUM, Jörg: Die Idee des Bildes der Idee. Anmerkungen zu den Dunkelkammerskizzen Edgar Endes, in: Ders. (Hg.), Stuttgart/Wien **1987**, S. 213 - 222

KRIPPENDORFF, Ekkehart: Staat und Krieg. Die historische Logik politischer Unvernunft, F/M **1985**: Suhrkamp

Gf. v. **KROCKOW**, Christian: Die Entscheidung. Eine Untersuchung über Ernst Jünger, Carl Schmitt, Martin Heidegger, Stuttgart **1958**: Ferdinand Enke

LANDAUER, Gustav: Die Revolution, aus der Reihe: Die Gesellschaft, hrsg. von Martin Buber, F/M **1907**: Rütten & Loening

LANDAUER, Karl: Intelligenz und Dummheit, in: Das Psychoanalytische Volksbuch, Bern **1939** (zitiert in: Horkheimer/Adorno 1979, S. 229)

LANDES, David, Saul: Der entfesselte Prometheus. Technologischer Wandel und industrielle Entwicklung in Westeuropa von 1750 bis zur Gegenwart, aus dem Englischen von Franz Becker, Köln **1973**: Kiepenheuer & Witsch

LAPLANCHE, J. / **PONTALIS**, J.-B.: Das Vokabular der Psychoanalyse, 2 Bde., F/M **1973**: Suhrkamp, aus dem Französischen von Emma Moersch (zuerst Paris 1967: Presses Universitaires de France)

LE BON, Gustave: Psychologie der Massen, Stuttgart **1938**: Kröner, 6. Auflage der autorisierten Übersetzung (zuerst 1895). Mit einer Einführung von Walther Moede

LEEUW, Gerardus van der: Urzeit und Endzeit, in: Eranos-Jahrbuch, Bd. XVII 1949, Zürich **1950**: Rhein-Verlag

LE GOFF, Jacques: Zeit der Kirche und Zeit des Händlers im Mittelalter, in: Bloch/Braudel/Febvre u.a.: Schrift und Materie der Geschichte. Vorschläge zur systematischen Aneignung historischer Prozesse, hrsg. von Claudia Honnegger, F/M **1977**: Suhrkamp, S. 393 - 414

LEHMANN, Hans-Thies: Nach Adorno, zur Rezeption ästhetischer Theorie, in Merkur 38. Jhrg. **1984**, Heft 423 - 430

LEISEGANG, Hans: Die Gnosis, Leipzig o.J. (1924): Kröner

LEITHÄUSER, Thomas: Der soziale Raum als Modus der Verdinglichung und als utopischer Entwurf, in: Löwy/Münster/Tertulian (Hg.): Verdinglichung und Utopie. Ernst Bloch und Georg Lukács zum 100. Geburtstag. Beiträge des Intern. Kolloquiums in Paris 1985, F/M **1987**: Sendler, S. 286 - 297

LENAU, Nikolaus: Sämtliche Werke und Briefe, in zwei Bänden, F/M **1971**: Insel (auf der Grundlage der hist.-krit. Ausgabe von Eduard Castle, Insel-Verlag 1910 - 1923, hrsg. von Walter Dietze)

LETHEN, Helmut: Neue Sachlichkeit (1924 - 1932), Stuttgart **1970**

LEVI, Primo: Das Erinnern der Wunde, leicht gekürzt in: FR vom 16.1.**1988** (zuerst in: Ders.: Ist das ein Mensch? [übers. von Heinz Riedt]; Die Atempause [übers. von Barbara und Robert Picht], München/Wien 1988: Hanser)

LEVINAS, Emmanuel: Die Zeit und der Andere. Übersetzt und mit einem Nachwort versehen von Ludwig Wenzler, Hamburg **1984**: Meiner (zuerst Montpellier 1979)

LEVY-HASS, Hanna: Vielleicht war das alles erst der Anfang. Tagebuch aus dem KZ Bergen-Belsen 1944 - 1945, Berlin **1979**: Rotbuch-Verlag

LÉVI-STRAUSS, Claude: Das wilde Denken, F/M **1977**: Suhrkamp (zuerst Paris 1962: Librairie Plon, a.d. Französischen von Hans Naumann)

LÉVI-STRAUSS, Claude: Strukturale Anthropologie II, F/M **1975**: Suhrkamp (zuerst Paris 1973: Librairie Plon, a.d. Französischen von Eva Moldenhauer)

Sir **LIDDELL HART**, Basil Henry: Geschichte des zweiten Weltkrieges. Ungekürzte Sonderausgabe in einem Band, Wiesbaden **1979**: Fourier (zuerst London 1970: Cassell, 1. dt. Ausgabe Düsseldorf/Wien 1972: Econ)

LINFERT, Carl: Die Grundlagen der Architekturzeichnung. Mit einem Versuch über französische Architekturzeichnungen des 18. Jhrdts., in: Kunstwissenschaftliche Forschung, Bd. 1, Berlin **1931**: Frankfurter Verlagsanstalt, S. 133 - 246

LINGNER, Michael: Expressionismus ist nicht die Lösung, sondern ein Teil des Problems, in: Poiesis, Heft 4, **1988**: Universität Oldenburg

LINNEBACH, Karl (Hg.): Scharnhorsts Briefe, 1. Bd., Privatbriefe, München/Leipzig **1914**: Georg Müller

zur **LIPPE**, Rudolf: Autonomie als Selbstzerstörung. Zur bürgerlichen Subjektivität, F/M **1984**: Syndikat (zuerst F/M 1975: Suhrkamp)

LOCKWOOD, David: Soziale Integration und Systemintegration, in: Wolfgang Zapf (Hg.): Theorie des sozialen Wandels, Königstein/Ts 1979[4]: Verlagsgruppe Athenäum, Hain, Scriptor, Hanstein (Neue wissenschaftliche Bibliothek, B. 31: Soziologie), S. 124 - 137

LÖW, Friedrich: Logik der Frage, in: Archiv für die gesamte Psychologie. Bd.66, Leipzig **1928**: Akademische Verlagsgesellschaft, S. 357 - 436

LÖW, Reinhard: die Aktualität von Nietzsches Wissenschaftskritik, in Merkur 38. Jhrg. **1984**, Heft 423 - 430

LÖWENTHAL, Leo: Individuum und Terror, in: Dan Diner: Zivilisationsbruch. Denken nach Auschwitz, F/M **1988**: Fischer, S. 15 - 25, übers. von Susanne Hoppmann-Löwenthal (zuerst 1945 unter dem Titel: The Aftermath of Totalitarian Terror, vergl. Dubiel 1988, S. 26 - 29, ebenda)

LORENZER, Alfred: Sprachzerstörung und Rekonstruktion. Vorarbeiten zu einer Metatheorie der Psychoanalyse, F/M **1971**: Suhrkamp

LUCKA, Emil: Grenzen der Seele, Berlin **1916**: Schuster & Loeffler

LÜBBE, Hermann: Praxis der Philosopie. Praktische Philosophie. Geschichtstheorie, Stuttgart **1978**: Reclam

LUDENDORFF, Erich: Der totale Krieg, München **1935**: Ludendorffs Verlag (hier: 61. - 80. Tausend, 1936)

LÜCHINGER, Arnulf: Strukturalismus und Städtebau, Stuttgart **1981**: Krämer (aus der Reihe: Dokumente der modernen Architektur, hrsg. von Jürgen Joedicke, Bd. 14)

LUHMANN, Niklas: Ökologische Kommunikation. Kann die moderne Gesellschaft sich auf ökologische Gefährdungen einstellen?, Opladen **1986**: Westdeutscher Verlag

LUHMANN, Niklas: Soziale Systeme. Grundriß einer allgemeinen Theorie, F/M **1984**: Suhrkamp

LUHMANN, Niklas: Funktion der Religion, F/M **1977**: Suhrkamp

LUHMANN, Niklas: Weltzeit und Systemgeschichte. Über Beziehungen zwischen Zeithorizonten und sozialen Strukturen gesellschaftlicher Systeme, in: Ludz, P. Chr. (Hg.): Soziologie und Sozialgeschichte, Sonderheft Nr. 16 der Kölner Zeitschrift für Soziologie und Sozialpsychologie **1973**, S. 81 - 115

LUHMANN, Niklas: Soziologie als Theorie sozialer Systeme, in: Ders.: Soziologische Aufklärung. Aufsätze zur Theorie sozialer Systeme, Köln/Opladen **1970**: Westdeutscher Verlag (zuerst in der Kölner Zeitschrift für Soziologie und Sozialpsychologie 1967, S. 615 - 644)

LUTZ, Burkart: "Meritokratische" Strukturen im Bildungssystem, in: Erziehung und Wissenschaft, 41. Jhrg. **1989**, S. 18

LYOTARD, Jean-François: Die Vorschrift. Vortrag zum Hamburger Kolloquium "Zeit der Ästhetik" am 14.12.**1989**, übers. von Jean-Pierre Dubost

LYOTARD, Jean-François: Das Erhabene und die Avantgarde, in: Merkur, 28. Jhrg., Heft 424, **1984**, S. 151 - 164

LYPP, Bernhard: Nietzsche - die Selbsterzeugung der Aufklärung, in Merkur 39. Jhrg. **1985**, Heft 431 - 442

MACHO, Thomas, H.: Todesmetaphern. Zur Logik der Grenzerfahrung, F/M **1987**: Suhrkamp

MACPHERSON, C.B.: Die politische Theorie des Besitzindividualismus. Von Hobbes bis Locke, F/M **1967**: Suhrkamp (zuerst Oxford University Press 1962, aus dem Englischen von Arno Wittekind)

MAHLER, Margaret / **PINE**, Fred / **BERGMANN**, Ami: Die psychische Geburt des Menschen. Symbiose und Individuation, F/M **1980**: Fischer

MAIER, Wilfried: Zur Dynamik des babylonischen Turms. Ernst Jüngers Theorie der totalen Mobilmachung, in: Spuren, Zeitschrift für Kunst und Gesellschaft, Heft 2, **1983**, S. 15 - 19

MANDELSTAM, Ossip: "Man gab mir ...", in: Paul Celan: Übertragungen aus dem Russischen, Alexander Blok, Ossip Mandelstam, Sergej Jessenin, F/M **1986**: S. Fischer, S. 35

MANNHEIM, Karl: Utopie, in: Neusüss, Arnhelm (Hg.): Utopie. Begriff und Phänomen des Utopischen, Neuwied und Berlin **1968**: Luchterhand, S. 113 - 119 (zuerst in Encyclopaedia of Social Siences Bd. XV, 1935, S. 200 - 203)

MARCKS, Erich: Wo stehen wir? - Die politischen, sittlichen und kulturellen Zusammenhänge unseres Krieges, in: Der Deutsche Krieg. Politische Flugschriften, hrsg. von Ernst Jäckh, H. 19, Stuttgart/Berlin **1914**: Deutsche Verlagsanstalt

MARCUSE, Herbert: Triebstruktur und Gesellschaft. Ein philosophischer Beitrag zu

Sigmund Freud, F/M **1973**: Suhrkamp, übers. von Marianne v. Eckardt-Jaffe

MARCUSE, Herbert: Der eindimensionale Mensch. Studien zur Ideologie der fortgeschrittenen Industriegesellschaft, Neuwied und Berlin **1975**: Luchterhand, übers. von Alfred Schmidt

MARX, Karl: Das Kapital. Kritik der politischen Ökonomie. 1. Bd., **Marx/Engels Werke Bd. 23**, Berlin **1979**: Dietz

MARX, Karl: Das Kapital. Kritik der politischen Ökonomie. 3. Bd., **Marx/Engels Werke Bd. 25**, Berlin **1979**: Dietz

MARX, Karl: Ökonomisch-philosophische Manuskripte.Geschrieben von April bis August 1844. Nach der Handschrift, Leipzig **1974**: Philipp Reclam jun.

MARX, Karl: Grundrisse der Kritik der politischen ökonomie, Berlin **1974a**: Dietz

MARX, Karl: Das Elend der Philosophie. Antwort auf Proudhons »Philosophie des Elends«, Berlin **1971**: Dietz

MARX, Karl: 1. ad Feuerbach. Thesen über Feuerbach, in: **Marx/Engels Werke Bd. 3**, Berlin **1969**: Dietz, S. 5 - 7

MASON, Stephen, F.: Geschichte der Naturwissenschaft in der Entwicklung ihrer Denkweisen, Dt. Ausgabe u. Mitwirkung von Klaus M. Meyer-Abich, bes. Bernhard Sticker, Stuttgart **1961**: Kröner

MATTHES, Joachim: Religion und Weltkultur, in: Haller/Hoffmann-Nowottny/Zapf (Hg.): Kultur und Gesellschaft. Verhandlungen des 24. Deutschen Soziologentags, des 11. Österreichischen Soziologentags und des 8. Kongresses der Schweizer Gesellschaft für Soziologie in Zürich 1988, F/M **1989**: Campus, S. 321 - 328

MATTHES, Joachim: Religion und Gesellschaft. Einführung in die Religionssoziologie I, Reinbek bei Hamburg **1967**: Rowohlt

MATTHEUS, Bernd: Die Unannehmbarkeit der Welt. Gedanken zum Begriff Radikalität, in: Ders./Matthes, Axel (Hg.): Ich gestatte mir die Revolte, München **1985**: Matthes & Seitz, S. 15 - 26

MECHTERSHEIMER, Alfred / **BARTH**, Peter: Militarisierungsatlas der Bundesrepublik. Streitkräfte, Waffen und Standorte. Kosten und Risiken, Darmstadt und Neuwied **1986**: Luchterhand

MEIßL, Gerhard: Harte Zeiten. Arbeitsdauer und -intensität als Konfliktfeld der industriellen Gesellschaft, in: Sauer, Walter: Der dressierte Arbeiter. Geschichte und Gegenwart der industriellen Arbeitswelt, München **1984**: C.H. Beck, S. 94 - 110

MEJA, Volker / **STEHR**, Nico (Hg.): Der Streit um die Wissenssoziologie, F/M **1982**: Suhrkamp

MERLEAU-PONTY, Maurice: Das Sichtbare und das Unsichtbare. Das philosophische Fragen gefolgt von Arbeitsnotizen, hrsg. und mit einem Vorwort und Nachwort versehen von Claude Lefort, aus dem Französischen von Regula Giuliani und Bernhard Waldenfels, München **1986**: Wilhelm Fink (zuerst 1964: Ed. Gallimard)

MERLEAU-PONTY, Maurice: Das mittelbare Sprechen und die Stimmen des Schweigens, in: Ders.: Das Auge und der Geist, Hamburg **1984**: Felix Meiner, S. 69 - 114, a.d. Französischen von Hans Werner Arndt

MERLEAU-PONTY, Maurice: Das Auge und der Geist, in: Ders.: Das Auge und der Geist, Hamburg **1984**: Felix Meiner, S. 13 - 43

MERLEAU-PONTY, Maurice: Phänomenologie der Wahrnehmung, Berlin **1966**: Walter de Gruyter & Co, übers. aus dem Französischen von Rudolf Boehm

METZGER, Arnold: Freiheit und Tod, Tübingen **1955**: Max Niemeyer

MEYER, Philippe: Das Kind und die Staatsräson oder die Verstaatlichung der Familie. Ein historisch-soziologischer Essay, Reinbek bei Hamburg **1981**: Rowohlt (zuerst bei Editions du Seuil 1977, übers. von Grete Osterwald)

MILLER, Alice: Das Drama des begabten Kindes und die Suche nach dem wahren Selbst, F/M **1979**: Suhrkamp

MILLER, Hugh: Progress and Decline, Oxford Pergaman Press **1964**

MIRGELER, Albert: Geschichte und Gegenwart. Elemente Europäischer und Deutscher Geschichte, München/Freiburg **1965**: Karl Alber

MITSCHERLICH, Alexander: Die Idee des Friedens und die menschliche Aggressivität. Vier Versuche, F/M **1969**: Suhrkamp

MÖDING, Nori: Die Angst des Bürgers vor der Masse. Zur politischen Verführbarkeit des deutschen Geistes im Ausgang seiner bürgerlichen Epoche, Berlin **1984**: Wiss. Autoren-Verlag

MOSER, Tilmann: Der Psychoanalytiker als sprechende Attrappe. Eine Streitschrift, F/M **1987**: Suhrkamp

MÜHLMANN, W. E.: Asyl, in: Bernstorf (Hg.): Wörterbuch der Soziologie, Stuttgart **1969**: Enke, S. 60 f

MÜNKLER, Herfried: Krieg und Frieden bei Clausewitz, Engels und Carl Schmitt. Dialektik des Militarismus oder Hegung des Krieges, in: Leviathan **1981**, S. 16 - 40

MÜNSTER, Ilse: Kriegswaffen und Sozialforschung, in: KZfSS, 6. Jhrg. **1953/54**, Heft 3,4, S. 520 - 532

MÜNSTER, Ilse / **HAM**, Friedrich van: Kriegswaffen und Sozialforschung, in: KZfSS, 6. Jhrg. **1952/53**, Heft 4, S. 475 - 501

NASSEHI, Armin / **WEBER**, Georg: Verdrängung des Todes. Kulturkritisches Vorurteil oder Strukturmerkmal moderner Gesellschaften? Systemtheoretische und wissens-soziologische Überlegungen, in: Soziale Welt, Jhrg. 39, Heft 4, **1988**, S. 377 - 396

NEDELMANN, Birgitta: Georg Simmel als Klassiker soziologischer Prozeßanalysen, in: Dahme/Rammstedt (Hg.): Georg Simmel und die Moderne. Neue Interpretationen und Materialien, F/M **1984**: Suhrkamp, S. 91 - 115

NEGT, Oskar: Ein "einig Vaterland" schafft neue Mauern und Teilungen. Auf der Schädelstätte des Sozialismus: Ende oder Anfang einer Utopie? - Wird nichts mehr sein, wie es war? fragt Oskar Negt, in: FR vom 17. März **1990**, Nr. 65, S. 12 (Dokumentation)

NEGT, Oskar / **KLUGE**, Alexander: Geschichte und Eigensinn, F/M **1981**: Zweitausendeins

NEGT, Oskar / **KLUGE**, Alexander: Öffentlichkeit und Erfahrung. Zur Organisationsanalyse von bürgerlicher und proletarischer Öffentlichkeit, F/M **1976**[4.]: Suhrkamp

NELSON, Benjamin: Der Ursprung der Moderne. Vergleichende Studien zum Zivilisationsprozeß, aus dem Englischen übers. von Michael Bischoff, F/M **1986**: Suhrkamp

NEUE HEIMAT, gemeinnützige Wohnungs- und Siedlungsgesellschaft mbH, Hamburg (Hg.): Wohnungen, Wohnungen und nochmals Wohnungen. Eine Reise durch gewerkschaftseigene Wohngebiete in Deutschland, Hamburg **1956**

NEUMANN, Erich: Die Angst vor dem Weiblichen, in: Benedetti.G. u.a.: Die Angst. Studien aus dem C.G. Jung-Institut, Zürich 10, Zürich **1959**: Rascher

NEUMANN, Franz, L.: Die Wirtschaftsstruktur des Nationalsozialismus, in: Dubiel/Söllner (Hg.): Wirtschaft, Recht und Staat im Nationalsozialismus, Analysen des Instituts für Sozialforschung 1939 - 1942, F/M **1981**: Europäische Verlagsanstalt, S. 129 - 233

NEUSÜSS, Arnhelm (Hg.): Utopie. Begriff und Phänomen des Utopischen, Neuwied und Berlin **1968**: Hermann Luchterhand

NIETZSCHE, Friedrich: Menschliches, Allzumenschliches. Ein Buch für freie Geister, in: Ders.: Werke in drei Bänden, Bd.1, hrsg. von Karl Schlechta, München/Wien **1973**: Carl Hanser, S. 435 - 1008

NOSSACK, Hans Erich: Unmögliche Beweisaufnahme (1953), in: Ders.: Die Erzählungen, F/M **1987**: Suhrkamp, S. 516 - 656

NOSSACK, Hans Erich: Das Mal (1947), in: Ders.: Die Erzählungen, F/M **1987**: Suhrkamp, S. 364 - 374

NOSSACK, Hans Erich: Nach dem letzten Aufstand. Ein Bericht. Mit einem Nachwort von Eugen Biser, F/M **1961**: Suhrkamp

NOSSACK, Hans Erich: Die gestohlene Melodie. Roman, F/M **1975**: Suhrkamp

NOSSACK, Hans Erich: Der Untergang (1943), in: Ders.: Interview mit dem Tode, F/M **1963**: Suhrkamp (zuerst Hamburg 1948: Wolfgang Krüger), S. 200 - 255

OFFE, Claus: Arbeit als soziologische Schlüsselkategorie?, in: Matthes, J, (Hg.): 21. Deutscher Soziologentag Bamberg 1982, F/M **1983**: Campus, S. 38 - 65

OFFE, Claus: Strukturprobleme des Kapitalistischen Staates. Aufsätze zur politischen Soziologie, F/M **1977**: Suhrkamp

OTTO, Walter F.: Theophania. Der Geist der altgriechischen Religion, Hamburg 1956/59: Rowohlt

OVERHAGE, P., S.J.: Um die ursächliche Erklärung der Hominisation. Biologische Hypothesen über den Ursprung des Menschen, Leiden 1959: E.J. Brill, aus der Reihe ACTA Biotheoretica der Universität Leiden

PAPPI, Franz Urban: Konstanz und Wandel der Hauptspannungslinien in der Bundesrepublik, in: Matthes, Joachim (Hg.): Sozialer Wandel in Westeuropa, Verh. des 19. Deutschen Soziologentages in Berlin 1979, F/M 1979: Campus, S. 465 - 479

PAVESE, Cesare: Der Mythos, in: Schriften zur Literatur. Mit einem Vorwort von Italo Calvino, Hamburg/Düsseldorf 1967[1].: Claasen, S. 329 - 393, a.d. Italienischen von Erna und Erwin Koppen

PARMENIDES: Vom Wesen des Seienden. Die Fragmente, griechisch und deutsch, hrsg., übers. und erläutert von Uvo Hölscher, F/M 1986: Suhrkamp

PETSCH, Joachim: Architektur und Gesellschaft. Zur Geschichte der deutschen Architektur im 19. und 20. Jhrdt., Wien 1977: Böhlau

PETZELT, Alfred: Von der Frage. Eine Untersuchung zum Begriff der Bildung, Freiburg/Br. 1962[2].: Lambertus

PFÜTZE, Hermann: Zur soziologischen Produktion des Nichtwissens, in: Hoffmann-Nowotny, Hans-Joachim (Hg.): Kultur und Gesellschaft. Gemeinsamer Kongress der Dtsch.,Österr.,Schweizer Gesellschaft für Soziologie, Zürich 1988, Beiträge der Forschungskomitees, Sektionen und Ad-hoc-Gruppen, Zürich 1989: Seismo, S. 446 - 449

PFÜTZE, Hermann: Theorie ohne Bewußtsein. Zu Niklas Luhmanns Gedankenkonstruktion, in: Merkur. Deutsche Zeitschrift für europäisches Denken, Heft 4, 42. Jhrg., 1988, S. 300 - 314

PIAGET, Jean: Sprechen und Denken des Kindes, Düsseldorf 1979[4].: Schwann, päd. Verlag

PIWITT, Hermann Peter: Deutschland. Versuch einer Heimkehr, F/M 1983: Fischer

PLATON: Der Staat, Bd.V, von Otto Apelt 1923 hrsg. und übersetzt, sämtliche Dialoge Platons, Hamburg 1988: Felix Meiner

PLESSNER, Helmuth: Über die Beziehung der Zeit zum Tode (1952), in: Gesammelte Schriften IX, F/M 1985: Suhrkamp, S. 224 - 262

PLESSNER, Helmuth: Zur Anthropologie der Sprache (1975), in: Gesammelte Schriften VIII, F/M 1983: Suhrkamp, S. 400 - 408

PLESSNER, Helmuth: Der Aussagewert einer Philosophischen Anthropologie (1973), in: Gesammelte Schriften VIII, F/M 1983: Suhrkamp, S. 380 -399

PLESSNER, Helmuth: Ungesellige Gesellschaft. Anmerkungen zu einem Kantschen Begriff (1966), in: Gesammelte Schriften VIII, F/M 1983: Suhrkamp, S. 294 - 306

PLESSNER, Helmuth: Die Frage nach der Conditio humana (1961), in: Gesammelte Schriften **VIII**, F/M **1983**: Suhrkamp, S. 136 - 217

PLESSNER, Helmuth: Grenzen der Gemeinschaft. Eine Kritik des radikalen Sozialismus (1924), in: Gesammelte Schriften **V**, F/M **1983**: Suhrkamp, S. 7 - 133

PLESSNER, Helmuth: Die Stufen des Organischen und der Mensch. Einleitung in die philosophische Anthropologie (1926), in: Gesammelte Schriften **IV**, F/M **1981**: Suhrkamp

PLESSNER, Helmuth: Anthropologie der Sinne, in: Gesammelte Schriften **III**, F/M **1980**: Suhrkamp

PLESSNER, Helmuth: Gibt es einen Fortschritt in der Philosophie? (1946), in: Ders.: Zwischen Philosophie und Gesellschaft, F/M **1979**: Suhrkamp, S. 112 - 132

PLESSNER, Helmuth: Macht und menschliche Natur. Ein Versuch zur Anthropologie der geschichtlichen Weltansicht (1931), in: Ders.: Zwischen Philosophie und Gesellschaft, F/M **1979**: Suhrkamp, S. 276 - 363

PLESSNER, Helmuth: Die verspätete Nation. Über die politische Verführbarkeit bürgerlichen Geistes, F/M **1974**: Suhrkamp

PLESSNER, Helmuth: Ästhesiologie des propriozeptiven Systems: der Leib, in: Ders.: Philosophische Anthropologie, F/M **1970**: Fischer

PLESSNER, Helmuth: Soziale Rolle und menschliche Natur, in: Ders.: Diesseits der Utopie. Ausgewählte Beiträge zur Kultursoziologie, Düsseldorf/Köln **1966**: Eugen Diederichs, S. 23 - 35

PODAK, Klaus: Renaissance der Religiosität?, in: Merkur, Zeitschrift für europäisches Denken, hrsg. von Karl Heinz Bohrer, 39. Jhrg., Heft 431 - 442, **1985**, S. 822 - 831

PÖLTNER, Günther: Zu einer Phänomenologie des Fragens. Ein fragend-fraglicher Versuch, in: Symposion 37 Phil. Schriftenreihe hrsg. von Max Müller, Bernhard Welte, Erik Wolf, München **1972**: Karl Alber

POHL, Karl: Geschichte der Natur und geschichtliche Erfahrung. Bemerkungen zu Ilya Prigogines Versuch eines neuen Dialogs zwischen Natur und Geisteswissenschaften, in: Günter Altner (Hg.): Die Welt als offenes System. Eine Kontroverse um das Werk von Ilya Prigogine, F/M **1986**: Fischer, S. 104 - 123

PORTMANN, Adolf: Zoologie und das neue Bild des Menschen. Biologische Fragmente zu einer Lehre vom Menschen, Hamburg **1956**: Rowohlt, rde 20, (zuerst Basel 1951: Benno Schmabe & Co)

PRAUSNITZ, John M.: Thermodynamik und die anderen Geisteswissenschaften, in: Merkur 39. Jhrg. **1985**, Heft 431 - 442

PRAWER, S.S: Hüter des Gedächtnisses: Ernst H. Gombrich, aus dem Englischen von Michael Schröter, in: Merkur 38. Jhrg. **1984**, Heft 423 - 430

PROSS, Harry: Die Zerstörung der deutschen Politik. Dokumente 1871 - 1933. Neu hrsg. und kommentiert von Harry Pross, F/M 1959/**1983**: Fischer

RAHNER, K.: Geist in Welt. Zur Metaphysik der endlichen Erkenntnis bei Thomas von Aquin, **1957**[2·]: Kösel

RANK, Otto: Das Trauma der Geburt und seine Bedeutung für die Psychoanalyse, F/M **1988**: Fischer (Neuausgabe von Peter Orban des im Internationalen Psychoanalytischen Verlag in Leipzig/Wien/Zürich 1924 erschienenen Buchs)

RAULET, Gérard: Natur und Ornament. Zur Erzeugung von Heimat, Darmstadt/Neuwied **1987**: Luchterhand

RAULET, Gérard: Gehemmte Zukunft. Zur gegenwärtigen Krise der Emanzipation, Darmstadt/Neuwied **1986**: Luchterhand

REINICKE, Helmut: Gaunerwirtschaft. Die erstaunlichen Abenteuer hebräischer Spitzbuben in Deutschland, Berlin **1983**: Transit

REINICKE, Helmut: Über die Exterritorialität der Deutschen Freiheit, in: Heinemann/Schmied-Kowarzik (Hg.): Sabotage des Schicksals. Für Ulrich Sonnemann, Tübingen **1982**: Konkursbuch-Verlag, S. 41 - 49

RICKERT, Heinrich: Der Gegenstand der Erkenntnis. Einführung in die Transzendentalphilosophie, Tübingen **1921**: J.C.B. Mohr

RICKERT, Heinrich: Grenzen der naturwissenschaftlichen Begriffsbildung. Eine logische Einleitung in die historischen Wissenschaften, Tübingen **1921a**[3·+4·]: J.C.B. Mohr (Paul Siebeck)

RIEDER, Oskar: Die Entwicklung des kindlichen Fragens, München/Basel **1968**: Ernst Reinhardt

RIEMANN, Wolfgang: Nicht der Soldat, nicht die Waffe tötet, in: Borkenhagen **1984**, S. 25 - 31

RODENWALDT, Ernst: Die Gesundheitsgesetzgebung des Magistrato della sanità Venedigs. 1486 - 1550, Sitzungsberichte der Heidelberger Akademie der Wissenschaften, Math. - naturwiss. Klasse, Jhrg. 1956, 1. Abh., Heidelberg **1956**: Springer

RODENWALDT, Ernst: Pest in Venedig. 1575 - 1577. Ein Beitrag zur Frage der Infektkette bei den Pestepidemien West - Europas, Sitzungsberichte der Heidelberger Akademie der Wissenschaften, Math. - naturwiss. Klasse, Jhrg. **1952**, 2. Abh., Heidelberg 1953: Springer

RÖD, Wolfgang: Grund, in: Krings/Baumgartner/Wild (Hg.): Handbuch philosophischer Grundbegriffe, Bd.3, München **1973**: Kösel, S. 642 - 657

ROGHMANN, Klaus/ **ZIEGLER**, Rolf: Militärsoziologie, in: René König (Hg.): Handbuch der empirischen Sozialforschung, Bd. 9, Organisation - Militär, Stuttgart **1977**: Ferdinand Enke, S. 142 - 227

ROMANO, Giovanni: Landschaft und Landleben in der italienischen Malerei, a. d. Italienischen von Thomas Frank, Berlin **1989**: Wagenbach (zuerst Turin 1978: Giulio Einaudi ed.)

ROMBACH, Heinrich: Über den Ursprung und Wesen der Frage, in: Symposion, Jahrbuch für Philosophie Bd.III, **1952**, S. 135 - 236

ROSENKRANZ, Karl: Ästhetik des Häßlichen, unveränderter Nachdruck der Ausgabe Königsberg 1853, mit einem Vorwort von Wolfhart Henckmann, Damstadt **1973**: Wissenschaftliche Buchgesellschaft

ROSENSTOCK, Eugen: Kriegsheer und Rechtsgemeinschaft, Breslau **1932**: Trewendt & Granier

ROSENSTOCK-HUESSY, Eugen: Der unbezahlbare Mensch, mit einem Vorwort von Walter Dirks, Basel/Wien **1964**: Herder (zuerst Berlin 1955: Käthe Vogt)

ROSENSTOCK-HUESSY, Eugen: Soziologie II. Die Vollzahl der Zeiten, Stuttgart **1958**: W. Kohlhammer

ROSENSTOCK-HUESSY, Eugen: Soziologie I. Die Übermacht der Räume, Stuttgart **1956**: W. Kohlhammer

ROSENSTOCK-HUESSY, Eugen: Diskussionsbeitrag zu: Mensch und Technik. Erzeugnis - Form - Gebrauch, in: Darmstädter Gespräch, Darmstadt **1952**: Neue Darmstädter Verlagsanstalt, S. 49 - 52 und 173 - 179

ROTHACKER, Erich: Redebeitrag im VIII. Symposion: Das Umweltproblem, in: Plessner, Helmuth (Hg.): Symphilosophein. Bericht über den 3. Deutschen Kongreß für Philosophie, Bremen 1950, München **1952**: Leo Lehnen, S. 346

RÜHMKORF, Peter: Mit den Jahren ..., in: Ders.: Selbst III/88. Aus der Fassung, Zürich **1989**: Hoffmann, S. 0005 - 00013

RÜHMKORF, Peter: agar agar - zaurzaurim. Zur Naturgeschichte des Reims und der menschlichen Anklangsnerven, Reinbek bei Hamburg **1985**: Rowohlt

RÜSTOW, Alexander: Herrschaft oder Freiheit?, 3. Bd. von: Ortbestimmung der Gegenwart. Eine universalgeschichtliche Kulturkritik, Stuttgart/Erlenbach-Zürich **1957**: Eugen Rentsch

RUHBERG, Uwe: Raum und Zeit im Prosa-Lancelot, unveröffentlichtes Typoskript, Dissertation an der Universität Kiel **1964**: Universitätsbibliothek Kiel (Ti 105)

SACHSE, Johann, Christoph: Der deutsche Gil Blas oder Leben, Wanderung und Schicksale eines Thüringers von ihm selbst verfasst. Eingeführt von Goethe, hrsg. von Jochen Galz, Nördlingen **1987**: Greno (zuerst Stuttgart und Tübingen 1822, die Greno-Ausgabe folgt der von Rütten & Loening Berlin/DDR 1977)

SALOMON, Ernst, v.: Der Fragebogen, Reinbek bei Hamburg **1972**: Rowohlt (zuerst ebenda 1951)

SARTRE, Jean-Paul: Das Sein und das Nichts. Versuch einer phänomenologischen Ontologie, Hamburg 1962: Rowohlt (Ausgabe Okt. **1987**)

SARTRE, Jean-Paul: Der Ekel, Reinbek bei Hamburg 1963 (Ausgabe **1981**): Rowohlt, a.d. Französischen von Justus Streller, Karl August Ott, Alexa Wagner

SARTRE, Jean-Paul: Marxismus und Existentialismus. Versuch einer Methodik, Reinbek bei Hamburg 1964 (Ausgabe **1968**): Rowohlt , rde, Bd. 196

SCHARBAU, Carl Anders: Die Idee der Schöpfung in der vedischen Literatur. Eine religionsgeschichtliche Untersuchung über den frühindischen Theismus, Stuttgart **1932**: W. Kohlhammer

SCHAFF, Adam: Sprache und Erkenntnis und Essays über die Philosophie der Sprache, Reinbek bei Hamburg **1974**: Rowohlt

SCHELER, Max: Die positivistische Geschichtsphilosophie des Wissens und die Aufgaben einer Soziologie der Erkenntnis, in: Volker Meja/Nico Stehr: Der Streit um die Wissenssoziologie, Bd.I: Die Entwicklung der deutschen Wissenssoziologie, F/M **1982**: Suhrkamp, S. 57 - 67

SCHELER, Max: Die Wissensformen und die Gesellschaft, 2. durchges Auflage, mit Zusätzen hrsg. von Maria Scheler, Bern/München **1960**: A. Francke AG

SCHELER, Max: Die Stellung des Menschen im Kosmos (erste Ausgabe Darmstadt 1928, zuerst erschienen unter dem Titel: Die Sonderstellung des Menschen, in: Der Leuchter, 1927), München **1949**: Nymphenburger Verlagsanstalt

SCHELLENBAUM, Peter: Die Wunde der Ungeliebten. Blockierung und Verlebendigung der Liebe, München **1988**: Kösel

SCHELLING, F.W.J.: Philosophie der Kunst, unveränderter photomech. Nachdruck der aus dem handschriftl. Nachlaß hrsg. Ausgabe von 1859, Darmstadt **1960**: Wissenschaftl. Buchgesellschaft

SCHELLING, F.W.J.: Sämtliche Werke, hrsg. von K.F.A. Schelling, Stuttgart und Augsburg **1856** ff: J.G. Cotta, Abt I, Bde. 1 - 3

SCHELLING, F.W.J.: Philosophische Untersuchungen über das Wesen der menschlichen Freiheit und die damit zusammenhängenden Gegenstände, Sämtliche Werke hrsg. von K.F.A. Schelling, Bd. 7, Stuttgart/Augsburg **1860**

SCHENK, Martin: Wahrnehmung und Emotion. Über Vernunftfähigkeit und Vernunftfindung - zu Hause, vor Gericht und anderswo, in: Medizin Mensch Gesellschaft, Bd. 6, Heft 1, Stuttgart März **1981**: Enke

SCHILLER, Friedrich, v.: Über das Erhabene, in: Schillers sämtliche Werke in zwölf Bänden, hrsg. von Albert Ludwig, Leipzig o.J.: Hesse & Becker, S. 187 - 200

SCHIVELBUSCH, Wolfgang: Lichtblicke. Zur Geschichte der künstlichen Helligkeit im 19. Jhrdt., F/M **1986**: Fischer (zuerst Hanser 1983)

SCHMIDT, Burghart: Kritik der reinen Utopie. Eine sozialphilosophische Untersuchung, Stuttgart **1988**: J.B. Metzler und Carl Ernst Poeschel

SCHMIDT, Burghart: Postmoderne - Strategien des Vergessens. Ein kritischer Bericht, Darmstadt und Neuwied **1986**: Luchterhand

SCHMIDT-BIGGEMANN, Wilhelm: Die Moral der Institutionen. Vier Thesen zum Problem »Friedenspflicht«, in: Schulte, Christoph (Hg.) Friedensinitiative Philosophie: Um Kopf und Krieg. Widersprüche, Darmstadt/Neuwied **1987**: Luchterhand, S. 218 - 228

SCHMIED, Gerhard: Reinkarnation und Zeiterfahrung, in: Schweizer Zeitschrift für Soziologie/Rev. suisse sociol., Heft 2, **1989**, S. 321 - 328

SCHMIED-KOWARZIK, Wolfdietrich: Zur Dialektik des Verhältnisses von Mensch und Natur, in: Sandkühler, Hans Jörg: Natur und geschichtlicher Prozeß. Studien zur Naturphilosophie F.W.J. Schellings, F/M **1984**: Suhrkamp, S. 145 - 174

SCHMITT, Carl: Land und Meer. Eine weltgeschichtliche Betrachtung, Köln-Lövenich **1981**: »Hohenheim«

SCHMITT, Carl: Der Nomos der Erde im Völkerrecht des Jus Publicum Europaeum, Köln **1950**: Greveb

SCHNABEL, Ernst: Zwei Männer in Betrachtung des Mondes. Drei Radiogeschichten aus dem Zeitalter der Raumfahrt, gesendet am 1.5.**1986**, $20\frac{15}{}$ - $21\frac{30}{}$ Uhr vom NDR I

SCHNEIDER, Manfred: Platons Höhle als abendländische Bibliothek, zu Jürgen Mantheys: Wenn Blicke zeugen könnten, in: Merkur 38. Jhrg. **1984**, Heft 423 - 430

SCHNELL, Rolf: Die Zerstörung der Historie. Versuch über die Ideologiegeschichte faschistischer Ästhetik, in: Ders. (Hg.): Kunst und Kultur im deutschen Faschismus, Stuttgart **1978**: J.B. Metzler, S. 17 - 55

SCHNURRE, WolfDietrich: Kassiber und neue Gedichte, München **1980**[2.]: Paul List

SCHÜTZ, Alfred: Der sinnhafte Aufbau der sozialen Welt. Eine Einleitung in die verstehende Soziologie, F/M **1974**: Suhrkamp (zuerst Vienna 1932: Julius Springer)

SEBALD, W.G.: Überlebende als schreibende Subjekte - Jean Améry und Primo Levi. Ein Gedenken, in: FR vom 28.1.**1989**

SEIFERT, Eberhard, K.: Entstehung des modernen Zeitbewußtseins und industrielle Zeitdisziplin, in: Ders. (Hg.): Ökonomie und Zeit. Beiträge zur interdisziplinären Zeitökonomie, F/M **1988**: Haag und Herchen, S. 4 - 28

SIMMEL, Georg: Philosophie des Geldes, hrsg. von David P. Frisby und Klaus Christian Köhnke, nach der zweiten vermehrten Auflage Berlin 1907: Duncker & Humblot, F/M **1989**: Suhrkamp

SIMMEL, Georg: Das individuelle Gesetz. Ein Versuch über das Prinzip der Ethik, in: Ders.: Das individuelle Gesetz. Philosophische Exkurse, hrsg. und eingeleitet von Michael Landmann, F/M **1987**: Suhrkamp, S. 174 - 230

SIMMEL, Georg: Der Begriff und die Tragödie der Kultur, in: Ders.: Philosophische Kultur. Über das Abenteuer, die Geschlechter und die Krise der Moderne. Gesammelte Essays. Mit einem Vorwort von Jürgen Habermas, Berlin **1986**: Wagenbach, S. 195 - 219

SIMMEL, Georg: Zur Metaphysik des Todes, in Ders.: Das Individuum und die Freiheit. Berlin **1984**: Wagenbach, S. 29 - 35 (Nachdruck der Originalausgabe: Brücke und Tür, Stuttgart 1957: Koehler Verlag)

SIMMEL, Georg: Fragment über die Liebe, in Ders.: Das Individuum und die Freiheit. Berlin **1984**: Wagenbach, S. 19 - 28 (Nachdruck der Originalausgabe: Brücke und Tür, Stuttgart 1957: Koehler Verlag)

SIMMEL, Georg: Grundfragen der Soziologie (Individuum und Gesellschaft), Berlin 1970[3.]: De Gruyter

SIMMEL, Georg: Soziologie. Untersuchungen über die Formen der Vergesellschaftung, Berlin 1968[5.]: Duncker & Humblot

SIMMEL, Georg: Die Großstädte und das Geistesleben, in: Ders.: Brücke und Tür, hrsg. von Michael Landmann und Margarete Susmann, Stuttgart 1957: Koehler, S. 227 242

SIMMEL, Georg: Philosophie der Landschaft, in: Ders.: Brücke und Tür, hrsg. von Michael Landmann und Margarete Susmann, Stuttgart 1957: Koehler, S. 141 - 152

SIMMEL, Georg: Der Konflikt der modernen Kultur. Ein Vortrag, München/Leipzig 1926[3.]: Duncker & Humblot

SIMMEL, Georg: Gesetzmäßigkeit im Kunstwerk, in Ders.: Fragmente und Aufsätze. Aus dem Nachlaß und Veröffentlichungen der letzten Jahre, München 1923: Drei Masken, S. 211 - 228

SIMMEL, Georg: Die Alpen. in: Ders.: Philosphische Kultur, Leipzig 1919[2.]: Bibliogr. Institut, S. 144 -151 (Neuausgabe, mit einem Vorwort von Jürgen Habermas, Berlin 1983/86: Wagenbach)

SIMMEL, Georg: Der Krieg und die geistigen Entscheidungen. Reden und Aufsätze, München/Leipzig 1917: Duncker & Humblot

SIMMEL, Georg: Kant und Goethe. Zur Geschichte der modernen Weltanschauung, Leipzig 1916: Kurt Wolff

SIMMEL, Georg: Hauptprobleme der Philosophie, Leipzig 1911[2.]: Göschen

SIMMEL, Georg: Die Religion, aus der Reihe: Die Gesellschaft, hrsg. von Martin Buber, Bd. 2, F/M 1906: Literarische Anstalt Rütten & Loening

SNELL, Bruno: Die Entdeckung des Geistes. Studien zur Entstehung des europäischen Denkens bei den Griechen, Göttingen 1980[5.]: Vandenhoeck & Ruprecht

SÖDERBLOM, Nathan: Das Werden des Gottesglaubens. Untersuchungen über die Anfänge der Religion, dt. Bearbeitung, hrsg. von Rudolf Stübe, Leipzig 1916: J.C. Hinrichsche Buchhandlung

SOHN-RETHEL, Alfred: Warenform und Denkform. Mit zwei Anhängen, F/M 1978: Suhrkamp

SOLGER, Karl Wilhelm Ferdinand: Erwin. Vier Gespräche über das Schöne und die Kunst, 2 Teile, Berlin 1815: in der Realschulbuchhandlung

SOLGER, Karl Wilhelm Ferdinand: Philosophische Gespräche über Seyn, Nichtseyn und Erkennen, in: Nachgelassene Schriften und Briefwechsel, hrsg. von Ludwig Tieck und Friedrich von Raumer, Faksimiledruck nach der Ausgabe von 1826, 2 Bde., mit einem Nachwort hrsg. von Herbert Anton, Heidelberg 1973: Lambert Schneider GmbH, S. 200 - 262, Bd. II

SONNEMANN, Ulrich: Zeit ist Anhörungsform. Über Wesen und Wirken einer Kantischen

Verkennung des Ohrs, in: Gottfried Heinemann (Hg.): Zeitbegriffe. Ergebnisse des interdisziplinären Symposions "Zeitbegriffe der Naturwissenschaften, Zeiterfahrung und
Zeitbewußtsein" (Kassel 1983), Freiburg/München **1986**: Karl Alber, S. 51 - 78

SONNEMANN, Ulrich: Negative Anthropologie. Vorstudien zur Sabotage des Schicksals
(zuerst Reinbek bei Hamburg 1969: Rowohlt), F/M **1981**: Syndikat

SPENGLER, Oswald: Urfragen. Fragmente aus dem Nachlass. Unter Mitwirkung von
Manfred Schröter, hrsg. von Anton Mirko Koktanek, München 1965: C.H. Beck

SPINNER, Helmut F.: Wissenschaft kommt nicht von Wissen, und Kunst kommt nicht von
Können, aber Wissenschaft ist trotzdem keine Kunst. Über Wissenschaftswissenschaft
und die Kunstkunst, die Kriegskunst und die Zeit, als Feyerabend noch recht hatte, in:
Merkur, deutsche Zeitschrift für europ. Denken, 39. Jhrg. **1985**, Heft 431 - 442

SPINOZA: Die Ethik. Schriften und Briefe, hrsg. von Friedrich Bülow, Stuttgart **1982**:
Kröner (unveränderter Nachdruck der 7. Auflage 1976)

SPITZ, René, A.: Nein und Ja. Die Ursprünge der menschlichen Kommunikation, Stuttgart
1970$^{2.}$: Klett

STADLER, August: Die Frage als Prinzip des Erkennens und die »Einleitung« der Kritik der
reinen Vernunft, Kant-Studien XIII, **1908**, S. 238 - 248

STAROBINSKI, Jean: 1789. Die Embleme der Vernunft, hrsg. und mit einem Vorwort
versehen von Friedrich A. Kittler, aus dem Französischen von Gundula Göbel, mit
einem Nachwort von Hans Robert Jauss, München o.J.: Wilhelm Fink

STEINER, George: In Blaubarts Burg. Anmerkungen zur Neudefinition der Kultur, Dt. von
Friedrich Polakovics, F/M **1972**: Suhrkamp

STEINMETZ, Rudolf: Soziologie des Krieges, zweite, vollständig umgearbeitete und erweiterte Auflage der >Philosophie des Krieges<, Leipzig **1929**: Johann Ambrosius Barth

STEPHAN, H.: Die Baukunst im 3. Reich, insbesondere die Umgestaltung der
Reichshauptstadt. Berlin 1939: Schriften der Hochschule für Politik I, 43, in:
Arndt/Döhl **1958**

STERNBERGER, Dolf: Über den Tod, F/M **1981**: Suhrkamp

STICKELBERGER, Hans: Freisetzende Einheit. Über ein christologisches Grundaxiom bei
Maximus Confessor und Karl Rahner, in: Maximus Confessor. Actes du Symposium sur
Maxime le Confesseur, Fribourg. 2. - 5. septembre 1980, édités par Felix Heinzer et
Christoph Schönborn, Fribourg **1982**: EDs Universitaires Fribourg Suisse, S. 375 - 384

STRASSER, Johano: Die Zukunft des Fortschritts. Der Sozialismus und die Krise des
Industrialismus, NE: Klaus Traube, Bonn **1981**: Verlag Neue Gesellschaft

STRAUS, Erwin: Die Formen des Räumlichen. Ihre Bedeutung für die Motorik und die
Wahrnehmung, in: Ders.: Psychologie der menschlichen Welt,
Berlin/Göttingen/Heidelberg **1960**: Springer, S. 141 - 178

STRAUS, Erwin: Das Zeiterlebnis in der endogenen Depression und in der psycho-
pathischen Verstimmung, in: Ders.: Psychologie der menschlichen Welt,

Berlin/Göttingen/Heidelberg **1960**: Springer, S. 126 - 140

STRAUS, Erwin: Der Mensch als fragendes Wesen, in: Jahrbuch für Psychologie und Psychotherapie, Heft 2, **1953**, S. 139 - 153

STRÖCKER, Elisabeth: Philosophische Untersuchungen zum Raum, F/M **1965**: Klostermann

TAUT, Bruno: Frühlicht 1920 - 1922. Eine Folge für die Verwirklichung des neuen Baugedankens mit einer Vorbemerkung von Ulrich Conrads, F/M/Berlin **1963**: Ullstein (Reihe Bauwelt Fundamente 8)

TAYLOR, Charles: Leibliches Handeln, in: Métraux/Waldenfels /(Hg.):Leibhaftige Vernunft. Spuren von Merleau-Pontys Denken, München **1986**: Wilhelm Fink, S. 194 - 217

TEICHERT, Torsten:»Herzschlag aussen«, Die poetische Konstruktion des Fremden und des Eigenen im Werk von Hubert Fichte, F/M **1987**: Fischer

TELLENBACH, Hubertus: Melancholie. Problemgeschichte Endogenität. Typologie. Pathogenese. Klinik; Berlin/Heidelberg/N.Y. **1976**[3.]: Springer

THEUNISSEN, Michael: Selbstverwirklichung und Allgemeinheit. Zur Kritik des gegenwärtigen Bewußtseins, Berlin/N.Y. **1982**: de Gruyter

THEUNISSEN, Michael: Sein und Schein. Die Kritische Funktion der Hegelschen Logik, F/M **1980**: Suhrkamp

THEUNISSEN, Michael: Der Andere. Studien zur Sozialontologie der Gegenwart, Berlin **1965**

THURNWALD, Richard (Hg.): Soziologie von heute. Ein Symposion der Zeitschrift für Völkerpsychologie und Soziologie, Leipzig **1932**: C.L. Hirschfeld

TILLICH, Paul: Auf der Grenze. Aus dem Lebenswerk Paul Tillichs, München und Hamburg **1965**[2.]: Siebenstern

TILLICH, Paul: Der Widerstreit von Raum und Zeit. Schriften zur Geschichtsphilosophie. Gesammelte Werke, **Bd. VI**, Stuttgart **1963**: Evang. Verlagswerke Stuttgart

TILLICH, Paul: Die sozialistische Entscheidung, in: Ders.: Christentum und soziale Gestaltung. Frühe Schriften zum religiösen Sozialismus. Gesammelte Werke, **Bd. II**, Stuttgart **1962**: Evang. Verlagswerke Stuttgart, S. 219 - 365

THOMAS, Dylan: Ausgewählte Gedichte, übers. von Erich Fried, München **1967**: Carl Hanser

THOMSON, Georg: Vom Wesen des Menschen. Wissenschaft und Kunst in der Entwicklung der Gesellschaft, Stuttgart **1976**: Neuer Weg (zuerst London)

TÖNNIES, Ferdinand: Die Tatsache des Wollens (1899). Aus dem Nachlaß hrsg. und eingeleitet von Jürgen Zander, Berlin **1982**: Duncker & Humblot

TÖNNIES, Ferdinand: Gemeinschaft und Gesellschaft. Grundbegriffe der reinen Soziologie,

Darmstadt 1979[8.]: Wissenschaftl. Buchgesellschaft

TÖNNIES, Ferdinand: Mein Verhältnis zur Soziologie, in: Thurnwald, Richard (Hg.): Soziologie von heute. Ein Symposion der Zeitschrift für Völkerpsychologie und Soziologie, Leipzig 1932: C.L. Hirschfeld

TÖNNIES, Ferdinand: Gemeinschaft und Gesellschaft, in: Vierkandt, Alfred (Hg.): Handwörterbuch der Soziologie, Stuttgart 1931: Ferdinand Enke, S. 180 - 191

TÖNNIES, Ferdinand: Soziologische Skizzen: a) das Wandern, b) das Reisen, c) Verkehr und Transport, d) Das Vagieren, e) Die Entwicklung der Technik, in: Ders.: Soziologische Studien und Kritiken, zweite Sammlung, Jena 1926: Gustav Fischer, S. 1 - 62

TÖNNIES, Ferdinand: Literaturbesprechung von Helmuth Plessners Grenzen der Gemeinschaft. Eine Kritik des sozialen Radikalismus, Bonn 1924: Friedrich Cohn, 121 S., in: Kölner Vierteljahreshefte für Soziologie, Jhrg. 5, 1926, Heft 4, S. 456 - 458

TÖNNIES, Ferdinand: Macht und Wert der öffentlichen Meinung, in: Dioskuren 1924, S. 72 - 99

TÖNNIES, Ferdinand: Kritik der öffentlichen Meinung, Berlin 1922: Springer

TÖNNIES, Ferdinand: Zur Theorie der öffentlichen Meinung, in: Schmollers Jahrbuch, Bd. 40, Heft 4, 1916, S. 393 - 422

TÖNNIES, Ferdinand: Die Sitte, aus der Reihe: Die Gesellschaft, hrsg. von Martin Buber, Bd. XXV, F/M 1909: Literarische Anstalt Rütten & Loening

TRIEB, Michael: Milieu und Bereich, in: Der Architekt, Organ des Bundes Deutscher Architekten (BDA), Heft 9, Stuttgart 1975

TROELTSCH, Ernst: Die Bedeutung des Begriffs der Kontingenz, in: Ders.: Gesammelte Schriften Bd. 2, zur religiösen Lage. Religionsphilosophie und Ethik, Aalen 1962: Scienta Verlag, S. 769 - 778 (nach der Ausgabe von 1922[2.])

TROELTSCH, Ernst: Der Kulturkrieg, in: Deutsche Reden in schwerer Zeit, Nr. 27, Berlin 1915: Carl Heymann

TRÜBNERS DEUTSCHES WÖRTERBUCH: hrsg. von Walther Mitzka, Bd. 7, Berlin 1956: De Gruyter & Co

TYRELL, Hartmann: Helmut Schelskys Familiensoziologie, in : Horst Baier (Hg.): Helmut Schelsky - ein Soziologe in der Bundesrepublik. Eine Gedächtnisschrift von Freunden, Kollegen und Schülern, Stuttgart 1986: Ferdinand Enke, S. 45 - 56

ÜNER, Elfriede: Die Entzauberung der Soziologie. Skizzen zu Helmut Schelskys Aktualisierung der "Leipziger Schule", in: Baier, Hart (Hg.): Helmut Schelsky - ein Soziologe in der Bundesrepublik. Eine Gedächtnisschrift von Freunden, Kollegen und Schülern, Stuttgart 1986: Enke, S. 5 - 19

UTHEMANN, Karl-Heinz: Das anthropologische Modell der hypostatischen Union bei Maximus Confessor. Zur innerchalkedonischen Transformation eines Paradigmas, in: M.C. Actes du Symposium sur Maxime le Confessor, Fribourg 2. - 5. Sept. 1982: E.Ds.

Universitaires Fribourg Suisse, S. 223 - 233

VIRILIO, Paul / LOTRINGER, Sylvère: Der reine Krieg, aus dem Französischen von Marianne Karbe und Gustav Rosser, Berlin 1984: Merve

VIRILIO, Paul: Krieg und Kino, Logistik der Wahrnehmung, München/Wien 1986: Carl Hanser

VIRILIO, Paul: Geschwindigkeit und Politik. Ein Essay zur Dromologie, aus dem Französischen übers. von Ronald Voullié, Berlin 1980: Merve

VOBRUBA, Georg: Staatseingriff und Ökonomiefunktion. Der Sozialstaat als Problem für sich selbst, in: Zeitschrift für Soziologie, Heft 2, 7. Jhrg., 1978, S. 130 - 156

VÖLKER, Walther: Maximus Confessor als Meister des geistlichen Lebens, Wiesbaden 1965: Franz Steiner

WAGNER, H.: Vermittlungsverfassung in der Massenkommunikation. Zeitungswissenschaftliche Theorie der journalistischen und publizistischen Darstellungsform, in: Publizistik Nr. 22, Konstanz 1977: Universitätsverlag, S. 5 - 13

WALDENFELS, Bernhard: Das Zwischenreich des Dialogs. Sozialphilosophische Untersuchungen in Anschluß an Edmund Husserl, Den Hag 1971: Nijhoff

WALDENFELS, Bernhard: Das sokratische Fragen. Aporie, Elenchos, Anamnese, Musenheim am Glan 1961: Anton Hain

WALLACH, Jehuda: Das Dogma der Vernichtungsschlacht. Die Lehren von Clausewitz und Schlieffen und ihre Wirkung in zwei Weltkriegen, hrsg. v. Arbeitskreis für Wehrforschung, F/M 1970: DTV (zuerst F/M 1967: Bernard & Graefe)

WALTHER, Andreas: Neue Wege zur Großstadtsanierung, Stuttgart 1936: Kohlhammer

WALTHER, Jürgen: Logik der Fragen, Berlin/N.Y. 1985: De Gruyter

WEBER, Max: Die Entfaltung der Kapitalistischen Gesinnung, in: Winckelmann, Johannes (Hg.): Max Weber. Die protestantische Ethik I. Eine Aufsatzsammlung, Gütersloh 1981[6.]: Siebenstern (Verlagshaus Mohn), S. 358 - 376

WEBER, Max: Religiöse Heilsmethodik und Systematisierung der Lebensführung, in: Winckelmann, Johannes (Hg.): Max Weber. Die protestantische Ethik I. Eine Aufsatzsammlung, Gütersloh 1981[6.]: Siebenstern (Verlagshaus Mohn), S.318 - 357

WEBER, Max: Wirtschaft und Gesellschaft. Grundriß der verstehenden Soziologie, 5. rev. Auflage besorgt von Johannes Winkelmann, Tübingen 1976: J.C.B. Mohr

WEBER, Max: Asketischer Protestantismus und kapitalistischer Geist, in: Ders.: Soziologie Weltgeschichte Analysen Politik, Stuttgart 1968: Kröner, S. 357 - 381

v. WEIZSÄCKER, Carl Friedrich: Die reale Möglichkeit des dritten Weltkrieges, in: Pax Optima Rerum. Beiträge zur Friedensforschung und Friedenssicherung. Öffentliche Vortragsreihe an der Chr.-Albrechts-Universität Kiel, WS 84/85, Kiel 1985

WERCKMEISTER, Otto, K.: Zitadellenkultur. Die schöne Kunst des Untergangs in der

Kultur der achtziger Jahre, München/Wien **1989**: Carl Hanser

WERCKMEISTER, Otto, K.: Versuche über Paul Klee, F/M **1981**: Syndikat

WESTERMANN, C.: Die Begriffe für Fragen und Suchen im AT, in: Kerygma und Dogma, Nr. 6, **1960**

WETTE, Wolfram: Friedensforschung, Militärforschung, Geschichtswissenschaft. Aspekte einer Kooperation, in: Aus Politik und Zeitgeschichte, Beilage zur Wochenzeitung: Das Parlament, 37, Bonn **1974**

WETTIG, Gerhard: Die Abschreckungsdebatte in psychoanalytischer Sicht, in: Beiträge zur Konfliktforschung, 14.Jhrg. , **1984**, Heft 3, S. 25 - 50

WIEGMANN, Jutta: Psychoanalytische Geschichtstheorie. Eine Studie zur Freud-Rezeption Walter Benjamins, Bonn **1989**: Bouvier

v. **WIESE**, Leopold: Die Problematik einer Soziologie der Revolution. Verhandlungen des Dritten Deutschen Soziologentages am 24. und 25. Sept. 1922 in Jena, F/M **1969**: Sauer & Auvermann KG, S. 6 - 23 (zuerst Tübingen 1923: J.C.B. Mohr)

v. **WIESE**, Leopold: Die Entwicklung der Kriegswaffe und ihr Zusammenhang mit der Sozialordnung, Köln **1953**: Kölner Universitätsverlag

WILHELM, Theodor: Traktat über den Kompromiß. Zur Weiterbildung des politischen Bewußtseins, Stuttgart **1973**: J.B. Metzlersche Verlagsbuchhandlung

WILTON-ELY, John: Giovanni Batista Piranesi. Vision und Werk, München **1978**: Hirmer

WIPLINGER, Fridolin: Von der Un-Verborgenheit: Fridolin Wiplingers Bericht von einem Gespräch mit Martin Heidegger, aufgezeichnet von Ekkehard Fräntzki, Pfaffenweiler **1987**: Centaurus Verlagsgesellschaft

WITTFOGEL, Karl August: Die hydraulische Gesellschaft und das Gespenst der asiatischen Restauration, in: Mathias Greffrath (Hg.): Die Zerstörung einer Zukunft, Gespräche mit emigrierten Sozialwissenschaftlern, Reinbek bei Hamburg **1979**: Rowohlt, S. 299 - 346

WITTFOGEL, Karl August: Marxismus und Wirtschaftsgeschichte, F/M **1970**: Junius

WOHLFAHRT, Günter: Der Augenblick. Zeit und ästhetische Erfahrung bei Kant, Hegel, Nietzsche und Heidegger, Freiburg/München **1987**: Alber

WOLF, Christa: »Freiheit« oder Auflösung der Persönlichkeit (1957), in: Schmid, Christof (Hg.): Über Hans Erich Nossack, F/M **1970**: Suhrkamp, S. 98 - 111

WORRINGER, Wilhelm: Abstraktion und Einfühlung. Ein Beitrag zur Stilpsychologie, einschließlich des Vorworts von 1948 und eines Schlußworts von 1959, München **1987**[14.]: R. Piper

WORRINGER, Wilhelm: Fragen und Gegenfragen. Schriften zum Kunstproblem, München **1956**: R. Piper & Co

WORRINGER, Wilhelm: Abstraktion und Einfühlung, München **1919**[7.]: R. Piper & Co

WULF, Joseph (Hg.): Die bildenden Künste im Dritten Reich. Eine Dokumentation, Reinbek bei Hamburg **1966**: Rowohlt (zuerst Gütersloh 1963)

WURMSER, Léon: Gedanken zur Psychopathologie von Scham und Ressentiment, in: Zeitschrift für Analytische Psychologie und ihre Grenzgebiete, Basel u.a. **1988**, Heft 19, S. 283 - 306

WURZBACHER, Gerhard: Sozialisation - Enkulturation - Personalisation, in: Ders. (Hg.): Der Mensch als soziales und personales Wesen, Stuttgart **1963**: Ferdinand Enke, S. 1 - 34

WYATT, Frederick: Vom Zuhören des Analytikers, in: Merkur 38. Jhrg. **1984**, Heft 423 - 430

ZIEGENFUß, Werner: Die bürgerliche Welt, Berlin **1949**: De Gruyter

ZIEGLER, Jean: Die Lebenden und der Tod, aus dem Französischen von Wolfram Schäfer, Darmstadt und Neuwied **1977**: Hermann Luchterhand (zuerst 1975 Editions du Seuil)

ZIEHE, Thomas: Pubertät und Narzißmus. Sind Jugendliche entpolitisiert? Mit einem Vorwort von Regina Becker-Schmidt, F/M/Köln **1978**[2.]: Europäische Verlagsanstalt

ZILLOBER, K.: Frage, in; Ritter, Joachim (Hg.): Historisches Wörterbuch der Philosophie, Bd. 2, Darmstadt **1972**: Wiss. Buchgesellschaft, S. 1059 - 1062

ZIMMERMANN, Harm-Peer: Der feste Wall gegen die rote Flut. Kriegervereine in Schleswig-Holstein 1864 - 1914, Neumünster **1989**: Wachholtz

ZUCKER, Paul: Der Begriff der Zeit in der Architektur, in: Repertorium für Kunstwissenschaft, Bd. 44, **1924**, S. 237 - 245

BILDNACHWEIS

Paul Klee: "Angelus Novus" (1920, 32), photographisch entnommen aus: Werckmeister, O.K.: Versuch über Paul Klee, F/M 1981: Syndikat, S. 100

Edgar Ende: "Der Löwenengel" (1960), photographisch entnommen aus: Krimmel, Bernd (Gesamtredaktion) u.a.: Symmetrie in Kunst, Natur und Wissenschaft, Bd.2 - Kunst, Katalog zur Ausstellung auf der Mathildenhöhe Darmstadt 1.6. - 24.8.1986, Darmstadt: Roetherdruck/Haußmann-Repro, S. 23

Aus dem Programm
Sozialwissenschaften

Alfred Bellebaum

Schweigen und Verschweigen

Bedeutungen und Erscheinungsvielfalt einer Kommunikationsform.

1992. 239 S. Kart.
ISBN 3-531-12357-2

Gesprochene und geschriebene Sprache sind zwar weit verbreitete Arten des Umgangs miteinander, Schweigen ist deswegen aber kein unbedeutendes Mittel der Kommunikation. Schweigende Kontakte mit Gott, Göttern, Geistern, Pflanzen, Tieren und Menschen gibt es seit jeher – und dabei gilt der Verzicht auf Sprechen als Voraussetzung für ein angemessenes Verstehen.

Schweigen ist eine nuancenreiche Erscheinung: So gibt es das beredte Schweigen, mit dem vieles ausgedrückt werden kann, und das unverstanden bleibende Schweigen, dessen Botschaft unerkannt bleibt. In vielen Situationen will Schweigen gelernt sein, muß man also wissen, ob gesprochen oder geschwiegen werden darf.

Alfred Bellebaum (Hrsg.)

Glück und Zufriedenheit

Ein Symposion.

1992. 230 S. Kart.
ISBN 3-531-12371-8

Über das Glück ist schon seit Jahrhunderten viel nachgedacht, gesprochen und geschrieben worden. Die ehrwürdigen (moral-)philosophischen und theologischen Glückstheorien sind gegenwärtig allerdings nicht mehr so stark ausgeprägt wie früher. Demgegenüber expandiert die sozialwissenschaftlich orientierte empirische Glücks- und Zufriedenheitsforschung, wenngleich dort oft weniger von Glück als von Lebensqualität u.a.m. gesprochen wird. Daneben gibt es ein weites Feld psychologischer

und sozialpsychologischer Glücksforschung, beispielsweise unter den Stichworten seelische Gesundheit und Wohlbefinden. Die politische Bedeutung dieses komplexen Themas ist offenkundig.

Arno Combe

Bilder des Fremden

Romantische Kunst und Erziehungskultur.

Zur Genese der Struktureigenschaften künstlerischen und pädagogischen Handelns.

1992. 197 S. Kart.
ISBN 3-531-12241-X

Unser Verhältnis zur Romantik ist schwankend und unentschieden. Der Autor zeichnet diese (spezifisch deutsche) Überlieferungsunsicherheit in Einzelfallinterpretationen aus Musik und Poesie sowie aus dem Bereich der Erziehungskultur nach. Er zeigt, wie der mit der Romantik beginnende und in der ästhetischen Gestalt des Fremden sich artikulierende Erfahrungsgehalt von jenem Schaumteppich des „kollektiven Narzißmus" (Adorno) erstickt wurde, der auch die Erziehungskultur beherrschte.

WESTDEUTSCHER VERLAG
OPLADEN · WIESBADEN

MIX
Papier aus verantwortungsvollen Quellen
Paper from responsible sources
FSC® C105338
FSC
www.fsc.org

If you have any concerns about our products,
you can contact us on
ProductSafety@springernature.com

In case Publisher is established outside the EU,
the EU authorized representative is:
Springer Nature Customer Service Center GmbH
Europaplatz 3, 69115 Heidelberg, Germany

Printed by Libri Plureos GmbH
in Hamburg, Germany